RESTER JUIF

La vie et le combat de

Rav Its'hak Zilber,

dans l'enfer communiste

Jerusalem
Publications

JERUSALEM PUBLICATIONS

ISBN 978-965-7501-02-3
édition 2012-5772

Traduit de l'hébreu par Mme Sarah Aboudharam.
Conception graphique et Mise en page: Daphna Uzan

RESTER JUIF

La vie et le combat de

Rav Its'hak Zilber,

dans l'enfer communiste

Jerusalem Publications

OHEL NAFTALI

Est heureux de vous offrir cet ouvrage

Ce n'est pas par hasard si, dans la période actuelle mouvementée que nous vivons, le livre sur la vie de Rav Yits'hak Zilber *zatsal* vient nous toucher en plein cœur. En effet, il est pour nous un exemple contemporain extraordinaire du dévouement d'un homme pour rester juif. Tout au long de sa vie, le Rav Zilber sera attaché aux mitsvot, étudiera la Torah et l'enseignera à ses frères juifs, dans la tourmente des années les plus noires du communisme en Union soviétique.

De quel meilleur modèle pourrait-on s'inspirer à Ohel Naftali ?

Plus de vingt ans se sont écoulés depuis la création de nos Institutions. Et depuis lors, c'est sans relâche que nous œuvrons pour l'étude et la diffusion de la Torah dans nos communautés françaises.

Si Ohel Naftali peut aujourd'hui multiplier ses actions envers le grand public, c'est avant tout grâce à son centre d'études. Véritable cœur de nos Institutions, c'est de là que des dizaines de cadres viennent se former en suivant un programme d'études talmudiques de haut niveau, leur permettant la maîtrise de la loi juive.

Grâce à cette formation, ils peuvent ainsi accéder à des postes de cadres éducatifs et communautaires afin de préserver et développer nos valeurs juives.

Sur le terrain, Ohel Naftali réajuste constamment ses objectifs afin d'adhérer au mieux aux besoins variés des communautés françaises et des individus, d'où qu'ils viennent et quel que soit leur environnement. C'est ainsi que depuis de nombreuses années, les membres de notre Institution mettent toutes leurs compétences en œuvre pour leur apporter des réponses dans tous les domaines de la vie juive.

Ainsi, à Raanana, Ashdod, Natania, Tel Aviv, Ramat Gan... les interventions de nos cadres se révèlent être une mine inépuisable pour découvrir la beauté de notre Torah. Les thèmes les plus éclectiques tels que la pensée juive, la loi, l'éthique juive y sont abordés. Pour d'autres qui préfèrent étudier en profondeur, des cours de Talmud et de 'houmach sont également dispensés.

Enfin, le public estudiantin est aussi à l'honneur puisque dans plusieurs universités (Bar Ilan, Natania, Hertzlia et Ramat Aviv), un programme d'études a été mis en place proposant cours sur textes et conférences à l'intention de jeunes étudiants universitaires venant d'horizons les plus variés mais soucieux d'en connaître plus sur leur patrimoine culturel. Ainsi, depuis plusieurs années, nos conférenciers, très impliqués dans leur rôle, ont enthousiasmé cette audience par la qualité et le sérieux de ce programme. Les résultats obtenus ont de loin dépassé nos attentes.

Mais c'est uniquement grâce à votre soutien envers notre Institution que nous sommes en mesure de permettre la réalisation de toutes ces nobles actions.

Puissions-nous, par notre engagement commun, voir la *gueoula* prochainement,

Rav Shaoul Wajsman
Directeur des Institutions Ohel Naftali

Ohel Naftali
Toledano Street 12 – P.O.B 331 – Bnei Brak Israël
Tel : +972 3 6185092 | Fax : +972 3 7718697 | Email : oheltali@smile.net.il

Table des matières

TROISIÈME PARTIE :

QUATRIÈME PARTIE :

L'histoire de ce livre

L'idée de ce livre remonte à plus de sept ans. Une année durant, à la sortie du Chabbat, le rav Zilber a raconté ses souvenirs qui furent enregistrés. Tout au long de l'écriture du livre, des témoignages tels qu'ils ont été rapportés par des témoins de l'époque, des précisions et autres anecdotes ont été insérés dans le récit. Aussi les références temporelles ne correspondent pas à la date de publication de l'ouvrage, mais à l'époque où ces témoignages ont été reçus.

Note de l'auteur parue dans l'édition russe

J'ai une profonde reconnaissance envers Mme Carmela Reiz, qui a eu l'initiative ce livre et qui a accompli cette tâche remarquable que fut l'écriture de ces récits en vue de leur publication. Je voudrais également exprimer ma gratitude envers Mme Victoria Friedman pour son travail de rédaction finale, son talent littéraire et son professionnalisme, travail qu'elle a accompli avec beaucoup de sacrifice de soi et de patience.

Rav Its'hak Zilber

Tous nos remerciements sont également adressés au rav Moché Yaacov Bollack, pour son dévouement et ses conseils judicieux pour la traduction française de cet ouvrage, ainsi qu'à Yonathan Bendennoune pour sa contribution active.

Rav Ben-Tsion Zilber

Avant-Propos

Je n'avais jamais envisagé d'écrire un jour mes mémoires. Faire le récit de ma vie m'avait toujours semblé vain et dérisoire. Pourtant, la main de la Providence en a décidé autrement. Tant dans mes conversations à bâtons rompus, qu'à l'occasion des nombreuses conférences que j'ai données, je me suis souvent surpris à raconter les événements et les rencontres qui ont marqué mon existence, et dont on pouvait tirer un enseignement. Invariablement, mes auditeurs étaient profondément touchés par ces anecdotes, fortement marqués par les leçons qui s'en dégageaient.

Nombreux furent ceux qui m'exhortèrent à les transcrire. Le message qui apparaît en filigrane dans ces récits autobiographiques gagnerait à être connu du grand public, ne cessait-on de me répéter. Et finalement, je me suis laissé convaincre...

En 1972, année à laquelle je montai en Israël, et peu de temps après mon installation, je fus invité avec deux autres Olim d'Union Soviétique à voyager en Amérique pour participer à un gala en faveur du 'Hinoukh Atsmaï[1]. Nous devions expliquer aux Juifs américains la nécessité en Israël d'un réseau éducatif répondant aux impératifs de la Torah pour des personnes telles que nous, qui venions tout juste d'arriver en Terre Sainte : en effet, nous étions à l'aube d'une véritable révolution spirituelle ! J'acceptai d'entreprendre ce voyage et de me joindre à cette sainte entreprise.

1. *Réseau d'écoles orthodoxes en Israël.*

Rav Its'hak Hutner zatsal

Une fois en Amérique, mon cousin, le rav Pin'has Teits, me fit cette proposition : « Aimerais-tu rencontrer l'une des personnes les plus intelligentes du monde ? » C'est donc auprès du rav Its'hak Hutner *zatsal* – un des grands maîtres de notre génération – qu'il me conduisit.

J'avais pensé que cet entretien durerait à peine dix minutes. Mais voilà que la conversation se prolongea et le rav m'accorda plus d'une demi-heure. C'est cette entrevue qui me fit changer d'avis et m'incita à parler et à m'ouvrir.

Le rav Hutner se demandait comment, dans les années les plus noires de l'Empire soviétique, j'étais parvenu à éduquer mes enfants dans le respect de la Torah et des mitsvot. Je tâchai de lui raconter quelques épisodes vécus en URSS tout en m'échinant – autant faire que peu – à rester bref. Je n'étais pas très à mon aise. M'étendre ainsi sur le récit de ma vie devant l'un des grands Sages du monde juif me déplaisait. A un certain moment, je m'en excusai d'ailleurs. J'avais le sentiment d'abuser de son temps et je rougissais de la prolixité de mon discours. Or la réaction du rav fut des plus inattendues : « Croyez-moi, si je n'avais pas honte, je pleurerais, là, devant vous. Parlez ! Parlez, je vous en conjure ! Racontez votre histoire à tout le monde ! » s'exclama-t-il avec une émotion non contenue.

Depuis cette rencontre, je me suis mis à parler, à raconter. N'eut-ce été cette invitation du rav Hutner, jamais je n'aurais osé faire partager ce que j'ai vécu.

Je m'étais enfermé jusque-là dans un silence obstiné. Mes proches, mes enfants – notamment – ignoraient totalement les épreuves que j'avais traversées dans le goulag, par exemple. Après ce voyage aux Etats-Unis, ma femme s'étonna de me voir soudain raconter ce que je n'avais jamais révélé à qui que ce soit. « Comment se fait-il que tu te mettes à parler ? » fit-elle interloquée. Je lui répondis en lui rapportant l'ordre sans équivoque que m'avait adressé le rav Hutner : « Racontez ! »

Rav Moché Michel Chmouel Shapira, le père de la mère du rav Its'hak Zilber

Je suis relativement jeune. Je suis né à Kazan, en URSS, en 1917. Mes parents furent mes premiers et mes uniques maîtres : ce sont eux qui m'enseignèrent la Torah. Le premier événement qui me vient à l'esprit, quand je fais l'effort de me remémorer mon enfance, est assez surprenant. Un jour, je découvris que le peuple juif avait conclu une alliance avec D-ieu par le biais de son ancêtre Avraham. D-ieu dit à notre Patriarche : « J'ai placé Mon alliance entre toi et Moi et tes descendants après toi pour toujours, une alliance éternelle...» Ces mots me firent une grande impression. Je voulais en savoir plus et mes parents m'expliquèrent que l'unique nation qui ne rejettera jamais la croyance en un D-ieu unique est la nation juive. Les versets qui suivent rapportent cette promesse : « Et je te donnerai, de même qu'à ta descendance après toi, une terre pour y habiter (...) la terre de Canaan en héritage éternel. » Aurai-je également la chance de vivre un jour en Israël, méditai-je... Dans l'Union Soviétique des années vingt, une telle éventualité semblait irréalisable, impossible, utopique. Pourtant, mes parents m'assurèrent avec une foi inébranlable : « Oui, certainement, tu vivras un jour en Israël ! »

Je décidai alors de passer à l'action. J'avais huit ans à peine, et avec ma naïveté enfantine, il me semblait que les raisons qui empêchaient mes parents de quitter l'URSS pour la terre d'Israël n'étaient guère fondées. A mon avis, il n'était pas nécessaire d'ajourner notre départ. Assurément, je devais prendre au plus tôt la route de la Terre Promise. J'interpellai des passants dans la rue et leur demandai où se trouvait le ministère des Affaires étrangères. Je m'y rendis aussitôt et je fus introduit devant le directeur du département qui me concernait. Je lui dis sans ambages :

« S'il vous plaît, permettez-moi de voyager en Lituanie, à Rogova dans le district de Poniewicz, chez mon grand-père. Son nom de famille est Shapira.

– Pourquoi souhaites-tu aller en Lituanie, mon petit ? s'enquit le directeur. »

Je lui expliquai alors avec candeur, sans imaginer un seul instant l'ampleur du péril que je faisais courir à mes proches : « Je dois partir en Palestine, mais comme il est interdit de quitter l'Union Soviétique pour ce pays, je voudrais d'abord me rendre en Lituanie, et de là gagner la Terre Promise.

– Vraiment ? C'est très intéressant mon garçon. Dans quelle école étudies-tu donc ? Quel est le nom de ton père et celui de ta mère ? Ils méritent bien d'être jetés en prison pour t'avoir inculqué une idée pareille ! »

L'homme parlait avec froideur. Son visage était de marbre. D'instinct, je me sentis menacé. Je ne me souviens plus comment je parvins à m'échapper. C'est seulement de nombreuses années plus tard que je pris la mesure du danger que ma candeur juvénile avait fait peser sur ma famille. Par miracle, les autorités n'engagèrent aucune poursuite. Maintenant, je peux avouer ma faute, mais jamais je ne racontai cet incident à mes pauvres parents.

NOTE DE LA TRADUCTRICE

Ce livre a d'abord été publié en russe, du vivant du rav Zilber *zatsal*, et connut rapidement un grand succès auprès des populations russophones d'Israël et d'ailleurs. Le rav mit un an à raconter son histoire, et c'est à partir de ces enregistrements que cette autobiographie vit enfin le jour. Nous le devons au remarquable travail effectué par mesdames Carmela Reiz et Victoria Friedman. C'est ainsi que peu de temps avant son décès, le rav Zilber se décida à mettre en phrases le récit de sa vie et à le faire connaître au grand public. Le livre fut ensuite traduit en hébreu. C'est à partir de la version en hébreu qu'il a été traduit en anglais, et maintenant en français.

La rav Its'hak Yossef Zilber *zatsal* est décédé le 8 Av 5764 – le 26 juillet 2004.

Première Partie

Les origines de ma famille

Valmiera
Tchesis
(Vaudin)
Aluskne
Talsi
Gulbene
Lituanie
Jurmala
Riga
Madona
Ogre
Jelgava
Jekabpils
Ludza
(Lutzin)
Rezekne
(Rezitza)
Daugavpils
(Dvinsk)

1

Loutsin

Mes ancêtres

Rav David Tsioni, mon arrière-grand-père paternel, vivait il y a environ deux cents ans. Les dernières années de sa vie, il occupa la fonction de Rav à Loutsin, nom que portait la ville lettone de Lodza jusqu'en 1917. Loutsin est située dans la Courlande, à l'ouest de Riga, une des provinces historiques qui forment la Lettonie d'aujourd'hui. A l'époque, cette région appartenait encore à la Russie tsariste.

Depuis lors, l'histoire du premier cimetière juif de Loutsin est devenue célèbre. Nous étions en 1765, la principauté de Courlande était encore soumise à la Pologne, la Russie en prit possession quelque trente ans plus tard. A cette époque, vivait à Loutsin un boucher juif du nom de Moché ben David. Une dispute éclata entre le boucher et les non-juifs avec lesquels il travaillait. En guise de vengeance, ses adversaires s'empressèrent de le dénoncer auprès du seigneur polonais, prétendant que le Juif avait profané l'image de leur "saint". Le noble fit appeler Moché, le sommant de renoncer à sa foi et de se convertir à « l'unique et véritable » croyance. Comme récompense, le seigneur fit la promesse solennelle de lui céder une maison et un champ, tout en ajoutant que si Moché s'obstinait à refuser le baptême, son châtiment serait terrible – en l'occurrence, il serait condamné au bûcher. Le Juif refusa la conversion avec force, préférant sanctifier le Nom divin au sacrifice de sa vie. On l'emprisonna alors, et son fils désespéré se rendit en hâte à Varsovie afin de demander sa grâce auprès de qui de droit. A cette époque, les procès intentés contre les Juifs étaient si rapidement instruits que lorsque le fils revint à Loutsin avec en main une lettre accordant la grâce au malheureux prisonnier, le père ne faisait déjà plus partie de ce monde. Avant de mourir, Moché ben David eut le temps de proclamer sa foi en récitant « *Chema Israël* »… Les quelques Juifs qui habitaient alors dans la ville rassemblèrent ses cendres et les inhumèrent. C'est ainsi que le premier cimetière juif de Loutsin fut créé.

On raconte que peu de temps après, le seigneur polonais tomba gravement malade. Dans ses accès de délire, il voyait apparaître le boucher, entouré de flammes, et il hurlait d'une voix terrifiante : « Moché, pardonne-moi !! »

Rav David Tsioni s'acquitta de ses fonctions de Rav à Loutsin pendant près de cinquante ans et son fils Naftali lui succéda.

Rav Israël Zeligman, un de leurs descendants, rapporte, dans un document généalogique appartenant à la famille Tsioni, quelques épisodes de la vie du Rav Naftali. « Il avait l'habitude de se lever aux petites heures du jour pour étudier jusqu'à l'aube et récitait le *Chema Israël* avant le lever du soleil. Jusqu'au jour de son décès, il priait à l'aube, aussi bien en semaine que le Chabbat et les jours de fête, y compris le jour de Sim'hat Torah. Après l'office du matin, il étudiait deux heures, prenait une collation légère, puis sortait rendre visite aux malades de la ville et réconforter par ses paroles tendres et apaisantes ou des conseils avisés les personnes éprouvées. Il était si avenant et si affable avec tout homme qu'il parvint même à ramener plusieurs renégats et autres mécréants aux valeurs du judaïsme. Dans ses vieux jours, il prit l'habitude de finir l'étude du Talmud au complet en neuf mois. Il était extrêmement modeste et discret dans sa pratique religieuse et par souci d'humilité, il se refusa à écrire ses interprétations personnelles en Torah. Il s'investit également dans l'étude des ouvrages de *Cabale*. »

Rav Naftali vécut soixante et onze ans. Avec l'aide de son fils, Rav Aharon Zelig, qui, à l'époque était un jeune homme, il remua ciel et terre afin de faire libérer les Juifs qui avaient été enrôlés de force dans l'armée tsariste. Et, souvent, ses interventions courageuses généraient des conflits avec les dirigeants de la communauté de Loutsin, car le choix des candidats à la conscription appartenait à ces derniers, le gouvernement se réservant uniquement le droit de fixer les quotas. Néanmoins, grâce au Rav Naftali, les dirigeants de la communauté de Loutsin n'ont jamais agi avec la même cruauté que les responsables communautaires de certaines autres villes pour tout ce qui concernait l'enrôlement des jeunes Juifs.

C'est en 1827 – année funeste au cours de laquelle la Russie rendit son décret infâme de mobilisation forcée des Juifs — que s'ouvrit une des périodes les plus douloureuses de l'histoire de notre peuple. Ce décret ne concernait pas uniquement les adultes, mais aussi les enfants dès l'âge de douze ans. Ces malheureux, que l'on appelait les “cantonistes”, servaient dans des divisions spéciales et étaient élevés dans des écoles militaires. Ils étaient sciemment envoyés dans des régions considérées comme difficiles et fortement éloignées de leurs lieux de résidence. Ce n'est qu'à l'âge de dix-huit ans que ces enrôlés de force devenaient soldats, de sorte que les années passées dans les écoles militaires n'étaient pas comptées dans les vingt-cinq années de service obligatoire. Ce décret resta en vigueur jusqu'en 1856.

La proportion des Juifs recrutés de force était supérieure de près d'un tiers à celle des non-juifs, cet écart n'étant assurément pas le fait du hasard. Hélas, on contraignait les communautés juives à payer avec de nouvelles recrues les dettes fiscales ou autres contraventions aux infractions administratives. Et c'est ainsi que certaines villes ont honoré les quotas imposés par le Tsar en sacrifiant en particulier les enfants que les responsables envoyaient dès l'âge de sept ou huit ans, en prétendant qu'ils en avaient douze. Le sort de ces enfants était amer et “l'éducation” qu'ils recevaient chez les militaires les poussait insidieusement à la conversion ! Les moyens employés pour parvenir à cette fin étaient si terribles que souvent, seule la moitié des jeunes enrôlés étaient encore vivants à l'âge d'être soldat, à dix-huit ans...

J'ai moi-même rencontré à Kazan un ancien cantoniste. J'avais six ans seulement, mais je n'ai jamais oublié l'histoire de ce vieil homme. Il me raconta à quelles sortes de traitements on soumettait ces pauvres enfants et l'ignoble cruauté dont ils étaient victimes. On les amenait dans un établissement de bains, on les déshabillait et on les faisait marcher pieds nus sur des pois brûlants tout en leur assénant de terribles coups. Rares étaient ceux qui supportaient un tel régime et certains d'entre eux finissaient par accepter le baptême.

Mon grand-père, Rav Itsalé Raczitser, reçut un jour la visite d'un cantoniste qui s'était converti au christianisme et qui avait fait carrière dans l'armée, ayant même atteint un grade important. Dans leur jeunesse, ils avaient tous deux étudié dans le même *'heder*.

Quand un escadron de cantonistes passait par Loutsin, Rav Naftali se rendait auprès des enfants, se souciant de leur bien-être, leur parlant avec amour et chaleur et s'efforçait d'ancrer en eux la foi en D-ieu, dans l'espoir qu'ils resteraient juifs.

La misère du cantoniste

Un vieux cantoniste fit le récit de sa rencontre avec le Rav Naftali, rapporté dans le *Yiddishe Strahl* de 1995, numéro 1127 :

« J'avais à peine à peine neuf ou dix ans quand je fus enrôlé dans l'armée. Ma mère était veuve et j'étais son fils unique. Mon père était décédé avant ma naissance et je porte d'ailleurs son prénom. Nous habitions un petit village du nom de Pietovka dont je n'ai qu'un souvenir bien vague. D'après la loi tsariste et étant fils unique, je ne devais pas être mobilisé. Mais il semble que la justice ne protège pas les faibles. Un proche parent de mon père ou de ma mère, un Juif fortuné, s'assura le concours de qui de droit, au prix d'un généreux pot-de-vin, pour me faire enregistrer comme son fils, de sorte que c'est moi qui fus envoyé au front à la place du cousin, né sous un astre plus favorable, tel un "sacrifice expiatoire".

Je vécus un véritable cauchemar et les souvenirs de cette période sont particulièrement pénibles. J'étais très jeune et je comprenais difficilement les événements qui se déroulaient autour de moi. A Pietovka, on m'enferma avec une dizaine d'autres enfants misérables dans une pièce. Les soldats qui nous gardaient fumaient et débitaient des injures. Les enfants recevaient la visite de leurs parents ou de proches qui les comblaient de baisers et de friandises. Moi, je restais seul et je ne reçus la visite de personne. Quand une femme au visage défait entrait dans notre cellule, je bondissais de joie, persuadé que cette femme n'était autre que ma mère. Mais aussitôt je réalisais mon erreur. Ma mère ne vint jamais me voir.

J'étais extrêmement perturbé et chaque jour qui passait ne faisait que renforcer ma colère et ma peine. Je ne parlais à personne et refusais de répondre aux questions que l'on me posait. J'en voulais à la terre entière et adoptais une attitude belliqueuse. Mais que pouvais-je faire ? Je me rappelle cette femme qui m'avait pris en pitié et qui m'avait gentiment caressé le crâne. Et moi, tel un chien enragé, je lui mordis la main en retour.

Le dernier jour de notre détention, alors que nous devions être transférés dans une autre ville, un Juif originaire de mon village me rendit visite. Il me remit vingt ou trente kopecks, une écharpe et de vieilles bottes usées.

« C'est ta mère qui te les envoie » murmura-t-il tout en jetant des coups d'œil furtifs vers la fenêtre. « Mais où est ma maman ? » lui demandai-je, tout en saisissant avec brusquerie les affaires qu'il m'avait tendues. J'avais honte devant les autres enfants : ils avaient tous reçu la visite de leurs proches et moi, je n'intéressais personne.

« Ta mère... elle se repose. Tu comprends mon enfant ? Elle dort... elle s'est assoupie ! »

Le visiteur se tut et sortit aussitôt de la pièce, presque en courant…

Une femme qui se trouvait là hocha silencieusement la tête et bredouilla : « Elle dort… la pauvre…» et des larmes perlèrent aux coins de ses yeux.

Depuis lors, je n'ai plus jamais revu mon village. De nombreuses années plus tard, quand les souvenirs de cette triste époque resurgirent à mon esprit et que je me rappelai ce Juif qui m'avait apporté une écharpe et un peu d'argent, je compris soudainement que ma mère était décédée dans la semaine qui avait suivi mon enrôlement. Mais à l'époque, mon intelligence enfantine n'avait pas été capable de soupçonner un tel drame et j'avais grommelé avec amertume : « Elle a trouvé le temps de dormir ! Aucune mère ne s'est accordé le loisir de dormir en dehors de la mienne ! »

Nous avons erré sur les routes pendant cinq à six semaines. Quand nous arrivions dans un village, nous y restions un ou deux jours le temps d'enrôler d'autres enfants. Ceux-ci avaient entre douze et seize ans.

Au bout de six semaines, nous arrivâmes à Loutsin, une ville de commerce dans laquelle se tenaient d'importantes foires. A l'époque, les chemins de fer étaient inexistants et une grande route, appelée la route de Yaktarine, reliait Saint-Pétersbourg à Varsovie. Cette route traversait Loutsin ce qui explique pourquoi cette agglomération devint un grand centre de regroupement des enfants appelés à être enrôlés dans l'armée tsariste. A Loutsin, on les affectait à différents escadrons avant de les envoyer ailleurs.

Mes souvenirs de l'époque ressemblent à un mauvais rêve. Je me rappelle particulièrement ce froid pénétrant qui gelait le sang et paralysait nos membres. J'étais transi. Je ne sentais plus mes pieds. Les soldats criaient, injuriaient et raillaient leurs misérables détenus, pressant impitoyablement leur marche. Nous étions affamés, épuisés, maltraités et battus tels des agneaux malheureux qu'on amène à l'abattoir. Et c'est par un temps glacial que nous arrivâmes à Loutsin.

Parmi tous ces souvenirs douloureux, il en est un qui me réchauffe le cœur. Nous fûmes conduits dans une immense caserne et, à notre grande surprise, nous fûmes accueillis par une cinquantaine de Juifs qui semblaient nous attendre. Parmi eux, il y avait un homme qui se distinguait par sa taille et son allure majestueuse. Il avait un beau visage orné d'une longue barbe noire. Ses yeux bruns étaient profonds et son regard perçant.

J'imaginais que cet homme ressemblait à un ange et que D-ieu l'avait envoyé pour guérir les malades et panser leurs plaies.

Ses yeux exprimaient l'amour, la miséricorde et la sympathie. Son abord était si amical et si bienveillant ! J'étais jeune, fatigué et affamé, mais surtout, j'étais assoiffé d'amour et de chaleur. Les yeux de cet homme nous captivaient et nous attiraient tels des aimants. Le silence se fit et tous les enfants fixèrent le visage du « Juif aux grands yeux ».

L'homme prit la parole : « *Chalom alekhem* – soyez les bienvenus, chers enfants ! »

Sa voix versait avec ces paroles apaisantes et douces une chaleur dont nos cœurs et nos membres étaient pénétrés. Cette grâce si avenante et cette bonté sans pareil nous saisissaient littéralement.

Nous répondîmes en cœur : « *Alekhem Chalom Rabbi* ! » Nous ignorions encore l'identité de cet homme, mais ce titre seyait si bien à son allure…

Le Rav Naftali de Loutsin semblait si jeune. Il avait à peine la trentaine. Il était grand et large d'épaules et portait une capote. Il s'approcha de nous et serra nos petites mains. Cette chaleureuse poignée de main qu'il accorda à chacun d'entre nous, ressuscita nos âmes en peine.

Moi aussi, je m'approchai de lui. Mon cœur était lourd et devant tant de chaleur, la détresse accablante qui m'avait envahi depuis deux mois, mais que j'avais pris soin de refouler, resurgit. Les autres enfants avaient au moins mérité la visite de leurs parents avant l'ultime séparation. Ils avaient pleuré ! Combien avaient-ils pleuré ! Mais ma maman n'était pas venue me voir, et moi, je n'avais pas pleuré. Mes yeux étaient restés secs. Dès l'instant où je fus séparé de ma mère, je ne pus verser une seule larme. C'était plutôt la colère et le ressentiment qui s'étaient emparés de mon cœur. J'avais la sauvagerie d'un animal blessé tant mon cœur était meurtri. Quand les soldats me frappaient, je restais silencieux et je ne répondais jamais aux personnes qui m'interrogeaient. Mais à cet instant, alors que le « Juif aux grands yeux » se tenait devant moi, mes défenses tombèrent. La chaleur qui émanait de sa personne fit fondre la glace qui avait figé mon cœur. Soudain, des sanglots me secouèrent et des larmes ruisselèrent de mes yeux.

Il me dit : « Quel âge as-tu, pauvre enfant ? » Le visage baigné de larmes je répondis : « Ma maman… n'est… pas venue… pour me dire… au revoir…» Je versais des pleurs convulsifs sans pouvoir m'arrêter. La douleur, le chagrin arrachaient mon cœur pendant que les grandes mains chaudes du Juif caressaient mon visage. Nous nous assîmes sur une souche dans la cour. Et, tout en me couvrant de caresses affectueuses, il me pressait contre lui et répétait inlassablement : « Pleure mon enfant, pleure petit orphelin…» Et moi j'avais l'impression que c'était ma mère qui me cajolait ainsi.

Comme je retrouvai peu à peu mon calme, je vis les regards posés sur moi. Je rougis de honte… mais nul ne riait ni se moquait de moi. Au contraire, mes plaintes avaient arraché des pleurs aux Juifs qui avaient accompagné le Rav. Quelques vieux soldats se tenaient là, l'air grave et, même l'officier corpulent à la moustache épaisse essuya quelques larmes de ses petits yeux.

Pendant que le Rav s'entretenait avec nous, on distribua des petits pains, des gâteaux, de la confiture et des fruits. On servit également des verres de vodka aux soldats. Les Juifs semblaient attendre l'arrivée du commandant. Quand il arriva enfin, deux Juifs parlant couramment le russe engagèrent avec lui une conversation animée. Peu de temps après, l'officier donna l'ordre de relever nos noms et confia la charge du groupe d'enfants aux délégués juifs. Le responsable militaire semblait avoir autorisé notre adoption temporaire par la communauté juive de Loutsin, jusqu'à notre prochain transfert.

Nous fûmes conduits à la synagogue. A l'intérieur, des hommes et des femmes nous attendaient. La salle était comble. Chacun des enfants était affecté à une famille juive qui acceptait d'en prendre soin, après que l'on eut relevé son nom, son âge et son lieu de naissance. Le Rav, qui avait rapidement appris à nous connaître, avait savamment orchestré la répartition des cantonistes entre les familles d'accueil.

Je découvris aussitôt que tous mes petits compagnons d'infortune avaient été placés et qu'à nouveau je restai seul. « Cela ne suffit-il pas que ma mère ne soit pas venue me voir, pour que maintenant encore ils m'aient oublié ? » songeai-je avec rancœur. J'étais assis dans un coin, seul et misérable. Soudain, je sentis une main chaude posée sur mon épaule. « Viens à la maison, mon enfant. » C'était le Rav Naftali !

Il m'adopta comme son propre fils et telle avait été son intention dès le départ, ce qui expliquait pourquoi il s'était réservé le « privilège » de me prendre sous son aile.

Chaque jour, le matin et le soir nous devions nous rendre à la caserne pour répondre à l'appel. Le Rav Naftali s'y rendait également pour une heure et parfois même plus, s'installant avec nous sur des barriques afin de nous entretenir de différents sujets. Quand il faisait très chaud, il nous rassemblait dans la cour et s'asseyait en face de nous sur une souche. Nous nous installions autour de lui, et, le fixant du regard, nous prêtions une oreille attentive à ses dires, à ses mots si doux et aux histoires fascinantes qu'il nous contait : les récits de ces Juifs que l'on torturait afin qu'ils abandonnent leur foi, mais qui ne cédèrent jamais, préférant sacrifier leur vie pour le Nom de D-ieu, plutôt que d'abandonner la religion de leurs parents. L'histoire de Rabbi Akiva, de Rabbi 'Hanina ben Téradyon, de Daniel, 'Hanania, Michaël et Azaria… Les Croisades, l'Inquisition… Parmi tous ces récits, c'est l'histoire de Yossef qu'il aimait particulièrement raconter.

Yossef fut vendu par ses frères, mais ses capacités exceptionnelles, sa vive intelligence et sa droiture le propulsèrent aux fonctions les plus importantes du pouvoir égyptien. Hélas, pendant toute cette période d'exil, il fut séparé de sa famille, de son père, de son peuple… Ses propres frères avaient cherché à lui nuire, mais leurs funestes desseins le menèrent finalement à l'apothéose. Et, lors de l'épreuve terrible qui le confronta à la femme de son maître Poutifar, Yossef vit le visage de son père et il sut que celui-ci avait pris le deuil depuis l'annonce de sa disparition. Yossef avait été victime d'une terrible injustice, ses frères l'ayant littéralement chassé ; mais si eux étaient coupables, son père Yaakov ne l'était nullement. Au moment de l'épreuve, il savait que son père continuait à se languir de lui.

« Que vous puissiez toujours voir le visage de Yaakov votre ancêtre ! » fit le Rav Naftali avec chaleur.

De nombreuses années plus tard, je compris les raisons qui avaient poussé le Rav à répéter l'histoire de Yossef. Le Rav était un vrai érudit. Il avait deviné la nature des événements qui allaient s'abattre sur son jeune public. Yossef fut vendu par ses frères juifs alors qu'il était encore adolescent. Cet abus dont il fut l'innocente victime avait certainement marqué au fer rouge son âme meurtrie. Il aurait pu choisir de tourner le dos à ce peuple qui l'avait trahi et renier sa foi. Mais Yossef résista à cette funeste et amère tentation parce que Yaakov, son père bien-aimé n'était pas l'instigateur de ce décret infâme !

Nous buvions littéralement les paroles du Rav. Chacun de ses mots débordait d'amour et de sincérité et pénétrait nos jeunes cœurs d'enfants avec facilité. Sa pureté et sa générosité étaient si manifestes qu'il parvint à transformer nos esprits et nos modes de pensée.

Le temps passa et les militaires commencèrent à recevoir des instructions au sujet des enfants qui devaient quitter Loutsin pour leurs destinations prochaines.

Nous étions restés quatre semaines auprès du Rav Naftali et ses leçons profondes sur la foi nous avaient préparés aux différents combats que nous devions mener pour les années à venir. Nous étions restés attachés à notre peuple et avions également appris à pardonner. Le Rav avait pansé nos plaies et nous avait guéris de ce mal qui nous avait frappés, cette haine féroce que nous avions nourrie contre les différentes instances communautaires juives qui nous avaient trahis. Chaque cantoniste était capable de désigner celui qui l'avait dénoncé. Cette époque était si sombre, si cruelle ! Les riches s'étaient comportés de manière indigne envers leurs frères plus pauvres – que D-ieu leur pardonne s'il est possible d'absoudre un tel péché. Le Rav Naftali nous avait appris à oublier, à accorder le pardon à ceux qui nous avaient sacrifiés. Que serait-il arrivé si nous n'avions pas rencontré ces Juifs qui avaient édifié cette merveilleuse entreprise de sauvetage spirituel dont j'ai moi-même été l'heureux bénéficiaire ?

J'étais à mon aise chez le Rav et j'en avais même oublié ma véritable identité et la destination ultime de mon "voyage". Son épouse était pour moi une mère. La personnalité du Rav me marqua profondément. J'ignore pourquoi il avait choisi de me prendre sous sa protection personnelle. Il avait peut-être pressenti les épreuves qui m'attendaient... Quoi qu'il en soit, le Créateur m'avait fait, à travers ce fidèle messager, le plus grand bien.

Après cette période, certes si courte, mais si belle et enrichissante à Loutsin, le rêve prit fin et le jour du départ arriva.

La veille déjà, nous devions quitter nos familles d'accueil et nous rendre à la caserne. Le matin, on battit du tambour et on sonna le clairon. Somnolents, grelottant de froid, nos cœurs étaient transis de peur et lentement nous commencions à réaliser que les jours heureux étaient passés. Qu'est-ce qui nous attendait ? Nous étions au supplice et de mauvaises pensées torturaient nos esprits. Nous claquions des dents de peur et de froid...

Nous nous demandions à haute voix si le Rav viendrait nous voir encore aujourd'hui. L'aube pointait et déjà nous étions prêts pour l'appel, nos sacs sur le dos. Les yeux gonflés de sommeil, le corps tremblant de tous ses membres, nous étions alignés sur deux longues files et, tenant à grand-peine notre buste bien droit, nous attendions les ordres.

Or voilà qu'en levant les yeux, nous l'aperçûmes. Il était là, devant nous, méconnaissable ! Son visage était de marbre et ses yeux crachaient du feu. Il parcourut nos rangs, entouré de "ses" Juifs et distribua des *tefillin* à ceux qui avaient atteint l'âge de la *bar-mitsva* et des *talitot* même aux plus jeunes.

Se tenant sur le côté, il clama : « Les enfants, enfants d'Israël, vous êtes Juifs ! Sachez-le bien et n'oubliez pas que vous êtes les enfants d'Avraham, de Its'hak et Yaakov ! » Sa voix puissante trembla. Il ne put retenir ses larmes. « N'oubliez pas que vous êtes juifs ! Ne l'oubliez pas ! Souvenez-vous de Daniel, 'Hanania, Michaël et Azaria, Rabbi Akiva et Yossef. Répétez après moi, chers enfants – *Chema Israël*... ! »

« *Chema Israël, Hachem Elokenou Hachem e'had*[1] !! » avons-nous crié en chœur.

« Les enfants, renchérit-il, vous nous quittez aujourd'hui pour un voyage très difficile. Vous rencontrerez de nombreuses et pénibles épreuves. Vos souffrances seront interminables...» Sa voix s'étouffa et il poursuivit son allocution avec difficulté. « Mais

1. Credo fondamental du judaïsme récité deux fois par jour

D-ieu sera auprès de vous, si vous ne L'oubliez point. Hachem, le D-ieu d'Avraham, de Its'hak et de Yaakov… Mes chers enfants, je voudrais vous bénir de la bénédiction que les cohanim récitaient au Temple de Jérusalem, en Terre Sainte. » Nous nous approchâmes en silence. Il posa ses mains sur nos têtes et entonna : « Que D.ieu te bénisse… »

Les premiers rayons de soleil commencèrent à poindre. Les tambours et le clairon se mirent à nouveau à gronder. Nous nous mîmes en route, passant la tête basse devant notre Rav. A chacun d'entre nous, il dit : « Pars en paix et sois en bonne santé ! » Et, atteignant la lisière de la ville, nous nous retournâmes vers la colline comme pour regarder une dernière fois Loutsin qui nous avait accueillis, cette ville dont le saint Rav nous avait comblés d'amour.

Je n'ai cessé de le voir mentalement, debout, devant moi, murmurant les mots de la bénédiction des cohanim : « Que D.ieu te bénisse… »

Les origines de ma famille

Le fils aîné du Rav Naftali, le Rav Aharon Zelig, avait une fille et sa sœur Malka avait un fils. Celle-ci dit un jour à son frère : « J'aimerai donner mon fils Eliezer en mariage à ta fille. » Le Rav Aharon Zelig y consentit, mais ajouta : « Je préfèrerais tout de même ne pas déroger à la coutume, et faire appel à un chadkhan. » Ainsi fut fait. Le Rav s'adressa au premier homme qui se trouvait chez lui à ce moment-là et lui dit : « Aimeriez-vous gagner un rouble pour une proposition de mariage ? Si oui, dites après moi : "Je propose Eliezer, le fils de cette dame, à votre fille." » L'homme acquiesça, on lui donna un rouble pour le service rendu et le chiddoukh fut conclu. Rav Eliezer Don Yi'hia, auteur du Even Chetiah, devint le gendre du Rav Aharon Zelig Tsioni.

Funérailles du rav Eliezer Don Yi'hia zatsal

Après le décès du Rav Naftali, Aharon Zelig prit la direction de la communauté de Loutsin. Puis ce fut son gendre, Rav Eliezer Don Yi'hia. Ce dernier vécut quatre-vingt-huit ans, de 1838 à 1926, et décéda le jour anniversaire de sa naissance, le 4 Tamouz, comme c'est souvent le cas pour les Justes, dont le Créateur comble les jours. Puis ce fut le Rav Ben-Tsion Don Yi'hia qui prit la fonction de Rav de Loutsin. Il fut assassiné par les nazis, de sinistre mémoire, pendant la Seconde Guerre mondiale.

Le rav Ben-Tsion Don Yi'hia zatsal

2

Rajitsa

Rav Naftali eut trois fils. Le deuxième, le Rav Its'hak Tsioni, fut désigné comme Rav de la ville de Rajitsa (aujourd'hui appelée Rezekna), à l'âge de trente-six ans. Nous étions dans la deuxième moitié du dix-neuvième siècle. Son fils, le Rav Ben-Tsion était mon père.

Je n'ai connu mon grand-père qu'à travers les récits que l'on me fit de lui. On raconte qu'il avait l'habitude de rester la majeure partie de la journée à la synagogue pour étudier. La ville de Rajitsa comptait de nombreux érudits en Torah. Mon grand-père avait l'habitude de leur soumettre les nombreuses questions qu'on venait lui poser et, après avoir entendu leurs opinions, il rendait lui-même sa décision. Il s'assura également que ses fils adoptent cette pratique et laissa même des instructions précises à ce sujet dans son testament.

Mon père adopta également cet usage. Pendant la guerre, alors que la famine sévissait, il accorda certains allègements particuliers aux Juifs de Kazan. Il permit notamment la production de *matsot* pendant la fête de Pessa'h, et autorisa la consommation de pois (ce qui, pour les Juifs d'origine ashkénaze, est contraire à la coutume). Il me semble qu'il ait également consenti à d'autres allègements compte tenu de l'urgence de la situation. Mais il ne prit ces décisions exceptionnelles qu'en présence de deux autres Rabbanim.

Le vendredi soir, lorsque mon grand-père, le Rav de Rajitsa se rendait à la synagogue, il s'assurait que tous les commerçants avaient bien fermé leur boutique avant l'entrée du Chabbat. J'ai un jour rencontré une dame qui, ayant été témoin de ces scènes, me raconta :

> « Vers le soir, le Chabbat approchant, je me trouvais dans la rue paisible quand soudain j'entendis derrière moi un grand tumulte, des pas précipités, des coups secs. Tout le monde courait et se pressait, les magasins fermaient les uns après les autres. M'adressant à une personne qui se hâtait comme les autres, je lui demandai, effrayée : "Mais que se passe-t-il ?" Alors qu'elle pressait le pas et poursuivait sa course, elle me lança cette phrase mêlée de respect et de crainte divine : "Le Rav Itsalé arrive !" »

On venait de loin à Rajitsa pour entendre les conseils de mon grand-père. De nombreuses histoires rapportent comment ceux qui ont délibérément ignoré les directives du Rav Itsalé en ont tragiquement subi les conséquences. En vérité, mon aïeul suscitait aussi bien l'amour que la crainte auprès de ses semblables.

Ce fut en veille de Chabbat. Plusieurs Juifs s'étaient rendus à l'établissement de bains pour se préparer pour le jour saint, quand une dispute éclata entre deux d'entre eux, et l'un asséna une gifle au second, un instituteur de l'école juive local. On fit appeler le Rav de Rajitsa qui s'indigna devant ce spectacle pitoyable et s'écria : « Mes frères juifs, *ra'hamanout* – ayez pitié ! » Et il ajouta : « Rendez-le-lui, tout de suite ! Rendez-lui cet outrage ! » Le silence se fit et nul n'osa bouger et encore moins lever la main sur l'agresseur. Cette même nuit, pendant le repas de Chabbat, un os se coinça dans la gorge de celui qui avait frappé son adversaire, et il mourut sur-le-champ. A cet instant, les Juifs de la ville comprirent le sens de l'étrange requête de leur Rav. Si seulement ils avaient rendu le coup, le Juif aurait certainement échappé à son terrible châtiment.

Un beau jour, un Juif ouvrit un salon de coiffure en ville, où l'on taillait les barbes des clients avec une lame de rasoir, ce qui est contraire à la loi juive. La majorité des Juifs de Rajitsa suivaient scrupuleusement la *halakha* et ce coiffeur fut le premier à y faire une entorse. A l'époque, les rasoirs électriques autorisés par la *halakha* n'étaient pas encore répandus, et les quelques Juifs qui souhaitaient raser convenablement leur barbe commencèrent à fréquenter le coiffeur. Le Rav de Rajitsa ne le vit pas d'un bon œil et le fit aussitôt appeler. Ce dernier promit au Rav de cesser son inconduite et, bien qu'au départ, il tint parole, rapidement, il réitéra son action délictueuse. Le Rav le fit à nouveau appeler et lui dit : « Mon fils, tu as promis que tu n'allais pas recommencer ! »

Et le coiffeur de rétorquer : « Rav, nous sommes bien obligés de gagner notre vie. Si je me passe du rasoir, je n'aurai plus de clients et je n'aurai pas de quoi manger ! »

Le Rav lui demanda ce qui se passerait quand il aurait de quoi manger, sans ajouter un mot de plus... Peu de temps après, le coiffeur souffrit d'une maladie rare : on avait beau lui présenter les aliments les plus raffinés, il était incapable de les avaler…

Je rencontrai un Juif de Rajitsa qui me raconta qu'étant enfant il passait son temps à suivre le Rav à la trace. Apercevant un jour le Rav Itsalé dans les rues de la ville, enveloppé de son *talit* et paré de ses *tefillin* comme à son habitude, il le vit entrer dans une ruelle étroite pour y demeurer de longues minutes. Ce mystère piqua la curiosité de l'enfant qui attendit le départ du Rav pour s'approcher de la ruelle obscure. Il y vit une chienne couchée sur le sol froid, entourée de ses chiots. Quelqu'un avait déposé de la nourriture à ses côtés. Le Rav s'était soucié du bien-être de l'animal !

Un jour, nous reçûmes dans notre maison, rue Oubrazain à Kazan, la visite de la mère d'une de nos voisines, qui portait le nom de Gourevitch. La conversation porta notamment sur les origines de mon père, qui était né à Rajitsa. Alors que je mentionnai le nom de cette ville, la voisine s'agita : « Rajitsa, dites-vous ? La ville du Rav Itsalé ? Mais il a sauvé la vie de ma mère ! »

Constatant l'intérêt que je portais à ce sujet, elle raconta : « C'était un matin de printemps. A l'époque nous n'avions pas d'eau courante et les femmes devaient se rendre à pied à la rivière, chargées comme des mules, afin d'y laver leur linge. Ce jour-là, maman devait faire sa lessive et sur son chemin, elle passa près de la synagogue. A sa grande surprise, le bedeau sortit de l'établissement et l'interpella : « Rav Itsalé exige que tu attendes un peu ! » Elle était stupéfaite, mais elle obtempéra sans mot dire. Au bout d'un quart d'heure, le bedeau apparut à nouveau pour lui annoncer qu'elle pouvait reprendre sa route. Pendant qu'elle marchait, elle ne cessait de s'étonner de cette étrange rencontre. Pourquoi l'avait-on fait attendre ? Mais, quelle ne fut sa surprise quand, arrivée au bord de la rivière elle constata que la digue avait disparu ! Le courant l'avait emportée pendant que le Rav Itsalé l'avait fait attendre. Qui sait ce qu'il serait advenu si elle s'était trouvée sur la jetée au moment où celle-ci fut charriée par les eaux tumultueuses ? »

Le Rav Itsalé épousa 'Hava en secondes noces, la fille du Rav Yossalé Karsalber, un grand érudit également versé dans l'étude de la Cabale. De son premier mariage, Rav Itsalé eut plusieurs filles et un fils – le Rav David. Et de son second mariage, il eut trois filles et un fils qui naquit en 1885, alors que le Rav Itsalé avait déjà soixante ans. Cet enfant, le plus jeune fils du Rav était mon père et mon grand-père fut son premier maître. Plus tard, mon père étudia à la *yechiva* de Slabodka et auprès de son grand-père maternel – le Rav Yossalé Karsalber.

Rav Yossef Ravinson, rav de Karsalba, arrière-grand-père du rav Its'hak Zilber et rav de son père

Un des Juifs de Rajitsa rapporta à mon père comment mon grand-père, le Rav Itsalé, décéda. Il tomba malade et dut se rendre en urgence à Varsovie pour consulter des médecins. Hélas, toutes les tentatives pour le guérir échouèrent. Dans le train qui le ramenait chez lui, il ne cessait de répéter : « Plus vite ! Plus vite ! » Le train arriva en gare avant l'heure. Rav Itsalé eut à peine le temps de regagner sa demeure, de se coucher sur son lit et de rendre son dernier souffle.

C'était en 1900, il avait soixante-quinze ans.

Mes parents

Ma mère, Léa Guittel, est née en Lituanie dans la ville de Rogov (aujourd'hui Rogova), dans le district de Poniewicz. Son père, Rav Moché Michel Chmouel Shapira était un éminent érudit et auteur de très nombreux ouvrages. Mes parents se sont mariés le 2 Tamouz 5674 (1914). Les grands de la génération adressèrent leurs meilleurs vœux aux mariés parmi lesquels le Rav Meïr Sim'ha Hacohen de Dvinsk (de même que le 'Hafets 'Haïm me semble-t-il). Après son mariage, mon père étudia dans la *yechiva* de Rajitsa, une annexe de la grande *yechiva* de Slabodka.

Quand la Première Guerre mondiale éclata, il dut changer de nom pour prendre celui de Zilber afin d'échapper à l'enrôlement dans l'armée tsariste. Quand je suis monté en Israël, j'ai songé à reprendre le nom d'origine de ma famille, mais j'ai renoncé à ce projet, car je craignais que les personnes qui m'avaient connu en Russie sous le nom de Zilber ne puissent me retrouver.

Le grand-père – rav Moché Michel Chmouel Shapira zatsal

Mon père eut des relations suivies avec le Rav Meïr Sim'ha Hacohen de Dvinsk, auteur du *Mechekh 'Hokhma* et du *Or Samea'h*. Ce dernier appelait mon père « *mein Kind* – mon enfant ». Il semblerait qu'au début de la guerre, ils se soient retrouvés ensemble à Rajitsa, pendant un temps assez court, de même que mon grand-père, le Rav Shapira. Chaque jour, après l'office du matin, alors que les

La Ketouba des parents du rav Its'hak Zilber

fidèles quittaient la synagogue, le *Or Samea'h*, le Rav Shapira et mon père restaient dans le *Beth Hamidrach* pour étudier jusqu'à midi, sans même prendre le temps d'avaler quoi que ce soit. Mon père adopta cette pratique également à Kazan – il ne manquait jamais d'étudier juste après l'office du matin, *cha'harit*.

Rav Meïr Sim'ha de Dvinsk

J'ai souvent entendu le nom de Rav Meïr Sim'ha dans mon enfance. Mais l'histoire suivante m'a été rapportée par un des protagonistes, un de mes voisins en Israël, Reb Zalman David Kil. J'ai ensuite eu l'occasion de lire cette anecdote dans *Sécurité et Démocratie* dont l'auteur, Isser Harel, un ancien chef du Mossad (Services secrets israéliens) en fut également témoin.

Voici ce que raconte Harel dans son livre. A l'époque, il était encore un tout jeune homme :

Cette année-là, la fonte des neiges fut précoce en Russie et plus particulièrement autour de la source du Dvina, alors que le printemps n'avait pas encore atteint la baie de Riga, à l'embouchure du fleuve. Dans la région qui séparait sur quelque 200 km la ville de Dvinsk de la baie de Riga, l'hiver était encore rigoureux et froid. A Riga, le fleuve était recouvert d'une épaisse couche de glace qui masquait obstinément la surface des eaux et leur barrait le passage. En amont, le niveau de l'eau montait à une allure dangereuse et le fleuve charriait sur son passage d'immenses blocs de glace. Les courants tumultueux brisèrent des ponts et emportèrent des villages entiers. A Dvinsk, les eaux frappaient avec fougue la jetée qui entourait la ville et menaçaient de la submerger.

Les habitants s'empressèrent de gagner les étages supérieurs des maisons ou les toits, anticipant avec angoisse la catastrophe imminente.

Nous avons aussi empaqueté ce qu'il était possible d'emporter et, quittant notre appartement, nous sommes montés à l'étage. La peur s'empara des habitants de Dvinsk.

La crise atteint son paroxysme le matin du Chabbat. A tout instant, le fleuve risquait de sortir de son lit et de briser la digue. Je distinguais sur le visage de mon père l'incertitude. Devait-il rester chez lui auprès des siens, au cas où... Ou bien se rendre à la synagogue afin de joindre ses prières à celles des autres fidèles. Il partit enfin pour la synagogue et je l'accompagnai.

Au milieu de l'office, alors que les suppliques se faisaient plus pressantes et que nos cœurs inquiets étaient saisis par l'angoisse, des Juifs firent brusquement irruption et annoncèrent avec fracas que les eaux du fleuve allaient inonder la ville d'une minute à l'autre.

A cet instant, le Rav Meïr Sim'ha, ceint de son grand *talit* immaculé, se leva et se rendit sur la digue, suivi de tous les fidèles, pareillement parés de leur *talit*. Le Rav grimpa sur la jetée et pria pour que les eaux redescendent. Quelques instants plus tard, alors qu'il était encore en prière, le miracle survint : la glace se mit à trembler et à se fendre, tandis que les eaux regagnaient leur lit.

Je me tenais sur la digue, à quelques mètres du Rav. Ces événements sont gravés dans ma mémoire et, depuis ce jour, l'image du Rav Meïr Sim'ha ne cesse d'occuper mon esprit. En un clin d'œil, la rumeur se répandit dans Dvinsk. Le Rav Meïr Sim'ha Hacohen avait fait un miracle et avait sauvé la ville. Les habitants non-juifs et parmi eux les antisémites les plus avérés se rendirent en hâte près du fleuve pour constater le miracle que le saint Rav avait opéré.

Mais pour ce dernier, la descente des eaux ne relevait nullement du prodige et il ne se considérait pas non plus comme un saint. Il ne s'était pas rendu sur la digue pour faire des miracles, mais juste pour offrir sa supplique à l'Eternel !

L'histoire que me raconta David Kil s'accorde exactement avec les faits rapportés ci-dessus. Il ajouta seulement que les autorités avaient lancé un appel à tous les habitants pour que chacun prête son concours et sauve Dvinsk du sinistre. On organisa des prières publiques, mais les jours passaient et les eaux ne cessaient de monter et menaçaient de submerger la ville, réduisant ses habitants à l'impuissance. Les autorités lettones s'adressèrent officiellement au Rav de renom, le *Or Samea'h* qui, muni d'un livre de Psaumes, se rendit sur les rives du fleuve. Le flot fut aussitôt endigué ce qui généra un immense *kiddouch Hachem* (sanctification du Nom divin), dans tous les sens du terme !

En 1918, les communistes s'emparèrent du pouvoir letton pour une année seulement. Le Rav Meïr Sim'ha fut emprisonné, reconnu coupable d'exercer la fonction de Rabbin et condamné à la peine capitale. [Les journaux s'empressèrent de rapporter le décès du Rav, information qui, plus tard, se révéla complètement fausse]. Ceux qui prirent la défense du *Or Samea'h* et établirent son innocence avancèrent notamment l'argument de son grand amour pour les faibles et les plus démunis, et du peu de rapports qu'il entretenait avec les privilégiés. Ce plaidoyer fut accueilli avec satisfaction et le Rav échappa à l'exécution capitale.

Le *Or Samea'h* rendit l'âme en 1926 et le journal soviétique... annonça le décès d'un Rabbin de grande renommée. Il me semble que ce fut l'unique occasion en URSS où un organe de presse signala la disparition d'un homme de religion, compte tenu du peu d'intérêt que portaient les communistes à la foi.

Le décès de Rav Meïr Sim'ha précéda de nombreuses années les événements tragiques qui, plus tard, frappèrent les Juifs d'Allemagne. Quand le Rav commença la rédaction de son œuvre, le *Mechekh 'Hokhma,* édité juste avant sa mort, il était encore assez jeune. A cette époque, les Juifs allemands connaissaient la gloire et la prospérité. L'émancipation en était encore à ses débuts et les Juifs d'Allemagne, tout comme les autres Juifs d'Europe étaient fraîchement devenus des citoyens à part entière, jouissant de la liberté et de l'égalité des droits au même titre que leurs compatriotes.

Au début du dix-neuvième siècle, le judaïsme allemand donna naissance au mouvement réformé. Désirant conserver une identité nationale forte, un groupe de Juifs "visionnaires" entreprirent de bouleverser les fondements de leur religion et d'engager une réforme du judaïsme. Dans l'esprit de la réforme, on pouvait rester juif et adapter les lois du judaïsme à l'air du temps quitte à y opérer quelques changements substantiels. Les adeptes de ce mouvement prétendirent notamment que l'on pouvait consommer de la nourriture non casher, profaner le Chabbat, etc., et rester juif malgré tout. L'identité juive se détachait de son contenu religieux.

Vers la fin du dix-huitième siècle et au début du dix-neuvième, fascinés par la toute nouvelle philosophie allemande des Lumières, les Juifs allemands commencèrent à se prosterner devant l'autel de la *Kultur* et de l'Allemagne éclairée. De fait, le mouvement réformé, dont le but déclaré était de moderniser le judaïsme, construisit des synagogues sur le modèle des églises chrétiennes pour y tenir des offices au son de l'orgue et accompagnés de chœurs de femmes… Les plus avant-gardistes remplacèrent même le jour du Chabbat par le dimanche et retirèrent des textes de prières tous les passages faisant référence à l'espoir millénaire des Juifs de revenir à Sion et d'y voir le Temple reconstruit. Ces Juifs se félicitaient de vivre dans l'Allemagne cultivée et érudite plutôt qu'en Israël, sur un continent obscurantiste et primitif. Ils se prétendaient honnêtes, se refusant à mentir et à feindre un quelconque espoir de retourner en Terre Sainte... Cet espoir, en toute bonne foi, ils ne le caressaient nullement. L'assimilation atteignit des proportions inégalées en Allemagne et les conversions au christianisme y étaient très répandues. C'est dans ce pays qu'apparurent les premiers signes de ce fléau rampant qui toucha les Juifs d'Europe occidentale pour se répandre également en Pologne et en Russie dans les dix-neuf et vingtième siècles. Hélas, c'est justement l'Allemagne que le Saint béni soit-Il choisit pour châtier Ses enfants rebelles.

Aujourd'hui, nous constatons que la pensée réformée se perpétue sur deux ou trois décennies à peine. Les Juifs qui prétendent appartenir à ce mouvement ou leurs descendants finissent en fin de compte par rejeter la foi d'un seul bloc.

Le rav Méïr Sim'ha Hacohen de Dvinsk et la page de couverture de son œuvre, le Mechekh 'Hokhma

Bien avant ces événements, alors que les résultats d'un tel mouvement n'étaient pas encore manifestes, Rav Meïr Sim'ha révèle l'expression prophétique de sa pensée dans son commentaire sur la section de Be'houkotaï (Lévitique 26,44) :

« Telle est l'histoire des Juifs. Ils se dispersent et puis, dans un pays qui leur est étranger, ce peuple renaît, la Torah se développe, malgré les épreuves, malgré les décrets infâmes et les expulsions. Et, souvent, lorsque Israël fructifie dans la paix, son esprit naturellement novateur le pousse à adhérer à de fausses croyances et à lui faire rejeter ce que ses ancêtres lui ont transmis. Le Juif devient alors un citoyen comme les autres, adoptant un langage et des coutumes qui ne sont pas les siens... Il pense que Berlin est Jérusalem et oublie le verset qui lui dit : "Ne te réjouis pas, Israël d'une joie semblable à celle des Nations" (Osée 9,1). Alors survient une nouvelle tornade qui l'arrache [de son lieu d'habitation] et l'envoie vers un nouvel exil [sur une terre d'accueil] dont il ne connaît pas la langue, mais qui lui rappelle son origine parce qu'il y est étranger. Il comprend alors que sa langue est la Langue Sainte et que les racines d'Israël sont éternelles...»

Le grand-père, rabbi Moché Michel Chmouel Shapira zatsal lors d'une réunion de rabbins (troisième à droite)

Ces mots ont été écrits vers la fin du dix-neuvième siècle ou, au plus tard, au tout début du vingtième. Leur auteur, le Rav Meïr Sim'ha de Dvinsk est décédé en 1926, quelque sept ans avant la montée de Hitler au pouvoir ! Ce maître n'a jamais vécu à Berlin, mais en Lettonie. Je ne cesse de m'étonner de l'esprit prophétique qui l'anima à une époque où les Juifs vivaient encore dans l'insouciance et la prospérité au pays de Goethe. Il a su présager l'issue fatale de ce mal et envisager l'immense tragédie qui, quelques années plus tard, frappa le judaïsme européen. Je ne peux expliquer ce don prophétique, mais on ne peut nier que ce géant de la Torah était un homme saint !

EXIL À KAZAN

Nous étions en pleine guerre et en cette période de troubles, les Juifs de l'ouest de la Russie furent à nouveau victimes d'un décret innommable. En effet, le régime tsariste ordonna l'évacuation des Juifs, considérés comme potentiellement dangereux et déloyaux, des zones frontalières. De ce fait, des milliers de familles originaires de Lituanie et de Lettonie furent ainsi déplacées vers le centre de la Russie.

Ma mère avait l'habitude de raconter combien ces événements avaient été tragiques. Les Juifs furent jetés avec violence dans des wagons pour être transportés vers des régions qui leur étaient totalement inconnues. Qu'ils soient en bonne santé ou malades, jeunes, vieux ou même aliénés. Les Russes impitoyables n'avaient épargné personne...

Au cours du voyage, on faisait descendre des groupes d'exilés. Mes parents atterrirent à Kazan et mes grands-parents, qui, pourtant, avaient pris le même train, se retrouvèrent à Simferopol. En Russie tsariste, les Juifs n'avaient pas le droit de résider où bon leur semblait, mais uniquement dans les quelques endroits dont l'accès leur était autorisé. Kazan faisait partie de ces villes interdites aux Juifs, mais au moment de l'expulsion des territoires frontaliers, les portes de Kazan furent ouvertes aux réfugiés juifs qui s'y rendirent en masse. Mes grands-parents parvinrent à regagner la Lituanie avant l'invasion soviétique, tandis qu'à la même époque, mes parents n'avaient déjà plus le droit de quitter Kazan.

Dans un premier temps, mon père tenta de cacher à ses coreligionnaires le fait qu'il fut Rav. Mais, un jour, à la synagogue, un Juif le reconnut et le salua en ces termes : « Rabbi, pourquoi restez-vous près de la porte ? »

Mon père ne désirait pas employer son titre de Rav comme un moyen de gagner son pain. Il décida donc de se lancer dans le commerce. Il confia son argent à plusieurs négociants. Alors qu'il commençait à réaliser des bénéfices, il découvrit que ses associés avaient conclu des affaires pendant Chabbat. Refusant obstinément de toucher un seul kopeck de ce qu'il désignait comme "l'argent du Chabbat", il fut contraint d'accepter la fonction de Rav et devint officiellement le Rabbin de Kazan et de sa région.

Du matin jusqu'au soir, mon père traitait les affaires de sa communauté. De midi à quatorze heures, il surveillait l'abattage rituel dans les abattoirs de la ville. Puis, il donnait des cours à la synagogue, recevait les membres de sa communauté chez lui et prêtait à toute heure une oreille attentive aux problèmes et aux questions qui étaient soulevés. Tel fut son emploi du temps jusqu'en 1926, année funeste au cours de laquelle le pouvoir soviétique décida de s'en prendre à la religion juive et d'en supprimer jusqu'aux derniers vestiges. On ferma les synagogues et, à partir de là, les activités de mon père entrèrent dans la clandestinité. Seul D-ieu sait comment nous avons réussi à subsister pendant cette période des plus sombres.

Deuxième Partie

1916 - 1960 :
Kazan

1
Enfance et adolescence

Mon père, mon maître

Je connais peu de fils, si ce n'est aucun, qui soient redevables à leur père pour les connaissances qu'ils possèdent, autant que je le suis au mien. Il était mon maître dans toutes les disciplines – c'est lui qui m'apprit à lire, qui m'enseigna le *'Houmach*, le *Nakh*, le Talmud, le *Choul'han Aroukh*. Jusqu'à ce jour, j'ignore comment mes parents réussirent, en pleine Russie soviétique, à me faire dispenser d'école. Cela relevait assurément du miracle ! En URSS, l'instruction était absolument obligatoire et la loi était à ce sujet extrêmement sévère. Pendant une certaine période, mon père recruta même des précepteurs qui m'enseignèrent les mathématiques, les sciences, le russe et autres matières inscrites au programme afin de ne pas éveiller les soupçons. Mais, en général, c'est mon père qui se chargeait de m'enseigner ces différentes matières également, et j'avoue ignorer les circonstances dans lesquelles il les avait lui-même apprises.

Mon père m'emmena dès le plus jeune âge à la synagogue. Vers six ans, je connaissais déjà toutes les prières et je pouvais même les réciter par cœur. Alors que j'avais huit ans, j'étais un jour assis avec mon père dans un coin de la synagogue pendant que le *cho'het* enseignait la *Michna* à un groupe de Juifs. Mon père murmura à mon oreille : « Sache que l'explication qu'il vient de donner n'est pas correcte. » Je m'étonnai qu'il n'en fasse pas lui-même la remarque au *cho'het*. Le cours prit fin et nous commençâmes la prière du soir, *arvit*. Après l'office, les fidèles quittèrent la synagogue et le *cho'het* s'approcha de mon père pour le saluer comme de coutume. C'est alors que mon père lui dit : « Sachez que, dans la *Michna*, il est un passage difficile qui est souvent sujet à une interprétation erronée. » Alors qu'il expliquait le sens de ce passage à son interlocuteur attentif, ce dernier s'écria : « *Oy* ! Moi aussi je me suis trompé alors ! Demain je reprendrai cette *Michna* avec mes élèves et je corrigerai mon erreur ! » Je fus saisi par la délicatesse de mon père qui s'était refusé à embarrasser le *cho'het* en public et qui avait préféré garder le silence pendant le cours. Cette anecdote produisit une vive impression sur l'enfant que j'étais alors et jamais je n'ai pu l'oublier.

Mon père était particulièrement sensible et réservé de nature. Il avait l'habitude de dire que si quelqu'un avait besoin de son aide, il se ferait une joie de la lui offrir, pourvu que cette personne vienne la lui demander. Ma mère, au contraire, était très vive et volontaire. Si quelqu'un requérait de l'aide, elle accourait avant même qu'on ne l'ait sollicitée.

A Kazan, pendant Souccot, seuls un ou deux Juifs avaient la possibilité de construire une *soucca*. Pour mes parents, ceci était impossible, mais nous nous attachions néanmoins à prendre tous nos repas dans une *soucca* et plus particulièrement le premier soir de fête. En effet, ce soir-là, la loi juive stipule explicitement que même en cas de pluie, on doit attendre qu'elle cesse et manger obligatoirement dans la *soucca*. Les autres

Le rav Zilber enfant aux côtés de son père

jours, au contraire, s'il pleut, nous en sommes dispensés. Cette année-là, le premier soir de fête, nous partîmes à la recherche d'une *soucca*. Ce n'était pas chose facile en Russie communiste et, bien évidemment, l'heureux propriétaire d'une telle cabane ne le criait pas sur tous les toits. Même pendant les offices, on n'évoquait guère ces sujets, par crainte des délateurs. Nous nous rendîmes donc chez un Juif qui, chaque année, avait l'habitude de construire une *soucca*. Hélas, cette année-là, il n'y était pas parvenu. Pendant que nous poursuivions nos recherches, une pluie torrentielle se mit à tomber. Nous parcourûmes les rues de la ville pendant près de quatre heures, malgré la pluie et enfin, vers minuit, nos efforts furent fructueux. Prenant place dans cette *soucca* si tardivement dénichée, nous pûmes, comme chaque année, savourer notre repas de fête à l'ombre de la Présence divine !

A l'époque nous habitions un appartement d'Etat. Celui-ci comprenait trois pièces. C'était plutôt spacieux… n'eut été le fait que la première chambre, d'une superficie de douze mètres carrés, était occupée par mes parents et moi-même, que dans la seconde, de même taille, logeait une autre famille et enfin, que le salon était réservé aux membres de l'Yvsektsia…

L'Yvsektsia – Amalek

L'Yvsektsia est le nom qui désigne les organisations juives affiliées au Parti communiste en URSS. Après la révolution, les Soviétiques favorisèrent la naissance de groupes ethniques affiliés au Parti communiste et dont le but avéré était de répandre l'idéologie socialiste auprès des masses qui se caractérisaient, sous l'étoile rouge, par leur grande diversité. L'Yvsektsia jouait ce rôle auprès des Juifs et il entendait assujettir ses frères de confession aux dogmes du communisme. Les membres de ce mouvement, qui étaient tous juifs, accomplissaient leur funeste tâche avec un dévouement cynique, s'efforçant d'effacer la moindre trace de foi et de religion : ils firent fermer les synagogues et les bassins rituels, ils firent interdire l'abattage rituel et emprisonner les rabbins et ceux qui enseignaient la Torah.

Qui est Amalek ?

Essav, frère de Yaakov avait un fils du nom d'Elifaz. Amalek est le fils d'Elifaz et héritier spirituel de son grand-père Essav. Dans le désert, les Hébreux, tout juste sortis d'Egypte furent assaillis par les Amalécites. Les raisons de cette offensive sont obscures, les Juifs ne disposant ni d'un territoire, ni de richesses colossales outre les quelques bijoux emportés dans leur périple. Comment expliquer les intentions belliqueuses d'Amalek à l'égard de nos ancêtres ? Pourquoi choisit-il d'attaquer un peuple apatride, aux ressources misérables ?

Quand, après les dix plaies, les Juifs sortirent d'Egypte, le monde fut en émoi. D-ieu avait manifesté Sa toute-puissance et Son hégémonie sur les éléments afin de donner aux Hébreux et à leurs bourreaux égyptiens une leçon de foi. Et, en effet, lorsque l'Egypte antique fut si durement frappée, les nations de l'époque frémirent. Peu à peu, les esprits furent saisis par la crainte de ce D-ieu redoutable et de ce peuple qui Le représentait. Une seule nation refusa d'adhérer à ce mouvement salutaire et s'obstina à croire en la suprématie de la nature et de la loi du plus fort. Constatant le rapprochement de l'humanité entière vers son Créateur, elle décida de briser le "mythe" et d'agresser les hommes qui répondaient de ce D-ieu unique et omniscient, afin de prouver au monde qu'il n'y avait pas lieu de Le craindre puisqu'il était possible de nuire à Son peuple. Lors de cette offensive, Amalek fut vaincu, mais le mal était fait. On avait déjà moins peur, on commençait déjà à douter de l'unicité divine…

La valeur numérique d'Amalek est la même que le mot *safek* – le doute. L'objectif premier d'Amalek est de semer le doute. Il est possible aujourd'hui encore de rencontrer des Juifs qui demandent : « Qui me dit que D-ieu existe ? » ou encore « Qui peut prouver que la Torah est d'origine divine ? » Nombreux sont ceux qui prétendent que l'on peut être juif sans respecter le Chabbat ni mettre les *tefillin* parce que l'identité juive pourrait se définir autrement que par l'attachement aux valeurs de la Torah. Ce phénomène est l'œuvre même d'Amalek qui est celui qui "refroidit" – *acher karekha baderekh* – qui t'a rencontré en chemin (Deutéronome 25,17). *Karekha* peut aussi prendre le sens de *kar* – froid. Amalek réduit l'ardeur spirituelle et affaiblit l'attachement au judaïsme et à la vérité. Cet impie prêche l'indifférence et écarte le peuple d'Israël de la cause juive dont il devient étranger. Et, de ce fait, Amalek réduit la suprématie divine sur le monde en semant le doute, il pousse l'humanité à rejeter la royauté de D-ieu et à se prosterner devant le culte du déterminisme ou de l'hédonisme.

Le nom Amalek est formé des deux mots : *am* et *lek*. Ce peuple est non seulement assassin, mais il est aussi *melakek* – il suce le sang de ses victimes et les soumet aux pires tortures tout en jouissant de leur infliger les plus atroces supplices.

Le Talmud associe Amalek à l'Allemagne (*Meguila* 6b) et Rachi précise que *guermamia* n'est autre que le royaume d'Edom (Essav). Le Gaon de Vilna ajoute que *guermamia* doit se lire *guermania* et que ce terme désigne les hommes du nord, à la peau claire et aux cheveux blonds. Or Amalek est l'archétype, l'héritier spirituel d'Essav.

La cruauté d'Amalek se manifesta en Allemagne, dès le Moyen-Age à l'époque des croisades. Le sang juif y coula à flot et des communautés entières furent anéanties à Worms ou à Mayence. Jusqu'à la Seconde Guerre mondiale, je me suis toujours demandé pourquoi la Torah nous interdisait explicitement d'oublier le mal qu'Amalek, plus que tout autre peuple, nous a fait. Hélas, les ennemis d'Israël sont bien nombreux. Pourquoi la Torah distingue-t-elle particulièrement le peuple amalécite ? Pendant la guerre, je compris qu'Amalek était le pire ! Avant la Shoah, de nombreux Juifs prétendaient qu'il n'était plus nécessaire de se souvenir d'Amalek et de nourrir des sentiments de haine vis-à-vis de ce peuple. Les Allemands sont si polis, si courtois… Aujourd'hui aussi on tâche d'oublier, l'Allemagne se montre si généreuse, si affable, si compréhensive envers les Juifs. Un des partisans juifs qui fut tué pendant la guerre s'était écrié avec rage : « Que le nom du Juif qui ose oublier ce que les Allemands nous ont fait soit effacé à jamais ! »

Rav El'hanan Wasserman *Hy''d* explique dans son livre *Kovets Maamarim* que les Juifs de son temps avaient servi deux cultes étrangers. Le premier, le nationalisme juif qui prônait la naissance d'une nation

Rav El'hanan Wasserman zatsal

sans Torah et qui considérait le judaïsme comme une identité nationale uniquement. Pour ses adeptes, il fallait avant tout se *sentir* juif, même si, dans le même temps, on se faisait baptiser... La seconde idolâtrie fut celle du socialisme dont l'URSS était le fief et où les Juifs furent poursuivis sans trêve pour l'unique crime de pratiquer leur religion. Et, conclut le Rav Wasserman, dans le Ciel, on a associé ces deux divinités pour en faire une seule : le national-socialisme...

Pourquoi associer Amalek à l'Yvsektsia ?

En Russie, nous l'avons vu, l'Yvsektsia fit non seulement fermer les synagogues, mais elle conduisit également des Rabbanim à la mort, encourageant la profanation du Chabbat et le reste à l'avenant. Assurément, on pouvait reconnaître derrière ces agissements la main de ce perfide ennemi ! Sans aucun doute, celui qui empêche les Juifs de vivre leur religion descend d'Amalek, même s'il est lui-même juif, comme l'a précisé le 'Hafets 'Haïm en son temps et tel que le rapporte son disciple, le Rav El'hanan Wasserman.

Les membres de l'Yvsektsia, conscients de l'influence du Rabbi de Loubavitch sur les Juifs de Russie, ordonnèrent son arrestation puis son emprisonnement à Leningrad, exigeant même des autorités sa mise à mort ! Il semblerait que le pouvoir soviétique n'ait pas vraiment souhaité l'incarcération du Rabbi, mais qu'il céda devant l'obstination impudente des Juifs de l'Yvsektsia. Et, non contents d'avoir jeté le Rabbi en prison, ils firent également confisquer ses *tefillin*... Quelle honte ! Pendant que des Juifs plaidaient pour l'exécution du Rabbi, une non-juive, la femme de l'écrivain russe Maxime Gorki, intervint pour faire commuer sa peine en dix ans d'emprisonnement... Plus tard, des membres de l'Yvsektsia qui avaient lutté contre le Rabbi furent tués par des adeptes de leur groupe.

Les membres de l'Yvsektsia engageaient des opérations "anti Pessa'h". Le soir du *Seder*, premier soir de la fête, ils entraient dans les maisons juives et demandaient aux jeunes de les suivre. Evidemment, il était extrêmement dangereux de désobéir à leurs ordres. Ce groupe haïssable organisait des rencontres au cours desquelles il distribuait des cigarettes et des petits pains... Un Juif de Minsk, Ne'hemia Maccabi, avec lequel je fis connaissance à mon arrivée à Kazan, me raconta comment, un soir de *Seder*, alors que sa famille s'apprêtait à commencer la lecture de la *Haggada*, les Juifs de l'Yvsektsia firent brusquement irruption. Ne'hemia et un de ses amis qui était présent eurent à peine le temps de se cacher dans une armoire. Les visiteurs importuns interpellèrent le maître de maison : « Où est ton fils ? » Celui-ci haussa les épaules et répondit avec nonchalance : « Il est parti. » En proie à une agitation fébrile, les membres de l'Yvsektsia se mirent à fouiller tous les recoins de la maison. Fort heureusement, il ne leur vint pas à l'esprit d'explorer l'armoire dans laquelle se trouvaient les deux adolescents.

Ce sont encore les membres de cette funeste milice qui intentaient des procès "juifs" à l'encontre des personnes pratiquantes, tenant leurs audiences fantoches en yiddish et accusant leurs victimes de toutes sortes de méfaits qui, bien évidemment, n'avaient jamais été commis. A Minsk, ils ouvrirent un procès contre un *cho'het*, pour un crime qu'il aurait prétendument perpétré. Cet homme était un saint, craignant D-ieu. Les témoins à charge qui avaient été appelés à comparaître, s'étaient même rétractés et étaient revenus sur leur témoignage accablant. Le tribunal de l'Yvsektsia choisit malgré tout d'ignorer ces faits et de condamner l'accusé innocent. La nouvelle de ce procès se répandit comme une traînée de poudre dans toutes les communautés juives de Russie. Il était devenu possible d'assigner en justice des Juifs religieux pour n'importe quel prétexte ! Je suis un jour tombé sur une brochure qui fut éditée en ce temps-là, à Minsk et qui rapportait le procès intenté contre un *mohel*. C'était un ramassis des plus basses et des plus odieuses calomnies...

Sous le même toit qu'Amalek

L'Yvsektsia partageait donc notre logis et occupait la pièce mitoyenne. Bien évidemment, le choix de ce voisinage n'était pas le fait du hasard, mais avait été savamment orchestré. Ces personnes avaient été sciemment logées à proximité de l'ancien Rabbin. De manière générale, elles tenaient leurs réunions le Chabbat ou les jours de fête. Un soir de Chabbat, alors que je rentrai chez moi et m'apprêtai à rejoindre mes parents dans notre chambre, un des jeunes miliciens se posta devant moi et, me tendant une allumette, brailla : « Allume-la ou je te cogne ! » J'avais à peine onze ans et j'ignore comment je réussis à prendre la fuite.

A l'époque, je reçus une lettre de mon grand-père, Rav Moché Michel Chmouel Shapira *zatsal*, que j'avais tenté de rejoindre sans succès. La lettre datait de 1928 et me fut remise par miracle.

Il y écrivait : « Mon cher petit-fils, Its'hak Yossef ! Ta grand-mère et moi-même nous nous faisons beaucoup de souci. Vous vivez "sous un climat si rude". Nous prions D-ieu pour que tu restes un Juif croyant qui sache étudier ! » La lettre était imprégnée de larmes. Peu de temps après, mon grand-père rendit son âme pure à son Créateur.

En 1930, le gouvernement démantela les fractions ethniques parmi lesquelles l'Yvsektsia. Staline était au pouvoir depuis moins d'une décennie et s'était déjà débarrassé d'un grand nombre d'opposants réels ou supposés. Le père du communisme, Karl Marx, était de parents juifs, convertis au christianisme alors qu'il avait trois ans. Ce faux messie parvint à électrifier les masses juives qu'Engels, son acolyte qualifiait en ces termes : « Le Juif est par nature un révolutionnaire. Il est instruit par les paroles de ses prophètes au sujet de l'égalité et la fraternité entre les êtres. » Les Juifs étaient très présents dans les partis communistes de par le monde. Ils étaient également à la tête de la révolution russe, et pendant près de cinquante ans, ils ont été les plus fervents opposants de la religion de leurs pères. Ils portent la responsabilité de l'assimilation dramatique dont a souffert le judaïsme russe. Lénine et Staline employaient ces Juifs pour détruire notre culture ancestrale. Ceux-ci traquaient sans merci leurs coreligionnaires qui étudiaient la Torah ou qui enseignaient l'hébreu...

Mais, en fin de compte, ils ne furent pas épargnés par la cruauté du régime soviétique qui leur réserva également un sort peu enviable. Les Juifs du Comité central ou de la police politique finirent, pour la plupart d'entre eux, si ce n'est la totalité, dans ces sinistres prisons ou autres goulags où ils avaient eux-mêmes envoyé leurs frères restés fidèles à l'Eternel et à leur peuple. Les quelques rescapés regrettent aujourd'hui leurs méfaits et nombreux furent ceux qui, après leur libération, retournèrent à la foi de leurs pères et se rapprochèrent du judaïsme. « Puissent tes fautes te corriger et tes désordres te devenir une leçon ! Réfléchis et considère que c'est chose mauvaise et amère d'abandonner l'Eternel ton D-ieu et de cesser de Me craindre, dit l'Eternel... » (Jérémie 2,19).

Après les purges staliniennes, il ne resta plus que deux jeunes de l'ancienne Yvsektsia à Kazan et, soudainement, ceux-ci se firent très silencieux.

Privés de droits civiques et sociaux

Vers la fin des années 20, nous fûmes expulsés de notre logis. Mon père fut qualifié de *lichnits* par les autorités – statut que l'on attribuait aux "oisifs" ou aux "bourgeois" – et fut privé de ses droits civiques et sociaux. Evidemment, les enfants des *lichnits* ne pouvaient pas non plus prétendre à un emploi respectable ou à une admission dans une université. Alors que j'étais étudiant, j'eus l'occasion de lire l'histoire poignante d'un jeune homme qui finissait ses études universitaires et dont le statut de *lichnits* fut soudain découvert. Il fut interpellé et quand ses inquisiteurs lui demandèrent les raisons de son silence quant à l'identité de son statut social, il répondit qu'il avait omis de révéler cette "tare" parce qu'il voulait étudier. « Ce n'est pas une raison suffisante ! » lui répondit-on. A l'issue du procès qui lui fut intenté, il fut envoyé en prison...

A cette époque, mon père fut condamné aux travaux forcés. Il devait se rendre tous les matins à plusieurs kilomètres de Kazan et marcher de longues heures. En tant qu'ancien Rabbin, on ne lui avait pas laissé le choix de son "activité" et il dut supporter sa peine afflictive et humiliante en travaillant comme un esclave dans les champs. Mais, malgré les cris et les menaces, le Chabbat, il restait à la maison. Nous vivions dans l'inquiétude et appréhendions les représailles. Finalement, il fut exempté du fait de sa santé précaire. Plus tard, grâce à l'intervention de sa sœur Léa qui résidait à Moscou, nous retrouvâmes à nouveau nos droits civiques. C'est la raison pour laquelle je fus à terme accepté à l'université.

Après notre expulsion, nous louâmes un appartement chez un non-juif, un Russe assez affable qui habitait une petite maison entourée d'un jardin. Notre situation financière était des plus précaires, mais nous nous réjouissions d'avoir enfin trouvé un logis. Un jour, alors que nous n'avions plus de quoi acheter du pain, ma mère décida d'emprunter trois roubles, mais mon père l'en dissuada et lui dit : « Dans le *birkat hamazon*, nous demandons : "*Que* [notre subsistance] *ne nous vienne pas par le biais de cadeaux ni de prêts...*" Cherche un peu, peut-être trouveras-tu quelque chose à la maison ? » Ma mère fouilla tous les recoins de notre logement et tomba sur un verre de farine à moitié plein. Elle ramassa quelques copeaux de bois et prépara des galettes qui nous rassasièrent pendant près de trois jours !

Pour l'époque, notre maison était plutôt spacieuse – nous disposions de deux pièces et demie ! Chaque jour, maman levait les yeux au ciel et disait : « Je te remercie Hachem de nous avoir donné un toit ! »

Mais ce répit ne devait pas durer. En 1930, un an après notre installation, nous fûmes à nouveau jetés à la rue. C'était une semaine après la cérémonie de ma *bar-mitsva*.

Le docteur Yaakov Tsatskis raconte

Rabbi Its'hak fut privé de ses droits civiques jusqu'en 1936. Nous aussi avons été privés de nos droits et chassés de notre logement. Nous habitions alors dans un petit village, à Medziboz, où mon père avait acheté en son temps une belle maison. Mais les communistes convoitèrent ce bien, de sorte que mon père fut jeté en prison et nous, à la rue.

Il semblerait que le Rav Its'hak ait été contraint de travailler dès l'âge de quatorze ans du fait de son statut social. Les communistes entendaient se passer du jour de repos traditionnel et annulèrent à cet effet la semaine de sept jours. Désormais, la semaine comptait cinq jours, quatre jours ouvrables et le cinquième chômé. Au final, les jours de repos tombaient à chaque fois un autre jour de la semaine traditionnelle. Dans un deuxième temps, les communistes imposèrent une semaine de cinq jours ouvrables. Les jours de la semaine portaient des noms d'une simplicité déconcertante : premier jour, deuxième jour, troisième jour, etc. Et tous les six jours, c'était férié. Ce n'était vraiment pas facile pour celui qui désirait respecter le Chabbat.

Ma bar-mitsva

La *bar-mitsva* – ce jour si particulier dans la vie d'un garçon juif. A treize ans, il devient responsable de ses actes et du respect des commandements, comme les adultes. A partir de ce jour, il peut être associé à un *minyan* et le traité de Avot (3,9) enseigne d'ailleurs : « Dix personnes qui étudient la Torah [ou prient] ensemble jouissent de la Présence Divine. »

A l'occasion de ma *bar-mitsva*, nous avions réuni quelque quarante Juifs – ce qui est assez considérable pour l'époque... J'avais préparé une allocution, comme c'est la coutume, discours dont je me souviens

Rav Its'hak Zilber adolescent
(au milieu des années trente)

jusqu'à ce jour. C'était une fête plutôt paisible et silencieuse compte tenu des circonstances... Ma *bar-mitsva* fut d'ailleurs la dernière célébrée à Kazan. Hélas, les autorités n'avaient pas baissé la garde et notre petite cérémonie ne passa pas inaperçue. Ce qui nous valut plus tard un châtiment sévère. Je suis né le 3 Av, mais ma *bar-mitsva* eut lieu le 15 Av, le premier Chabbat qui suivit le jeûne du 9 Av[1]. C'est cette occasion que les communistes mirent à profit pour nous faire payer notre désobéissance : ils décidèrent de confisquer les "espaces inutiles" dans la maison de notre bailleur. Leurs intentions étaient bien évidemment dictées par la raison d'Etat, et, par un drôle de hasard, ces "espaces vacants" se trouvaient justement être les deux pièces et demie dans lesquelles nous habitions...

Nous étions à nouveau à la rue. C'était l'Automne et, sous un soleil refroidi, nous n'avions pas de toit. Ma mère trouva le gîte chez une veuve russe. Je fus, moi-même placé chez des connaissances juives et mon père fut hébergé ailleurs. Souvent, j'ignorais où mes parents logeaient. Nos biens, et en particulier nos livres étaient restés dans la cour de notre ancien propriétaire ; ils y avaient été jetés lors de notre expulsion. La pluie se mit à tomber. Je savais que mon père était en possession de très nombreux livres d'étude et de manuscrits anciens d'une valeur inestimable. Et voilà que ce trésor allait commencer à prendre l'eau. Je pris mon courage à deux mains et m'adressai à une des voisines russes, que je ne connaissais guère, mais que j'avais rencontrée dans la rue et lui

1. Le jour du 9 Av – *ticha beav* – est un jour tragique pour le peuple juif. En ce jour, après la sortie d'Egypte, le peuple d'Israël fauta et D-ieu décréta que les Juifs qui étaient sortis d'Egypte ne pourraient pas regagner la Terre Sainte et devraient rester encore quarante années dans le désert. Tout au long de l'Histoire, quand le peuple d'Israël méritait d'être châtié, il l'était précisément en ce jour funeste. Et ce fut ainsi depuis la destruction des deux Temples jusqu'à la concentration des Juifs de Pologne dans les ghettos pendant la Seconde Guerre mondiale. De fait, de nombreux juifs s'abstiennent de célébrer des réjouissances depuis le début du mois de Av jusqu'après le 9 Av.

demandai : « Pourrions-nous déposer nos livres chez vous pour un ou deux mois ? » A ma grande surprise, elle acquiesça.

Après les fêtes de Tichri, nous trouvâmes enfin un nouveau logis et je me rendis auprès de la Russe pour récupérer nos livres. « Oh ! fit-elle, je suis désolée, mais j'avais froid et j'ai allumé mon four avec vos livres. »

Cette "bonne âme" avait chauffé sa maison en brûlant nos précieux *sefarim*...

La communauté de Kazan vivait une époque terrible. Des délateurs furetaient dans tous les coins. Il était impossible de les démasquer de sorte que nos soupçons pesaient sur les personnes les plus insoupçonnables et souvent, il s'avérait que celles-ci étaient de mèche avec le pouvoir. Je me rendis un jour à l'office. Nous sortîmes le *Sefer Torah* de l'arche, mais personne ne se leva pour y lire. Les fidèles redoutaient les dénonciateurs et mon cœur fut brisé à la vue de ce *Sefer Torah* ouvert dont personne n'osait s'approcher. J'avais alors treize ans et je décidai de passer à l'action. Je montai sur l'estrade et pour la première fois de ma vie, je lus la *paracha* en public.

Travailler à quatorze ans

J'avais à peine quatorze ans quand je commençais à travailler. D'après la loi russe, la journée de travail des adolescents était de six heures au lieu des huit heures habituelles. Je trouvai un emploi où il m'était possible de chômer le jour du Chabbat, mais en contrepartie, je devais travailler de huit heures du matin à huit heures du soir – douze longues heures de travail par jour, soit soixante heures par semaine au lieu des trente heures réglementaires ! Dès six heures et demie du matin, je me rendais à la synagogue pour prier et étudier avant de me rendre sur mon lieu de travail. Je devais réparer différents appareils, des bicyclettes et autres. J'appris rapidement les rudiments du métier et m'appliquais avec zèle à ma tâche. Je fus rapidement considéré comme un travailleur exemplaire.

Une année, je m'absentai pendant trois jours : les deux jours de *Roch Hachana* – qui tombaient un jeudi et un vendredi, et évidemment le Chabbat qui suivait la fête. Le dimanche, je m'apprêtai à regagner mon travail quand ma mère dit brusquement : « Mon fils, aujourd'hui je t'interdis d'aller à l'atelier. » En général, ma mère se faisait plutôt pressante le matin et répétait sans cesse : « Dépêche-toi, tu vas être en retard ! »

Ce matin-là, son étrange requête m'interpella. « Pourquoi ? » lui demandai-je stupéfait.

– Mon cœur me dit que tu n'y trouveras rien de bon. »

Je tentais de la raisonner : « Maman, j'ai déjà manqué trois jours. De toute façon, ils ne cessent de me faire des menaces de licenciement. »

Mais ma mère n'en démordit point et je restai à la maison. J'appris plus tard qu'un incendie s'était emparé de la manufacture. L'immeuble et tout ce qu'il contenait fut emporté par les flammes. Si j'avais été sur place, le directeur m'aurait certainement envoyé au milieu des flammes pour sauver ce qu'il y avait à sauver, et qui sait ce qu'il serait advenu... J'étais très discipliné et je redoutais mes supérieurs, craignant à tout instant de perdre mon emploi. J'aurais assurément accepté d'obéir à ses ordres au risque de mourir, n'eut été la sage intervention de ma mère si dévouée...

Je travaillais dans cet atelier pendant trois ans, de 1931 à 1934. A partir de 1934, après l'assassinat de Kirov, secrétaire du Parti à Leningrad – meurtre fomenté par Staline lui-même et qui dans le contexte des purges lui permit de se débarrasser de ses opposants voire même de ses plus fidèles collaborateurs – il fut impossible de s'absenter le Chabbat. Cet assassinat fut le prétexte d'une "grande terreur" et l'œil de Moscou devenait plus inquisiteur. On commença à surveiller mes faits et gestes, les autorités redoublèrent de vigilance et commencèrent à porter un intérêt certain à l'identité de mes parents et aux raisons de mes absences répétées. On chercha notamment à me convaincre de l'obligation de travailler le Chabbat et l'on répétait inlassablement, comme pour me laver le cerveau, que ce que j'entendais à la maison n'était que mensonge, qu'une vie nouvelle et intéressante naissait en Russie soviétique tandis que moi je préférai me cramponner à des rites désuets et dépassés. Je subis ces pressions pendant près d'un mois, y résistai avec opiniâtreté et restai chez moi le Chabbat, mais au bout de quatre semaines, un lundi, je fus licencié. J'avais alors dix-sept ans.

A cette même époque, dans toutes les grandes villes, les autorités avaient lancé une grande campagne d'inspection et avaient décidé de passer les papiers d'identité au crible. Au départ, on confisqua nos cartes d'identité, puis on prétendit qu'elles s'étaient égarées. J'ignore si la perte présumée des pièces d'identité était réelle ou simulée, mais privés de nos papiers, nous étions aux prises aux pires difficultés et de nombreuses personnes furent expulsées de Kazan à la suite de cette perquisition.

La période qui suivit l'assassinat de Kirov fut terrible. La peur se généralisa. Des rumeurs effarées et confuses étaient colportées sur ces malheureux qui, dans des accès de désespoir étaient poussés au suicide. Nombreux furent ceux qui se jetèrent sous les trains tant l'angoisse d'un avenir si incertain était grande.

Il me semble que les Juifs n'ont jamais vécu une époque aussi noire que celle de la Russie soviétique. A l'époque des Maccabées, les Grecs avaient interdit la pratique des commandements, mais après quelques années de révolte, les Juifs parvinrent à reprendre le dessus. En Russie, les lois anti-juives, les traques, les délations ont étranglé le judaïsme russe pendant plus de soixante-dix ans ! Tout au long de l'Histoire, quand les Juifs étaient pourchassés, ils avaient les moyens de fuir, mais derrière le rideau de fer, il était impossible d'échapper à nos bourreaux. Ceux qui n'ont pas vécu cette sinistre période ne peuvent imaginer le drame que les Juifs y ont vécu.

CIRCONCISION CLANDESTINE

Entre autres lois cruelles, les Soviétiques avaient interdit la circoncision (*brit milah*).

Certainement, peu de lecteurs ont entendu parler de Rabbi Mordekhaï Aharon Assnin. Ce juif courageux a circoncis quelque vingt mille enfants juifs dans sa vie ! La ville de Minsk comptait de nombreux *mohalim*. Hélas, quand la circoncision fut prohibée, les *mohalim*, redoutant la surveillance attentive de la police politique, cessèrent leur sainte activité. Le Rav Assnin quant à lui ne renonça pas un seul instant à sa noble fonction et devint en vérité l'unique *mohel* de la ville. Parfois, il procédait à douze voire treize circoncisions dans la même journée. Il ne réclamait jamais d'honoraires, juste un petit bout de gâteau pour ses petits-enfants et une bougie, pour éclairer son étude nocturne. Le Rav Assnin avait huit enfants et de très nombreux petits-enfants. Le procureur 'Hodos, un membre de l'Yvsektsia de Minsk le fit un jour emprisonner. C'était la veille de Pessa'h. D'une manière ou d'une autre, la nouvelle de son incarcération parvint aux oreilles de l'Occident et les Juifs du monde libre, soudoyant avec efficacité les autorités soviétiques, parvinrent à le faire libérer rapidement.

Dès sa sortie de prison, le Rav Assnin reprit son activité clandestine. Quand on venait le voir pour convenir d'une date pour une circoncision, il disait : « Où est l'enfant ? Vite, amenez-le ! » et il procédait aussitôt à la *brit milah*. D'expérience, il savait que tout retard pouvait être hasardeux et éveiller les soupçons.

A la fin de sa vie, il tomba malade. Il était particulièrement faible lorsqu'un jour une femme se présenta à lui et lui demanda de circoncire son fils. Le Rav répondit comme à son habitude : « Vite, amenez-moi l'enfant ! »

Ses proches tentèrent d'intervenir, craignant pour la santé du Rav. Il était très malade et n'était certainement pas en mesure de procéder à une *brit milah*.

Mais le vieux Rav s'obstina : « Tant que je suis en vie, je dois circoncire des enfants juifs. Quand je serai mort, j'arrêterai. » On apporta l'enfant et le Rav Assnin le circoncit immédiatement. Le lendemain, ce juste quitta ce monde. Son petit-fils, Rabbi Leib Rosengos vit aujourd'hui en Israël.

Malgré l'interdiction absolue qui frappait les circoncisions, de très nombreux Juifs firent l'impossible pour faire circoncire leurs fils, employant parfois de très astucieux subterfuges...

L'histoire se passe dans les années trente, en Biélorussie. Un Juif travaillant pour le NKVD eut un fils. Le NKVD faisait officiellement office de ministère de l'Intérieur, mais dans les faits, il s'agissait d'une véritable police politique dont la cruauté et la brutalité étaient notoires. Ses membres traquaient les personnes considérées comme subversives et dont les idées s'opposaient aux principes du communisme totalitaire. La femme de notre héros désirait à tout prix faire circoncire l'enfant, entreprise qui, pour un Juif du NKVD semblait assez délicate... Ce dernier suggéra : « Tu le feras circoncire en mon absence, quand je serai en déplacement. Si les agents du NKVD t'attrapent, tu leur diras que je ne savais rien de tout cela. »

L'homme s'absenta pendant près deux semaines et, à son retour, deux collègues l'accompagnèrent jusqu'à son domicile. Alors qu'il entrait dans son appartement, il découvrit avec effroi, que l'on venait juste de finir la circoncision de son fils et que le *mohel* se trouvait encore dans la maison ! L'homme fut transi de peur. Il se ressaisit rapidement et lança en direction du *mohel* : « Ennemi du peuple ! Que faites-vous à mon fils ? » Le *mohel* prit aussitôt la fuite se gardant bien de trahir le secret des deux collègues du NKDV : en effet, ils avaient eux aussi fait circoncire leurs fils par le passé, et d'une manière similaire...

Un autre Juif qui tenait un poste de commandement dans une zone frontalière désirait lui aussi faire circoncire son fils nouveau-né. La chose n'était pas aisée, car, dans cette région sensible, la présence d'un *mohel* aurait rapidement éveillé les soupçons. Le commandant ébaucha un plan d'action fort habile. Le *mohel* ferait feinte de traverser la frontière illégalement et, une fois arrêté par la garde frontalière, il serait présenté auprès de l'officier qui se chargerait bien évidemment de juger son cas. Ainsi fut fait : le *mohel* fut arrêté alors qu'il "tentait" de quitter illégalement le territoire soviétique et fut conduit auprès du commandant. Celui-ci, désirant le questionner, l'emmena chez lui et ne le libéra qu'une fois "l'interrogatoire" achevé...

La tombe du Seder Hadorot

J'ai entendu l'histoire suivante de la bouche du procureur 'Hodos, qui avait fait emprisonner le *mohel* Assnin et encore bien d'autres innocents. Lui-même se retrouva un jour derrière les barreaux et après sa sortie de prison, il devint un autre homme. Il s'installa à Kazan et reprit son emploi auprès du ministère public, mais ne s'attelait plus avec la même ardeur à sa vile fonction. A l'époque, j'enseignais les mathématiques à son fils, chez lui, et une fois, j'osai lui demander : « Pourquoi n'avez-vous pas de *mezouza* à votre porte ?

– C'est interdit, je suis communiste, bégaya 'Hodos.

– D'après la *halakha*, il n'est pas nécessaire de placer une *mezouza* saillante. On peut tout aussi bien creuser une cannelure dans le linteau, y introduire le parchemin et la reboucher. »

'Hodos se leva aussitôt, s'empara d'un outil et entreprit de creuser le linteau. Je lui apportai une *mezouza*, qu'il plaça dans le mur, en prononçant la bénédiction comme il se doit.

A une autre occasion, nous n'avions pas d'autre choix que d'organiser nos prières chez lui. Et quand son beau-père décéda, on le fit enterrer dans le cimetière juif de Kazan. Quand il aperçut les nombreuses tombes profanées (des vandales et des ivrognes avaient l'habitude de se retrouver dans le cimetière pour boire et ripailler), 'Hodos cria au scandale : « Chez nous, à Minsk, cela n'est jamais arrivé ! Le cimetière de Minsk abrite la tombe d'un Juif important et quand ils ont voulu la détruire, ils n'y sont pas parvenus. »

'Hodos ne se rappelait pas le nom de ce Juif qu'il qualifiait de « guter Yid » – de bon Juif. Je lui demandai alors : « Vous parlez peut-être de la tombe de l'auteur du "*Seder* Hadorot" ?

– Je pense que oui, me répondit-il.

Le *Seder* Hadorot est le nom d'un livre rédigé par le Rav Ye'hiel Halperin. Cette oeuvre classique relate l'histoire du peuple juif depuis la Genèse jusqu'à l'époque du Ba'h[1], contemporain du *Seder* Hadorot. Ce livre cite les noms de tous les grands d'Israël, leurs œuvres et les références de plusieurs milliers d'ouvrages, se concentrant plus particulièrement sur la période du Talmud. Le Rav Ye'hiel rapporte également pour chaque auteur, les citations qui apparaissent à son nom dans le Talmud ainsi que leur emplacement. De très nombreux historiens se sont servis de cette œuvre pour rédiger leurs propres ouvrages. La compilation du *Seder* Hadorot représente un travail fort considérable, accompli par un seul homme, entreprise qui, pour nos contemporains semble invraisemblable !

J'étais encore un jeune garçon quand des Juifs de Minsk sont venus chez mon père pour lui raconter avec amertume que les communistes avaient décidé de raser le vieux cimetière juif de leur ville pour en faire un stade au profit du NKVD. Les tombes avaient été ouvertes et les ossements sortis de leurs caveaux avec la plus cruelle indifférence. Ce n'était pas là le fait de vandales ou autres brigands, mais le gouvernement lui-même avait officiellement commis cet outrage, avec toute la force politique et juridique qu'il possède.

ספר
סדר הדורות
קרא הדורות מראשית עולם מיום ברוא אלהים אדם על הארץ, כל השנים וכל הענינים. כל הדורות וכל הקורות, קורות העולם בכלל וקורות עם בני ישראל בפרט, כל המחברים וכל הספרים, לכלם בשמות יקרא.
כל אלה חברו יחדו
מאת רבינו יחיאל ז״ל בן רבינו שלמה היילפרין ז״ל אב״ד דק״ק מינסק.
ועתה יצא לאור מסודר מחדש בסדרים נבונים ותקונים.
וואַרשא

Page de couverture du « Seder Hadorot » du rav Ye'hiel Halperin

Les lois qui régissent la manipulation des corps des personnes décédées sont très sévères dans la Torah. Par exemple, il est strictement interdit de toucher aux

1 NdT : Rav Yoel Sirkis (1561 – 1640), auteur du Baït 'Hadach, un commentaire sur le Tour.

ossements qui ont été mis en terre. De manière plus générale, les corps défunts doivent être traités avec les plus grands égards et leur maniement exige le plus grand respect à l'instar de ce qui est rapporté dans la section de 'Hayé Sarah, quand Avraham fait l'acquisition de la caverne de Makhpéla pour y enterrer Sarah ou dans celle de Vaye'hi, quand Yaakov fait jurer à Yossef de ne pas l'inhumer en Egypte, mais d'emporter ses restes mortuaires en Israël.

Je me rappelle que mon père leur avait demandé : « Et qu'en est-il de la tombe du *Seder* Hadorot ?

– Ils n'ont rien pu faire à cette tombe.

– Comment cela ?

– Toutes les personnes qui ont tenté de s'en approcher sont mortes sur-le-champ ! »

Enfant, j'étais persuadé que cette anecdote n'était qu'un conte de fées. Mais de nombreuses années plus tard, 'Hodos me raconta ce qui s'était passé à Minsk. De même, dans les années 1953 – 1954, j'interrogeai à ce propos Chalom Isskovitch originaire de Minsk et qui venait de s'installer à Kazan. C'était un médecin de grande renommée qui s'efforçait de garder secrètes ses connaissances en Torah. Il ne fit que confirmer ce que j'avais entendu auparavant. La tombe du *Seder* Hadorot était restée intacte alors que les Russes avaient rasé toute la surface de l'ancien cimetière juif. Seule la sépulture du Rav Halperin avait été épargnée. Je ne pouvais me résoudre à croire une chose pareille et décidais d'en savoir plus.

Les années passèrent et en 1962, mon fils Ben-Tsion et moi-même nous nous rendîmes à Samarkand auprès d'une de mes connaissances, Rabbi Yaakov Barchansky. Nous savions qu'il était originaire de Minsk et nous profitâmes de l'occasion de cette entrevue pour l'interroger sur le sort de la fameuse tombe. Je questionnais mon ami, qui, de sa vie n'avait jamais proféré un seul mensonge et en qui j'avais une entière confiance, et mon fils Ben-Tsion peut en témoigner.

Rabbi Yaakov se souvenait parfaitement des faits, dans les moindres détails. Il nous raconta : « Nous avions un voisin juif qui travaillait à l'époque au cimetière de Minsk. Il avait épousé une non-juive et vous pouvez imaginer la faiblesse du lien qui le rattachait au judaïsme… Mais, après les événements dont je vous parle, cet homme a commencé à mettre les *tefillin* tous les jours. Sur la tombe du *Seder* Hadorot, on avait placé une sorte d'auvent. Quand les autorités commencèrent les travaux dans le cimetière, deux ouvriers grimpèrent sur cet auvent et tombèrent aussitôt. Le premier mourut sur le coup, quant au second, il se cassa une jambe. Le responsable du chantier s'emporta et hurla : « Bande de bons à rien ! Vous ne savez pas comment travailler ! Je vais le faire moi-même ! » Il éleva le bâton qu'il tenait dans sa main et frappa de toutes ses forces sur la tombe. Mais, le bâton rebondit et heurta son visage. Après une succession d'événements similaires, les habitants de la ville refusèrent de s'approcher de la tombe. Ceci posa un problème sérieux aux autorités qui s'inquiétaient de l'avancement des travaux. Que faire de cette vieille tombe juive à côté d'un stade flambant neuf ? Il fut décidé de repeindre l'auvent de la tombe et d'y inscrire : « Ci-gît un grand historien du nom de…» Nombreux sont ceux qui se souviennent des difficultés que rencontra le gouvernement pour trouver un ouvrier qui accepte de repeindre l'auvent. La peur s'était emparée des habitants de Minsk...»

De la viande casher à Kazan

Dans les années trente, au marché de Kazan, un boucher du nom de Zalman vendait de la viande non casher. En 1937, mon ami Moché Meidenchik et moi-même entreprîmes d'organiser une vente publique de viande casher et d'en faciliter l'accès à tous les Juifs de la ville. Après mûre réflexion, il nous vint une idée brillante : nous utiliserions l'étal de Zalman pour mettre en œuvre notre fabuleux projet ! Un *cho'het* se rendait une fois par semaine à l'abattoir de la ville, dont la direction avait secrètement accepté cette visite clandestine. Si l'on avait le moindre doute quant à la cacheroute d'une bête, elle était aussitôt cédée aux responsables de l'abattoir et les autres étaient mises de côté pour l'abattage rituel. A la synagogue, chaque fidèle donnait cinquante kopecks afin de couvrir les frais de transport du *cho'het* et ses honoraires. A l'époque, quelque trente familles mangeaient casher à Kazan, de sorte qu'une vache ou deux suffisaient généralement à satisfaire les besoins hebdomadaires de la communauté. On annonçait lors des offices les dates auxquelles la viande casher – qui d'ailleurs était vendue au même prix que la viande non casher – serait disponible sur l'étal de Zalman. Les Juifs devaient seulement faire la queue ce qui, pour des Russes de l'époque était plutôt usuel... Et ainsi, au jour dit, les non-juifs eux-mêmes achetaient sans le savoir de la viande casher, ce qui, d'après la Torah ne pose aucun problème...

Parmi ceux qui avaient depuis bien longtemps tourné le dos à la Torah, il y en avait qui venaient nous voir à la synagogue et nous demandaient : « Jusqu'à présent nous avons mangé de la viande non casher, aujourd'hui nous voulons acheter uniquement de la viande abattue rituellement. Que devons-nous faire avec les ustensiles de cuisine que nous avons utilisés auparavant ? Comment les rendre casher ? » L'étincelle juive n'avait pas quitté ces Juifs qui, pourtant, s'étaient si désespérément éloignés du judaïsme... Or nous étions en 1937 et la Grande Terreur déclenchée par l'ignoble Staline faisait rage !

Ce n'est que quelques années plus tard que notre petit stratagème fut déjoué par les communistes. Fort heureusement, personne ne fut arrêté, mais nous dûmes mettre un terme à cette vente clandestine, ce qui ne nous empêcha guère de trouver rapidement un autre subterfuge pour vendre de la viande casher au nez et à la barbe de nos inquisiteurs...

J'ai souvent eu l'occasion de constater l'ardeur de cette étincelle qui crépite dans le cœur de tout Juif, quel qu'il soit et quel que soit l'abîme dans lequel il s'est perdu. Mon père avait l'habitude de dire : « On ne ment pas devant la mort. » Des personnes pourtant fort éloignées de la pratique religieuse et exprimant leurs dernières volontés ont souvent formé le souhait de recevoir une sépulture juive. On m'a raconté l'histoire d'une femme de Samarkand dont la famille n'était pas juive et qui, pendant la Seconde Guerre mondiale, devait subir une intervention chirurgicale. Elle fit appeler un Rav à qui elle fit la demande suivante : si l'opération devait échouer et qu'elle devait en mourir, il se chargerait de son inhumation bien que toute sa vie elle ait vécu comme une non-juive. Ainsi fut fait, passant de vie à trépas, elle fut enterrée dans un cimetière juif !

2
Etudiant

Classes préparatoires

Nos voisins, nos connaissances ne cessaient de rappeler mon père à la prudence. « Rabbi, lui disait-on, votre fils sait-il combien son attitude est dangereuse ? Même si jusqu'à présent il a réussi à s'abstenir de tout travail le Chabbat, il est impossible qu'il continue à s'absenter sans avoir de problèmes. Peut-on vivre toute une vie en état de guerre ? Qu'adviendra-t-il ensuite ? Quel avenir a-t-il ? Il a maintenant seize, dix-sept ans ; il peut, s'il le souhaite apprendre un métier honorable et devenir ingénieur ou médecin plutôt que de rester un simple manœuvre pour qui le respect du Chabbat pose autant de problèmes. »

Mes parents gardaient le silence et jamais ils ne répondaient à ces mises en garde.

La vie devenait de plus en plus sombre : on commença à fermer les *mikvaot*, puis on interdit l'abattage rituel. Nombreux furent ceux qui se résignèrent et cessèrent de consommer de la viande, d'autres finirent par manger de la nourriture interdite. Rares furent ceux qui résistèrent et parfois ce furent les enfants qui, sans la moindre hésitation, amenèrent de la viande non casher chez eux. En 1930, les synagogues furent également mises sous scellés...

Je me souviens d'une conversation qui eut lieu vers les années 1928 – 1929, avant la fermeture de notre synagogue. J'étais encore enfant et nous revenions mon père et moi de l'office, en compagnie d'un vieux *cho'het* du nom de Rabbi Israël. Ils s'entretenaient de différents sujets, et moi je prêtais une oreille attentive à leurs dires. Il n'y avait rien de nouveau dans les propos qu'ils tenaient, je les avais entendus de nombreuses fois par le passé :

« Ce dernier Kippour nous avons encore eu *minyan*. Mais qu'en sera-t-il dans vingt ans ? »

Le *cho'het* était pessimiste : « Je pense qu'il n'y aura plus *minyan*. »

Mon père resta pensif et répliqua avec conviction : « Tant qu'il y aura quelqu'un pour organiser l'office, il y aura *minyan*. »

Les adultes, et parmi eux, même les plus confiants, avaient sombré dans le désespoir. Il leur semblait que la fin était arrivée. Moi qui étais encore enfant, j'étais persuadé qu'en fin de compte tout irait bien. Cette conversation demeura gravée dans mon esprit et je me suis longtemps demandé ce qui allait advenir.

Quelque quinze ans plus tard, il y avait encore *minyan*. Vingt ans après également. Les fidèles étaient même de plus en plus nombreux... Et voici qu'aujourd'hui, le judaïsme russe n'a jamais été aussi florissant !

Pourtant, quelque part, les voisins de mon père avaient raison : partout, on exigeait de travailler le Chabbat. Je me mis à chercher un emploi dans la photographie, puis dans l'horlogerie – mais dans tous les secteurs d'activité, le Chabbat était jour ouvrable. J'acceptai même un poste de gardiennage, mais là également il était impossible d'éviter la profanation du saint jour. Je devais allumer le chauffage et répondre au téléphone. J'étais sans emploi et ma mère me suggéra d'entamer des études universitaires. « Le Chabbat, tu pourras assister aux cours sans avoir à prendre des notes » fit-elle. Nous étions en plein hiver – en mars. Je réussis à trouver une classe destinée à préparer les étudiants à l'enseignement supérieur, et rattachée à l'école de chimie et de technologie de l'industrie militaire. L'enseignement prodigué était d'un niveau particulièrement élevé et il était difficile de se faire accepter. Les cours avaient commencé en septembre et ils étaient destinés aux étudiants qui avaient achevé les neuf années d'études dans le primaire et le secondaire. J'espérais vivement être reçu à ce cours préparatoire.

Brûlant d'impatience, je me présentai trois fois auprès de la secrétaire de l'école qui, ne pouvant plus se contenir, me dit : « Jeune homme ! Comprenez que nos étudiants suivent nos classes depuis le début de l'année scolaire et qu'ils ont du mal à suivre le rythme des cours. Le cursus dure dix mois et nous sommes déjà en mars. Dans trois mois nous commencerons la période d'examens. A quoi cela servirait-il de vous recevoir maintenant ? »

A quelque chose malheur est bon et mes démarches si tardives furent plutôt bénéfiques. En effet, je ne disposais d'aucun diplôme certifiant que j'avais achevé les neuf années d'enseignement obligatoire puisque je n'avais jamais fréquenté l'école… Qui plus est, cette classe propédeutique était destinée aux personnes actives – et à l'époque, je venais d'être licencié. Mes chances d'être accepté étaient donc bien minces. Je devais, de plus, fournir également un document attestant mon « intégrité » sociale. Et dans ce cas, le fils d'un ouvrier ou d'un paysan était en bien meilleure posture que moi, fils de Rabbin…

Bien évidemment, tout ce qui arrive est pour le bien. Un beau jour, mes parents eurent de la visite. On me demanda de préparer du thé. Je plaçais la bouilloire sur le réchaud à pétrole quand, soudain, je me brûlai avec le kérosène. Pendant trois ans, j'avais réparé ce genre de réchaud et jamais je n'avais été victime d'un tel accident. Avec une main brûlée et bandée, il était à présent impossible de trouver un emploi. J'en conclus que cet incident était un signe du ciel et qu'il me fallait à nouveau tenter ma chance en propédeutique. Je me rendis auprès du secrétariat et cette fois-ci je fus reçu par le directeur en personne, un Tatar du nom de Kadirov. Il prêta une oreille attentive à mes propos pour me répéter ensuite avec patience ce que les secrétaires m'avaient déjà maintes fois expliqué : « Les inscriptions sont closes, l'année scolaire est largement entamée et il est impossible d'accepter de nouveaux élèves en cours d'année, alors que ceux qui sont inscrits depuis le mois de septembre ont déjà du mal à suivre le rythme. »

Il était vain d'insister et je demandai la permission de me retirer. Dans le bureau se trouvait également le secrétaire de la cellule du komsomol (mouvement de jeunesse communiste), un jeune Juif du nom de Meidanchik. Je le connaissais. Il était sur le point de se marier et plus d'une fois il avait consulté mon père à ce sujet.

C'est alors qu'il murmura :

– Ne pars pas, attends un peu !

– Attendre, mais pourquoi donc ? » lui demandai-je.

J'avais perdu tout espoir de me faire accepter.

– D-ieu viendra en aide ! répliqua-t-il dans un murmure sourd.

– Mais, comment donc ?

– "La main de D-ieu est-elle impuissante" ? » fit-il en citant le verset.

Avec ces mots, je ne pouvais certainement pas quitter mon siège. Je restai là et attendis sans connaître la raison de mon attente. Après quelques instants, je me levai et demandai : « Me permettez-vous de partir ? »

Meidanchik insista : « Reste encore un peu. »

Cinq minutes passèrent, lorsque soudain un jeune homme en tenue militaire pénétra dans la pièce. Je me souviens encore de son nom : Nikolaï Bronikov. Il venait de finir son service et souhaitait s'inscrire aux classes préparatoires. Le directeur ne pouvait refuser sa candidature et fit appeler le professeur de mathématiques qui s'empressa d'examiner ses connaissances – et les miennes par la même occasion – tout en affirmant avec autorité qu'il n'avait aucune objection à me recevoir également au cours préparatoire. L'impossible s'était réalisé !

Une fois reçu, j'appris que cette année-là était la dernière où l'institut acceptait les étudiants sur simple examen d'entrée sans exiger la présentation d'un diplôme de baccalauréat. Si ma candidature avait été rejetée en ce fameux mois de mars, je n'aurais jamais été reçu…

Je me liai d'amitié avec Moché Meidanchik. J'ai raconté plus haut comment nous avions tous deux organisé une vente de viande casher à la boucherie de Zalman. En 1939, j'étais encore très impliqué dans les affaires communautaires de la ville et le jour de Roch Hachana, Moché, sur ma demande, se rendit à pied d'une usine à l'autre pour sonner du *chofar* pour les Juifs qui y travaillaient.

Il ne faut pas s'étonner qu'un Juif pratiquant comme Moché soit à la tête de la cellule locale du komsomol. A l'époque, nombreux furent ceux qui se servaient de pareilles couvertures pour masquer leurs activités clandestines. Ce n'est certainement pas la peur qui avait poussé Moché à utiliser ce paravent, bien au contraire, cet homme faisait preuve d'un courage téméraire. Pendant la Seconde Guerre mondiale, il combattit vaillamment sur le front de Leningrad. Il y a quelques années, je suis retourné à Kazan. La Russie commémorait le jour anniversaire de la victoire et, à cette occasion, le gouvernement russe décerna une distinction officielle à Meidanchik parmi quelques autres vétérans qui s'étaient distingués par leur bravoure. Celle-ci était signée de la main du président Eltsine lui-même, et je garde encore à l'esprit les mots qui y étaient inscrits : « Que D-ieu soit avec vous ! »

Je commençais donc mes études en classe préparatoire, mais mon nom n'apparaissait pas encore sur la liste des élèves inscrits. D'abord, du fait de l'absence de certificat attestant l'achèvement des neuf années d'études pré-universitaires. Et aussi, parce que j'étais au chômage et qu'officiellement, l'accès à ces classes ne m'était pas autorisé. Ceci ne pouvait durer et il me fallait absolument régulariser ma situation.

Mais, à nouveau, le Créateur se chargea d'arranger les choses. Je m'adressai au service qui délivrait les certificats de travail. Celui-ci n'avait pas encore appris la nouvelle de mon licenciement et produisit avec la plus grande facilité un document attestant ma position de citoyen actif. Peu de temps après, je trouvai un emploi où mon absence le Chabbat fut tolérée. J'étais enfin en règle avec les critères d'inscription en propédeutique. Quant aux problèmes que posait ma filiation, d'une manière ou d'une autre, les responsables semblaient avoir décidé de fermer l'œil. Il en fut de même pour mes difficultés à présenter un document certifiant ma présence assidue à l'école. Mon dossier semblait avoir été jeté aux oubliettes...

A cette époque, mon emploi du temps était particulièrement chargé. Je me levais à l'aube pour assister à l'office et je me rendais aussitôt au travail. Vers cinq heures et demie de l'après-midi, je quittai mon travail en toute hâte pour me précipiter à l'autre bout de la ville. Je n'avais pas le temps de prendre une douche ni de me changer et j'arrivais en retard, dégoulinant de sueur et couvert de crasse après une journée de dur labeur. Les cours s'achevaient à onze heures et demie du soir et je rentrais vers minuit chez moi. Avec tout ça, je devais en plus trouver du temps pour faire mes devoirs et rattraper tout ce qui avait été étudié depuis le début de l'année.

Une page et quart seulement

La période des examens arriva à grands pas. J'espérais être admis à l'école de chimie et de technologie. Mais ce n'était pas simple. A cette époque, la Russie souffrait de graves pénuries et les manuels scolaires étaient difficilement accessibles. Je devais notamment passer une épreuve sur *l'histoire du Parti* communiste russe, dont le coefficient à l'examen était fort important. Nous ne disposions que d'un seul exemplaire de L'histoire du Parti de Volin et Ingoulov. Mes camarades de classe avaient convenu de consulter le livre tour à tour. Pour moi, ceci fut matériellement impossible de sorte que je n'eus guère même le loisir de feuilleter ce célèbre et indispensable ouvrage. Je me souviens encore de cette prière que j'avais adressée à D-ieu à l'époque : « Tu sais combien je dois travailler dur pour pouvoir respecter le Chabbat. Je ferai ce que je peux et Toi tu feras le reste ! »

Rav Its'hak Zilber étudiant à l'université

Je me présentai aux examens, et pour une raison quelconque, j'arrivai en retard. Je fus sévèrement réprimandé, mais on accepta malgré tout de me laisser entrer dans la salle d'examen. « Assieds-toi et attends ! » m'ordonna-t-on avec autorité. Soudain, je distinguai le fameux livre sur les genoux d'un étudiant qui se trouvait là. Je lui demandai s'il m'autorisait à y jeter un rapide coup d'œil. Il me tendit l'ouvrage et je l'ouvris au hasard. Le chapitre sur lequel je tombai, traitait de l'histoire du Septième Congrès du Parti, du discours de Lénine sur les accords de paix avec l'Allemagne et celui de Boukharine au sujet de la guerre. J'eus à peine le temps d'en survoler une page et quart avant d'être appelé à l'examen.

Je piochai un sujet et, à ma grande stupéfaction, je découvris les instructions suivantes : “Le Septième Congrès du Parti. Les discours de Lénine et de Boukharine.” Je passai l'épreuve avec succès… Tout au long de mes années d'études, j'eus l'occasion de vivre encore de nombreux « miracles » tels que celui-ci.

Les candidats étaient nombreux et la compétition difficile, mais, avec l'aide de D-ieu, je fus reçu à l'école de chimie et de technologie. Nous étions en 1935.

Parmi les élèves de l'académie, il y avait un Juif du nom de Maxime Epstein, véritable communiste dans l'âme. Je connaissais bien son père et je ne m'attendais absolument pas à ce que Maxime me cause tant de soucis.

Un jour de Kippour, nous avions tenu un office clandestin auquel le père d'Epstein participa également. A Kazan, j'étais l'un des plus jeunes fidèles à suivre les offices. Le soir, Maxime vint chercher son père et m'aperçut. A partir de là, les ennuis commencèrent. Il me harcelait sans cesse avec une cruauté inégalée au point que je ne pouvais plus le supporter. Chaque jour, il me sautait au collet et me torturait pendant de longues heures me couvrant de menaces et d'injures : « Tu fais honte au régime soviétique par tes actes abjects. Un homme jeune comme toi peut-il croire en D-ieu et participer de surcroît à des offices religieux ? Tu mérites d'être reconduit à la porte de l'institut et d'être jeté dehors avec des coups. Peut-être est-ce que ce sont tes parents qui te forcent à agir de la sorte ? » Il se chargea même de me recommander un logement respectable dans une des résidences universitaires afin de m'écarter prudemment de l'influence parentale néfaste.

« Es-tu vraiment certain que ton intelligence est supérieure à celle de Lénine ou de Staline ? » hurla-t-il à mon encontre. Les gens qui se trouvaient là se retournèrent pour voir d'où provenait ce vacarme...

Que pouvais-je répondre ? Je préférais me taire, mais ces intimidations devenaient insupportables. Et c'est alors qu'une fois encore, D-ieu vint à mon secours. Maxime fut exclu du Parti pour avoir tenu des propos conciliants sur le Trotskisme ! Il dut s'exiler à Kiev.

Après plusieurs années, alors que j'étais sur le point de finir mes études et que je m'étais déjà fait une renommée « d'élève sur lequel l'éminent professeur Tchebotarov fondait de grands espoirs », je rencontrai Maxime Epstein à Kazan. C'était un Chabbat et nous engageâmes la conversation. Il sortit une cigarette de sa poche et s'apprêta à l'allumer. Je lui lançai : « Max, cela ne vaut pas la peine de fumer maintenant.

– Ah ! fit-il avec un mouvement qui exprimait la désolation, c'est peine perdue...»

Il n'alluma pas la cigarette. Il avait beaucoup changé. Il me regarda avec attention et dit : « Je sais que tu deviendras un grand homme. » (Evidemment, il parlait de mon avenir de scientifique.)

Plusieurs années plus tard, en 1935, je me retrouvais dans un camp avec son frère Volodia.

LA POMPE À EAU

Après un an d'études passé à l'école de chimie, je compris qu'il était impossible pour un ingénieur chimiste de travailler sans profaner le Chabbat. Au sein de l'école, je rencontrais déjà les plus grandes difficultés. Toutes les séances de laboratoire avaient lieu le Chabbat et impliquaient de multiples actions interdites : la mise en marche des différents appareils électriques, la conduite des expériences, la notification des résultats, etc.

Les étudiants travaillaient en binôme et je confiais à mon partenaire l'aspect technique de notre apprentissage tandis que je me chargeais de toute la partie théorique. Et, faisant montre d'une assiduité exemplaire, je sollicitais constamment l'attention du responsable du laboratoire et m'efforçais de lui poser des questions toujours plus érudites sur les matières enseignées. Paradoxalement, mes nombreuses remarques avaient convaincu ce dernier de ma formidable diligence qui laissait, à ses dires, entrevoir des talents de chercheur acharné. Un jour, il me demanda même : « Pourquoi n'ai-je pas le loisir de voir votre binôme également ? Tout est clair pour lui ? » Quelle ironie...

Avec le temps, j'arrivais à la conclusion que ce métier ne pouvait pas me convenir et je décidai de quitter l'académie. Je ne voulais pas perdre cette année passée à l'école et j'entrepris de m'inscrire en deuxième année de mathématiques et physique à l'université de Kazan. Je devais passer six épreuves dans des matières que je n'avais jamais abordées, parmi lesquelles une épreuve de russe. Le département de physique était dirigé par le scientifique de renommée mondiale Yvgéni Konstentinovitch Zavoïsky. Il me fut matériellement impossible de tout apprendre pour l'examen d'entrée, mais, à nouveau et grâce à D-ieu, la chance me sourit. Je fus interrogé précisément sur les sujets que j'avais réussi à étudier !

Il en fut de même lors de l'épreuve de géométrie analytique. L'examinateur quitta la salle d'examen pour quelques minutes et je profitai de son absence pour consulter mon manuel. J'y découvris un exercice similaire qui me permit de trouver une solution au problème posé. A une autre occasion, je passai une épreuve dans une matière pour laquelle je m'étais correctement préparé, n'eut été un certain point que je ne parvenais pas à comprendre. J'avais consulté quelques camarades à ce sujet, mais sans succès. Le jour de l'examen, je tombai précisément sur cette question-là, et par miracle, alors que je m'apprêtais à répondre à mon examinateur, je parvins à une compréhension claire et limpide de ce problème qui, jusque-là, était resté obscur. Par la grâce de D-ieu, je fus accepté en deuxième année à la faculté de Kazan.

Le docteur Yaakov Tsatskis raconte

A Kazan, tous les Juifs pratiquants et respectueux des valeurs juives se connaissaient. Notre famille habitait dans le voisinage de celle du Rav Zilber. Je me rappelle de lui dans sa jeunesse, alors qu'il était encore un étudiant célibataire. Le matin, il sortait de chez lui, un volume du Talmud et un quignon de pain en main et se rendait dans un parc pour « préparer ses examens ».

Quand un des enfants du quartier avait des difficultés en mathématiques, il se rendait près de la pompe à eau et attendait le moment où Rav Its'hak venait se servir. Au grand bonheur des enfants, il expliquait avec patience et une clarté exemplaire les leçons incomprises. Ces enfants, qui pour la plupart, étaient des antisémites avérés – je les connaissais bien puisque nous fréquentions la même école et qu'ils nous harcelaient et nous frappaient sans cesse tout en nous injuriant grossièrement – nous traitant de "jidim". En hiver, quand la mère de Rav Its'hak se rendait à la pompe, celle-ci était recouverte de glace et, contre toute attente, ces mêmes enfants l'aidaient à pomper l'eau et même à porter ses seaux jusqu'à son domicile.

Je ne suis pas certain que cette marque de bonne conduite se manifestait uniquement pour la simple raison qu'il s'agissait de la mère de Rav Its'hak. La famille Zilber était particulièrement appréciée et respectée. Bien que nul n'ignorât que les Zilber étaient des Juifs pratiquants, cela n'empêchait nullement les habitants du quartier, Juifs comme non-juifs, de leur prodiguer des bienfaits et d'entretenir avec le Rav et sa famille d'excellentes relations.

Le Chabbat à l'université

L'année compte entre 48 et 52 Chabbats. Chaque semaine, je devais trouver une bonne excuse pour justifier mon refus d'écrire ou de faire un quelconque travail interdit. Mes explications devaient être assez bonnes pour n'éveiller aucun soupçon ni attirer une attention malfaisante. J'implorais D-ieu tous les jours pour qu'Il m'aide en vue du Chabbat qui approchait : « Maître du monde, suppliais-je, ne fais pas cas de mes fautes et permets-moi de respecter le Chabbat qui vient ! » L'homme ignore ce que l'avenir lui offre au-delà de la semaine présente. D-ieu avait peut-être décidé que je devais quitter ce monde, que le système communiste périclite ou encore que le temps était venu d'envoyer le Messie… C'est pourquoi j'avais choisi de prier en ce sens de Chabbat en Chabbat.

Je disposais d'une batterie d'excuses et de subterfuges pour masquer mes pratiques religieuses. Il m'arrivait d'enduire mes doigts d'une onction et de les couvrir de pansements de sorte que je brandissais mes mains bandées pour expliquer, par exemple, mon "incapacité" à aller au tableau. Bien évidemment, je ne pouvais reproduire cette astuce tous les Chabbats. Je l'employais seulement tous les quelques mois. Je m'étais rapproché des élèves les plus faibles et je leur offrais régulièrement mon aide en mathématiques. Il était naturel que je prenne place aux côtés de l'un d'entre eux pendant les conférences. Le Chabbat, "j'oubliais" d'apporter un cahier et quand le professeur distribuait une feuille d'exercices et me demandait de lui montrer mes résultats, je lui expliquais que mon voisin et moi-même avions décidé de résoudre ensemble les problèmes posés. Cette collaboration impromptue ne pouvait que donner satisfaction au maître de conférences qui se voyait soulagé de trouver un étudiant qui veuille bien se charger d'assister les éléments les plus faibles de son cours. Lorsque des examens étaient prévus le Chabbat, je prétextais des douleurs dentaires et demandais une exemption pour me rendre à l'infirmerie. S'il m'était impossible d'obtenir un certificat médical, je me consolais à l'idée d'avoir au moins sauvé ce Chabbat-là...

Je me souviens encore d'Yvgéni Konstentinovitch Zavoïsky, ce célèbre chercheur qui enseignait la physique à l'université de Kazan. Le Chabbat, il donnait cours à quelque deux cents étudiants. Un Chabbat, je pris place dans l'amphithéâtre près de l'interrupteur. A la nuit tombée, le conférencier me demanda d'allumer. Je feignis de ne rien entendre. Il réitéra sa demande à plusieurs reprises et moi, je poursuivais ma feinte... Par chance, un des élèves se leva et appuya sur l'interrupteur.

Je maîtrisais parfaitement les matières qui étaient enseignées, et jamais je ne refusais d'aller au tableau. Mais, un Chabbat, on m'invita à m'y rendre. Je répondis que je n'étais pas encore assez préparé pour répondre, mais le professeur m'encouragea : « Ce n'est pas grave, je t'aiderai. » Je

L'université de Kazan

m'obstinai et refusai de monter sur l'estrade. A quatre reprises pendant le cours, le maître de conférences tenta de me faire venir au tableau, mais en vain. Je n'étais pas à mon aise et je craignais de l'avoir heurté par mon refus. Mais il semble qu'il n'en fit pas cas.

Ironiquement, je devais aussi lutter contre ma propre excellence. Les responsables de l'université avaient décidé de m'allouer une certaine bourse destinée aux élèves performants et d'afficher mon portrait au tableau d'honneur. Je redoutais cette regrettable publicité qui risquait d'attirer l'attention sur ma personne et d'entraver mes efforts dans le respect du Chabbat. Je n'avais d'autre choix que de m'évertuer à obtenir des résultats plus faibles aux examens...

Un jour, la peur me saisit véritablement. Tous les élèves de l'université fréquentaient le komsomol, et il était particulièrement dangereux de refuser de s'associer aux activités de l'association. Quand on m'interrogeait au sujet de ma non-participation au mouvement de jeunesse, j'alléguais invariablement cette excuse : « Je ne suis pas encore assez mûr pour entrer au komsomol. Je n'ai pas encore assimilé tous les écrits de Lénine, ni l'œuvre de Karl Marx, etc. » Pendant près de cinq ans, je parvins à échapper à leurs griffes et à l'approche des examens de fin d'études, je n'avais toujours pas fréquenté le mouvement. C'était une chose impossible ! Le responsable du komsomol de l'université de Kazan, Golovnov, un camarade de classe, entreprit un jour d'aborder franchement la question. Je lui répondis comme à mon habitude : « Je m'y prépare, je m'y prépare. »

Nous étions un vendredi soir et nous devions nous réunir dans le bureau du doyen de la faculté. Le sujet du jour portait sur l'organisation des examens nationaux. Comme toujours, on commença la séance avec l'élection du secrétaire du mouvement et c'est alors que Golovnov proposa ma candidature. Je frissonnais. Il avait certainement des soupçons. Il venait à peine de me relancer sur la question de ma marginalité et voilà qu'il entreprenait de me faire secrétaire du komsomol ! Assurément, il voulait me voir écrire le Chabbat. J'étais au supplice. Je tentais de m'y dérober, mais en vain. Je savais qu'ils allaient découvrir le pot aux roses et que je risquais de me faire renvoyer de l'université pour le seul crime de vouloir respecter le Chabbat…

On ouvrit la séance. Les participants prirent la parole les uns après les autres, offrant leurs suggestions sur l'établissement du calendrier des examens. Je prêtais une oreille attentive à tout ce qui se disait, quand soudain un des élèves du nom de Guena Isotov me lança avec agressivité : « Pourquoi ne prends-tu pas de notes ? » Je ripostai du tac au tac : « Ne t'inquiète pas, je consignerai tout cela plus tard. »

Après quelques minutes, il renchérit : « Alors, quand vas-tu donc t'y mettre ? A la fin, tu risques d'oublier tout ce qui aura été dit ! » A ces mots, il s'empara d'une feuille et d'un crayon et commença à rédiger lui-même le compte-rendu de la réunion ! On m'avait enlevé une épine du pied et encore une fois, je fus sauvé.

Dès la fin du Chabbat, je lui rendis visite et entrepris de recopier les notes qu'il avait prises.

Un jour, je fus témoin d'un véritable miracle. Je me trouvais dans notre synagogue clandestine et je donnais un cours de Talmud, quand soudain un policier pénétra dans la pièce. Les autorités avaient appris l'existence

ДИПЛОМ
С ОТЛИЧИЕМ
№ 194929
Пред'явитель сего тов. Зильбер Исаак Яковлевич
в 1935 г. поступил и в 1941 г. окончил
полный курс физико-математического факультета Каз. Гос. Университета
по специальности математики
и решением
Государственной Экзаменационной Комиссии
от 17 января 1941 г. ему присвоена
квалификация математика
Председатель Государственной Экзаменационной Комиссии
Директор
М. П.
Секретарь
Город Казань 1941 г.
Регистрационный № 875

Diplôme de fin d'études avec les félicitations du jury

de cette synagogue et l'agent avait été chargé d'en assurer la fermeture. J'interrompis aussitôt la leçon, mais ce dernier eut encore le temps de m'entendre dire : « Nou, qui était en train de lire ? Continue ! » J'étais en très mauvaise posture... Nous étions en 1937 et j'étais en troisième année d'études à l'université. Je ne m'étendrai pas sur les circonstances qui nous ont finalement permis de soudoyer ce policier, de le voir quitter les lieux et renoncer à la mission pour laquelle il avait été envoyé.

LE DOCTEUR YAAKOV TSATSKIS POURSUIT SON RÉCIT

« Le Chabbat et les jours de fête nous avions un minyan à la maison. Mon père tenait à ce que mon frère et moi priions avec un minyan. C'était Roch Hachana et le Rav Its'hak Zilber participait aux offices qui se tenaient chez nous. Nous habitions à l'angle d'une rue, dans un immeuble qui faisait face à la résidence des élèves de l'école de chimie et de technologie. Rav Its'hak parvint à pénétrer dans notre immeuble, mais quand il s'apprêta à en sortir, il comprit que la chose lui était impossible. En effet, les étudiants devaient à ce même instant regagner la résidence et ils risquaient de l'apercevoir. Or Rav Zilber s'était fait porter malade... Après l'office, celui-ci entreprit de passer par l'arrière-cour et dut à cet effet enjamber une barrière de deux mètres de haut afin d'accéder à la rue qui se trouvait en contrebas. Mais tombant de Charybde en Scylla, il se trouva soudain face à un chien énorme. Nous l'avions suivi, et à la vue de ce rude molosse aux crocs puissants, nous fûmes transis de peur. Nous étions certains que le chien allait se jeter sur Its'hak. Jusqu'à ce jour, je ne comprends toujours pas ce qui s'est passé exactement, mais le chien tarda à réagir laissant au Rav le temps de descendre de la première barrière pour se hisser sur la seconde. Aussitôt, la bête bondit pour se saisir de sa proie et arracher tout au moins son pantalon, mais Rav Its'hak eut encore le temps de regagner sain et sauf un lieu plus sûr. Le pantalon était déchiré et avait gardé la trace de l'agression du berger allemand qui s'était montré particulièrement agressif. Je ne peux expliquer comment cet incident ne s'est pas finalement soldé par une tragédie. »

De temps à autre, il arrivait que des personnes en civil se présentent à l'université. Ces jours-là, les conférences étaient interrompues et le prêche commençait : « Plus les exploits du socialisme se multiplient, plus l'ennemi devient agressif. Il envoie des espions, etc. » – Nous connaissions déjà la chanson.

« M. Sapojnikov, lançaient-ils en s'adressant brusquement à l'un des étudiants, votre oncle a-t-il été emprisonné ?

– Je l'ignore, répondait l'interrogé dans un murmure.

– Et untel, est-il votre proche parent ?

– Je... je ne m'en souviens pas » bredouillait-il sourdement.

Un autre élève, témoignant par son cynisme de son abominable souci de flatterie, fit : « Et quoi, tu ne te rappelles de rien ? Comment fais-tu pour apprendre les mathématiques avec une mémoire aussi pauvre ? »

Et, au cours suivant, Sapojnikov était déjà absent...

Je me souviens du conférencier qui nous enseignait le matérialisme dialectique. Son élocution était ardente. Il semblait vivre littéralement les sujets qu'il développait. Un jour, cet homme disparut. On apprit plus tard qu'il avait été soupçonné d'être "un ennemi du peuple". Il fut remplacé par un autre qui, au bout de trois semaines fut également emprisonné. Il en fut de même pour le troisième. Kadirov, le directeur de l'école de chimie et de technologie, disparut aussi soudainement. Et celui qui prit sa place fut également arrêté après quelque temps. Voilà à quoi ressemblait cette époque sinistre entre toutes...

Péchés capitaux

Un jour, je m'entretins avec mon père des trois péchés capitaux qu'un Juif ne peut enfreindre même sous menace de mort. Le Juif doit se laisser tuer plutôt que de transgresser un seul de ces trois commandements : l'abandon de la foi en un D-ieu unique (en adhérant par exemple à la foi chrétienne), les mauvaises mœurs et le meurtre. Le Juif doit éviter ces crimes au prix même de sa propre vie.

Les autres interdits de la Torah ne sont pas jugés avec la même sévérité et, dans certaines circonstances particulières, le Juif est autorisé à les enfreindre. Par exemple, si, tous les jours de la semaine y compris le Chabbat, on soumet un Juif à des travaux forcés, le malheureux se doit de transgresser le jour saint et de garder la vie sauve. De même, si un non-juif oblige en privé un Juif à travailler justement le jour du Chabbat et menace de le tuer en cas de refus, le Juif doit profaner le Chabbat puisque sa vie est en danger. Mais si cette profanation est accomplie en présence de dix autres Juifs ou plus si dix Juifs en ont connaissance – alors, nous devons plutôt mourir que d'enfreindre même un seul commandement de la Torah. A l'inverse, les trois crimes capitaux cités précédemment ne doivent être commis à aucun prix, quelles que soient les circonstances. (*Choul'han Aroukh, Yoreh Deah* 157).

Nous nous attardâmes plus précisément sur le premier interdit qui proscrit la trahison de la foi en D-ieu.

Mon père prétendait que la Russie soviétique obligeait les Juifs à s'inscrire au Parti communiste ou au komsomol, organes qui avaient été établis sur le rejet de la foi en D-ieu : on devait par conséquent préférer la mort plutôt que de s'associer à de tels mouvements. Les Juifs avaient toujours pris le deuil pour un fils qui s'était converti au christianisme, comme s'il avait quitté ce monde et mon père affirmait que la loi juive imposait également une telle pratique dans le cas où le fils devenait communiste.

Nous étions dans les années quarante, et ce jour même je rencontrai Yaakov Tsatskis. Aujourd'hui Yaakov exerce le métier d'urologue et fait également office de *mohel*. A l'époque, il était encore assez jeune. Les propos de mon père avaient produit une vive impression sur moi et je les partageai avec Yaakov.

A l'époque, tout le monde se faisait inscrire au komsomol, comme on le disait alors avec humour : « De plein gré, de gré ou de force. » Dans la classe de Yaakov, tous les élèves s'étaient déjà inscrits au mouvement de jeunesse, seul Yaakov et son frère n'avaient pas encore franchi ce pas. Suite à notre conversation, Yaakov décida de se soustraire par tous les moyens possibles à l'inscription. Et en effet, son frère et lui restèrent en dehors du mouvement.

Et voilà ce qu'il raconte à ce sujet

Nous étions mon grand frère Boris (Dov) et moi dans la même classe. En cinquième, tous les enfants sans exception étaient censés devenir membres du komsomol. Il me semble que Rav Its'hak le savait et qu'il nous rencontra quelques jours plus tôt avec l'intention de nous éclairer sur le sujet. Nous étions dans les années 1943 – 1944.

Rav Its'hak engagea la conversation. Nous soutenions que puisque tous les élèves étaient inscrits au komsomol, il nous semblait que cette inscription n'avait qu'un caractère purement formel. Mais le Rav Its'hak prétendait qu'au contraire, l'inscription à ce mouvement de jeunesse ressemblait bien plus à l'abandon de la foi en D-ieu, à la dénégation de Son existence et s'apparentait à un acte de conversion au christianisme ! Bien évidemment, nous n'étions pas disposés à transgresser un tel interdit. Il nous fallut reconnaître la justesse de ses arguments et admettre que l'adhésion au komsomol était pour nous impossible.

Juste deux jours plus tard, après la fin des cours, tous les enfants de la classe furent conduits auprès du comité local du Parti. D'une seule voix, je m'écriai avec mon frère : « Nous n'avons pas prévenu nos parents que nous rentrerions plus tard de l'école. Notre mère est malade et il nous est impossible de participer à cette réunion. »

« D'accord, nous répondit-on, mais demain matin, vous devrez vous présenter au comité local. »

Le lendemain, nous nous gardâmes de nous rendre sur les lieux et quand on exigea de nous une explication, nous alléguâmes une quelconque excuse. Et c'est ainsi que nous traversâmes nos années scolaires, vivant de véritables miracles qui nous permirent de ne jamais mettre les pieds dans les locaux du komsomol. Nous parvînmes même à échapper aux grandes réunions nationales du mouvement, employant toutes sortes de justifications et autres subterfuges.

3

Seconde Guerre mondiale

Le 1er janvier 1941, j'achevai mes études universitaires. Le même jour, je pris mes fonctions dans une école du village de Stolbichi. J'avais été doté d'une lettre rédigée en ma faveur par un des professeurs de l'université, Nikolaï Grigorevitch Tchebotarov, qui sollicitait des responsables de l'établissement scolaire un jour de congé supplémentaire. Cette vacance hebdomadaire devait me permettre de me consacrer à mon travail de recherche.

A l'époque, la semaine comptait six jours ouvrables et le dimanche était férié. J'espérais que la direction de l'école accepterait de me libérer le week-end, y compris le Chabbat. Cette autorisation me fut accordée pour un semestre seulement, puisque dès le début de la guerre on me retira le droit de disposer de deux jours chômés.

Le professeur Tchebotarov était un éminent scientifique, de renommée internationale. Spécialiste en algèbre, et membre de l'Académie des sciences de l'Union Soviétique, il était souvent invité à prendre la parole dans des congrès internationaux où il présentait les dernières découvertes en mathématiques.

Je suis persuadé que le professeur avait deviné la raison de ma demande d'un jour férié supplémentaire. Mais jamais il ne me fit la moindre remarque ou une quelconque allusion à ce sujet. C'était un homme remarquable. Je m'étais lié à ce mathématicien de renom et même quand je quittai l'université, il accepta de suivre mes activités scientifiques. Nous étions très proches et il se comportait avec moi comme avec son propre fils. Il était d'un abord franc et sincère, et parfois même il osait tenir des propos plutôt audacieux en Russie communiste. Il se moquait par exemple de la propagande officielle qui clamait haut et fort la supériorité soviétique dans tous les domaines de la science et de la technologie, comme s'il n'existait pas d'autres endroits au monde en dehors de l'URSS. Il raillait Yemelian Yaroslavsky qu'il avait eu l'occasion d'entendre personnellement. Cet auteur était connu à l'époque pour avoir rédigé un ouvrage dénué de toute intelligence : La bible pour les croyants et les non-croyants. Quand il revenait de ses conférences, il ne manquait jamais de me rapporter quelques anecdotes sur ces séjours passés à l'étranger. Un jour, il apprit que ma mère était souffrante. Il parvint à se procurer une lampe à ultraviolets (en ce temps-là, il était très fréquent d'employer ce genre de lampes pour des raisons médicales), qu'il me fit parvenir. Il l'amena à l'université un Chabbat alors que j'étais absent. Je me trouvais à la synagogue quand notre chef de classe se présenta à notre domicile avec sous le bras un paquet de la part du professeur Tchebotarov...

Après mes études, je décidai de m'inscrire à un programme de recherche, démarche qui me dispensait d'entrer dans le monde du travail. Le professeur était convaincu de mes qualités de chercheur et appuya ma candidature. En 1943, en pleine guerre, il adressa même une demande d'embauche pour un poste d'élève chercheur devenu vacant. Il était plutôt optimiste sur mes chances d'être reçu. Je passais les différents examens mais, hélas, ma candidature fut rejetée au profit d'un étudiant diplômé de l'université de Leningrad. Tous les efforts que j'avais investis pour préparer ces épreuves avaient été vains.

Mais, malgré ma déception, je ne cessai de répéter : « Grâce à D-ieu ! Si je n'ai pas été accepté, c'est certainement pour le bien ! » Or, peu de temps après, mon père tomba malade et je devais absolument me rendre disponible pour m'occuper de lui. Si j'avais été accepté à ce poste de chercheur, je n'aurais jamais réussi à supporter la charge de ces études.

Jusqu'au jour de son décès, je continuais à fréquenter le professeur Tchebotarov, bien que nos rencontres fussent assez espacées, compte tenu des contraintes de nos quotidiens respectifs. Même après mon mariage, je lui rendais visite en compagnie de mon épouse.

Le professeur Tcheboratov

Je fus un jour témoin d'un incident particulièrement instructif. A l'époque, la Russie venait d'entrer en guerre. L'Académie des sciences avait été délocalisée à Kazan et en 1943, elle célébra le 300e anniversaire du décès de Newton. Le professeur Tchebotarov fut convié à prononcer un discours lors de la cérémonie commémorative et je parvins à obtenir un laissez-passer pour participer à la conférence. Le directeur de l'Académie, Sergueï Ivanovitch Vavilov, fit pour l'occasion un discours retentissant. Entre autres propos, il dit notamment : « Lorsque je pense au génie de Newton, mes cheveux se dressent sur ma tête. Il devança de quelque trois cents ans la théorie de la lumière. » Puis, il cita quelques lignes des *Principes mathématiques de la Philosophie naturelle*. En entendant ces citations, mon corps fut pris de tremblements : « Il n'existe pas, dans la nature, deux points qui ne soient reliés par une force quelconque, attraction ou répulsion électrique ou chimique… Je perçois dans ce phénomène la manifestation de D-ieu et de Sa gloire qui remplit le monde ! »

Vous ne pouvez imaginer la portée d'un tel discours en Russie soviétique. L'orateur aurait facilement pu éviter de se compromettre en omettant tout simplement cette dernière phrase. Mais il choisit de prononcer à haute voix ces mots, et en public de surcroît ! Et moi, j'étais perdu dans mes pensées et je méditais sur le verset de Isaïe (6,3) : « La terre est pleine de Sa gloire ! »

Deux autres Juifs dénommés Chifrin et Roudnik fréquentaient en même temps que moi l'université de Kazan. En 1942, je me rendis un jour à la faculté pour consulter le professeur Tchebotarov. Je rencontrai les deux Juifs dans le couloir et ceux-ci m'invitèrent à entrer dans une des classes vides. « Its'hak, nous avons beaucoup de respect pour ton savoir scientifique. Mais comment peux-tu associer tes connaissances scientifiques à ta foi religieuse ? C'est incompréhensible ! »

Et, poursuivant avec intelligence : « Nous n'allons pas remettre en cause l'existence de D-ieu puisque cette question est purement philosophique, ni même les événements de la sortie d'Egypte qui remontent à plus de 3000 ans. Mais la religion juive profère de telles inepties qu'il est surprenant de voir un savant tel que toi y adhérer.

– Quoi par exemple ? » rétorquai-je avec assurance.

Roudnik avait un voisin, un Juif lituanien pratiquant du nom de Potachnik. « Potachnik m'a dit, expliqua Roudnik, que dans les livres juifs, il est écrit que le peuple d'Israël ne restera pas éternellement en exil. Un jour viendra où D-ieu rassemblera tous les exilés et les conduira en Terre Sainte. Quelle bêtise ! Jusqu'à ce jour, même les chiens ne sont pas persécutés comme le sont les Juifs (nous étions en pleine Seconde Guerre mondiale !). Et il n'est pas certain qu'il reste encore des Juifs dans le monde d'ici soixante-dix ou quatre-vingts ans. Et même s'il en reste, qui parmi ces Juifs aura le droit de sortir de la Russie soviétique ? Toi ? Moi ? Bon, admettons que Staline autorise officiellement et même signe un décret permettant le retour des Juifs en Palestine – qui fera ce voyage ? Moi, je ne le ferai pas. Et lui (pointant son doigt vers Chifrin) non plus, parce que nous sommes communistes jusqu'au bout des ongles. Comment un homme aussi intelligent que toi peut-il croire à de telles sottises ? Comment peux-tu adhérer à une telle croyance ? Tout ceci est si peu réaliste. »

Dès le départ, ils m'avaient averti : « Rien ne transparaîtra de notre conversation, celle-ci restera strictement secrète. Nous avons depuis longtemps deviné que tu pratiquais la religion. Une fois, nous avons remarqué ton absence, et après enquête, nous avons découvert qu'il s'agissait du jour de Kippour… » Ils évoquèrent encore d'autres occasions qui leur avaient permis de deviner mon attachement aux valeurs de la Torah.

« Nous avons compris, conclut Roudnik, que quelque chose ne tournait pas rond. »

Je ne pouvais nier que leurs soupçons étaient fondés. D'ailleurs, je n'en avais pas l'intention. Je craignais toutefois de leur accorder une trop grande confiance. Roudnik dirigeait le S.O.B. de l'université. A l'époque ces initiales étaient connues de tous. Il s'agissait du comité des athées combattants !

Que pouvais-je bien répondre ? En 1942 de surcroît ? Je répliquai malgré tout : « C'est vrai, il est écrit que les Juifs sont en exil, mais que celui-ci cessera un jour ou l'autre. Le Créateur rassemblera les exilés progressivement et nous retournerons sur notre terre sous la royauté des descendants de David. D'ailleurs, de nombreuses prophéties annoncées par les Ecritures se sont déjà réalisées. Par exemple : « Et l'Eternel te dispersera parmi toutes les nations d'un bout à l'autre de la terre. » Vous ne pouvez nier que le peuple juif a été disséminé aux quatre coins du monde ! Et qui aurait pu imaginer une chose pareille au moment où ces événements ont été prédits ? De fait, tout comme ces nombreuses prophéties se sont déjà réalisées, les autres visions que vous venez de citer se réaliseront également dans le futur, et peut-être mériterons-nous de vivre l'époque où tout ceci arrivera. »

Sur ces mots, notre discussion se conclut.

Plus tard, curieux de savoir ce qu'il était advenu de ces deux Juifs, j'entrepris des recherches pour les retrouver. De nombreuses années passèrent, et, alors que je résidais déjà en Israël, j'appris que Chifrin avait été tué sur le champ de bataille et que Roudnik enseignait dans une école militaire de Leningrad. Je lui téléphonai. Il sembla heureux de m'entendre et notre conversation se prolongea jusqu'à une heure avancée. Quand je raccrochai le combiné, ma femme me lança un regard surpris. Jamais je ne m'attardais au téléphone. Mais ce jour-là, Roudnik me raconta longuement tout ce qui lui était arrivé depuis notre dernière entrevue. Pour ma part, je me gardai bien de lui rappeler les propos qu'il avait tenus alors. Puis, avant de mettre un terme à notre entretien, il me dit : « Mon fils est monté en Israël. Peux-tu lui donner un coup de main pour la langue ? »

C'est alors qu'advint un événement fort surprenant. Je me rendis au cabinet du docteur Tsatskis afin de le consulter au sujet d'une circoncision qu'il devait effectuer sur un Russe qui venait de s'installer en Israël. En URSS, compte tenu de l'interdiction qui avait longtemps pesé sur cette pratique religieuse, rares furent ceux qui faisaient circoncire leur enfant à huit jours. De sorte que, souvent, les nouveaux immigrants issus des anciennes républiques soviétiques décident d'accomplir ce commandement une fois arrivés en Terre Sainte. Or, à l'âge adulte, la circoncision requiert les mêmes conditions qu'une intervention chirurgicale.

J'attendais patiemment mon tour dans la salle d'attente. A mes côtés se trouvait un jeune homme qui répondait au nom de Roudnik. Je lui demandai aussitôt : « Est-ce que vous ne seriez pas originaire de Leningrad ? » Mon interlocuteur répondit par l'affirmative. C'était le fils de mon ancien camarade !

J'appris que ce même jour, il avait fait circoncire son propre fils. Il était impossible d'organiser un repas de fête à l'hôpital comme ceux que l'on offre à l'occasion d'une circoncision. Outre le vin sur lequel on prononce la bénédiction, j'avais pour habitude d'apporter des gâteaux et des boissons fraîches. Mais cette fois-ci, je me chargeais également d'apporter du poisson, du pain, du vin de table et d'offrir à la famille de Roudnik-fils un véritable festin.

J'écrivis à Roudnik à Leningrad et lui racontai cette rencontre si impromptue et si émouvante. Après quelque temps, il fit un voyage en Israël et me rendit visite. Au début, il était plutôt silencieux, il semblait gêné de parler devant tous ceux qui se trouvaient là. Mais, quand je l'accompagnais dehors, l'ancien chef du « comité de lutte des incroyants » leva les mains au ciel et fit : « Its'hak, le fait que nous nous trouvions tous deux ici, maintenant, c'est la main de D-ieu ! » Je me chargeais plus tard de lui trouver des *mezouzot* ainsi que des *tefillin*, et après quelques mois il envoya également son petit-fils, le fils de sa fille en Terre Sainte.

Quand je pense encore au mépris et au dédain manifeste dont étaient victimes les Juifs qui respectaient les préceptes de la Torah en Union Soviétique – de la part des autres Juifs et en particulier des plus jeunes –, je ne peux m'empêcher de m'étonner devant la tournure si surprenante des événements qui ont suivi la chute du communisme.

Je me rappelle avoir accompagné ma mère chez une de ses amies. J'étais encore jeune à l'époque. Elles parlèrent un long moment, et quand ma mère se leva pour prendre congé de son hôtesse, celle-ci fit appeler sa fille : « Nous avons de la visite. Viens dire au revoir à la femme du Rav.

– Je ne tendrai pas la main à l'ennemi de la Patrie ! » répondit la jeune fille avec insolence.

Celle-ci était alors en troisième année de médecine. A la mort de sa mère, elle était déjà médecin. Je me rappelle encore comment elle avait cherché quelqu'un qui puisse dire pour elle le *kaddich*, la prière récitée en commémoration des défunts…

Un jour, pendant la fête de Pessa'h, je me rendis avec mon père auprès d'une de ses connaissances. Quand le fils du maître de maison, un garçon de quinze ans à peine, aperçut mon père qui portait une barbe, il sortit une miche de pain d'un des tiroirs de la cuisine et, pour choquer l'homme religieux qu'était mon père, s'installa pour la manger.

Or voici un an cet homme a quitté Kazan pour Jérusalem. Il a remué ciel et terre pour me retrouver et je l'ai invité à venir me voir. Nous avons bavardé longuement. Il me raconta qu'il avait épousé une Juive et qu'il voulait connaître mon avis quant à son projet de léguer gracieusement à l'Etat d'Israël une de ses inventions techniques.

J'ai beaucoup de peine à l'idée que mon père n'ait pas eu le mérite de vivre la chute du régime soviétique. Ma mère n'eut pas ce privilège non plus, mais elle eut toutefois le mérite de connaître ses petits-enfants…

Malgré le rejet de ma candidature au poste d'élève chercheur, je continuais à travailler à ma thèse, tout en consultant régulièrement le professeur Tchebotarov. Il m'arrivait de me lever à cinq heures du matin, pour poursuivre avant l'office mes recherches en mathématiques (à Kazan, j'avais toujours prié avec un *minyan*). Je rédigeais un mémoire d'envergure sur la théorie des nombres et, à l'époque, je nourrissais le rêve de présenter le résultat de mes investigations à Einstein en personne.

Mais avec le temps, je renonçai à ce fabuleux projet. Si je publiais ma thèse et que l'on me faisait licencié ou même docteur ès sciences, je risquais de ne jamais traverser le rideau de fer ! Sans ces titres, il était déjà extrêmement difficile de sortir de Russie, mais pour un scientifique de renom, une telle entreprise était quasiment impossible. Encore du vivant de Tchebotarov, je pris la ferme décision d'abandonner mon travail de recherche et de l'achever une fois installé en Terre Sainte, quitte à le publier plus tard.

Et me voici en Israël, mais je n'ai pas le temps de m'atteler à la rédaction de mon mémoire. Je suis persuadé que les théorèmes que j'ai développés et que j'ai réussi à démontrer n'ont été abordés jusqu'à ce jour par aucun autre mathématicien de par le monde. Mais ce travail n'a aucune utilité pratique. Il s'agit de recherche pure, au contenu essentiellement théorique, qui ne présente aucun intérêt, ni pour la médecine ni pour la sécurité voire même la diffusion de la connaissance de D-ieu auprès de ceux qui en sont éloignés... Je ne ressens plus le besoin de publier le fruit de mes recherches. Cela ne servirait qu'à rallonger la liste des savants d'origine juive...

La Torah pendant la guerre

Pendant la guerre, je me suis souvent demandé ce qu'il adviendrait de la Torah. Trouvera-t-on parmi nous des Juifs qui, dans huit ou dix ans sauront encore étudier le Talmud ? Des Juifs qui connaîtront l'hébreu ou l'araméen ? Hélas, en Russie, le nombre de ces Juifs ne faisait que diminuer. On les avait fusillés, assassinés et nombreux furent ceux qui gisaient dans de sombres prisons ou autres sinistres lieux d'internement. Le judaïsme polonais aussi avait été éradiqué. Nous parvenions à peine à réunir un *minyan* pour les offices et des Juifs versés

Rav Its'hak Zilber avant la Seconde Guerre mondiale

dans le Talmud, il n'en restait plus que deux dans tout Moscou ! Face à cette dangereuse hécatombe, j'avais envisagé de faire traduire le Talmud en russe. Tant que nous disposions encore de grands érudits qui puissent accomplir ce travail, il était encore temps d'envisager une telle entreprise. En effet, un tel projet nécessite des connaissances approfondies dans l'étude du Chass, la quarantaine de traités talmudiques englobant la quasi-intégralité du savoir juif, bien plus que des compétences linguistiques.

A l'époque, je ne pouvais imaginer qu'il existait dans le monde des hommes qui s'étaient donnés pour mission de sauver la Torah en ces heures sinistres. Ce n'est que bien plus tard, alors que je me trouvais déjà en Israël, que je le découvris. Mais pendant la guerre, en Russie, je ne pouvais envisager qu'une telle chose fût possible.

Déjà au début de la conflagration, le Rav 'Haïm Chmoulevitch par exemple, avait entrepris de déplacer la *yechiva* de Mir, l'école talmudique qu'il dirigeait, pour l'installer au Japon. Au pays du Soleil Levant, cette *yechiva* lituanienne fonctionnait de jour comme de nuit. L'étude de la Torah s'y poursuivit comme à Mir et ne fut jamais interrompue, même un seul instant. Le Rav avait l'habitude de dire : « Des Juifs sont brûlés, la Torah est incendiée : si nous manquons d'assurer la relève, tout sera perdu à jamais. » Des anciens élèves du Rav me racontèrent plus tard qu'il ne s'était accordé aucun repos pendant plusieurs jours. Il étudiait avec chacun des élèves de la *yechiva* et il arrivait qu'il passât près de 32 heures d'affilée à étudier. Ce n'est qu'après ces nombreuses heures d'étude ininterrompue qu'il acceptait de boire un verre de thé et s'assoupissait quelque peu.

Et ses efforts incroyables ont permis de faire émerger des géants en Torah, qui pendant des décennies ont assuré la transmission de la Torah aux jeunes générations, que ce soit aux Etats-Unis ou en Israël.

Rav 'Haïm Chmoulevitz, Roch Yechiva de Mir

Quand nous sommes montés en Israël, mon fils Ben-Tsion eut le mérite d'étudier auprès du Rav Chmoulevitch. L'humilité de ce Rav était légendaire. Jusqu'à ce jour, près de vingt ans après son décès, l'éminence et la portée de son œuvre spirituelle sont encore manifestes. Authentique maître dans le domaine de l'étude, il dominait par son érudition et sa personnalité exceptionnelle le monde de la Torah, tout en étant également d'une humilité sans pareille.

On raconte qu'il fut convoqué plus d'une fois devant les services de sécurité japonais. On l'assaillait de questions aussi délicates que compromettantes : « Vous et les vôtres avez choisi de vous installer ici. Mais qui finance donc votre association ? Qui vous envoie des subventions et combien recevez-vous ? » Ces interrogatoires étaient des plus problématiques. En effet, en pleine guerre il était absolument interdit de recevoir de l'argent d'un pays ennemi des puissances de l'Axe. Or la *yechiva* recevait ses fonds des Etats-Unis, qui à l'époque était en guerre avec le Japon. Avant de se rendre sur les lieux, il avait l'habitude de prononcer cette prière : « Maître du monde, je suis prêt à supporter les quatre peines capitales prévues par la Torah plutôt que de me livrer à la délation. Je Te demande une seule chose, que mon fils et mon gendre deviennent des érudits en Torah. » Et, en effet, sa prière fut exaucée.

LONG COMME UN JOUR SANS PAIN...

A l'époque où je travaillais à Stolbichi, je logeais au village pendant la semaine et me rendais occasionnellement chez moi à Kazan pour le Chabbat. Un matin d'hiver, en 1942, je me trouvais à Kazan et m'apprêtais à retourner à Stolbichi. Je quittai mon domicile vers cinq heures du matin. En ce temps-là, le pain était rationné, si bien que je ne pouvais en obtenir que dans mon lieu de résidence, c'est-à-dire à Stolbichi. A mon départ de Kazan, j'avais déjà le ventre vide et j'étais affamé. Il faisait extrêmement froid. La température était descendue jusqu'à 42 degrés en dessous de zéro ! La neige tombait abondamment, ce qui, par ce froid, était assez rare. Je me hâtai de parcourir les vingt kilomètres qui me séparaient de Stolbichi et j'arrivai à destination en trois heures à peine ! A huit heures, j'étais déjà à l'école. Mais une mauvaise surprise m'attendait : la boulangerie locale n'avait pas été approvisionnée en bois à cause des conditions atmosphériques et, ce jour-là, il n'y avait pas de pain. Il ne me restait plus qu'à jeûner.

Les élèves de l'école s'étaient absentés, craignant de sortir par ce froid, mais les professeurs n'eurent guère le loisir de prendre une journée de congé. Les autorités refusaient de voir les enseignants croiser les bras et prendre du bon temps... On nous chargea aussitôt d'établir la liste des nouvelles recrues pour l'année suivante. Pour cela, nous devions nous rendre le jour même dans les villages avoisinants pour relever les noms des futurs élèves. On m'attribua le village de Balchiya Kabani qui se trouvait à quelque cinq kilomètres de Stolbichi.

Quand je pris la route pour Balchiya Kabani, la faim ne m'avait toujours pas quitté. D'habitude, un chemin menait à ce village, mais ce jour-là, il était recouvert d'une couche épaisse de neige qui en avait totalement effacé le tracé. Mon avancée dans la neige profonde et poudreuse, que j'aplanissais en faisant des bonds, était de plus en plus difficile. Un vent glacial s'était levé et je sentais mes forces m'abandonner quand soudain un désir irrésistible me saisit : si seulement je pouvais me reposer un peu et m'allonger sur la neige tendre, juste pour quelques minutes... Cette envie était si puissante que jamais dans ma vie je n'en ressentis à nouveau de pareille. Mais la voix de la raison l'emporta fort heureusement. Si je m'étais abandonné à cette envoûtante tentation, j'aurais risqué la mort. J'adressai alors cette prière au Créateur du monde : « Maître du monde, mes parents n'ont que moi, je suis encore jeune et je n'ai pas encore eu le temps d'accomplir quoi que ce soit. Que feraient-ils sans moi ? » J'implorai D-ieu pour qu'Il prenne mes parents en pitié, et je sentis aussitôt que ma prière avait été reçue. Evidemment, nous n'avons jamais l'assurance d'être immédiatement exaucés, mais il n'existe pas une prière qui ne soit entendue. J'enfonçai ma main dans ma poche et palpai un objet emballé dans du papier. Je m'en saisis et voilà que je découvris un petit bout de *'halva* !

Cela faisait déjà trois ans que je n'avais pas mangé de beurre ni de sucre, et voilà que je tombai sur cette précieuse friandise. J'en ignorais totalement la provenance. Peu de temps après, j'appris que ma mère avait acheté de la *'halva* à l'un de nos voisins et qu'elle avait enfoui cette irremplaçable trouvaille dans ma poche. D'ailleurs, outre ce bout de 'halva, les placards de la maison étaient vides... J'en croquai un morceau et repris aussitôt des forces. Je décidai d'aller jusqu'au bout de ma mission, sautant dans la neige jusqu'à épuisement, et je retrouvai par miracle le fameux sentier. J'arrivai enfin au village, inscrivis le nom des enfants sur ma liste et revins à l'école.

Le soir, nous n'avions toujours pas de pain. Ni même le lendemain. Ce n'est que vers la fin du deuxième jour que l'on fournit des bûches à la boulangerie et que l'on alluma son four. Je me dotais de deux kilogrammes de pain comme avance pour plusieurs jours. Pendant la guerre, le pain était distribué aux personnes qui présentaient des tickets de rationnement et selon des délais imposés. Les rations de pain étaient différentes selon que la personne travaillait ou était qualifiée "de citoyen assisté". Pour les travailleurs, la ration était plus importante que pour les inactifs. Ce soir-là, je ne fis qu'une bouchée des deux kilos de pain que je dévorais sans sel ni eau ni quoi que ce soit d'autre et j'avais encore faim...

Vous ne pouvez imaginer combien il était difficile, dans la Russie des années 1942 – 1943, de trouver du pain. Il m'est même pénible de rapporter le souvenir de cette détestable famine. Des hommes mouraient de faim tous les jours. Le soir déjà, nous faisions la queue pour recevoir le pain du lendemain. Nous inscrivions sur le dos de nos mains notre place dans la file d'attente. Je me rappelle avoir une fois eu le numéro 1500 ! Je faisais la queue et quand j'étais appelé à d'autres impératifs, ma mère prenait le relais. Elle devait faire ces queues bien plus souvent que nous autres et attendait son tour en récitant des Psaumes dans un livre qu'elle portait toujours sur elle. Le matin, quand on ouvrait la boutique, la poussée de la foule était si forte que plus d'une fois des gens se faisaient écraser. Voilà à quoi ressemblait la distribution du pain en Russie soviétique.

Un jour, ma mère retourna chez elle bredouille. Elle avait patiemment attendu son tour et au moment où elle s'apprêtait à recevoir sa ration de pain, une Juive l'interpella et l'accusa de n'avoir pas fait la queue. Des personnes présentes prirent la défense de ma mère tout en clamant qu'elles l'avaient bien vue avancer dans la file d'attente, mais ce fut en vain. La femme bouscula ma pauvre mère avec violence et lui barra le passage. Ce jour-là, nous fûmes privés de pain – et en dehors du pain, il n'y avait rien. De temps à autre, il était possible de se procurer des pommes de terre, mais à quel prix...

Deux semaines après cet événement, une femme toqua à notre porte pour demander l'aumône. Ma mère lui tendit une miche de pain. La femme s'en saisit et éclata en amers sanglots. Une fois partie, ma mère me dit : « C'est elle qui m'a fait sortir de la queue. »

Mes parents avaient droit à 300 grammes de pain chacun, et moi, à 600 grammes. A l'époque, je ne travaillais pas encore au village, mais à Kazan où j'enseignais à l'Ecole polytechnique de l'aviation. Un beau jour, je fus affecté à une autre école. Le jour de mon transfert, c'était un 31 décembre, je fus privé de ma ration de pain quotidienne. J'avais "perdu" un jour. Je me couchai affamé et déprimé. Au milieu de la nuit, vers trois heures du matin, je fis un rêve étrange. Je vis une sorte d'apparition qui s'adressa à moi en ces termes : « Ecoute Its'hak, ne t'angoisse pas pour le pain perdu. Aujourd'hui, tu seras dédommagé. »

Le matin je racontai ce rêve à mes parents qui n'en firent guère cas et pour qui la chose était plutôt amusante. Je n'en fis pas plus cas et me rendis vivement à la boulangerie pour faire la queue. Quand les portes de l'établissement s'ouvrirent, la foule se précipita vers l'entrée. C'était effroyable ! La pression était si forte que mon corps fut littéralement soulevé par la foule tandis que mes pieds ne touchaient plus le sol. Je me souviens encore avoir, dans ce vertige, tendu mon ticket à qui de droit et reçu en échange une miche de pain. Je retournai chez moi et découvris rapidement que le pain que l'on m'avait remis pesait exactement 1,2 kilo de plus que ce qui aurait dû me revenir. Dans un tel cas, j'avais toujours eu l'habitude de rendre l'excédent qui m'avait été remis par erreur, mais ce jour-là, pour la première et dernière fois de ma vie, je décidai de tout garder – non pas que je m'en sois remis à ce rêve prémonitoire : j'étais un jeune homme rationnel et circonspect qui accomplissait les commandements, et avait confiance en D-ieu sans se laisser aller à quelques supputations mystiques – mais il était difficile d'ignorer ce songe qui s'était révélé si véridique !

Je souffris considérablement de cette alimentation si pauvre dont le pain était la seule et unique composante et j'en tombai malade. Mon corps se couvrit de plaies purulentes et tous les traitements s'avérèrent inefficaces. On me conseilla un jour de manger du beurre. Les mots me manquent pour décrire combien il me fut difficile de trouver cinquante grammes de beurre, qui finalement se révélèrent salutaires. Après avoir suivi ce régime des plus élémentaires, toutes mes lésions disparurent. En ces temps-là, la nourriture était non seulement indispensable pour la survie, mais avait également une valeur thérapeutique.

Rencontres

Plus d'une fois je fus appelé sous les drapeaux. Mais, fort heureusement, je fus à chaque fois exempté du service militaire. Ma jeunesse ne fut pas des plus faciles ni des plus dorées. En effet, dès l'âge de quatorze ans, alors que j'étais en pleine période de croissance, je travaillais déjà douze heures par jour. Ce régime m'avait considérablement affaibli autant sur le plan physique qu'affectif. Je souffrais de convulsions et j'avais aussi des problèmes de vue de sorte que l'armée, qui avait décidé de m'enrôler écrivit finalement à mon sujet : « Bon pour le service avec quelques réserves. » Je recevais aussi des garanties de travail qui me dispensaient du service militaire.

La guerre battait son plein. La situation sur le front était des plus difficiles et l'armée avait désespérément besoin de renforts de troupes. On arrêtait des hommes dans la rue et on les conduisait sans préambule sur le champ de bataille.

Un Chabbat de l'année 1942, je me trouvais dehors. Evidemment, je m'étais délesté de mes papiers d'identité puisqu'il est interdit de les porter sur soi le Chabbat. Je pensais pouvoir me tirer d'affaire sans ces indispensables documents, quand soudain je fus arrêté par un agent de police : « Vos papiers ! » ordonna-t-il

– Je ne les ai pas sur moi » répondis-je.

Il releva mon nom et mon adresse et fit : « Vous êtes mobilisé. Vous disposez d'une demi-heure pour préparer vos affaires. »

Je rentrai chez moi et appelai mon père avec effroi : « Papa, je viens d'être mobilisé ! J'ai une demi-heure pour préparer mes affaires ! » Celui-ci me demanda alors si j'avais fini de lire la *paracha* de la semaine et m'étais acquitté de l'obligation de la lire deux fois ainsi que sa traduction en araméen. En général, je terminais cette lecture avant le Chabbat, mais il arrivait que je gardasse un "arriéré". Je répondis par la négative.

« Alors pourquoi perds-tu ton temps inutilement ? Tu n'auras pas de *'houmach* à l'armée, finis vite la lecture. »

J'obtempérai aussitôt.

Il m'était impossible de jouer avec le feu et d'ignorer les ordres de l'officier. J'achevai rapidement la lecture de la *paracha* et me rendis en toute hâte auprès du service des conscriptions. Mais cette fois encore, on refusa de m'envoyer au front. Au lieu de cela, on m'attribua le poste de professeur dans une des écoles polytechniques de la ville. Aujourd'hui encore, je garde à l'esprit les paroles de mon père, qui, avec un calme remarquable, s'était soucié uniquement de mes obligations spirituelles...

La même année, pendant la fête de Souccot, un jeune homme assez affable m'accosta en pleine rue et me demanda : « Vous êtes Juif ?

– Oui, répondis-je.

– Pouvez-vous me dire, s'il vous plaît, où l'on peut trouver une *soucca* à Kazan ? »

Je le conduisis vers l'une des rares *souccot* de la ville, et, en chemin il me raconta son histoire. Il était étudiant à la faculté de physique de l'université de Moscou. Mais ayant été mobilisé, il faisait ses classes à Kazan. Ce jour-là, il avait quitté la caserne sans requérir pour cela une permission. Il devait absolument trouver une *soucca*. Grâce à D-ieu, ses efforts avaient porté leurs fruits, et il eut le mérite de manger son repas de fête comme il se doit.

A l'époque, de nombreuses instances gouvernementales furent délocalisées à Kazan. Un jour, je fus accosté par une dame qui venait de Moscou et qui me demanda : « Pourriez-vous me dire quand tombe Yom Kippour cette année, et à quelle heure débute le jeûne ? » Et, les larmes aux yeux elle poursuivit : « C'est la seule chose que je connaisse du judaïsme ! »

Quelle triste époque !

Peu de temps après mon mariage, nous eûmes la visite d'une femme âgée qui, à cause de la guerre, avait dû quitter sa ville natale. Elle s'appelait Macha. C'était une personne pratiquante qui avait perdu tous les siens, et n'avait d'autre choix pour survivre que d'aller d'une maison à l'autre et solliciter l'aumône. Je proposai à mon épouse d'offrir le gîte de manière permanente à cette pauvre femme. Nous engageâmes des démarches auprès du ministère de l'Intérieur pour faire domicilier notre hôte à notre adresse.

Pour le lecteur non averti, cette démarche auprès du ministère de l'Intérieur en Russie soviétique ne semble pas extraordinaire. Mais, en vérité, cette procédure était on ne peut plus dangereuse. Tout citoyen soviétique devait se soucier de trouver un domicile fixe, détail qui apparaissait d'ailleurs sur les papiers d'identité. Or le droit de résider dans une ville quelconque en Russie n'était pas automatique et le fait d'inscrire Macha comme une personne qui partageait notre logis l'autorisait à demeurer à Kazan.

Macha fit véritablement partie de notre famille. Nous nous liâmes d'amitié avec cette femme qui fut d'une aide considérable dans l'éducation de nos enfants, de même que dans bien d'autres domaines. Nous lui devons beaucoup.

Il nous fut également possible, après de nombreux efforts, de faire valoir son droit à une pension. En 1960, nous dûmes quitter Kazan pour Tachkent. Macha était alors très âgée et était devenue dépendante. Nous n'avions d'autre choix que de la placer dans une maison de retraite dans les environs de Kazan. Je me souciais sans cesse de prendre de ses nouvelles et de garder le contact. A son décès, la maison de retraite me fit parvenir un télégramme pour m'annoncer la triste nouvelle. Je me rendis aussitôt sur les lieux et me chargeai de faire transporter son corps à Kazan pour l'inhumer. Macha mérita de recevoir une sépulture juive en accord avec tous les impératifs de la loi juive et chaque année, je célèbre encore son *yahrzeit*.

Le séjour prolongé de Macha chez nous n'était pas un événement exceptionnel pour l'époque. La guerre avait privé de très nombreuses personnes – souvent des enfants ou des vieillards – de leur domicile. Ces malheureux trouvaient auprès de quelques bonnes âmes une nouvelle famille.

Sofa Lerner, la fille de Vladimir et Lisa Krouglak raconte

Connaissez-vous l'histoire de Rav Its'hak et de la vieille dame à Kazan ? Quand il s'installa à Tachkent, il fit tout son possible pour ne pas travailler le Chabbat, et trouva un emploi dans une fabrique de béton qui ne demandait que des interventions strictement manuelles.

La famille Zilber vivait dans le besoin. Après le décès de la vieille dame, le Rav Zilber prit une avance sur sa paye correspondant à un an et demi de salaire, ce qui lui permit de se rendre à Kazan et de faire inhumer la défunte dans un cimetière juif. Ce n'est que bien plus tard que mon père l'apprit et qu'il entreprit, évidemment de l'aider du mieux qu'il put.

Rav Its'hak Sandek

Au début de la guerre, notre communauté loua un local qui appartenait à un non-juif de Kazan du nom de Malakhov. Nous y organisâmes un semblant de synagogue et y célébrions les offices. A l'époque, j'avais déjà quitté mon emploi à Stolbichi et habitais à Kazan. Tous les soirs, de neuf heures à onze heures, j'étudiais avec mon père dans un coin de la synagogue. Des réfugiés affamés et malades qui avaient quitté leurs différents lieux de résidence étaient allongés sur les bancs. Ils n'avaient trouvé d'autre endroit pour se loger que ce lieu de prière. Ils souffraient comme nous autres de la faim, mais personne n'avait de quoi les sustenter.

Ce soir-là, quelque onze réfugiés étaient réunis dans notre local. Ils étaient tous souffrants et étaient étendus sur les bancs. Vers dix heures du soir, un homme grand et maigre entra dans la pièce. Il se saisit d'un livre de prières et commença à faire l'office du soir. Après l'office, il parcourut du regard les pauvres hères qui avaient trouvé refuge dans le local qui servait de synagogue et disparut. Il réapparut quelque vingt minutes plus tard portant une miche de pain énorme sous le bras. Une véritable fortune pour l'époque !

Il s'approcha d'une des personnes qui étaient allongées et lui tendit le pain ainsi que cinquante roubles (qui, à l'époque, correspondait au prix d'un kilo de pommes de terre). Puis, il sortit à nouveau, pour revenir peu de temps après avec une autre miche de pain et de l'argent. Cette scène se renouvela plusieurs fois jusqu'à ce que tous les réfugiés aient été dotés de ces fabuleux trésors. Qui était cet homme ? Peut-être un ange venu du Ciel…

Les soirs suivants, l'homme apparut à nouveau, mais en ces jours confus, nul n'osait poser des questions. Seuls les délateurs nourrissaient une curiosité malsaine.

Mais, un jour, peu de temps avant Pessa'h, l'homme se présenta à notre domicile. A l'origine, il portait le nom de Its'hak Sousmanovitch Sandek (nous l'appelions Rav Its'hak Milner, qui en yiddish signifie le meunier). Il venait de la ville de Moguilov (Mohilov) en Russie blanche. Il semblerait qu'il ait tenu un poste assez important puisqu'au début des hostilités, on lui fournit une voiture qui lui permit de sauver de nombreuses personnes. Hélas, il ne parvint pas à soustraire sa propre famille – sa femme et ses trois enfants – aux griffes nazies et les malheureux périrent sous les balles allemandes. Il était seul au monde et ne savait pas où passer les fêtes de Pessa'h. Nous étions fort embarrassés. Nous aurions tant souhaité l'inviter pour la fête, mais nous n'avions pas de quoi manger. Il ajouta aussitôt : « Ne vous en faites pas. Pour la nourriture, je m'en charge ! »

Et en effet, quand il se joignit à nous pour célébrer le *seder*, la célèbre cérémonie du premier soir de Pessa'h, il apporta de la *matsa* et un peu de viande. Mais le lendemain, nous l'attendîmes en vain. Nous nous faisions du souci à son sujet. Il était peut-être arrivé quelque chose de grave ?

Plus tard, il nous fit part des raisons de son absence. Il était meunier et avait l'habitude de ramasser la poussière de farine qui était devenue inutilisable. Cette poussière s'accumulait tant qu'il en obtenait une quantité assez importante pour confectionner du pain. Il en prélevait même la *'hala* ! C'était ce pain qu'il se chargeait de distribuer aux nécessiteux.

A l'époque, les meuniers faisaient fortune. Mais lui était resté pauvre et ne s'était nullement enrichi sur le dos des personnes affamées. Le pain qu'il fabriquait à partir de ces résidus de farine, il l'offrait gracieusement aux indigents qu'il découvrait çà et là et à qui il rendait régulièrement visite. C'est ainsi qu'il avait atterri dans notre synagogue. Pendant les huit jours de fête, il nous combla de nourriture, bien qu'il n'ait partagé notre couvert que pour un seul repas. Il en fit de même avec d'autres familles : il se faisait inviter pour la fête et offrait de la nourriture, mais ne participait qu'à un repas, jamais davantage.

C'était un grand homme, et, chaque année, le 24 Av, je m'attache à célébrer son *yohrzeit*.

4

Vivre en période de guerre

Le froid et la maladie

En hiver 1942, j'enseignais à l'école d'économie et de finance. Les professeurs de l'école disposaient chacun d'un lopin de terre dans une forêt, qui leur était gracieusement offert et dont ils avaient la jouissance pour couper du bois de chauffage pendant les longs mois d'hiver. A cette occasion, je me familiarisai avec les rudiments du métier de bûcheron. J'étais même devenu expert en la matière et je pouvais prédire de quel côté un arbre allait s'effondrer. J'abattais des arbres jusqu'à obtenir deux mètres cubes de bois, quantité à laquelle j'avais droit et je payais une charge au responsable qui était juif, pour le transport des bûches.

Les autres professeurs, sans exception, reçurent leurs bûches à leur domicile comme convenu. Moi, je n'eus pas ce privilège. Je décidai de passer à l'action et me rendis chez le responsable. Son épouse, qui n'était pas juive, me fit savoir que son mari s'était enfui sans prévenir avec l'argent et sans donner la moindre nouvelle.

Je me rendis de nombreuses fois chez ce Juif dans l'espoir de récupérer les bûches que j'avais coupées, mais en vain. Il nous fallut survivre sans chauffage. Les risques étaient grands. Il faisait si froid dans notre chambre que l'eau y gelait.

Et cette eau, comme il était difficile de l'obtenir ! Nous remplissions des seaux à la pompe publique, après que mon père eut fait la queue pendant de longues heures, par un temps glacial.

A l'intérieur même de notre logis, nous portions des gants que nous couvrions avec nos manches et nos manteaux par-dessus nos têtes, nous étions assis dans notre chambre minuscule et recevions des Juifs qui venaient consulter mon père pour lui poser diverses questions de *halakha*. Ma mère était également sollicitée, par les femmes principalement. Mes parents œuvraient notamment pour l'entente conjugale dans les foyers. Les cas étaient parfois extrêmement délicats et exigeaient que l'on y consacrât beaucoup de temps et d'efforts. Mais cela n'empêchait jamais mes parents de poursuivre, avec ténacité et patience, leur travail de soutien et de conseil.

Les conditions de vie étaient extrêmement difficiles et, qui plus est, l'hiver 1942 fut particulièrement rude. Il arrivait que la température atteignît les quarante degrés en dessous de zéro, et nous n'étions pas chauffés... Le froid était parfois plus pénible que la faim. Hélas, mon père ne put supporter un tel climat et tomba malade. Il attrapa la tuberculose, infection qui rongea peu à peu sa colonne vertébrale. Il était alité, considérablement affaibli et ne cessait de répéter en yiddish : « Pitié, pitié...»

Le docteur Yaakov Tsatskis raconte

Le père de Rav Its'hak était un homme très respectable, un grand érudit. On venait le voir de partout. Je me rappelle encore comment il venait prier avec nous en compagnie de son fils alors qu'il était très souffrant. Pendant la prière de la amida , il s'adossait à l'armoire parce que sa colonne vertébrale était atteinte. Il avait beaucoup de mal à se tenir debout.

La mère de Rav Its'hak était une femme particulièrement sagace. Quand son mari quitta ce monde, nombreux furent ceux qui la consultèrent pour lui demander conseil. A l'époque, j'envisageais moi-même de faire mes études à l'école des sciences et j'étais en proie à une grande incertitude. D'un côté, j'aimais les mathématiques, mais de l'autre mon père insistait pour que je fasse des études de médecine. Je me rendis auprès de la Rabbanite (l'épouse du rav) pour lui faire part de mes doutes. Elle me demanda : "Pourquoi tenez-vous à apprendre un métier plutôt technique ?

– Les salaires dans la médecine sont très bas, répondis-je.

– Si c'est l'unique raison qui vous pousse à renoncer à une carrière de médecin, alors il me semble que vous faites fausse route. La subsistance provient de la main divine, et si le ciel a décrété que vous gagnerez correctement votre vie, alors même si vous devenez médecin, vous n'aurez aucun souci à vous faire de ce côté-là."

Et, en effet, l'avenir lui donna raison.

Mon père s'éteignit alors qu'il n'avait pas encore soixante ans.

Le Talmud rapporte à de nombreuses reprises comment, sur leur lit de mort, des Juifs ont vu apparaître des personnes qui ne faisaient déjà plus partie de ce monde. Il raconte notamment l'histoire de Rabbi Yo'hanan ben Zakkaï, qui, avant de rendre l'âme s'était écrié : « Apportez une chaise pour le roi Ezéchias qui vient d'entrer ! » (Berakhot 28b).

Quelques minutes avant d'expirer, mon père vit son propre père. Jusqu'au dernier instant, mon père jouit d'un état de parfaite conscience. Tout au long de sa vie, il ne proféra jamais une parole dont il n'eut la certitude de la justesse et de l'exactitude. Or voici qu'au moment de quitter ce monde, alors qu'il était allongé sur son lit de mort et que nous discutions ensemble, il interrompit brusquement notre conversation et s'exclama : « Oy, Rav Itsalé arrive ! » – et son âme quitta son corps à ce moment précis.

La sépulture de mon père

Mon père décéda en 1944. Je me rendis avec un autre homme au cimetière juif de Kazan afin de trouver un emplacement pour inhumer mon père. L'exercice n'était pas des plus faciles. En effet, il était impensable d'enterrer un Juste comme lui aux côtés d'un individu qui, de sa vie, n'avait pas respecté les commandements. Or, à l'époque, il n'y avait personne en Russie qui les respectât tous. Nous avions beau chercher, mais en vain… En désespoir de cause, je décidai que je devais me satisfaire d'un emplacement dont le voisin avait au moins respecté une *mitsva* quelconque, que ce soit le Chabbat ou la cacheroute.

Le cimetière était saturé. Je connaissais les personnes qui y reposaient. Celui-là avait épousé une non-juive, celui-ci avait été communiste… Nous fîmes trois fois le tour du cimetière pour ne trouver qu'un seul emplacement qui puisse convenir à mon père. La concession était plutôt étroite, encaissée entre deux caveaux énormes, entre les tombes du Rav Kassil, décédé en 1890 et d'un certain Person, un grand érudit en Torah qui s'était distingué par sa générosité. Pendant la Première Guerre mondiale, Person avait, avec une grande abnégation, trouvé des emplois pour les Juifs qui s'étaient réfugiés à Kazan.

Je décidai de m'enquérir de la disponibilité de cet emplacement auprès des pompes funèbres et voici ce que je découvris.

Cette concession avait à l'origine appartenu au Rav Avraham Tsim'hes, un homme très fortuné qui, avant la Première Guerre mondiale, avait fait construire une grande synagogue de trois étages à Kazan. Le pouvoir soviétique s'empara de tous ses biens et il fut, à un âge très avancé, démuni de tout. Il mourut lors d'un voyage à Leningrad. Peu de temps après, le bedeau de la synagogue fit enregistrer la concession pour lui-même auprès des services funéraires contre quinze roubles. Entre-temps, le frère de Tsim'hes décéda également. C'était un homme remarquable, dont j'ai moi-même gardé un souvenir vivace. Ce Juif avait l'habitude de dire : « Ce que je connais, je l'accomplis. Et s'il est une chose que je ne fais pas, c'est par ignorance. »

Un jour, le frère de Tsim'hes se rendit auprès de mon père avec en main deux gros sacs contenant des bijoux et autres objets de valeur. Quelques années après la révolution, Lénine avait lancé la Nouvelle Economie Politique – NEP – afin de rattraper le retard économique du pays et qui devait nous faire accéder au socialisme. La NEP rétablissait l'initiative privée et assurait une transition plus modérée entre le capitalisme et le socialisme. A l'époque, le frère de Tsim'hes raconta à mon père qu'une juive lui avait confié la garde de ses biens pendant son séjour d'un mois à Kazan. Mais l'inconnue décéda subitement, laissant sa fortune entre les mains de Tsim'hes qui ne savait qu'en faire. Il ne lui connaissait pas de parents et ses tentatives pour retrouver des proches ou des personnes qui l'avaient connue échouèrent. Il ignorait ce qu'il devait faire de ces joyaux et c'est pourquoi il était venu consulter mon père.

Celui-ci lui dit : « Cherchez encore un peu, vous retrouverez peut-être des cousins. »

Pendant près de trois semaines, Tsim'hes se rendit d'un endroit à l'autre pour s'enquérir de la famille de la défunte et diffuser auprès du plus grand nombre cette histoire insolite. Un tel dévouement, une telle obstination décrivent bien les qualités de cet homme !

Il fut décidé que la sépulture qui avait été achetée en son temps par Tsim'hes, décédé à Leningrad, convenait également à son frère. Assurément, il en était digne, bien qu'entre-temps le bedeau en eût fait l'acquisition. Les hommes de la *'hevra kadicha* commencèrent à excaver le sol mais, sans succès. Deux heures durant, les fossoyeurs tentèrent de creuser la terre mais, pour une raison que j'ignore, ils ne purent en extraire qu'une quantité négligeable. De guerre lasse, ils capitulèrent.

Je devais donc solliciter l'accord du bedeau pour faire enterrer mon père à cet emplacement. J'appris que cet homme se trouvait à l'hôpital. Je m'y rendis aussitôt et lui fit part du décès de mon père et de l'intérêt que je portais à la concession de Tsim'hes. Le bedeau s'écria : « Je renonce de tout cœur à cet emplacement. Je trouverai bien un autre endroit pour ma sépulture. » Sur ces mots, il rédigea un document attestant qu'il me cédait la fameuse concession funéraire et je lui remis exactement quinze roubles.

Les fossoyeurs commencèrent leur travail et avec la plus grande facilité, ils réussirent à creuser le sol et à mettre le corps de mon père en terre.

Le Tsaddik et le père du communiste

L'histoire se passe en Russie blanche, dans les années trente. Un certain Rav enseignait clandestinement la Torah aux enfants. Un jour, il reçut la visite d'un tailleur, dont le fils travaillait au NKVD, qui lui dit : « Vite, sors d'ici, ils sont sur le point de t'arrêter ! » Le visiteur avait appris la chose de la bouche même de son fils.

Le Rav fit : « Comment puis-je te remercier ?

– Promets-moi qu'après 120 ans, je serai inhumé à tes côtés.

– D'accord ! » fit le Rav tout en quittant les lieux en toute hâte.

Il abandonna son domicile et s'installa dans une autre ville.

Quelques années plus tard, la Seconde Guerre mondiale éclatait tandis qu'un flux continu de réfugiés inondait l'agglomération où le Rav avait lui-même trouvé refuge.

Le *tsaddik* mourut pendant la guerre. Peu de temps après, un autre Juif s'éteignit et fut également enterré. C'était en plein hiver et une tempête de neige faisait rage. Il était difficile de distinguer précisément l'endroit où les fossoyeurs devaient inhumer le mort. Mais, quand le temps se radoucit et que la neige commença à fondre, les hommes de la *'hevra kadicha* éprouvèrent une grande frayeur. Pendant l'hiver, ils avaient, par mégarde, enterré un homme ordinaire auprès du grand *tsaddik* ! Ils décidèrent de jeûner, mais il s'avéra que le défunt n'était autre que le père du communiste – l'homme qui avait sauvé la vie du Rav.

La prière d'un soldat

Ce récit se déroule dans les années 1939-1940, alors que de nombreux réfugiés fuyaient la Pologne qui devait être occupée par l'Allemagne nazie, pour trouver refuge en Russie soviétique.

L'armée allemande avait investi le sol polonais et signé, dès le début des combats, un pacte de non-agression avec l'URSS – le pacte germano-soviétique conclu entre Molotov et Ribbentrop – dont les modalités prévoyaient le rattachement des territoires orientaux de la Pologne à l'Union Soviétique. Dès lors, des Juifs répondant à certains critères fixés par le pouvoir soviétique et originaires de ces territoires annexés furent déplacés vers le centre de la Russie, tout comme ceux qui avaient rejoint ces régions en fuyant devant l'avancée nazie.

Le professeur Mastbaum me présenta un des ces réfugiés, un jeune homme talentueux qui fréquentait la faculté de médecine de Kazan. Celui-ci me révéla qu'il était issu d'une famille de juifs pratiquants. Du côté de son grand-père, ils avaient été dix enfants et ils avaient l'habitude d'organiser un *minyan* familial pour les Jours redoutables. Hélas, à l'époque où je fis sa connaissance, il ne s'intéressait déjà plus à tout ce qui avait trait à la religion juive. En 1943, ce jeune homme fut envoyé au front et avant de partir au combat, il me fit ses adieux. Je lui souhaitai alors de revenir en vainqueur, en paix et en bonne santé.

Quelques mois passèrent. Tous les Chabbats, je participais à l'office de six heures du matin et devais me présenter à mon lieu de travail à huit heures. C'était en février de l'année 1943. Je me rappelle précisément ces événements parce qu'ils se sont déroulés le Chabbat de la lecture de la section Vayakel. Je rentrais chez moi lorsque ma mère me dit : « L'étudiant polonais est venu te voir ce matin. Il voulait savoir quand tombait le premier du mois d'Adar (Roch 'Hodech) et quand je lui ai répondu que c'était aujourd'hui, il m'a demandé s'il y avait un *minyan* quelque part. Je lui ai donné l'adresse et il est parti comme un damné. »

J'étais particulièrement surpris. Pendant de longs mois, il ne s'était jamais intéressé à la prière et encore moins aux offices, qu'ils se soient tenus en semaine ou pendant les fêtes. Et voilà qu'il se préoccupait des prières de Roch 'Hodech Adar… Comment expliquer, de surcroît, son retour si soudain ?

Je devais le rencontrer ce même après-midi à la synagogue pour la prière de *min'ha*. Il avait non seulement entrepris de prier avec un *minyan*, mais il avait également choisi de diriger l'office. Je le vis entamer la lecture de la Torah alors que j'entrai dans la pièce. Comme à mon habitude, je ne lui posai aucune question, mais il s'ouvrit à moi de son propre chef. On avait conduit les soldats mobilisés presque jusqu'à la ligne de front, mais pour différentes raisons, on leur fit rebrousser chemin. C'était en pleine nuit. Les jeunes recrues furent entassées dans des wagons qui les amenèrent vers une destination inconnue. Il s'endormit et son père lui apparut en rêve. « Mon fils, pourquoi ne dis-tu pas le *kaddich* ? Aujourd'hui c'est mon *yahrzeit* ! » Le jeune Polonais avait assisté à l'assassinat de son père et connaissait la date de son décès. Je n'ai jamais osé lui demander comment lui-même s'en était sorti.

Dans le rêve, le jeune homme répondit à son père : « Père, mais où trouverai-je un *minyan* ? Où pourrai-je réciter le *kaddich* ?

– Pour le *minyan*, je m'en charge, répondit le père, mais dis-moi juste si tu acceptes de faire le *kaddich* pour moi.

– Je ferai *kaddich*, promit le fils. »

Le train continuait sa route et les jeunes soldats ignoraient ce qui les attendait. Ils chantaient pour oublier leur misère et lui, se remémorait les mélodies juives de son enfance…

A l'aube, le train arrêta sa course. Il s'avéra qu'ils étaient revenus à Kazan. Le jeune homme entreprit immédiatement de me retrouver et se rendit à mon domicile. Là, il trouva ma mère et l'interrogea au sujet de

Roch 'Hodech Adar, le jour anniversaire du décès de son père, et cette année-là il eut le mérite de dire le *kaddich* pour le défunt.

Une fois arrivés en Russie, de très nombreux juifs polonais cessèrent de pratiquer les commandements. Il leur était difficile de surmonter toutes les épreuves qui avaient jalonné leurs existences fracturées. Les Allemands exterminaient leurs proches en Pologne, et eux avaient fui en URSS dans l'espoir d'y trouver enfin une terre de refuge. Mais ils y rencontrèrent une autre sorte d'extermination dont le but était d'anéantir le judaïsme lui-même. Quand ils étaient invités chez nous, ils découvraient des Juifs qui, non seulement pratiquaient les *mitsvot* malgré un environnement des plus hostiles, mais qui semblaient également appartenir au monde civilisé et "éclairé". Ces rencontres leur donnaient de nouvelles forces, une nouvelle vigueur qui les encourageaient à regagner le giron de la pratique religieuse. Nombreux furent ceux qui s'exclamèrent : « Sais-tu que ton père est un éminent *talmid 'hakham* ? » L'exemple de ma mère ne leur inspirait pas moins de respect et les incitait tout autant à retrouver leurs racines. Elle récitait des Psaumes pendant qu'elle faisait la queue des heures durant, même pendant la saison des grands froids, alors que la foule crispée grondait et pressait. Et quand je venais pour prendre la relève et la soulager un peu de cette lourde charge, elle répondait : « Si tu as du temps libre, va plutôt étudier la Torah. »

LA BONNE ACTION

Alors que la Pologne était démantelée et partagée par les accords Molotov-Ribbentrop entre la Russie soviétique et l'Allemagne nazie, de très nombreuses *yechivot* prirent la fuite pour la Lituanie qui, à l'époque, était encore souveraine. Dans les années 40 pourtant, les Soviétiques s'emparèrent également des pays baltes. En 1941, un groupe d'élèves en *yechiva*, qui avaient étudié auprès du Rav El'hanan Wasserman à Baranovitch, puis chez le Rav Baroukh Ber Leibovitch de Kamenitz, furent envoyés au camp de travail de Komi.

Il y avait fort longtemps que cette anecdote m'avait été rapportée et je préférais en vérifier moi-même les faits. J'en eus l'occasion il y a quatre ans, lors d'un voyage que je fis à New York. J'y rencontrai un des protagonistes de l'histoire, le Rav Touvia Goldstein.

En juin 1941, les jeunes gens arrivèrent au camp de Komi. Leur travail consistait à transporter des planches de bois, ce qui, en semaine ne leur posait aucun problème. Mais, à l'approche du Chabbat, les jeunes hommes envisagèrent différentes solutions pour éviter au maximum la profanation de ce saint jour. D'après la loi juive, si le transport d'un objet quelconque peut être fait par un seul homme et si, le Chabbat, deux personnes l'effectuent, alors l'infraction est considérablement réduite. Et si la charge ne peut être portée que par plusieurs personnes, alors il est possible de diminuer la gravité de la transgression en transportant l'objet sur quatre coudées (environ deux mètres) puis en s'arrêtant ensuite, et ainsi de suite.

Les étudiants décidèrent donc de tenir à deux les planches légères et de porter les plus lourdes en s'arrêtant tous les un mètre et demi. Ils étaient rassurés d'avoir trouvé un tel arrangement et persuadés que leur conduite insolite passerait totalement inaperçue. Mais les audacieux manutentionnaires ignoraient que leurs subtiles manœuvres seraient remarquées du haut des miradors.

Vers le soir, poursuivit le Rav Touvia qui me confia qu'il s'en souvenait comme si c'était hier, ils étaient épuisés et affamés et s'apprêtaient à regagner le réfectoire avec les autres pour manger un peu de pain noir et boire de l'eau chaude, régime imposé pendant ces longs mois passés dans ce lieu maudit de servitude. A cet instant, les gardiens du camp les arrêtèrent et les conduisirent auprès du directeur en clamant : « S'ils sont en vie, c'est bien grâce à nous, leurs proches ont probablement déjà péri sous les feux nazis. Nous leur avons offert un logis et même trouvé du travail, et voilà comment ils nous le rendent ? Quelle ingratitude des plus abjectes ! Vous voyez ces planches minuscules ? Eh bien c'est déjà trop lourd pour que ces minables les portent seuls. Ils s'y mettent à deux, et quant aux planches plus lourdes, ils les portent tout en prenant du repos tous les quelques mètres. Voilà un peu à quoi ressemblent leurs méthodes de travail ! »

Il fut aussitôt décidé de les soumettre à un jugement. On les plaça sur le banc des accusés et comme l'audience menaçait de s'éterniser, un des jeunes hommes qui ne pouvait plus se contenir lança : « Nous sommes des Juifs religieux. Nous avons agi ainsi pour réduire la profanation du Chabbat ! »

Son intention était bonne et il pensait avec cet argument alléger quelque peu la gravité de leur cas. Mais, en Russie soviétique, de tels propos ne firent qu'envenimer la situation. Le directeur explosa : « Qui entendez-vous duper ? Je connais bien votre religion ! Moïse votre maître n'était pas si idiot pour ordonner à votre peuple de telles sottises. Vos paroles ne sont que pur mensonge ! »

La situation était désespérée. Que faire ?

Et voici qu'un groupe de dignitaires moscovites fit brusquement son entrée dans la salle d'audience. Ces personnes avaient généralement l'habitude de visiter le camp dans l'après-midi. Or, ce jour-là, il était déjà six heures du soir passées quand elles arrivèrent.

Un de ces personnages s'approcha du banc des accusés, prit un des élèves et lui tint en aparté ces mots en yiddish : « A gut woch ! (Chavoua tov). Je suis Juif, où avez-vous étudié ? » Il fit mine de vouloir clarifier avec l'incriminé les tenants et les aboutissants de l'affaire et parlait à voix basse de sorte que ses propos ne furent pas entendus par l'auditoire.

Quand le jeune homme cita le nom du Rav Baroukh Ber, l'homme chuchota à son oreille : « Ma mère est née à Slutzk et n'a cessé de me dire que je serai brûlé au *guehinom* à cause de mon adhésion au NKVD. Elle m'a fait promettre d'accorder une faveur, au moins une fois dans ma vie, à un Juif qui respecte les commandements divins. Jusqu'à ce jour je n'ai jamais eu l'occasion d'honorer ce serment, mais il semble que le moment soit enfin arrivé de respecter sa volonté. Je comprends à présent les raisons de notre retard. Ma voiture est brusquement tombée en panne, ce qui est exceptionnel ! Il semble que ces événements ne soient pas fortuits et on peut clairement y distinguer la main de D-ieu. Explique-moi un peu de quoi il s'agit et je ferai de mon mieux pour vous aider. »

Après avoir entendu les explications du jeune homme, l'homme s'adressa au directeur du camp et lui demanda la permission de diriger lui-même le procès. Ceci lui fut évidemment accordé, et le visiteur commença par ces mots : « Quand les prisonniers sont-ils arrivés au camp ?

– Mardi.

– Et ce jour-là, comment a été la qualité de leur travail ?

– Normale.

– Et le mercredi ?

– Rien à signaler. D'ailleurs le jeudi, nous avons eu une panne et ils se sont portés volontaires pour nous sortir avec succès de ce mauvais pas.

– Dans ce cas, il est clair que l'on ne peut parler d'un sabotage sciemment orchestré. Peut-être sont-ils tout simplement fatigués. Je pense que nous devrions observer leur travail pendant les trois jours qui suivent et prolonger l'enquête jusqu'à mardi. S'ils poursuivent leurs actes de sabotage et se mettent au repos tous les trois pas, il faudra les condamner avec la plus grande sévérité. Mais s'ils travaillent de manière régulière – vous ajouterez deux cents grammes de pain à leur ration alimentaire journalière...»

Depuis lors, les étudiants de ce groupe qui sont restés en vie célébrèrent ce jour où leur vie fut miraculeusement sauvée ; c'était un 12 Tamouz.

Dans la forêt

Je rapporte ici l'histoire suivante parce qu'il me semble qu'elle eut également lieu pendant la guerre.

Chaque année, un Juif habitant Moscou avait l'habitude de sonner du *chofar* chez lui, le jour de Roch Hachana, pour les membres de sa famille. Quand son fils fut enrôlé dans l'armée, le père se chagrina. Pour la première fois de sa vie, le fils n'entendrait pas le son du *chofar* à Roch Hachana ! Le père se renseigna sur la localisation du camp militaire où se trouvait son rejeton et apprit que celui-ci se trouvait en plein milieu d'une forêt. Avant la fête, le père dévoué se rendit sur les lieux, avec deux miches de pain. Il passa les deux jours de Roch Hachana dans la forêt. Là, au milieu des arbres, il sonna du *chofar* ! Le fils ignorait d'où pouvait provenir le son si familier du *chofar*, mais il l'entendit néanmoins parfaitement, y consacrant toutes les fibres de son âme. Comme chaque année, il s'acquitta, comme il se doit, de ce merveilleux commandement…

L'ingénieur Safian

Boris Solomonovitch Safian travaillait dans une entreprise qui fabriquait des appareils d'optique de précision, à quelque vingt kilomètres de Kazan. Il y était ingénieur et occupait également une fonction importante dans l'organe municipal du Parti. Un jour, j'aperçus son portrait sur des affiches qui avaient été collées sur les panneaux publicitaires de la ville par la propagande. Celles-ci annonçaient des élections prochaines dont j'ai oublié l'enjeu. En vérité, l'adhésion de Safian au Parti n'était qu'une parade. Ce Juif était fondamentalement croyant et respectueux des commandements divins.

Pendant la guerre, Safian assista de nombreuses familles de réfugiés juifs, leur trouvant du travail de même que des logements. Pas moins de quarante familles bénéficièrent de son aide généreuse. On peut affirmer avec certitude qu'il permit à ces malheureux d'échapper à la famine, et surtout qu'il les délivra de la main d'Amalek dont les nazis étaient l'incarnation moderne. C'était un véritable *tsaddik*, de la trempe d'Its'hak Sandek, que leur souvenir soit pour nous bénédiction.

Un des Juifs qui fut sauvé par Boris Solomonovitch s'appelait Charipkin. Il était si faible qu'il n'avait même plus la force de monter dans un autobus. Safian le présenta au directeur de l'entreprise dans laquelle il était lui-même employé et dit : « Vous savez comme moi que le travail n'avance guère ici...

– Qu'y puis-je ? Nous manquons de spécialistes dans le domaine.

– Je vous ai apporté un expert en la matière. Je vous conseille vivement de l'embaucher. »

L'homme scruta le "spécialiste" avec une certaine réticence.

« Comment va-t-il travailler ? Il n'arrive même pas à se tenir debout, rétorqua le directeur incrédule.

– Ne vous en faites pas, répliqua Safian. Il faut juste lui fournir une ration quotidienne de 600 grammes de pain et il retrouvera ses forces. Intégrez-le dans l'entreprise ! Nous ne pouvons nous passer de son expérience.»

Le directeur n'avait pas vraiment le choix et engagea Charipkin. Pendant près de quatre mois, Safian prit soin du réfugié et l'initia aux secrets de son métier.

Pendant le Chabbat, Safian errait dans les couloirs de la société, se rendant d'un service à l'autre, sans travailler ni signer de documents ou quoi que ce soit d'autre. Un jour, Charipkin me raconta l'anecdote suivante : la direction de l'entreprise souhaitait faire la commande d'un métal rare pour laquelle il était indispensable d'obtenir l'aval d'un dignitaire moscovite. Un vendredi, Moscou envoya un de ses fonctionnaires et on organisa pour l'occasion une sorte de "conférence au sommet". Safian représentait l'entreprise et fit de son mieux pour convaincre le Moscovite de la nécessité de ce métal pour l'usine et des rendements auxquels elle pourrait prétendre si seulement elle était en possession d'un tel matériau.

Le dignitaire opina de la tête : « D'accord. Rédigez donc votre demande et je la signerai. »

Charipkin qui se trouvait également sur les lieux se figea. Le Chabbat était déjà arrivé et il se demandait comment Safian allait s'en sortir…

Mais celui-ci répondit avec intelligence : « Je suis certain que votre honneur saura bien mieux que moi formuler les termes de cette demande spéciale. » Le haut fonctionnaire plissa le front d'un air perplexe : « Sottises ! Cette requête est la vôtre, c'est à vous de la rédiger ! »

Safian ne fut pas le moins du monde ébranlé par l'intonation autoritaire de son interlocuteur : « Non, non, vous savez mieux que moi comment justifier cette demande. Il serait plus judicieux que vous en rédigiez le contenu. »

Et c'est ainsi que le débat se prolongea jusqu'à ce que le dignitaire finisse par s'incliner devant son adversaire opiniâtre et consente à rédiger la lettre pour la signer ensuite…

Il n'était pas facile en URSS de tenir tête à des représentants du pouvoir soviétique. Et encore moins en période de guerre. Ce genre de confrontations était particulièrement éprouvant, et Safian, pour son audace et son courage, mérite toute notre admiration !

J'entendis pour la première fois parler de cet homme de valeur de la bouche même de mon père. A l'époque, il habitait Kazan, son entreprise ayant été selon toute vraisemblance délocalisée dans la ville. « Ecoute cette histoire étonnante, me fit mon père. Il y a un an, un homme est venu me voir pour me demander si je connaissais un *mohel* qui puisse circoncire son fils. J'acceptai de l'aider de bonne grâce et je lui demandai son adresse. Il hésita et m'expliqua que pour une raison quelconque, il n'avait pas le droit de la divulguer, mais qu'il pouvait me donner le numéro de sa boîte postale. Quand le *mohel* arriva à Kazan, qu'il ne regagnait que tous les trois ou quatre mois, j'envoyai immédiatement un télégramme à la boîte postale qui m'avait été indiquée, mais l'homme tarda à venir. Quand il apparut enfin, le *mohel* avait déjà quitté Kazan. Nous décidâmes qu'à la prochaine visite du *mohel*, je lui enverrais à nouveau un télégramme. Mais, comme la fois précédente, l'homme arriva trop tard. De même que la troisième fois. Un an était déjà passé depuis notre première rencontre.

Cette fois-là, poursuivit mon père, je me fâchai et lui reprochai sa négligence. Je lui lançai même que s'il persistait dans son attitude irresponsable, il devrait organiser le mariage et la circoncision de son fils le même jour ! Ces remontrances eurent un effet immédiat. L'homme me donna aussitôt son adresse. Il habitait un quartier ouvrier. Le *mohel* s'y rendit et n'y rencontra pas un seul Juif pratiquant. L'atmosphère y était plutôt suffocante et bien différente de celle de Kazan. Les habitants du quartier se connaissaient les uns les autres, chacun savait ce qui se passait chez le voisin et il était extrêmement difficile de préserver son intimité. Mais il y avait un Juif qui, malgré l'oppression qu'offraient les conditions de vie d'un tel faubourg, mettait les *tefillin* et récitait les trois prières quotidiennes de même que 72 chapitres de Psaumes tout en consommant uniquement de la nourriture casher. Ce Juif s'appelait Safian. La circoncision se tint finalement à son domicile et le *mohel*, qui ne put en croire ses yeux, ne cessait de s'émerveiller devant une telle bravoure et un tel héroïsme ! »

Les actions de bienfaisance de Safian étaient innombrables. Quand il se rendait à Kazan, il amenait des affaires qu'il avait chez lui, me demandant de les vendre et d'en offrir le montant obtenu aux personnes affamées. Il ne pouvait entreprendre lui-même un tel négoce et craignait le qu'en-dira-t-on et les indiscrétions. Pourquoi l'ingénieur avait-il donc besoin de vendre ses effets personnels…

Un jour, Safian fut dénoncé par un délateur qui, en bon citoyen soviétique, informa qui de droit des habitudes religieuses secrètes de l'ingénieur. Notre ami risquait le renvoi du Parti, de son travail ou pire. Avant que ne se tienne la séance au cours de laquelle on allait juger son cas, il me consulta : « La réunion doit se tenir vendredi soir. Je suis certain qu'ils vont me tester et vérifier si je respecte le Chabbat en me proposant

Le rav Its'hak Zilber avec sa mère, peu de temps avant le décès de cette dernière

par exemple une cigarette. Dans ce cas, je risque la mort n'est-ce pas ? Peut-être m'est-il permis de profaner le Chabbat dans ces conditions ?

– C'est absolument interdit ! » lui répondis-je aussitôt.

Le vendredi, la séance fut ouverte avec la lecture de l'acte d'accusation. On chercha longuement à déterminer la culpabilité de Safian, quand soudain des personnes se levèrent les unes après les autres pour prendre la parole et clamer leur indignation devant tant d'agitation. En effet, s'exclamèrent-elles, elles avaient elles-mêmes vu Safian fumer le Chabbat, et ceci à plusieurs reprises.

Etait-ce pure invention ou simple méprise ? Ces personnes avaient-elles choisi de prendre la défense de l'ingénieur juif ? Toujours est-il que ceux qui dirigeaient l'audience étaient plutôt intéressés à disculper l'accusé parce qu'ils reconnaissaient l'incontestable expérience de Safian dans son domaine. Son renvoi risquait plutôt de porter préjudice à l'entreprise. En effet, il était la personne à laquelle on s'adressait systématiquement dès qu'un problème surgissait dans le processus de fabrication, et il savait toujours trouver des solutions. L'assemblée décida alors de manière irrévocable que la plainte ressemblait à un acte de diffamation grotesque formulé à l'encontre d'un travailleur intègre et respectable, et il fut même décidé d'en licencier l'auteur sur-le-champ !

C'était un miracle évident. On n'avait jamais entendu, dans toute la Russie d'alors, qu'un dénonciateur fut congédié pour faute de délation et que la victime, elle, garde son emploi et reçoive tous les honneurs !

Quand nous découvrîmes que Safian consommait uniquement de la nourriture casher, nous nous engageâmes à lui fournir de la viande abattue rituellement et ceci pendant de nombreuses années. Juste avant de rendre l'âme, alors qu'elle était déjà bien malade, ma mère eut encore le temps de cachériser la viande (processus qui consiste à dépouiller la viande du sang, par le sel et l'eau) que nous avions destinée à Safian. Ce fut la dernière *mitsva* qu'elle eut le mérite d'accomplir.

Ma mère décéda en 1949.

Jamais mes parents ne se révélèrent ensemble à moi dans un rêve. C'est seulement alors que je purgeais une peine de prison, qu'ils m'apparurent ensemble. C'était la veille du jour où fut pris le décret qui me condamnait.

5

Mon mariage

Rav Mordekhaï Doubin – Mon chadkhan

Des habitants de la ville de Kouïbichev qui revenaient d'un séjour passé à Kazan rapportèrent au Rav Mordekhaï Doubin qu'un certain jeune homme de cette localité refusait de travailler le Chabbat. A ces mots, le Rav Doubin s'y rendit aussitôt, accompagné d'une jeune fille qu'il avait l'intention de présenter à ce précieux jeune homme qui n'était autre que moi-même.

Doubin avait été, avant la guerre, un membre du parlement letton. Dans le cadre de ses importantes fonctions, il avait prodigué conseils et bienfaits à ses frères juifs. Les personnes qui venaient le consulter et qui attendaient d'être reçues étaient innombrables et jamais il ne refusait de recevoir qui que ce soit. Après l'annexion des pays baltes par l'Union Soviétique, lorsque les desseins véritables des communistes se dévoilèrent au grand jour, le Rav Doubin avoua regretter une seule chose : avoir fait libérer des communistes juifs sur la demande pressante de leurs parents.

Doubin était un homme d'action. Dans les années 1930, il aida près de 3000 Juifs polonais à fuir aux Etats-Unis et pourvut chacun de ces malheureux du visa indispensable. C'est lui qui, en tant que représentant du pouvoir letton, parvint à faire sortir l'illustre Maharyats de Loubavitch de sa prison soviétique pour le prendre sous sa protection à Riga, en échange d'un accord commercial signé avec la Russie. Cet accord fut l'un des premiers conclus par l'URSS avec un pays étranger.

Selon les dires de mon épouse, les hassidim du mouvement 'Habad (Loubavitch) entreprirent après la guerre de faire sortir Doubin d'URSS. J'ignore comment elle l'apprit et je ne suis pas certain de l'exactitude de ces faits, mais on raconte qu'au moment où le Rav Doubin s'apprêtait à fuir, on lui annonça la mort de son fils unique dans le camp d'extermination de Bergen-Belsen. Un témoin oculaire lui rapporta qu'à la libération du camp par les forces armées américaines, son fils était encore en vie. C'était un homme grand et robuste qui avait pour cette raison même beaucoup souffert de la faim. Hélas, juste après la libération du camp, le fils de Doubin s'éteignit.

Il se peut que le refus de Doubin de quitter le sol soviétique soit lié à cette nouvelle, mais il y avait une autre raison à cela : pour traverser la frontière, il était indispensable d'avoir le visage glabre et il se refusa à fuir à ce prix-là. Regagner le monde libre n'était pas une raison suffisante pour se faire raser la barbe... Pour une raison ou pour une autre, le Rav choisit de rester en Russie alors que l'air soviétique était, pour un homme comme Doubin, lourd de menaces. Personnellement, je regrettais sincèrement qu'il n'ait pas quitté l'URSS. Si seulement il avait traversé le rideau de fer, il aurait encore sauvé des milliers de Juifs !

Sa première détention remonte à l'époque où les Russes investirent la Lettonie. Il fut reconnu coupable d'avoir siégé au parlement de Riga et condamné à un an de réclusion criminelle. A sa sortie de prison, il ne possédait plus rien, en dehors des chaussures russes en toile qu'il portait aux pieds. Son état de santé était des plus déplorables. Avant la guerre, il habitait Moscou, mais après le début des hostilités, on le cantonna à Kouïbichev. Là, il se mit en quête d'une famille qui respectât les commandements de la Torah, et c'est ainsi qu'il se retrouva chez les parents de Guita, ma future épouse.

Le Rav Doubin révéla à Guita et à ses sœurs la véritable nature des dirigeants soviétiques qui, tels que Lénine ou Staline, étaient perçus par les Russes comme des demi-dieux. Les révélations du Rav Doubin selon lesquelles Lénine était mort d'une maladie honteuse et que Staline avait assassiné sa propre femme en la ruant de coups de botte (version

Rav Mordekhaï Doubin zatsal dans sa jeunesse et au soir de sa vie

officiellement acceptée en Occident), ébranlèrent Guita et ses sœurs jusqu'au plus profond de leur être.

En tant qu'ancien membre du parlement letton et ami personnel du président américain Roosevelt, Doubin en savait long. En 1918, il s'était rendu pour la première fois en Russie, et il y croisa des va-nu-pieds vêtus de haillons qui portaient tous une cravate et un foulard rouges. En 1924, lors de son second séjour en URSS, le spectacle était tout autre : les uns étaient en guenilles et les autres portaient de luxueux manteaux de fourrure ! La révolution marxiste avait marqué la nouvelle société soviétique de son glorieux passage. On ne pouvait nier le succès de la marche en avant du socialisme totalitaire...

A l'époque, des personnes se faisaient arrêter toutes les nuits par la police politique. La famille de Guita habitait un grand bâtiment et quand on entendait des bruits de pas dans la cage d'escalier, les locataires de l'immeuble retenaient leur souffle et attendaient dans l'angoisse que la traque cesse enfin. A quelle porte allait-on frapper ce soir ? Cette question les hantait. Une nuit, on cogna à la porte de Guita. Quand ses parents ouvrirent, Doubin pâlit aussitôt. Sur le pas de la porte, les hommes du NKVD l'aperçurent et lancèrent : « N'aie crainte, nous ne sommes pas venus te prendre aujourd'hui, ton heure n'a pas encore sonné ! » Ils s'étaient trompés d'appartement...

A la fin de la guerre, le Rav Doubin retourna à Moscou. Il ne s'occupait plus de politique et passait ses journées à la synagogue. Evidemment, cette occupation n'était pas non plus au goût des autorités et cet « ennemi du peuple » fut à nouveau arrêté sans autre motif. Le Rav Doubin mourut en prison. On raconte qu'avant d'expirer, il eut encore le temps de solliciter une faveur auprès du médecin de la prison, faveur qui lui fut accordée : quand il rendit son dernier souffle, cette femme en avisa des Juifs qui se chargèrent d'inhumer son corps.

Le Rav Mordekhaï Doubin fut enterré à Toula et eut le mérite de recevoir une sépulture clairement identifiable.

En janvier 1972, le droit de quitter la Russie pour nous rendre en Israël nous fut enfin accordé de même que les indispensables visas de sortie. L'avion qui devait nous y conduire devait décoller de Moscou. Mais nous ne voulions pas quitter le sol soviétique avant de faire nos adieux au Rav Doubin et nous recueillir sur sa tombe. Nous nous rendîmes à Toula, dans les alentours de Moscou. A l'époque, quiconque quittait la Russie pour s'installer définitivement à l'étranger devait remettre ses papiers d'identité et autres documents officiels aux autorités compétentes. Nous hésitions à emporter nos visas à Toula. Nous tremblions à l'idée d'égarer ces précieux documents et ne voulions prendre aucun risque. D'un autre côté, il était périlleux de se déplacer sans aucun papier. Si par malheur on nous arrêtait, nous risquions l'emprisonnement d'autant que nous redoutions d'être poursuivis par quelque agent perfide. Les autorités avaient de surcroît la fâcheuse habitude de vérifier avec une lenteur désespérante la régularité d'une situation comme la nôtre et laissaient souvent sciemment passer la date de validité des visas de sortie... Ce qui explique notre état d'extrême tension.

Je me rappelle encore parfaitement ce jour mémorable. Je ne connaissais guère l'emplacement de la tombe du Rav Doubin et devais me fier à quelques vagues indications, quand soudain, une neige épaisse se mit à tomber, rendant mes recherches encore plus difficiles. La tempête faisait rage et il était impossible de distinguer les sépultures. Faute de mieux, nous nous recueillîmes sur une tombe qui nous semblait appartenir au Rav Doubin et lui fîmes nos adieux.

A l'époque, nous étions convaincus que ces adieux étaient définitifs. Pourtant, quelque trente ans plus tard, je revins à nouveau Toula et je me rendis encore deux fois sur la tombe du Rav Doubin.

LISA KROUGLAK (DÉCÉDÉE AU MOIS DE TAMOUZ 5761 – 2001) RACONTE :

Le Rav Mordekhaï Doubin rencontra mes parents à Moscou alors qu'il venait de subir sa première période d'emprisonnement. Il aimait converser avec mon père. Il fut arrêté une seconde fois et décéda en prison. Il fut enterré à Toula, mais, plus tard, sa dépouille fut exhumée pour être transportée dans le cimetière juif de Malakhovka (NDT : à Toula, la communauté juive était inexistante), dans la banlieue de Moscou. C'est le Rav Teits d'Amérique, un cousin du Rav Its'hak Zilber, qui entreprit de le faire inhumer à Malakhovka.

UN RÊVE QUI SE RÉALISE...

Peu de temps avant mon mariage, j'eus un rêve inoubliable – je me trouvais à Jérusalem et je me promenais dans les rues de la ville sainte tandis que les mots d'une prière retentissaient à mes oreilles. Cette prière, cela fait 2000 ans que nous la prononçons à l'occasion des fêtes juives : « Et Tu nous ramèneras dans l'allégresse à Sion Ta ville, à Jérusalem, à Ton Temple dans une joie éternelle. » La musique qui l'accompagnait m'était inconnue et se répétait à l'infini au point que je suis encore capable aujourd'hui de fredonner cet air, alors que je me trouve ici, à Jérusalem...

Difficultés inattendues

Quelques semaines avant mon mariage, je me rendis à Kouïbichev. Alors qu'à Kazan, la synagogue avait été mise sous scellés et que les offices se tenaient dans la clandestinité, à Kouïbichev, la synagogue était restée ouverte et fonctionnait de manière officielle. Si, à Kazan je me rendais tous les jours à notre lieu secret de prières, à plus forte raison à Kouïbichev, où la synagogue avait pignon sur rue. Qui plus est, j'étais étranger dans cette ville et personne ne me connaissait.

Le Rav Mordekhaï Doubin y étudiait régulièrement. Il avait pour habitude d'analyser simultanément trois sujets tirés de différents traités du Talmud. Je profitais de mon séjour pour étudier avec lui.

Le mariage fut fixé un mardi. Le jeudi précédent, je traversais la rue quand je fus soudain arrêté par un agent de police : « Monsieur, vous venez d'enfreindre les règles de la circulation. »

J'étais consterné. Je n'étais certainement pas le seul à avoir franchi la chaussée à cet endroit-là et l'agent n'avait arrêté personne d'autre que moi. Je lui tendis un rouble pour m'acquitter de mon amende, mais l'agent refusa la pièce, tout en me sommant de le suivre.

Je fus conduit dans un bureau sur la porte duquel je distinguai un panneau où l'on avait écrit : « Contre-espionnage – Mort aux espions ! »

On me fit entrer dans une pièce et on m'intima, avec l'index, l'ordre de m'asseoir près d'une table qui se trouvait là. Trois enquêteurs conduisirent mon interrogatoire. Ils me frappèrent au visage avec la violence qui leur était coutumière, broyèrent mes lunettes et m'arrachèrent presque les dents.

« Que trafiques-tu avec Doubin ? » me demandèrent-ils.

Je leur expliquai que je venais de Kazan, et que dans cette ville, il n'y avait pas de synagogue, alors qu'à Kouïbichev, il s'en trouvait une. Bien que j'exerçasse le métier de professeur, j'avais décidé de visiter la synagogue et j'y avais fait la connaissance de Doubin. Ils me scrutèrent avec un sourire en coin et me montrèrent une feuille sur laquelle était inscrit un numéro de téléphone. « Qu'est-ce que c'est ? »

J'ignorais comment ce numéro de téléphone avait pu leur parvenir. Un jour, j'avais demandé au Rav Doubin si je pouvais me rendre utile de quelque manière que ce soit et il me pria de contacter par téléphone sa sœur qui se trouvait à Moscou.

Ils m'avaient pris au piège, mais je décidai malgré tout de garder mon calme et de poursuivre ma feinte : « Assurément, nous nous sommes connus à la synagogue et, un jour, je lui ai rendu un service. »

Ils me ruèrent à nouveau de coups terribles et me dépouillèrent littéralement de mes maigres possessions. Ils confisquèrent des documents, des notes et autres papiers que je portais sur moi avant de me jeter dans une sombre cellule. Pendant que je croupissais dans ma geôle, ils commencèrent à disséquer avec frénésie ces misérables griffonnages. Mais la tâche était bien difficile. Mon écriture recouvrait des bouts de papier minuscules dans un désordre impossible et pour couronner le tout, j'avais choisi de rédiger ces notes en hébreu…

Le lendemain, je fus à nouveau appelé à comparaître devant mes inquisiteurs. « Est-ce que tu fréquentes un homme qui est désigné dans tes notes par les lettres N.T.T.I ? »

Ils avaient, semble-t-il, employé les services d'un quelconque délateur qui fréquentait la synagogue et qui leur avait déchiffré les caractères hébraïques.

« N.T.T.I, leur expliquai-je, signifie "j'ai donné, j'ai accordé" en hébreu. Vous pouvez vous-même remarquer que dès que ce mot apparaît dans mes papiers, il est suivi d'un nombre : par exemple, un demi-rouble, trente kopecks, un rouble, etc. »

Mon explication fut agréée. Je m'en étais bien tiré. Mais, ils exhibèrent une autre feuille, dont la vision me fit blêmir. J'étais persuadé que jamais

Rabbi Akiva Eiger zatsal

je ne parviendrais à justifier le contenu de cette note ni à trouver des arguments qui puissent les satisfaire.

A Kazan, notre synagogue ne possédait que peu d'ouvrages. Celle de Kouïbichev en revanche en était pourvue abondamment, ce qui était assez exceptionnel. De ma vie, je n'avais jamais vu de bibliothèque aussi richement équipée, chose que je n'ai pas non plus eu l'occasion de découvrir dans les synagogues hiérosolymites. Les ouvrages qui ornaient la synagogue de Kouïbichev appartenaient aux nombreux réfugiés lituaniens ou lettons qui affluaient dans la ville. Nombreux furent ceux qui, une fois arrivés sur le sol soviétique, décédaient et léguaient avant de mourir leurs précieuses collections de livres à la synagogue. On y trouvait non seulement de très nombreux ouvrages, mais également des manuscrits rares.

Un jour, je tombai sur un livre d'étude dont j'avais entendu parler dans le passé et que je n'avais jamais réussi à trouver à Kazan. Ce livre, sous la plume du grand Rabbi Akiva Eiger, dont la renommée s'était étendue depuis l'Allemagne il y a quelque deux cents ans, m'avait particulièrement intéressé et j'avais décidé d'en recopier certains passages. J'avais notamment recopié les paragraphes traitant de la distance que l'on peut franchir le Chabbat en dehors d'une ville. Rabbi Akiva Eiger tissait une analyse inédite sur la mesure de cette distance et plus particulièrement dans le cas où ce calcul devait prendre en compte la présence d'une colline sur le chemin à parcourir. C'est sur ces notes que mes tortionnaires avaient choisi de m'interroger.

Je me lançai alors dans un long développement en commençant par le texte de la *michna* qui posait les bases du raisonnement. Puis, je leur exposai l'explication du Talmud, l'interprétation de Rachi, des Tossafistes et enfin la question de Rabbi Akiva Eiger et sa réponse inédite.

Pendant près d'une heure et demie, voire peut-être même deux, je leur tins un discours savant, mais qui, pour ces rustres était quelque peu impénétrable. Le texte de la *michna* leur semblait déjà des plus énigmatiques et des plus obscurs. Je compris rapidement que mes explications sincères m'avaient plutôt desservi et n'avaient fait qu'exacerber leurs soupçons à mon égard. J'étais à leurs yeux un véritable fourbe qui ne négligeait aucune occasion d'abuser de leur patience et de leur bonne disposition. S'emparant du combiné, ils contactèrent je ne sais quelle instance et engagèrent une conversation animée dont j'étais le sujet. On palabrait sur le nombre d'années de détention que l'on devait m'infliger — dix ou peut-être même quinze... Fort heureusement, cette manœuvre d'intimidation m'était familière et je savais que ces sbires l'employaient afin de fragiliser les prévenus et leur arracher des aveux.

L'entretien traînait en longueur. Nous étions déjà vendredi. Je pensai à ma mère qui se trouvait sur le bateau qui devait la conduire à Kouïbichev. Elle devait arriver dimanche ou lundi (si l'on monte sur un bateau avant le Chabbat et que l'équipage n'est pas juif, on peut poursuivre son voyage pendant le Chabbat). Ma mère se rendait au mariage de son fils unique et voilà qu'à son arrivée elle le trouverait en prison ! Mon père avait quitté ce monde un an plus tôt à peine et hélas, de nouveaux ennuis se profilaient à l'horizon ! Son cœur était en outre fragile et je craignais qu'elle ne succombe, à D-ieu ne plaise, à cette nouvelle blessure. J'implorai le Saint béni soit-Il pour qu'Il la prenne en pitié !

Vers le soir, je fus relaxé sans plus de cérémonie. J'ignore jusqu'à ce jour ce qui incita soudainement mes geôliers à me libérer. J'eus à peine le temps de regagner la synagogue et d'y suivre l'office du vendredi soir.

Le mariage eut lieu à la date préalablement fixée.

Je décidai de garder le secret sur cet incident et de n'en rien révéler à ma pauvre mère. Mais, quand je retournai à Kazan après mon mariage, nos voisines, mesdames Feinstein et Kougan me demandèrent : « Its'hak, que s'est-il passé jeudi, à cinq heures moins le quart ? » J'étais stupéfait.

« Pourquoi ? rétorquai-je.

– Nous étions chez ta mère ce jour-là et soudain, au beau milieu de notre conversation, elle s'est levée et a commencé à faire les cent pas en se lamentant : "Oy, disait-elle, Its'hak ne va pas bien, il ne va pas bien ! Seul D-ieu sait ce qui va advenir..." »

Le souvenir de l'incendie qui s'était emparé de l'atelier dans lequel j'avais travaillé adolescent refit surface. Ce jour-là, sans donner de raison, ma mère m'avait défendu de me rendre à mon travail. Ce jour-là également, son cœur avait présagé un avenir menaçant... Je ne pouvais taire davantage la vérité et je lui racontais mes mésaventures de Kouïbichev.

Mariage dans la rue

Je me mariai le 14 Eloul 5705 (1945). Le Rav Mordekhaï redoutait que la cérémonie nuptiale se tienne dehors, d'autant que je venais d'être libéré de prison. Mais je tenais à cette coutume selon laquelle un mariage célébré sous la voûte céleste est porteur de bénédictions. Nos descendants seraient, avec l'aide de D-ieu, aussi nombreux que les étoiles dans le ciel et je balayais l'inquiétude du Rav Doubin avec ces mots : « Le mariage sera célébré dans la rue ! »

Ainsi fut fait.

Deux éminents rabbins honorèrent notre mariage de leur présence : le Rav de Kouïbichev, Rav Steinmarder, ainsi que le Rav Yehochoua Yehouda Leib Meïrovitch de Lituanie, qui fut un de nos témoins. Nous étions tout juste dix hommes, le marié compris.

Je me rappelle encore du discours que tint le Rav Doubin à cette occasion. Il cita un passage célèbre du Talmud : « A quoi cela ressemble-t-il ? A un homme affamé, assoiffé, épuisé qui marchait dans le désert. Soudain, il vit un arbre dont les fruits étaient savoureux et qui faisait un ombrage fort agréable alors qu'un ruisseau coulait paisiblement à ses pieds. L'homme dégusta un peu de ses fruits, se désaltéra dans l'onde pure et se reposa à l'ombre de l'arbre. Au moment de partir, il dit :

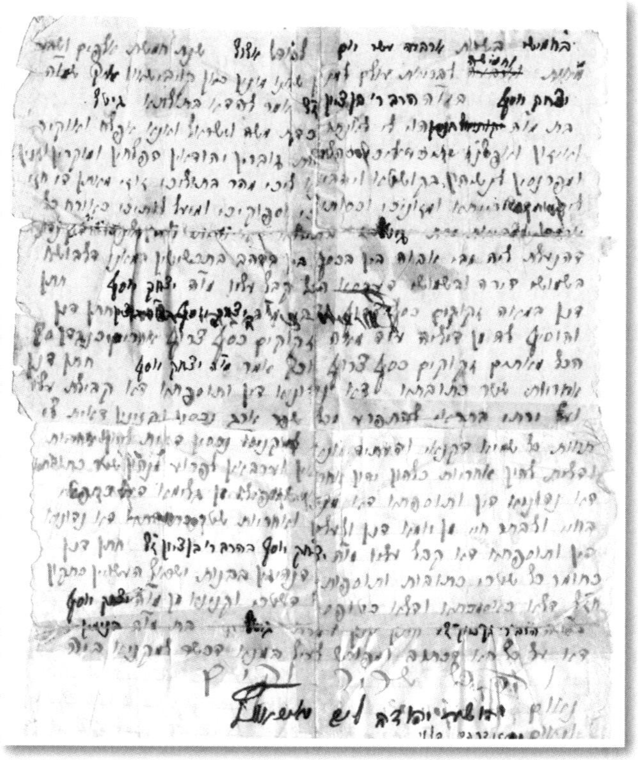

La ketouba de rav Its'hak et de Guita Zilber

"Arbre, arbre, en quoi puis-je te bénir ? Si je te souhaite de produire des fruits parfumés, tes fruits le sont ; si je te souhaite de donner une ombre enchanteresse, tu la donnes déjà ; et si je prie pour qu'un cours d'eau abreuve tes racines, c'est déjà le cas. Alors que ce soit la volonté de D-ieu que tout ce que l'on plantera à partir de toi te ressemble." (*Taanit* 5b). »

Le Rav conclut son discours en nous souhaitant d'avoir de bons enfants, fidèles à la voie de leurs pères.

Il semblerait que ses vœux se soient réalisés...

Pendant la semaine qui suit le mariage juif, nous avons la coutume de célébrer des *cheva berakhot*, repas au cours desquels on répète les sept bénédictions prononcées sous la *'houppa* avec un *minyan*. Nous n'eûmes guère ce privilège... Trois jours après mon mariage, je devais regagner Kazan pour retourner à mon travail. Or c'était le temps que prenait le voyage en bateau qui, à l'époque, était le moyen de transport le moins onéreux. Je devais pour cela quitter Kouïbichev à onze heures, le soir même de mon mariage. Si j'avais manqué le bateau, j'aurais commis un délit de droit commun pour lequel j'aurais eu à répondre devant un tribunal. En 1942, j'avais entendu parler d'un enseignant qui, ayant eu un retard de quelque dix minutes, fut reconnu coupable et licencié aussitôt ! Triste époque...

Juste après la cérémonie, je pris la route. Seul ! Ma femme devait rester à Kouïbichev. Le pouvoir soviétique estimait qu'un mariage n'était pas une raison suffisante pour s'absenter de son travail... A l'époque, Guita était ingénieur en électricité. Ce n'est que deux mois plus tard, pendant la période des fêtes orthodoxes (les 7 et 8 novembre), que mon épouse put enfin rejoindre Kazan et y passer le Chabbat pour retourner aussitôt à Kouïbichev. Et cette modeste autorisation ne fut accordée à Guita qu'au bout d'une interminable procédure...

Et ce n'est qu'avec les plus grandes difficultés que Guita parvint finalement à quitter son emploi pour s'installer définitivement à Kazan. C'est le Rav Doubin qui, une nouvelle fois, nous vint en aide. Celui-ci avait de très nombreuses connaissances et parmi elles, Chlomo Vovsy appelé Salomon Mikhoëls, un des Juifs les plus connus d'Union Soviétique, un homme public de première importance. Il tenait notamment le premier rôle au théâtre juif de Moscou, où il s'occupait également de mise en scène. Il avait été désigné par le pouvoir soviétique pour présider l'organisation juive antifasciste. Il offrit son entremise dans notre affaire et au bout d'un an de mariage, Guita put enfin rejoindre son mari à Kazan.

En 1948, Mikhoëls fut assassiné sur ordre personnel de Staline. On prétendit qu'il était mort dans un accident de la route.

6
La famille de mon épouse

Les Zeidman

Je n'ai pas eu la chance de connaître mon beau-père, le Rav Binyamin Its'hak Zeidman *zatsal*. Quand j'épousai Guita, sa fille aînée, il était en prison et à sa libération, c'est moi qui me retrouvais derrière les barreaux. Quand je fus relâché, Rav Binyamin Its'hak fut condamné à un exil forcé, où finalement il rendit l'âme. C'est ainsi que nous n'avons jamais eu l'occasion de nous rencontrer.

Nombreux furent ceux qui, me parlant du Rav Binyamin ne tarissaient pas d'éloges. Il était fort apprécié et admiré de tous. Le Rav Aharon Rabinovitch, époux de sa fille cadette, écrit dans l'introduction du livre *Binyan Chlomo* — rédigé par son père assassiné par les nazis en Pologne — : « Je me sens lié par la sainte obligation de citer le souvenir vénérable et noble de mon beau-père, ce hassid véritable issu du mouvement hassidique d'Alexander dont les bienfaits sont innombrables, Rav Binyamin Its'hak Zeidman et celui de son épouse Frouma Malka qui habitaient Kouïbichev. Leur maison était ouverte à tous et pour moi, ils étaient comme des parents. Leur foyer fut mon ultime refuge alors que je me trouvais littéralement dans la détresse. Grâce à D-ieu, je trouvai grâce à leurs yeux ainsi qu'aux yeux de leur sainte fille Keyla qui devint mon épouse. Mon frère Chalom Mordekhaï, victime autant que moi des turbulences de cette sinistre époque, eut aussi le privilège de bénéficier de leur remarquable bienveillance, de tout leur amour, de leurs soins attentifs et autres paroles d'encouragement dont ce couple infiniment dévoué était capable. Il eut également le mérite d'épouser leur fille Dina. »

Mon beau-père, Rav Binyamin naquit à Brest-Litovsk (Brisk en Lituanie) et fut orphelin très jeune. Lorsque la révolution russe éclata et que la frontière avec la Lituanie fut fermée, il se trouvait à Samara, la future Kouïbichev. C'est ainsi qu'il fut séparé de tous les siens jusqu'à la fin de ses jours. Il épousa Frouma Malka et ils eurent quatre enfants – trois filles et un garçon.

Le Rav Binyamin Its'hak gagnait son pain à la sueur de son front en coupant des peaux pour la fabrication de chaussures. Il travaillait sans relâche, de jour comme de nuit, afin de pouvoir chômer le Chabbat. Ses yeux usés par cette surcharge de travail le faisaient considérablement souffrir. Mon épouse, sa fille aînée, était entre autres chargée à la maison de lui mettre des gouttes dans les yeux.

Rav Binyamin avait pris sur lui de nourrir non seulement les siens, mais également de nombreuses autres familles. Nous étions en pleine période de guerre et des gens mourraient littéralement de faim. Plus de dix personnes mangeaient régulièrement à sa table le Chabbat et à chacun de ses hôtes il offrait une miche de pain et une assiette de soupe. Son épouse préparait également tous les vendredis un plat de pommes de terre qu'elle apportait à la synagogue pour les nombreux réfugiés, qui, démunis de tout, s'y entassaient.

Rav Binyamin Its'hak Zeidman zatsal – beau-père du rav Its'hak Zilber.

Avant le mariage, alors que je me trouvais déjà à Kouïbichev, je ne trouvai aucun autre endroit pour loger que leur appartement. A cette occasion, je pus constater personnellement le nombre de visiteurs et autres quêteurs qui

Le rav Hizkiyahou Medini zatsal, auteur du Sde 'Hemed

frappaient à leur porte et sollicitaient de l'aide, alors que le Rav Binyamin lui-même se trouvait en prison.

Une des personnes ainsi recueillies fut le Rav Yehochoua Yehouda Leib Meïrovitch, un des témoins à mon mariage. Il connaissait par cœur tout le Talmud avec les explications de Rachi et des *Tossafot*, de même que tous les livres de Maïmonide et le *Choul'han Aroukh*. Il avait également les dix volumes du *Sde 'Hemed* en mémoire, cette véritable encyclopédie *halakhique* rédigée dans la deuxième partie du dix-neuvième siècle par le génie séfarade, le Rav 'Haïm 'Hizkiyahou Médini. Cette œuvre est consultée jusqu'à ce jour par tous les rabbins chargés de rendre des décisions en matière de *halakha*. Je découvris rapidement que le Rav Meïrovitch avait étudié en Lituanie auprès du Rav Mordekhaï Rabinovitch, le frère de ma grand-mère maternelle.

J'eus maintes fois l'occasion de prendre la mesure de son érudition. J'avais toujours su que le nom d'Ibn Ezra — un des plus grands commentateurs du Pentateuque de l'Age d'Or espagnol – était cité seulement deux fois par les *Tossafot*. J'interrogeai le Rav Yehochoua Yehouda sur l'emplacement exact de ces deux citations et il me répondit aussitôt tout en récitant ces deux passages avec un calme débonnaire. Il répondait avec la même aisance à toutes les questions que je lui posais sur le Talmud. Je lui demandai un jour : « A quel endroit le *Sde 'Hemed* mentionne-t-il les noms de mes deux grands-pères, celui de Rogova et celui de Rajitsa ? » Il me répondit immédiatement en citant lesdits passages. J'étais époustouflé ! Jamais je n'avais rencontré une telle maîtrise !

Rav Mordekhaï Rabinovitch zatsal, oncle de la mère du rav Zilber auprès duquel étudia le rav Méïrovitch

Or cet homme portait en hiver des chaussures déchirées et se voyait comblé devant l'assiette de soupe qui lui était offerte le Chabbat dans la maison de mon beau-père !

Rav Binyamin Its'hak hébergea de très nombreux Juifs dans son appartement et plus particulièrement des réfugiés polonais. Les autorités ne le voyaient pas d'un bon œil, c'est le moins que l'on puisse dire. A la fin de la guerre, l'Union Soviétique nourrit le projet d'installer sur le territoire de son satellite polonais un nouveau gouvernement autonome dirigé par des communistes exilés et formés à Moscou. La soviétisation de la Pologne fut comme partout ailleurs accompagnée de campagnes d'épuration en faveur des communistes. Des enquêtes furent notamment ouvertes contre les réfugiés polonais en URSS que l'on accusait de conspirer avec les ennemis du socialisme. Kouïbichev ne fut pas épargnée par cette chasse à l'homme et des soupçons pesaient sur mon beau-père et sur le bedeau de la synagogue que l'on suspectait de diriger des activités clandestines en faveur des réfugiés polonais "hostiles" et "déviationnistes". La présence du Rav Doubin chez mes beaux-parents ne faisait qu'accroître la méfiance des autorités. Evidemment, tous les "agents de liaison" supposés étaient juifs. Quelque quinze personnes furent emprisonnées. Mon beau-père et son gendre Aharon furent les premiers à être appréhendés mais, après mon mariage, leur arrestation fut rapidement suivie par celle du Rav Doubin et par de nombreuses autres.

Je ne peux oublier cet homme qui, à l'époque, faisait partie de ces réfugiés emprisonnés et qui habite aujourd'hui Tel-Aviv. Tandis qu'on l'emmenait vers je ne sais quelle sinistre destination, il cita les Psaumes : « Je suis plein de foi quand je parle, si humilié que je puisse être »

(Psaumes 116,10). Le fait que je sois là aujourd'hui pour raconter ce qui s'est passé témoigne de la vérité de ces paroles prophétiques…

Pendant l'année qui précéda l'emprisonnement de mon beau-père, sa fille Guita, qui n'était pas encore ma femme fut convoquée à de nombreuses reprises dans les bureaux du NKVD pour y être soumise à d'éprouvants interrogatoires. Elle se levait tous les jours à cinq heures du matin et se rendait à son travail pour y demeurer 14 ou 15 heures, puis, le soir venu, après une journée de travail éreintant, elle était conviée à un "entretien" — c'est ainsi qu'ils désignaient cyniquement leurs déplaisants interrogatoires. Bien que soumise au secret, Guita demandait conseil au Rav Doubin qui ne cessait de lui répéter : « Surtout, ne dites rien ! Si vous lâchez un seul mot – c'est un voisin, c'est un frère – on vous jettera en prison et ceux que vous aurez mentionnés avec vous. Répondez seulement : « Je ne sais pas.» C'est là votre unique recours !

Pendant les interrogatoires, Guita devait s'asseoir des heures durant sur un tabouret et faire face à ses inquisiteurs qui la bombardaient de questions. Quand ces sordides personnages se lassaient d'entendre toujours les mêmes réponses, ils quittaient la pièce et se faisaient remplacer par d'autres acolytes. Mais elle restait là, assise sur ce pitoyable siège. Entre autres questions, ils lui demandèrent : « Pourquoi votre maison est-elle si peuplée ? Qui sont ces personnes ? Quels sont vos sujets de conversation ? »

Elle répondait alors qu'elle rentrait tard le soir, après une journée de travail et qu'elle allait se coucher aussitôt de sorte qu'elle ignorait complètement ce qui se passait chez elle.

Guita me fit plus tard le récit de ces événements et de l'extrême tension à laquelle elle avait été soumise. Elle raconta qu'un soir, elle avait quitté un de ces interrogatoires à une heure tardive. Elle était si fatiguée qu'elle ne parvenait plus à retrouver le chemin du retour. Elle ne reconnaissait plus rien alors qu'elle était née à Kouïbichev et y avait passé toute son enfance ! Un des agents du NKVD qui l'avait suivie était intrigué de la voir ainsi hébétée et lui demanda :

« Que cherches-tu ?

– Je ne sais plus comment rentrer chez moi. »

Ces traques s'expliquaient, selon Guita, par l'impatience de Moscou d'annoncer la formation d'un nouveau gouvernement polonais qui s'alignerait sur le modèle soviétique. Pour justifier la formation d'un tel gouvernement, les réfugiés devaient être présentés comme des exilés politiques issus de l'ancienne formation gouvernementale exilée à Londres et dépourvue de toute légitimité. Pendant la guerre, les Russes s'abstinrent sagement de poursuivre ouvertement les Juifs et adoptèrent une attitude plus complaisante à leur égard, espérant en retour bénéficier de l'aide américaine. Mais, vers 1944 – 1945, quand le ravitaillement américain leur fut assuré, ils s'en prirent à nouveau à leurs Juifs usant de cette cruauté qui jusque-là avait caractérisé leur attitude à l'égard des populations juives de Russie.

Pendant cette période particulièrement éprouvante, Guita ne dormait et ne mangeait presque plus. Depuis lors, au moindre souci, à la moindre tension, il lui semble que son dos se paralyse tandis que la position assise sur un tabouret représente pour elle un véritable supplice.

Père et fille

Il faut avoir connu la vie en Russie soviétique en ces temps-là, pour apprécier pleinement la valeur d'un homme qui parvint contre vents et marées à éduquer sa fille, née en 1921 à Samara, dans le judaïsme le plus authentique !

Alors que Guita Léa était encore une petite fille, son père engagea un maître pour lui enseigner les prières, l'hébreu et les lois juives. Le Rav Binyamin avait étudié jusqu'à l'âge de 17 ans et seulement à Brest-Litovsk, mais tout ce qu'il avait appris, il le pratiquait et le transmit à ses enfants.

A cette époque, les écoles juives étaient tenues par l'Yvsektsia et les cours y étaient donnés en yiddish. Le Rav Binyamin préféra inscrire sa fille Guita dans une école russe : « Si je t'envoie chez "eux", ils deviendront tes maîtres, et tu leur appartiendras, tu ne seras plus mienne. Mais si tu étudies dans une école russe, je resterai ton père et ton maître. Si, à l'école russe, tu apportes de la *matsa* en classe, personne ne saura qu'il s'agit là de *matsa*. Mais "là-bas", tout le monde le saura. »

Les écoles de l'Yvsektsia s'évertuaient à railler et à dénigrer toutes les traditions juives. J'ai un jour entendu parler d'une institutrice qui enseignait dans une de ces écoles et qui, le jour de Kippour, avait décidé d'initier ses jeunes ouailles à la "liberté de pensée" : « Ces religieux, fit-elle, jeûnent et prient aujourd'hui. Mais nous allons faire un geste de révolte contre D-ieu ! »

Un des élèves se leva alors et dit : « Je ne comprends pas. Vous nous avez toujours dit que ce D-ieu n'existe pas. Envers qui entendez-vous vous rebeller ? »

Guita était aimée et choyée par son père. Pendant la guerre, sa robe se déchira, mais son père refusa de lui en acheter une autre : « Les gens n'ont pas de quoi manger et toi tu veux une nouvelle robe ? » Avec son argent, il préférait nourrir les personnes affamées plutôt que d'acheter à ses propres enfants ce qui n'était pas strictement nécessaire.

Le Rav Binyamin avait toujours caressé le rêve de se rendre avec Guita en Pologne, son pays natal. Il avait envisagé un tel voyage avec nostalgie et avait nourri le projet de visiter la ville où il était né et de se recueillir avec sa fille bien-aimée sur la tombe de ses parents. Fort heureusement, ils ne purent s'y rendre, car la Seconde Guerre mondiale éclata et l'Allemagne s'empara de la Pologne. A Brest-Litovsk, ils auraient été aussitôt capturés par les nazis.

A sa sortie de prison, Rav Binyamin fut exilé au Kazakhstan. Il passa les dernières années de sa vie à Kasil Orda. A la naissance de notre fils, nous lui envoyâmes un télégramme pour lui faire part de la future *brit milah*. A l'époque, il avait à peine soixante ans. Il sollicita auprès de qui de droit une autorisation pour faire ce voyage de courte durée : deux jours pour le trajet et une heure seulement sur place, le temps d'assister à la circoncision, de voir son petit-fils pour retourner aussitôt à son lieu d'exil ! Mais cette autorisation ne lui fut pas accordée de sorte que nous ne nous sommes jamais rencontrés...

Une femme de valeur – un feu incandescent

Le Rav Doubin fut l'entremetteur de mon mariage de même que celui de toutes les filles du Rav Binyamin : Keyla, la sœur cadette épousa Aharon Rabinovitch et Dina, la plus jeune, épousa son frère Chalom.

Ce fut pendant la guerre que les frères Rabinovitch se retrouvèrent chez les Zeidman. Après avoir purgé une peine de deux ans de prison pour avoir traversé illégalement la frontière russo-polonaise, Aharon Rabinovitch gagna Kouïbichev et fut hébergé par mon beau-père. Chalom, son frère, le rejoignit plus tard, parce qu'au moment où Aharon se trouvait chez les Zeidman, Chalom était encore en prison. Quand Chalom fut libéré de prison, son frère Aharon avait déjà épousé Keyla.

Chalom fut accueilli par les Zeidman et il avait toujours l'habitude de raconter comment Frouma Malka, la mère de famille, se comportait avec lui comme s'il s'agissait de son propre fils. Le réfugié polonais avait décidé de retourner en Pologne, mais le Rav Doubin, qui logeait alors chez les Zeidman, lui dit : « Tu es déjà en âge de te marier, pourquoi devrais-tu chercher ton âme sœur en Pologne ? Il y a ici une jeune fille de bonne famille, que tu connais. Je t'accorde cinq minutes pour y réfléchir. »

Chalom réfléchit à la proposition du Rav, et après cinq minutes, sa décision était prise : il acceptait la proposition de mariage et épousait Dina, la benjamine de la famille Zeidman. A l'issue de la guerre, les ressortissants polonais eurent pendant une période assez courte le droit de quitter le sol soviétique. Chalom profita de cette aubaine et quitta

Les frères Rabinovitch (de gauche à droite) : Reb Aharon, reb Yossef et reb Chalom

l'URSS avec sa femme. Après mûre réflexion, ils décidèrent de s'installer à New York.

J'eus encore le temps de connaître mon beau-frère Chalom avant qu'il ne quitte l'Union Soviétique et je dois reconnaître qu'il s'agit d'un homme pour qui la vérité est un phare guidant ses pas, en tous lieux et en toutes circonstances.

Peu de temps avant la mort de Staline, Aharon fut emprisonné pour la troisième fois et envoyé en Sibérie. C'est ma belle-mère, Frouma Malka qui parvint à le faire libérer du goulag dans lequel il gisait. Elle se rendit dans la lointaine Sibérie et y demeura jusqu'à obtenir gain de cause. Elle clama son indignation devant l'état de santé déplorable de son gendre et parvint à force d'arguments à le délivrer de ses chaînes. A la libération d'Aharon, Staline était déjà mort.

En Sibérie, les orteils de Frouma Malka gelèrent. A son retour, alors qu'elle habitait chez nous à Tachkent, son état de santé se détériora, mais elle refusa de se faire hospitaliser. Pour bonnes que fussent les raisons de son choix, les conséquences en furent terribles et elle dut être amputée de plusieurs orteils. Le docteur Chimounov, un Juif de Boukhara, procéda à l'amputation à notre domicile. Je lui suis d'ailleurs profondément reconnaissant. A notre arrivée à Tachkent, nous n'avions pas encore obtenu une autorisation de résidence du ministère de l'Intérieur et quand mon fils Ben-Tsion tomba malade, aucune clinique n'accepta de le soigner. Nous ne pouvions nous offrir les soins d'un médecin privé et seul le docteur Chimounov accepta de s'occuper gracieusement de notre fils.

Après la guerre, un couple originaire de Leningrad fut envoyé au Kazakhstan pour avoir enseigné le judaïsme en cachette. Ces Juifs respectaient les commandements et se distinguèrent par une loyauté peu commune. Ils décédèrent subitement et, au Kazakhstan, on ne trouva personne qui accepte de les inhumer. Des connaissances de Frouma Malka lui envoyèrent un télégramme pour lui faire part de ce drame, celles-ci n'étant vraisemblablement pas en mesure de porter elles-mêmes les deux dépouilles en terre.

Pour Frouma Malka, il n'y avait rien d'impossible ! Elle quitta les siens et, requérant les services d'un Juif de la *'hevra kadicha*, elle entreprit en sa compagnie le long voyage pour le Kazakhstan. Plusieurs années plus tard, je rencontrai le frère de la défunte. Il me raconta qu'il s'était rendu au cimetière et avait découvert que sa sœur et son beau-frère avaient déjà été inhumés comme il se doit. Frouma Malka se dévouait pour tous et pour toutes les causes. Dans notre famille, elle était la personne la plus active — un véritable feu incandescent !

De l'argent tombé du ciel

Au mois d'août, peu après les événements du Kazakhstan, Frouma Malka nous rendit visite avant de partir pour Kasil Orda, pour rejoindre son mari. Mais quand il fallut acheter son titre de transport pour la lointaine Kasil Orda, nous étions à court d'argent, il ne nous restait pas un seul kopeck. Pour l'enterrement du couple au Kazakhstan, elle avait immédiatement trouvé de quoi régler ses frais de voyage, mais pour ses besoins personnels, l'argent faisait désespérément défaut. En juin, j'avais moi-même reçu ma paye pour la période de congé, mais je l'avais employée pour couvrir les dépenses indispensables de notre ménage. En général, je donnais aussi des cours privés afin de joindre les deux bouts, mais au mois d'août, la période d'examens étant déjà passée, je n'avais plus d'élèves. Que faire ?

Ma belle-mère, qui pourtant était une femme sainte et avait une foi inébranlable, se demandait : « Comment va-t-Il nous venir en aide ? Va-t-Il un beau jour nous jeter de l'argent du ciel ?

– Oui, pourquoi pas ! Il nous jettera cet argent du ciel, lui répondis-je avant de quitter notre appartement ce matin-là. »

En chemin, j'étais en proie à une agitation fébrile. Je n'avais pas encore trouvé un emploi pour le mois de septembre et la rentrée scolaire approchait à grands pas. J'étais absorbé dans mes sombres pensées, tel un somnambule. A qui devais-je m'adresser ? Vers qui me tourner ? Je n'avais d'autre solution que de solliciter une nouvelle fois un entretien avec le responsable des ressources humaines du ministère de l'Education. Lorsque je m'approchai de son bureau, je le vis en pleine conversation. Mais il me reconnut aussitôt et lança : « Zilber, entrez donc ! Etes-vous disponible aujourd'hui ?

– Oui.

– Voilà, j'ai un ami ici présent qui doit passer un examen. Pouvez-vous lui donner un petit coup de main ? »

Je n'oublierai jamais le nom de famille de cet "ami" : Yarmoultchik. Celui-ci me conduisit vers je ne sais quelle destination et plus nous avancions, plus l'inquiétude me saisissait. Quelque chose ne tournait pas rond... Mon accompagnateur échangeait de drôles de regards avec des passants. Une jeune fille qui se trouvait à l'angle de la rue et observait les badauds nous aperçut et cligna très légèrement de l'œil. C'était on ne peut plus étrange... Un vieux tatar portant une barbe blanche et affichant une mine sévère réitéra ce mystérieux clin d'œil.

A cet instant, une pensée effleura mon esprit. Et si ces personnages insolites n'étaient autres que des agents du pouvoir ? Je fus pris de vertiges et me débattais mentalement contre la panique qui lentement emportait mes sens. Soudain, mon homme se dirigea tout droit vers le "lac noir" qui, à l'instar de la "Loubianka" de Moscou, désignait à Kazan le sinistre bâtiment qui abritait le non moins sinistre NKVD. Etait-ce un piège ?

Une fois au "lac noir", les portes s'ouvrirent comme par magie sur notre passage et sans même exhiber un quelconque laissez-passer, nous pénétrâmes dans le bureau du directeur général, qui portait également le nom de Yarmoultchik (il semblerait que les deux aient été des proches parents). Un troisième personnage tout aussi "sympathique" fit son entrée. Celui-ci avait des allures de criminel et sa taille était aussi impressionnante que l'arme à feu qu'il tenait tout près de son corps massif. J'étais en charmante compagnie... Le directeur général et le colosse s'adressèrent à moi tout en désignant celui qui m'avait accompagné jusque-là : « Cet homme est un de nos employés qui, dans son travail a manifesté beaucoup de zèle et d'adresse. Nous aimerions le faire monter de grade mais, hélas, il n'a pas eu la chance de faire des études. Or, pour évoluer dans la hiérarchie de notre administration, il doit rattraper le programme des huit années d'enseignement primaire et secondaire et passer des examens. Nous aimerions que tu l'interroges sur ses connaissances et que tu combles ses lacunes afin de l'aider à réussir ces épreuves. Nous ne serons pas mesquins...»

Je n'en croyais pas un traître mot. J'étais persuadé qu'ils voulaient m'arrêter pour une quelconque raison et m'emprisonner sans plus de cérémonie.

Mon "élève" me conduisit vers "l'espace rouge", une sorte de salle de repos propre aux administrations soviétiques de l'époque. Ces pièces étaient garnies d'effigies et autres portraits représentant les dirigeants soviétiques tant adulés. Celle-là disposait également d'une imposante bibliothèque regroupant tous les ouvrages de la littérature marxiste. Nous prîmes place et commençâmes à étudier.

J'étais très mal à l'aise et l'idée de me trouver dans ce lugubre bâtiment me tourmentait. A chaque instant, des assassins — qui tuaient sans pitié et soumettaient leurs victimes aux plus atroces tortures — entraient et sortaient. Leurs visages exprimaient la haine, le sadisme. Ils nous regardaient avec attention de leurs yeux de prédateurs. Tandis qu'ils nous observaient, je sentais un frisson de mort dans mes veines et baissais instantanément la tête.

Je commençai à instruire mon nouvel "élève". J'examinai ses connaissances en algèbre et en physique et lui expliquai quelques principes élémentaires. Puis, je passai à une leçon de russe. Je me saisis d'un article dans un journal et le lui dictai, pour corriger ensuite ses fautes d'orthographe. J'étais assis, tête baissée, incapable de regarder les tortionnaires du NKVD qui se trouvaient tout près de moi.

Soudain, une voix donna cet ordre : « Assez ! »

J'étais muet de terreur. Je levai les yeux et vis trois hommes qui se tenaient là et semblaient avoir surveillé mes qualités d'enseignant. Ils hochaient la tête en signe de satisfaction. Je fus à nouveau conduit au bureau du directeur Yarmoultchik qui remplit une fiche et y inscrivit un total de 150 roubles : 25 roubles de l'heure pour six heures de cours. Une véritable fortune pour l'époque. « Tu reviendras après-demain chercher l'argent ! »

A l'expression de mon visage qui trahissait la hantise, mes interlocuteurs comprirent aussitôt que je ne viendrais pas chercher l'argent.

Le directeur appela un de ses hommes de main et lui dit : « Tu as de l'argent sur toi, n'est-ce pas ? Tu en as reçu aujourd'hui. Donne-lui 150 roubles. »

Je retournai chez moi. Mes proches s'étaient fait beaucoup de souci à mon sujet. Je les avais quittés depuis le matin et ne leur avais donné aucun signe de vie. Et, devant leurs mines ébahies, je tendis les billets avec cérémonie :

« D'où vient cet argent ?

– Il est tombé du ciel, répondis-je calmement.

– Comment cela du ciel ? Ils ne pouvaient pas comprendre.

– Du ciel, vous dis-je. Je l'ai reçu du NKVD ! »

Et c'est ma pieuse belle-mère qui en fit bon usage en achetant un billet de train pour Kasil Orda...

Mes enfants

Notre plus jeune fille naquit l'année du décès de Frouma Malka et nous décidâmes de la nommer en son nom. Et, en effet, elle est aussi une véritable *echet 'haïl,* à l'instar de son illustre grand-mère.

Avant la naissance de notre premier enfant, nous étions persuadés que nous aurions un fils et nous décidâmes de l'appeler du nom de mon père défunt. C'était un vendredi soir, le 10 Tamouz, vers trois heures du matin. Ma mère, qui se trouvait chez nous, constatant que je n'avais pu trouver le sommeil engagea la conversation. Elle me révéla que sa mère venait de lui apparaître en rêve, chose qui était assez exceptionnelle. Cette dernière informa ma mère de la naissance prochaine de notre premier enfant, une fille, et ajouta qu'elle souhaitait que son arrière-petite-fille portât son propre nom. En effet, ce matin-là notre premier enfant naquit. Elle s'appelle Sarah, comme son arrière-grand-mère.

A ce sujet, j'aimerais ajouter que le prénom que nous portons n'est certainement pas fortuit. Prenons pour exemple les noms des célèbres rois, Salomon et Ezéchias. Le nom Salomon – Chlomo est composé de deux racines différentes : *chalom* – la paix – et *chalem* – la plénitude. En effet, la royauté de Salomon, l'homme le plus sage parmi tous les humains, fut un âge d'or pour les Juifs qui y connurent la paix et la prospérité. Le nom Ezéchias – 'Hizkiahou ou 'Hizkia est composé des deux termes *'hizki* – ma force et *H'* – le Nom divin. En d'autres termes, ce nom signifie : ma force – Hachem. Le règne de ce roi coïncide avec un relâchement spirituel du peuple juif et une période de grand trouble. Or Ezéchias sut ramener les siens à une entière et complète pénitence.

Il en est de même pour les noms des villes. Le nom de Kiryat Arba fut attribué à la ville de Hébron depuis les temps les plus reculés parce qu'elle abritait un géant et ses trois fils (Ndt : *kirya* signifie ville en hébreu et *arba* le nombre quatre). Mais ces géants ayant quitté ce monde, la ville devait-elle changer de nom ? Certainement pas, puisque le nom qu'elle porte lui appartient pour l'éternité et n'est nullement le fait du hasard ou d'une quelconque contingence. Plus tard, Kiryat Arba hébergera la *Mearat haMakhpela* – le caveau des Patriarches – où sont enterrés quatre couples de justes sur le mérite desquels tient le monde : Adam et Eve, Abraham et Sarah, Isaac et Rébecca et enfin Jacob et Léa. Quand, au bout de quelques siècles, la raison originelle pour laquelle on avait baptisé la ville "Kiryat Arba" devint caduque, il s'en trouvait déjà une autre pour la remplacer…

Dans les années 1930, un Juif de Kouïbichev prenait mon beau-père à partie et ne cessait de le railler : « Alors, Binyamin, quand vas-tu te mettre toi aussi à manger du porc ? » Quelques années plus tard, cet homme se trouvait à Kazan et nous rendit visite. Notre Ben-Tsion avait déjà cinq ans, et quand l'heure de la prière sonna, l'enfant se leva et se posta dans un coin de la pièce pour entamer sa prière. Le Juif ne pouvait en croire ses yeux : il s'était moqué du grand-père en affirmant qu'un jour ou l'autre il finirait bien par consommer de la nourriture non casher et qu'il abandonnerait toutes ces "sottises" et voilà que le petit-fils, un petit garçon de cinq ans à peine, priait sincèrement en récitant la prière par cœur ! Notre visiteur en fut si profondément ému qu'il s'écria : « Je souhaite que mes petits-enfants lui ressemblent ! »

Mon beau-frère, Rav Aharon Rabinovitch

Comme je l'ai raconté plus haut, Aharon et Chalom Rabinovitch quittèrent la Pologne pour l'Union Soviétique dès le début des hostilités afin d'échapper aux griffes nazies. La Russie accueillait ces réfugiés en leur offrant le gîte dans ses charmantes prisons, ses camps de travail et autres lieux de servitude tout aussi enchanteurs.

Pour gagner la Russie, Chalom s'était joint à des unités militaires polonaises. Quant à Aharon, il parvint à traverser illégalement la frontière. Hélas, un jeune Juif polonais, nouvellement affilié au komsomol le reconnut et le livra aux autorités soviétiques... Des Juifs tentèrent de l'en empêcher, mais cet "homme de principes" fit la sourde oreille et toutes les tentatives pour lui faire entendre raison échouèrent.

Aharon fut envoyé dans le nord de la Russie. Les conditions de sa détention étaient particulièrement insupportables et il fut libéré au moment même où son frère Chalom était arrêté — mais cette relaxe ne dura pas. Aharon fut à nouveau emprisonné avec les membres de la famille Zeidman et les autres sans-logis qui avaient trouvé refuge chez mon beau-père pour "conspiration en faveur du pouvoir polonais". Aharon passa une dizaine d'années en prison, et ceci, quelque trois mois à peine après son mariage !

L'existence des réfugiés polonais était des plus précaires. Le taux de mortalité de cette population était particulièrement élevé. Après sa première période d'emprisonnement, Aharon se dévoua corps et âme au secours de ces misérables. Il allait les voir dans les hôpitaux et se chargeait d'organiser les enterrements.

Il est important de remarquer que les Zeidman ne recueillaient pas uniquement des Polonais, mais aussi des Juifs originaires de Leningrad, de Moscou, etc.

De nombreuses années plus tard, quand en Israël, Aharon se trempait dans un *mikvé*, il prit l'habitude de proférer de terribles malédictions à l'encontre des communistes (il est d'usage de faire des vœux à cette occasion). Son attitude était fort compréhensible. Il se trouvait enfin parmi ses frères juifs et pouvait librement exprimer l'amertume qu'il avait enfouie au plus profond de son être pendant de si longues et douloureuses années. L'expérience vécue dans une prison russe ne peut être si aisément oubliée ni le traumatisme refoulé ou effacé. Au contraire, les sombres geôles soviétiques marquèrent de leur empreinte indélébile le corps et l'âme de leurs tristes détenus.

YAAKOV LERNER, LE MARI DE SOFA LERNER RACONTE :

En 1956, le Rav Its'hak vint à Samarkand, où j'habitais à l'époque pour rendre visite à un de ses proches, Aharon Rabinovitch.

Le Rav Aharon avait été envoyé en Sibérie pour purger une peine de dix ans et faire "expiation de ses péchés de religion". Pendant les interrogatoires, un de ses inquisiteurs lui dit : « Enlève tout de suite ton talit katan ! Comment oses-tu t'asseoir en face de moi avec un tel attirail ?

– Moi ! Que j'enlève mon talit katan ? » fit le Rav Aharon, tout en assénant un coup d'une violence extrême à son inquisiteur interdit, qui en tomba de sa chaise tandis que sa casquette à visière bardée de décorations atterrissait piteusement sur le sol.

Vous pouvez imaginer la nature des supplices auxquels on soumit le Rav pour avoir manifesté une telle outrecuidance.

Le médecin juif, à qui le Rav Aharon fut confié après la grêle de coups dont il fut malheureusement la victime, me raconta plus tard comment il avait pansé ses plaies et l'avait soigné.

Après sa libération, Aharon s'installa à Samarkand. Il était très actif dans l'organisation des offices et des réjouissances de la fête de Sim'hat Torah notamment. En ces temps difficiles, les gens avaient peur des autorités comme de la mort et il lui arrivait néanmoins de retenir les fidèles jusqu'à quatre heures du matin ! Tous l'entouraient tant son enthousiasme les fascinait...

Alors qu'Aharon purgeait sa peine dans un goulag sibérien, Keyla attendait patiemment son retour. Pendant ces longues années, elle refusa de postuler pour un emploi fixe préférant se contenter de postes subalternes ou d'intérims. En effet, elle voulait à tout prix éviter les conversations avec des collègues qui auraient pu compromettre la vie de son mari captif voire même la sienne. La fille de Keyla naquit après l'arrestation de son père et elle l'éleva seule, dans la plus grande misère.

En 1956, Aharon retrouva enfin la liberté et le couple parvint à monter en Israël. Ils y eurent d'autres enfants, grâce à D-ieu. En Israël aussi, ils vécurent dans la gêne. Cela n'empêchait nullement Rav Aharon de recevoir tous les Chabbats les enfants de son quartier pour un cours de Pirké Avot (Maximes des Pères) accompagné de friandises.

Keyla était une femme peu ordinaire. Je ne lui connais aucune autre semblable. Jamais elle ne se mettait en colère. L'injure et l'affront lui étaient totalement étrangers, alors que son caractère était aussi fort que l'acier. Elle mourut à l'âge de 50 ans seulement.

LEUR FILS, BINYAMIN ITS'HAK RACONTE :

Quand mon père fut enfin libéré de prison et parvint à gagner la Terre Sainte, il ne cessa jamais d'offrir son aide aux Juifs de Russie. De nombreuses années durant, pendant sa détention, il avait lui-même souffert le martyre sans toutefois renoncer à quoi que ce soit dans la pratique des mitsvot. Il ne reculait devant aucun sacrifice et les efforts qu'il fournissait pour obtenir de la matsa ou faire un semblant de Seder en captivité étaient incommensurables. Fort de cette douloureuse expérience, il entreprit de soutenir avec le plus grand dévouement la cause des Juifs de Russie. Il se chargeait notamment de leur faire parvenir des matsot et, comme il avait lui-même l'habitude de le dire dans les synagogues ou les yechivot qu'il fréquentait à l'occasion de ses collectes en faveur des Juifs d'Union Soviétique : « Là où se trouve de la matsa, il n'y aura pas de 'hamets ! »

Pendant près de vingt ans, ma mère a fait la queue à la poste centrale, rue Yaffo à Jérusalem et a passé des journées entières, du matin au soir à remplir des formulaires, en s'activant d'un comptoir à l'autre pour envoyer ces précieux colis, au nom de la mitsva de matsa, sans recevoir en échange un seul centime ni une seule pièce de monnaie usée. Tout était fait "lechem chamaïm", littéralement.

Rav Aharon Rabinovitch zatsal

Le Rav Aharon Rabinovitch fit éditer le livre de son père *Binyan Chlomo*. En introduction, il écrivit quelques mots sur ses proches : son beau-père, Rav Binyamin, son frère, moi-même et bien évidemment sur son épouse. « Mon épouse Keyla, peut-on y lire, que son âme repose en paix, est née en Russie socialiste, mais elle n'a jamais suivi la voie tracée par les communistes et n'est jamais allée paître l'herbe de ces pâturages étrangers. Keyla pratiquait la religion la plus pure et, portant en elle la grâce de la bonté, elle accepta d'épouser un réfugié polonais. Après notre mariage, je fus aussitôt emprisonné et je restai en captivité pendant douze longues années, alors qu'elle gardait espoir et priait pour ma libération. Une fois en Israël, je dus affronter les difficultés de l'intégration, mais elle acceptait ces infortunes avec patience et compréhension. C'était une sainte, dans le sens le plus noble du terme. Hélas, sa vie fut de courte durée, et elle quitta ce monde à la fleur de l'âge. Que son souvenir soit béni ! »

Pendant ces douze années de captivité, Rav Aharon ne profana pas une seule fois le Chabbat. De même, il s'abstint de toute nourriture interdite, chose qui, pour l'époque, était assez rare.

Ces années de réclusion furent des plus éprouvantes. Il avait été envoyé à Doulinka, à l'extrême Nord de la Russie. Avant Pessa'h, il ramassait quelques grains d'avoine qui jonchaient le sol à l'endroit où les chevaux avaient été nourris. Il en obtenait une certaine quantité qu'il écrasait avec des pierres. Puis, il se rendait dans une des boulangeries locales qui acceptait, en échange de quelque arrangement, de lui mettre le fournil à disposition pour un temps limité. Il y confectionnait une unique *matsa* qu'il gardait religieusement pour le premier soir du *Seder*. Il conservait cette *matsa* comme la prunelle de ses yeux, la portant sur lui en tous lieux de peur qu'on ne la lui dérobe.

Un jour, il ramassa de l'avoine à l'occasion de la fête de *Chavouot* ou de Roch Hachana. Cette année-là, le premier jour de fête tombait un jeudi. Ce même jour, on rassembla tous les détenus pour procéder à la signature d'un quelconque document. Cette procédure des plus étranges était pratiquée dans tous les camps de travail soviétiques : les prisonniers devaient de temps à autre apposer leur signature sur des documents ratifiant leur acte de détention eu égard à quelque article de loi. Rav Aharon rejoignit les autres détenus tenant en main sa tasse avec l'avoine. Les prisonniers avançaient pour signer, mais lui restait là, immobile. On le rua de coups pour avoir osé refuser de parapher les précieux papiers. La tasse échappa de ses mains et l'avoine se répandit sur le sol. Rav Aharon s'obstina malgré tout et refusa d'apposer son paraphe.

Le lendemain, on fit à nouveau appeler les prévenus et on annonça que ceux qui n'avaient pas signé la veille devaient le faire aussitôt. Mais Aharon s'abstint à nouveau de signer. C'était le deuxième jour de fête.

« Quoi, un jour après l'autre ? » s'étonnèrent les Russes.

Le lendemain, la scène se renouvela et on lui demanda : « Et aujourd'hui, qu'est-ce qui se passe ? Encore une fête ?

– Non, aujourd'hui c'est Chabbat. » Et c'est ainsi que pendant trois jours, Rav Aharon résista à la pression de ses tortionnaires sans toutefois y céder un seul instant tout en gardant la vie sauve ! C'est ainsi que Rav Aharon passa les meilleures années de sa vie derrière des fils barbelés…

Son fils a conservé le *talit katan* que son père avait lui-même cousu en prison. Ce *talit*, dont j'ai gardé un souvenir précis, était composé d'une innombrable quantité de bandes de tissu. Quand Aharon le portait sur lui, la vision en était effroyable.

En vérité, toute notre famille eut un jour ou l'autre l'occasion de faire l'expérience des prisons soviétiques...

7
Circoncisions à Kazan

Le Rabbi Chlomo Bokov – le mohel de Saratov

A l'époque dont je parle, Rabbi Chlomo Bokov, le *mohel* de Saratov n'était plus très jeune. Ses trois fils étant tombés sur le champ de bataille, il élevait ses petits-enfants chez lui avec son épouse. Le couple souffrait de la plus noire misère et, malgré ces conditions de vie particulièrement difficiles, dès que Rabbi Chlomo entendait qu'un enfant devait être circoncis quelque part en Russie, il abandonnait ses nombreuses occupations et se rendait aussitôt sur les lieux.

Les circoncisions à Kazan étaient plutôt rares en dépit du millier de Juifs qui y habitaient. Les Juifs de Kazan vivaient dans la pauvreté et il leur était impossible de supporter les frais de voyage d'un *mohel*. Ce qui explique pourquoi les *mohalim* se rendaient à Kazan tous les trois, quatre mois, pour procéder dans la foulée à plusieurs circoncisions et permettre aux familles concernées de partager les frais de transport.

En 1949, Rabbi Chlomo se rendit à Kazan pour y circoncire plusieurs nourrissons. Alors qu'il s'apprêtait à reprendre son train pour rentrer chez lui, il apprit la nouvelle de la naissance de mon fils. Il vendit aussitôt son billet de transport et demeura à Kazan jusqu'à la *brit milah*, pendant que son épouse restait seule avec tous ses petits-enfants à Saratov. Le jour de la circoncision, le Rav me confia qu'il avait attendu ce moment depuis vingt-cinq ans !

Qu'y avait-il d'extraordinaire ? En 1924, le pouvoir soviétique avait interdit aux accouchées de quitter l'hôpital avant le neuvième jour qui suivait la naissance. Il ne fait aucun doute que cette loi avait été promulguée sous les auspices de l'infâme Yvsektsia. Pendant vingt-cinq ans, le Rav n'eut pas une seule fois l'occasion de circoncire un nourrisson de huit jours, comme l'exige la loi juive !

En ce qui me concerne, je m'étais adressé à l'épouse du ministre de la Santé, Sofia Yosfovna Kochkina. C'était une Juive qui exerçait la gynécologie et qui tenait un poste important auprès du cabinet ministériel. Je sollicitai son aide, bien que je ne connaisse ni son caractère ni ses dispositions à l'égard de la religion juive. Je craignais qu'elle ne me dénonce, mais je décidai quoi qu'il en soit de tenter le tout pour le tout et d'aviser le moment venu ce qu'il convenait de faire...

J'entrai dans son bureau et lui dis sans préambule : « J'ai une faveur à vous demander. Je suis Juif et j'ai eu un fils. J'aimerais obtenir une autorisation pour permettre à mon épouse de quitter l'hôpital le huitième jour après la naissance. »

Elle m'en demanda la raison et je lui expliquai que D-ieu avait ordonné de circoncire les garçons juifs le huitième jour, et qu'en Union Soviétique, les accouchées ne sortaient que le neuvième jour de la maternité. Sofia Yosfovna prêta une oreille attentive à mes dires et releva le numéro de l'hôpital dans lequel se trouvait Guita.

Le huitième jour, je demandai à des voisins de préparer ce qu'il fallait pour la circoncision et invitai des connaissances pour l'occasion sans savoir encore si Guita allait sortir de la clinique avec le nourrisson. Je préférai me tenir prêt, au cas où.

Vers deux heures, mon épouse et notre fils furent autorisés à quitter l'hôpital et la circoncision put être effectuée en temps et en heure. Peu de temps après, un autre Juif parvint à faire sortir sa femme le huitième jour de la maternité, de sorte que le Rav Chlomo Bokov mérita de circoncire un autre enfant de Kazan à huit jours.

Je retournai voir Sofia Yosfovna pour la remercier très chaleureusement de son intervention. « Vous avez accompli une *mitsva* – une bonne action aux yeux de D-ieu ! » lui dis-je avec enthousiasme.

C'est alors qu'elle éclata en amers sanglots et répondit : « Je sais ce que c'est une *mitsva*, mais que vaut une *mitsva* accomplie par une personne qui est mariée à un non-juif ? »

Rabbi Chlomo me raconta qu'il s'était un jour rendu à une *brit milah* qui devait se tenir dans la ville de Alatyr dans la république de Tchouvachie. A son arrivée, il trouva la famille en deuil. Le père de l'enfant venait de s'éteindre subitement et la mère ne voulait plus entendre parler de circoncision : « Il en est hors de question ! Le père n'est plus en vie ! » répétait-elle avec détermination. Que pouvait dire le *mohel* face à des circonstances aussi tragiques ?

Rabbi Chlomo s'était presque levé pour partir quand une des filles de la famille, la sœur du nourrisson lança : « Mais maman, pourquoi ? Pourquoi refuses-tu ? Papa voulait tellement que le bébé soit circoncis. Nous devons faire cette *brit milah* ! »

La mère acquiesça enfin.

Le Rav Bokov s'éteignit à Kouïbichev. Il me semble que c'était en 1951, mais je n'en suis pas certain, car à l'époque je me trouvais dans un camp de travail et je n'appris son décès que bien plus tard. Il avait pris la route pour circoncire un enfant et en chemin, il fut pris d'un malaise. Il gagna à grand-peine la synagogue la plus proche, s'étendit sur un banc et expira.

C'était un vendredi d'hiver, alors que le soleil se couche de bonne heure. Il était impossible de garder le corps du Rav dans la synagogue pendant le Chabbat ce qui aurait empêché les membres de la tribu des *cohanim* d'y pénétrer. Cet impératif obligeait les Juifs de Kouïbichev à hâter l'enterrement du Rav. Ils se rendirent aussitôt au cimetière. Là-bas, le gardien leur dit : « Nous avons un emplacement qui est déjà prêt.

Quelqu'un l'a réservé hier et on l'a préparé, mais personne n'est venu enterrer son mort. »

Les Juifs attendirent jusqu'au dernier instant, juste avant le coucher du soleil, et constatant que personne n'était venu réclamer la concession qui avait été préparée, ils inhumèrent le corps du Rav Chlomo Bokov.

Rabbi Avraham David Bar-On
Le mohel de Tartou

Le Rav Avraham David Bar-On était originaire de Tartou en Estonie, mais, avec la guerre, il se retrouva à Alatyr et de temps à autre, il se rendait à Kazan pour y pratiquer des circoncisions. Pendant la guerre, les déplacements n'étaient pas libres et il fallait présenter une autorisation spéciale pour pouvoir se rendre d'une ville à l'autre. Dès lors, quand les Juifs de Kazan avaient besoin d'un *mohel*, la chose n'était pas des plus évidentes. Comment obtenir une telle autorisation pour le *mohel* et justifier la nécessité de son déplacement ? A l'époque, j'enseignais à l'école d'économie et de finance et j'appris que l'établissement recherchait un comptable. Je leur fis savoir que je connaissais un excellent comptable et c'est ainsi que j'obtins une autorisation de déplacement pour le Rav Bar-On.

Le *mohel* arriva à bon port, circoncit l'enfant et s'apprêta à retourner chez lui. Mais comment faire ? Je lui conseillai de se présenter à l'école d'économie et d'y postuler pour un emploi. L'établissement était prêt à l'embaucher, mais quand ils constatèrent qu'il parlait à peine le russe, ils ne purent accepter sa candidature. Il réclama une autorisation de déplacement pour retourner chez lui qui lui fut remise aussitôt.

Après la guerre, le Rav Bar-On retourna à Tartou. Depuis l'annexion soviétique, Tartou avait été privée de synagogue et de *mikvé*. Il y était également impossible de trouver de la viande casher. Le

Le rav Avraham David Bar-On et ses fils

Rav Bar-On organisa un *minyan* clandestin chez lui pour le Chabbat et les fêtes, et comme il était lui-même *cho'het*, il se chargea également de l'abattage rituel tout aussi clandestin. Malgré toutes ces difficultés, il parvint lui et sa famille à respecter en secret tous les commandements. Ses enfants reçurent une éducation des plus traditionnelles, dans la Torah et le respect de ses *mitsvot*.

Le Rav Bar-On avait un fils qui devait entamer des études universitaires, mais qui ne parvenait pas à se décider sur le choix de ses études, eu égard aux impératifs du Chabbat. Son père lui dit qu'à Kazan, il avait rencontré un mathématicien qui respectait le Chabbat. Le jeune homme décida alors de devenir mathématicien et parvint en effet à éviter, pendant ses études et dans l'exercice de ses fonctions, la profanation du septième jour. Aujourd'hui, cet homme enseigne à l'université de Bar-Ilan.

CHIMCHON BAR-ON DONT LA FEMME, TAMARA EST MÉDECIN, RACONTE :

Quand j'étais jeune, j'étais horloger et je partageais mon travail avec un non-juif – celui-ci était de service le Chabbat et moi le dimanche. Quand on m'apprit que les autorités avaient décidé de centraliser l'activité des horlogers, je compris que, dans ces conditions, il me serait impossible de respecter le Chabbat. Le Rav Zilber avait dit à mon père que le métier le plus adapté au respect du Chabbat était celui de mathématicien. Je décidai donc d'apprendre les mathématiques pour enseigner plus tard dans le secondaire. Je commençai par des cours du soir destinés aux personnes actives puis me rendis à l'université pour compléter ma formation.

Une fois diplômé, j'enseignai à l'université de Tartou où j'habitais alors. Je dois préciser que la vie juive était absente de cette ville – tout se passait dans l'intimité des foyers. A l'époque, je devais trouver toutes sortes de stratagèmes pour éviter de travailler le Chabbat. Je programmais mon emploi du temps quelque six mois à l'avance et établissais un calendrier juif pour l'année en cours qui me permit, ainsi qu'à d'autres, de ne jamais profaner le Chabbat.

Une année, Roch Hachana tombait un jeudi et un vendredi, avec le Chabbat qui suivait dans la foulée. La même année, les fêtes de Souccot et Chemini Atseret tombaient également selon cet ordre-là, ce qui voulait dire qu'en moins d'un mois, je devais m'absenter à trois reprises pendant trois jours consécutifs ! J'étais à court d'idées – que faire ? Je ne trouvais aucune solution.

Or peu de temps avant Roch Hachana, un ami professeur de renommée qui enseignait également à l'université de Tartou me demanda une faveur. Obligé de se rendre à une conférence internationale, il devait trouver un enseignant pour le remplacer les jours où il serait absent.

Je lui répondis : « C'est difficile, mais pour toi je suis prêt à faire l'impossible ! » Nous échangeâmes nos heures de cours et je lui donnais évidemment les deux jours de Roch Hachana, Kippour, Souccot, etc. D-ieu m'avait sauvé !

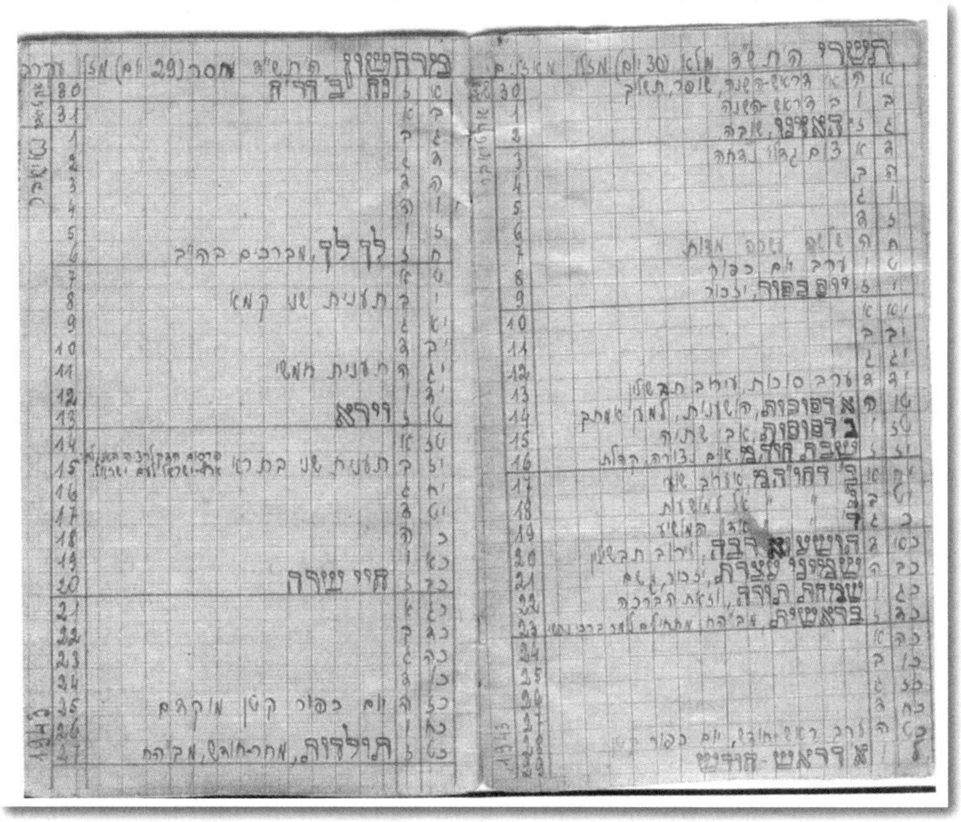

Calendrier hébraïque de l'année 5704, compilé par Chimchon Bar-On alors qu'il n'avait que 14 ans, en URSS

Tamara raconte :

Tartou était dépourvu de mikvé et dans les premiers temps, nous nous trempions, pour nous purifier, dans un lac naturel (qui peut remplacer un mikvé traditionnel). En novembre, la température de l'eau atteignait à peine les 11-13 degrés. Le froid était si pénétrant que le sang se figeait littéralement. Plus tard, nous nous rendîmes à Riga ou Leningrad où se trouvaient des mikvaot.

Pour rejoindre Riga ou Leningrad, je devais quitter Tartou le samedi soir, à l'issue du Chabbat, puisqu'il m'était impossible de quitter mon travail en semaine. Je profitais donc du week-end pour aller au mikvé. Le voyage pour Riga se faisait en train et prenait quatre heures. Je devais être de retour chez moi le dimanche soir pour regagner aussitôt mon travail le lundi matin. Pour Leningrad il fallait prendre le car et voyager pendant six ou sept heures. Je profitais de l'opportunité de ces déplacements pour faire notre ravitaillement en viande. A Riga on pouvait acheter des poulets cashers par douzaine (pour Pessa'h, les poulets étaient vendus par vingt kilos). Ces ventes se tenaient au marché et je devais me rendre à la synagogue pour faire abattre les volailles par un cho'het. De là, j'allais chez ma belle-sœur pour plumer ma cargaison que je ramenais en taxi à la gare ferroviaire et retournais ainsi chargée à Tartou. Mon père habitait Leningrad et quand je devais m'y rendre, il se procurait des poulets cashers qu'il me remettait dès mon arrivée.

Avez-vous déjà entendu parler d'un mariage juif traditionnel célébré dans une université soviétique en pleine année 1959 ? Cet événement, pour invraisemblable qu'il soit, eut lieu à l'occasion du mariage du fils du Rav Bar-On, qui enseignait déjà à la faculté de Tartou. Le père de la mariée avait reçu une *smikha* et était *cho'het*. Il se chargea de fournir de la viande casher et d'apporter de la vaisselle également casher à l'université. Son épouse prépara un plat de poisson si savoureux que les non-juifs présents s'en léchèrent les babines tout en ignorant totalement que les plats qu'ils dégustaient avec gourmandise étaient strictement cashers...

Circoncire ou ne pas circoncire, telle est la question...

La famille Shpiguelman habitait Kazan. Quand j'appris qu'un fils était né chez les Shpiguelman, je proposai au père de famille d'organiser une *brit milah* pour l'enfant qui venait de naître. Mais celui-ci refusa avec obstination malgré mon insistance. Il était impossible de le convaincre et j'abandonnai toute tentative de lui faire entendre raison.

Un jour pourtant, Shpiguelman convia soudainement les services d'un *mohel* et sortit ostensiblement une bouteille de vodka tout en distribuant l'aumône à grand fracas. A Kazan, les circoncisions se tenaient plutôt en petit comité, dans la discrétion la plus totale. Souvent, ce n'était qu'au moment de la *brit milah* elle-même que le père de l'enfant quittait son domicile et se présentait à l'endroit où se tenait la circoncision, comme s'il n'y était pour rien et qu'il était étranger à cette affaire.

« Qu'est-ce qui se passe ? » demanda-t-on à Shpiguelman. Il raconta qu'après notre conversation et son refus obstiné de faire la circoncision à son fils, son père défunt lui était apparu en rêve : « Mon fils, lui avait dit le père, si tu ne fais pas circoncire l'enfant, je ne suis plus ton père ! »

Le Docteur Tsatskis raconte :

Le Rav Its'hak avait déjà épousé Guita à l'époque. Mon père lui remit des bûches pour le chauffage d'hiver, mais le connaissant bien, il décida de le surveiller et de voir ce qu'il en ferait. Or voilà qu'il le surprit en train de charger la précieuse cargaison sur un traîneau pour la conduire je ne sais où.

– Où vas-tu ? lui demanda mon père.

– Je vais chez une dame qui vient d'accoucher…

– Mais ces bûches, je te les ai apportées. Elles t'étaient destinées !

– Bien sûr, mais cette dame est transie de froid ; elle aussi a besoin de chauffage. »

Telle était l'attitude du Rav Its'hak : quand il recevait une faveur ou un cadeau, il se devait de le partager avec ceux qui en avaient besoin également. Il se souvenait du yahrzeit de chacun et le rappelait aux membres de sa famille ; il avait appris qu'une femme devait accoucher, il se soucia aussitôt de lui procurer du bois de chauffage à son retour de la maternité (le climat à Kazan était très rude et le froid insoutenable dans les maisons en bois). Il connaissait les personnes qui avaient été arrêtées et emprisonnées et se chargeait de leur apporter de la nourriture ou des vêtements. Pour Pessa'h, il s'occupait également de fournir des matsot aux Juifs de la ville.

J'avais pris l'habitude de rencontrer les familles pour les convaincre de la nécessité de circoncire leur enfant. Ce commandement est un des plus fondamentaux et il convient de le considérer avec le plus grand sérieux. Si souvent, les conséquences du refus de procéder à une telle *mitsva* tardent à se faire sentir, cette lacune ne manque pas de se manifester de nombreuses années plus tard…

Une de mes connaissances à Kazan eut un fils. Nous étions amis à l'époque. J'avais étudié les mathématiques en même temps que lui et quand il était au collège, je l'avais aidé à sauter de classe. Cet ami eut un jour un fils, mais il refusa de faire circoncire l'enfant. Pour moi, ce refus fut des plus inattendus.

Le père de cet homme était un Juif remarquable. Il pratiquait sincèrement la religion et ne put que difficilement supporter l'idée que son propre fils s'abstienne de faire circoncire son enfant. Il était effondré. Une telle chose pouvait-elle arriver dans sa propre famille ? Son fils n'accomplirait-il pas cette *mitsva* si fondamentale ?

Moi-même, je fus consterné. Je ne connaissais aucune raison valable qui puisse expliquer ce refus. Je savais que cette résistance n'avait pas non plus de contenu idéologique. Je tentais de le convaincre, de lui parler, mais, à chaque fois, mon ami se dérobait et marmonnait une quelconque excuse. Rien n'y fit.

J'appris que son épouse était à l'origine de son étrange obstination. Elle était du genre très "cultivée" et n'était nullement intéressée à ce que son fils soit circoncis. Ce fut en particulier la belle-mère qui, partageant les mêmes idées "progressistes" que sa fille, le terrifiait. Je pensai dans ma naïveté qu'il dirait à sa femme et sa belle-mère : « Mon fils sera circoncis, un point c'est tout ! » Mais il semblait craindre leur courroux.

Pendant les sept jours qui suivirent la naissance, alors qu'on le pressait de procéder à la circoncision, son beau-père rendit l'âme. Hélas, ces bien-pensants doués de "bon sens" ne se laissaient pas facilement gagner par des "croyances superstitieuses"… Avant même que l'enfant n'ait atteint l'âge de huit jours, le père de mon ami décéda également – le nourrisson ne fut pas circoncis malgré tout…

Je ne suis pas certain que ces événements soient liés, mais il est difficile de nier ce fâcheux concours de circonstances. Je ne connais pas une autre histoire semblable. En 1993, je retournai en Russie et j'eus l'occasion de rencontrer cette famille. Leur fils unique était mort à 18 ans, et il ne leur restait plus rien...

La Torah raconte qu'à l'âge de 99 ans, Avraham reçut la révélation prophétique suivante : « Cette alliance établie entre Moi et entre toi et ta postérité dernière, Je l'érigerai en alliance perpétuelle, étant pour toi un D-ieu comme pour ta postérité après toi. Et Je donnerai à toi et à ta postérité la terre de tes pérégrinations, toute la terre de Canaan comme possession éternelle ; et Je serai pour eux un D-ieu. » D-ieu dit à Avraham : « Pour toi, sois fidèle à Mon alliance, toi et ta postérité après toi dans tous les âges. Voici le pacte que vous observerez, qui est entre Moi et vous, jusqu'à ta dernière postérité : circoncire toute âme d'entre vous. Vous retrancherez la chair de votre excroissance et ce sera un symbole d'alliance entre Moi et vous. A l'âge de huit jours, que tout mâle, dans vos générations soit circoncis par vous ; même l'enfant né dans ta maison, ou acheté à un prix d'argent parmi les fils de l'étranger, qui ne sont pas de ta race. Oui, il sera circoncis, l'enfant de ta maison ou celui que tu auras acheté, et Mon alliance, à perpétuité, sera gravée dans votre chair. Et le mâle incirconcis, qui n'aura pas retranché la chair de son excroissance, sera supprimé lui-même du sein de son peuple pour avoir enfreint Mon alliance » (Genèse 17,7 – 14).

Si l'enfant n'est pas circoncis, son âme est retranchée – et cela, on ne peut certainement pas le prendre à la légère !

Il est interdit de conduire en état d'ivresse et qui oserait ignorer cette règle élémentaire ! Pourtant, il arrive que des ivrognes conduisent et arrivent à bon port, sains et saufs, et que des personnes sobres provoquent des accidents de la route. Mais si un ivrogne succombe dans un accident, alors on désignera aussitôt son état d'ivresse comme responsable de son malheur. Il en est de même dans le judaïsme, il y a un code de la route à respecter.

LA DERNIÈRE CIRCONCISION QUE J'ORGANISAI À KAZAN

Pendant une certaine période, je donnai des cours particuliers au fils de Ravzin, le chapelier de Kazan. Ravzin était communiste et quand il accompagnait son fils à son cours de mathématiques, il ne cessait d'étaler ses connaissances en histoire du marxisme tout en évoquant maints événements tirés de la biographie de Karl Marx. Mais il avait aussi une âme juive…

Quand sa fille eut un fils, Ravzin me fit part de son souhait de voir l'enfant circoncis. Hélas, son gendre s'y opposait et menaçait même de quitter le foyer si l'on procédait à la circoncision de son enfant.

Je décidai de parler au gendre. En vain. Je retournai le voir, de nombreuses fois, dans l'espoir de le convaincre de l'importance de ce commandement. Mais, le jeune père s'entêtait et rejetait vivement mes arguments.

Or voici qu'arriva à Kazan le *mohel* de Sabardalovsk. Il devait rester dans la ville le temps d'effectuer 12 ou 13 circoncisions avant de reprendre le chemin du retour. Il ne restait plus que quelques heures avant son départ. Je décidai de profiter de l'occasion, mais que faire ? Nous rendre à sept heures du matin chez Ravzin, alors que son gendre se trouvait encore chez lui... Revenir plus tard ? C'était impossible puisque je ne pouvais pas arriver en retard au travail. Nous décidâmes de tenter notre chance et d'aller chez Ravzin de bonne heure.

Après l'office, je toquai à sa porte, accompagné par le *mohel*. Il nous fit entrer et nous prîmes place dans la cuisine. Le grand-père nous dit : « Que puis-je faire ? J'ai tout essayé, je lui ai parlé, mais je suis face à un mur. Si seulement il n'était pas à la maison maintenant ! »

Nous étions assis là, dans la cuisine, et le gendre se trouvait dans sa chambre. Ils habitaient la même maison.

Soudain, Ravzin demanda au *mohel* : « Le couteau de la circoncision, vous le portez sur vous ?

– Certainement.

– Vous savez quoi ? Attendez ! » chuchota Ravzin.

Il fit un signe de la main et sa fille entra dans la cuisine avec l'enfant dans les bras.

« Mais votre gendre se trouve ici, que faire s'il intervient ?

– Vite, vite, ne perdez pas un seul instant ! » nous pressa Ravzin.

Nous obtempérâmes sans mot dire quand soudain le gendre sortit de la chambre. Je craignais qu'il nous fasse un esclandre et ne déverse son courroux. Mais le jeune homme s'approcha du *mohel* et lui tendit la main en disant : « Mazal Tov, félicitations grand-père ! Quand nous aurons un autre fils, vous lui ferez la circoncision également ! »

Que penser ? Aurions-nous un seul instant pu deviner une telle réaction ? Je n'ai jamais eu l'occasion de demander ce qui avait causé ce revirement si inattendu, mais cela importait peu. D-ieu nous avait aidés, et cette affaire avait connu une heureuse fin. Nous dégustâmes quelques gâteaux au miel puis nous nous quittâmes avec chaleur, chacun retournant à ses occupations comme si de rien n'était : le *mohel* se dirigea vers la gare et moi je regagnai mon travail.

C'était en 1959. En 1960, je dus quitter précipitamment Kazan.

Après mon départ, on me raconta que ce gendre obstiné avait dit de moi : « Dommage que Zilber soit parti. Si ce n'était lui, qui d'autre se serait soucié du fait que nous fassions ou non circoncire notre fils ? Qui se serait préoccupé de nous ? »

8

Personnages étonnants

Le communiste "fervent" et le kaddich

J'eus à Kazan l'occasion de rencontrer des personnes singulières sinon remarquables !

A l'époque, je travaillais dans une école professionnelle. Ephraïm était un des élèves de l'établissement. Il venait de Berditchev et avait rejoint Kazan. C'était un communiste fervent.

Avant son mariage, il avait posé comme condition à sa femme que jamais une *matsa* n'entrerait chez eux à Pessa'h ! Après la naissance de son fils, il annonça dans des termes explicites : « Je dénoncerai aux autorités quiconque s'aventurerait à organiser la circoncision, de même que celui qui aura circoncis l'enfant ! » Il menaça même de quitter sa femme si elle se hasardait à participer à un tel "sacrilège".

Cet homme était particulièrement insensible et dur, ce qui dissuada les différents *mohalim* de circoncire l'enfant. Malgré tout, son père qui était pratiquant se chargea de faire venir un *mohel* d'une ville lointaine pour procéder à la circoncision. Quand Ephraïm rentra chez lui, il comprit aussitôt ce qui avait eu lieu à son insu et décida de mettre ses menaces à exécution. Mais sa femme l'en empêcha et lui révéla que son propre père avait organisé la cérémonie et que toute dénonciation le mènerait directement en prison. Le jeune homme s'emporta, cria, menaça de divorcer, mais il fut incapable d'appliquer une seule de ses menaces. Puis, après une période de tension, le calme revint à nouveau et les hostilités cessèrent.

Quand je fis leur connaissance, le couple était déjà marié depuis vingt ans. Ils n'étaient plus très jeunes. L'épouse venait d'une famille pratiquante et pendant vingt ans elle avait pleuré à l'idée de se voir interdire la *matsa* à Pessa'h. Je décidai de leur rendre visite durant mes pauses, entre une heure et quatre heures de l'après-midi, si je me souviens bien. Avec le temps, je faisais presque partie de la famille, et un jour, j'osai même m'immiscer dans les affaires de ce ménage. Ephraïm étant absent, je demandai à son épouse : « Comment se fait-il qu'à Pessa'h, vous ne vous souciez pas de trouver des *matsot* ? »

Elle me répondit tristement : « Que faire ? Mon mari s'y oppose de la manière la plus ferme. »

Une idée traversa mon esprit : « D'accord, la *matsa*, il l'interdit, mais des galettes, les autorise-t-il ?

– Certainement. »

Je lui présentai alors mon plan et lui indiquai la façon de procéder. Elle préparerait une pâte qu'elle pétrirait avec de la farine ordinaire sans levain bien sûr et même sans eau, mais uniquement avec du jus de raisin ou de l'huile avec laquelle elle ferait des galettes. Celles-ci ne sont pas considérées comme du *'hamets*, bien qu'il ne soit pas autorisé a priori de les consommer à Pessa'h, selon la coutume des Juifs de rite ashkénaze. Mais dans le cas d'un malade ou dans d'autres circonstances particulières, ces gâteaux sont permis. Cette année-là, Pessa'h tombait aux alentours du premier mai qui célèbre la fête du Travail. En URSS, cette fête était célébrée en grandes pompes. Je proposai à la pauvre femme de nettoyer sa maison, d'en sortir tout le *'hamets*, de repeindre les murs et de cuire une grande quantité de "gâteaux" en feignant de faire honneur à cette célébration communiste.

C'est ce qu'elle fit : elle nettoya sérieusement son four, confectionna des galettes cashers pour Pessa'h et, pendant toute la semaine de fête, pas une seule miette de pain n'entra chez elle ! Outre ces précautions, je demandai également à sa sœur de lui fournir quelques *matsot* et du poulet casher. Pour le poulet, il était impossible de le différencier de ses semblables non cashers, puisqu'il n'était pas emballé et n'était pas non plus marqué d'un label de certification rabbinique. De fait, le premier soir de fête, au nez et à la barbe du "gardien spirituel et idéologique" de la demeure, les deux sœurs mangèrent en hâte quelques bouts de *matsa* et le reste de la semaine, le ménage se nourrit uniquement de "gâteaux".

Peu de temps après, je pris mon courage à deux mains et lançai à Ephraïm : « Tu sais, cette année tu n'as pas mangé de *'hamets* à Pessa'h ! »

L'homme en fut consterné : « Qu'est-ce que cela veut dire ? »

Je dois préciser que j'avais bien réfléchi avant de prononcer ces paroles. Il était certain que des mots blessants ou des allégations déstabilisantes n'auraient servi qu'à susciter des querelles inutiles qui n'avaient aucun intérêt. Je mesurai le pour et le contre et décidai de provoquer quelque peu Ephraïm, compte tenu de l'évolution des événements politiques de l'époque et plus particulièrement des incidents du vingtième congrès du Parti. En effet, les crimes staliniens venaient d'être révélés et ses excès officiellement condamnés. Les choses évoluaient à vive allure. Or Ephraïm se refusait d'y croire et défendait avec indignation la probité de Staline qu'il considérait encore comme une véritable idole, comme le "fils du peuple" et le guide infaillible de tous les humains. Je pensai malgré tout que le temps était venu de bousculer les convictions de cet homme et de lui parler franchement. La fête de Pessa'h étant passée sans encombre, je persistai dans mes tentatives de sensibilisation.

C'est alors qu'Ephraïm, le communiste fervent me fit part de l'anecdote suivante : l'incident avait eu lieu avant même la Seconde Guerre mondiale. Un jour, il se rendit à Moscou pour son travail et fit une sieste dans l'après-midi. Sa mère défunte lui apparut en rêve et lui dit : « Mon fils, aujourd'hui c'est mon *yahrzeit*, pourquoi ne dis-tu pas le *kaddich* pour l'élévation de mon âme ? »

Au départ, Ephraïm choisit évidemment d'ignorer ce rêve, n'y percevant que sottises et hallucinations. Mais il voulut en avoir le cœur net malgré tout, au cas où... Il savait que le jour anniversaire du décès de sa mère tombait le 9 Iyar et il s'enquit auprès d'un Juif quelconque de la date juive ce jour-là. L'autre lui répondit aussitôt : « Nous sommes le 9 Iyar aujourd'hui. » A partir de ce moment-là, Ephraïm ne se permit plus de dénigrer ce qu'il avait toujours méprisé et, fort de son anonymat à Moscou, il s'empressa de trouver un office et de dire le *kaddich* pour sa mère.

J'avais déjà entendu une histoire similaire, mais cette fois-ci, le rêve s'était manifesté au cours d'une sieste diurne. Plus tard, j'entendis une autre histoire de ce genre d'une femme dont le mari se trouvait avec moi en prison...

Un avenir rose

Alors que je rapporte l'anecdote de ce communiste fervent, une autre histoire me vient à l'esprit. C'est l'histoire de Yoské. Je n'ai d'ailleurs jamais rencontré un homme comme lui. Il s'était également vendu à la cause communiste, et ne perdait jamais une occasion de répéter le bonheur qui nous attendait quand enfin le pouvoir serait détenu par les travailleurs, et qu'il n'y aurait plus un seul bourgeois. « Comme le monde sera différent quand enfin le communisme jaillira ! » Il considérait mon père et les personnes pratiquantes comme des ennemis jurés.

Quand il eut un fils, il lui donna un nom composé dont les lettres évoquaient chacune une des facettes de la Russie socialiste : les initiales désignaient le pouvoir soviétique, le nom de Trotsky et le reste à l'avenant... Il amenait l'enfant avec lui lors des réunions de l'Yvsektsia et, l'exhibant avec fanfare, il proclamait : « Voici l'homme nouveau, l'homme de l'avenir ! » La *brit milah* n'avait même pas effleuré son esprit...

En 1941, mon père célébra le mariage de la sœur d'une de nos voisines. Quand nous nous apprêtâmes à quitter les lieux, un de ceux qui étaient présents aida mon père à enfiler son manteau. Nous sortîmes et mon père me demanda : « Qui est cet homme qui m'a tendu mon manteau ?

– C'est Yoské ! répondis-je. »

Mon père ne pouvait croire une chose pareille et s'écria avec stupeur : « Ce n'est pas possible ! C'est tout simplement invraisemblable ! »

Et moi je méditai la chose et j'arrivai à la conclusion que le geste de Yoské s'expliquait certainement par les événements de 1937. Peut-être avait-il été déchu de ses fonctions ou peut-être avait-il compris de lui-même l'inanité de ce à quoi il avait cru jusque-là. Nombreux furent ceux qui, en 1937, ouvrirent les yeux.

J'appris plus tard que Yoské fit circoncire son deuxième fils. Il semblerait que lui aussi s'était mis à réfléchir, et que ses réflexions nouvelles l'avaient encouragé à passer à l'action. Et, aujourd'hui, son petit-fils étudie dans une *yechiva* à Moscou ! Il y est d'ailleurs un excellent étudiant. Quand j'entendis pour la première fois parler de ce petit-fils qui étudiait dans une *yechiva*, je fus extrêmement surpris. On me raconta que lorsque son père – le fils de Yoské – lui rendit visite à la *yechiva*, il y fit une excellente impression, bien qu'il ne connût rien du judaïsme...

Kleinerman

Il est écrit dans le Pentateuque : « Or, comme il approchait du camp, il aperçut le veau et les danses. Le courroux de Moïse s'alluma ; il jeta de ses mains les tables et les brisa au pied de la montagne » (Exode 32,19). A priori, il semblerait que le terme "danses" soit superflu ; n'était-il pas suffisant pour Moïse de voir le veau d'or pour entrer dans une colère noire ? Que viennent faire les danses dans ce contexte ?

Je répondrai à cette question par l'histoire suivante :

C'était en 1947 – 1948. Je donnais à l'époque des cours particuliers aux étudiants qui souhaitaient couronner leur scolarité dans le secondaire par une médaille d'or. Les élèves qui méritaient ces médailles étaient automatiquement acceptés dans les universités et autres écoles de l'enseignement supérieur, sans avoir à passer les examens d'entrée. Les nantis pouvaient s'offrir les services d'un professeur particulier et obtenir cette distinction.

Parmi mes élèves, il y avait la fille d'un Juif du nom de Kleinerman, qui dirigeait deux usines affiliées au NKVD, qui fabriquaient des articles de mercerie. L'homme avait une position si importante qu'on avait même mis un avion privé à disposition. Sa femme aussi tenait un poste d'une importance non moins négligeable – elle était à la tête du comité syndical. Je donnais des cours à leur fille, chez eux, et je dois admettre que je n'ai jamais eu l'occasion de revoir le faste que j'y découvris. Des tableaux de maîtres ornaient les murs et donnaient à cette maison un air de musée international.

Un jour, à la fin de la leçon, Kleinerman m'invita à le suivre dans son bureau. « Avez-vous entendu que les Juifs sont sur le point de proclamer l'indépendance de leur pays ? » me demanda-t-il.

Je me tus. Je tremblais à l'idée d'ouvrir la bouche devant cet homme qui travaillait pour le NKVD. Il poursuivit : « Et sur leur drapeau il sera inscrit : « *Kol dikhfin yété véyékhol* » (Qui a faim, qu'il vienne et qu'il mange ![1]).

Je restai silencieux.

Sa femme entra dans la pièce, il inclina la tête et dit : « Voici mon épouse. Dans le passé, elle était pratiquante, elle s'appelait Tsipa. Mais cela fait des années qu'elle ne respecte plus les commandements. Il fut un temps où elle allumait les bougies du Chabbat, mais aujourd'hui, tout ceci est bien révolu. Moi-même j'ai étudié dans une *yechiva* et j'étais jeune quand le pouvoir soviétique s'est emparé de la Russie. Les communistes juifs, les hommes de l'Yvsektsia ont lancé leurs campagnes

1. NDT : *Phrase que l'on dit le soir du Seder de Pessa'h.*

de laïcisation. Ils étaient prêts à sacrifier leur propre vie pour éloigner les Juifs de leurs croyances. Moi-même j'ai subi leur pression et leurs intimidations. Au départ, j'étais disposé et même enthousiaste à l'idée de pratiquer les *mitsvot* en cachette, j'ai même organisé un office clandestin. Mais après plusieurs années, les communistes eurent gain de cause. Je travaille aujourd'hui pour le NKVD et je suis fort éloigné du respect de la Torah. En 1926, on m'envoya en Roumanie pour une mission et j'avais la possibilité de tout quitter. J'aurais facilement pu rester là-bas et traverser ensuite le rideau de fer. En vérité, cette chance m'a été offerte, mais j'étais trop bête et j'ai préféré retourner à ma prison dorée. J'ai perdu le *olam hazeh* – le monde d'ici-bas, de même que le *olam haba* – le monde à venir. »

Je le regardais avec effarement. Je ne comprenais pas pourquoi il prétendait avoir également perdu le monde d'en bas ! Pouvait-on imaginer situation matérielle plus confortable que la sienne ? Bien sûr, en ce qui concernait le monde futur, je comprenais parfaitement son désespoir, mais pour le monde terrestre ? De loin, il semblait que sa vie fut pavée de délices et de plaisirs. Que lui manquait-il donc ? Pourquoi se sentait-il accablé ? Sa fortune ainsi exhibée n'était-elle qu'un leurre, une contrefaçon ? Ces propos pénétrèrent profondément mon être et je compris soudain que tout ce faste n'était que façade et n'avait aucun fondement.

Quand un homme faute et qu'il n'est pas en paix avec lui-même, il reste un espoir. Moïse vit le veau d'or et les danses. Si seulement les Juifs n'avaient pas dansé, peut-être aurait-il hésité à briser les tables ? Mais ils étaient en joie et dansaient avec extase ! Alors Moïse, sans hésiter, jeta les Saintes Tables à terre...

Kleinerman servait des idoles, mais cela ne lui donnait nullement l'envie de danser. Les événements qui suivirent témoignent de sa profonde sincérité.

A l'époque, la farine était rationnée. Ceux qui en avaient le droit devaient faire la queue toute la nuit pour recevoir une quantité de farine définie selon l'adage : "Un sac par personne". Ces sacs de papier d'emballage épais contenaient exactement trois kilogrammes de farine. Une année, j'avais besoin de farine pour la confection des *matsot* et je demandai à Kleinerman de m'aider. Il me proposa de le rencontrer à l'usine. Quand j'arrivai à l'usine, il me tendit un sac de farine, puis me pria d'attendre encore un peu. Il se rendit en hâte dans la seconde usine et revint avec un autre sac. Il s'était servi dans le magasin qui desservait spécialement les travailleurs de la manufacture. Plus tard, j'appris que Kleinerman avait aussi pris l'habitude de faire livrer du bois de chauffage à un vieux juif aveugle.

La fin de sa carrière fut particulièrement dramatique. Il avait fait parvenir au procureur de la république tatare la somme de 50 000 roubles, par l'entremise d'un homme qu'il pensait être de confiance, dans l'espoir de soudoyer le haut fonctionnaire. Mais l'homme "de confiance" marqua les billets de banque et dénonça le magistrat dont le domicile fut aussitôt perquisitionné. Cette affaire fit des remous et de nombreuses personnes furent arrêtées, parmi lesquelles Kleinerman lui-même. L'économie soviétique était malade et il était souvent indispensable, pour survivre, de contourner la loi. De même, la pratique de la religion exigeait souvent des Juifs qu'ils enfreignent la légalité. Mais après cette histoire, nombreux furent ceux qui redoutèrent de commettre un acte illégal.

Kleinreman resta quelque dix ans derrière les barreaux. Quand il fut libéré, je lui rendis visite et il me reçut avec chaleur et amitié. Il tenait absolument à me faire une faveur et me tendit même son chapeau de fourrure qu'il posa sur mon crâne en disant : « Il vous va si bien ! » Evidemment, je refusai son cadeau.

Le Ciel avait fait en sorte que je fasse la connaissance de cette famille. Si je ne les avais pas connus, je n'aurais pas trouvé une école pour mon fils Ben-Tsion. Ce fut la fille de Kleinerman qui me présenta à une enseignante qui acceptait de prendre mon fils dans sa classe, étant entendu qu'il n'écrirait pas le Chabbat. En recevant Ben-Tsion, elle prenait de grands risques ! Ben-Tsion garda un contact épistolaire avec cette enseignante et lui envoya même une lettre dans laquelle il la priait de monter en Israël. C'était un document indispensable auprès des autorités soviétiques, et en vertu des directives qui réglementaient le regroupement familial, il donnait droit, dans le meilleur des cas, à sortir du territoire. En effet, elle parvint à quitter le sol soviétique avec sa sœur et à gagner la Terre sainte. Elle habite aujourd'hui Jérusalem.

Reb Berel Gourevitch

Cette histoire se passe dans les années 1950. C'était un soir de Chabbat, pendant la fête de 'Hanoucca. Alors que je me dirigeais vers la synagogue, je vis un homme en face de moi qui marchait avec des béquilles. Il m'accosta et me demanda où vivaient les Juifs de la ville. Je le conduisis vers notre lieu de prière. Notre *minyan* se réunissait dans une pièce minuscule, dont la superficie n'était pas supérieure à six mètres carrés, mais une fois dans le réduit, l'homme s'écria avec surprise : « *Oy*, mais c'est le paradis ici ! » Quand on le fit monter à la Torah, il prononça la bénédiction de *chehe'heyanou*[1].

Il s'appelait Gourevitch. Il appartenait au mouvement hassidique de 'Habad (Loubavitch) et avait, par le passé, organisé des cours de Torah clandestins. Il avait trois fils et il se faisait du souci quant à leur éducation juive sous le régime soviétique. Il voulut les envoyer très tôt en Israël, après la guerre, alors que les réfugiés polonais étaient encore autorisés à se rendre en Terre Sainte. Pour ce faire, il se procura de faux papiers. Hélas, les jeunes gens furent découverts et envoyés en prison. Gourevitch prit l'entière responsabilité de ce forfait et se porta coupable. Il agit avec intelligence de sorte que nul autre que lui ne fut mêlé à cette affaire. Au moment où je le rencontrai ce vendredi dans la rue, il venait d'être libéré après dix années passées en prison. Il était en route pour Moscou et était descendu du train précipitamment alors que le soleil était sur le point de se coucher. Une fois dehors, il avait commencé à demander aux passants où se trouvaient les Juifs de la ville…

Après l'office, je l'invitai chez moi et il me raconta un peu ces années passées en prison. Il avait été particulièrement difficile de respecter le Chabbat en captivité et le directeur du pénitencier ne cessait de

1. Ndt : Bénédiction que l'on prononce à l'occasion d'un événement heureux.

l'invectiver : « Chez moi, tu travailleras le Chabbat ! » Mais Gourevitch s'obstina jusqu'au sacrifice et parvint à ne jamais transgresser ce jour saint. Il dut pour cela subir des châtiments terribles au point qu'il ne pouvait plus marcher sans béquilles. « Pas à cause des jambes, me confia-t-il, mais à cause du cœur...» Peu de temps après, alors qu'il se trouvait à Moscou, Gourevitch retrouva la santé.

Il avait frôlé la mort en prison. Un des prisonniers tchétchènes fut pris d'une crise de folie et, s'emparant d'un couteau, fonça sur Gourevitch, qu'il ne connaissait guère, et lui enfonça la lame dans la colonne vertébrale. Le coup avait été particulièrement fort, et, par miracle, son assaillant manqua de peu la moelle épinière. Gourevitch fut conduit à l'hôpital, suivi une heure plus tard par le Tchétchène également blessé. Ce dernier se lamentait de n'avoir pu atteindre sa cible et il s'en était pris aussitôt à un autre homme qui, fort heureusement, se montra plus alerte. Les blessures de Gourevitch étaient profondes, son dos était ensanglanté, mais il préféra malgré tout fuir l'hôpital et retourner en prison plutôt que de risquer à nouveau de rencontrer le forcené tchétchène qui ne manquerait pas de lui "régler son compte".

Gourevitch conclut son récit avec ces mots : « Après Chabbat, je poursuivrai ma route. Cela fait de nombreuses années que je n'ai pas mis les pieds chez moi et j'ignore ce qu'il est advenu de mes enfants pendant toute cette période, s'ils sont restés Juifs... Et si, à D-ieu ne plaise, ils sont devenus comme tout le monde, ma peine sera immense. »

Je lui versai un verre de lait, mais il n'en but que la moitié et me dit avec égard : « Vous avez de jeunes enfants ! »

A l'issue du Chabbat, au moment de nous quitter je lui tendis dix roubles, mais il refusa de les accepter : « Pas besoin. J'ai une miche de pain, un ticket de train, cela suffit. Je ne vous demanderai qu'une seule chose – j'ai réussi à prendre mes *tefillin* avec moi en prison, mais avec le temps, une des lanières s'est usée. Si vous pouviez m'en prêter une autre, cela me soulagerait considérablement. »

Je lui en donnai une et je l'accompagnai à la gare. Dans le bus, une personne lui offrit sa place, mais il refusa de s'asseoir et resta debout malgré ses béquilles. Un des soldats qui se trouvaient dans le bus s'exclama : « Voyez cet homme, camarades, vous pouvez apprendre la véritable dignité de cet infirme qui ne tire pas profit de ses faiblesses ! »

Le soldat parlait de la place assise que Gourevitch avait refusée, mais moi je savais combien ces mots étaient justes et caractérisaient cet homme de valeur. Une fois arrivé à Moscou, il s'empressa de m'envoyer par courrier rapide 15 roubles pour la lanière que je lui avais prêtée...

J'entretins une correspondance espacée, mais affectueuse avec Gourevitch, et je peux de ce fait vous raconter ce qui se passa ensuite.

Il habitait loin de la synagogue. En semaine, il s'y rendait en autobus, mais le Chabbat, il y allait à pied évidemment. Quand il rentrait de l'office du matin, il était déjà midi passé, mais il s'abstenait de consommer quoi que ce soit avant la prière, comme l'exige la loi traditionnelle. Avec le temps, il s'affaiblit considérablement et les médecins lui interdirent de sortir de chez lui à jeun. Mais il n'était pas disposé à suivre leurs conseils, et c'est alors qu'il eut un de ces rêves qui ne se manifestent pas chez tout un chacun. Il vit trois personnages importants dont le nom de l'un d'entre eux lui fut même révélé : il s'agissait du Rav 'Haïm Yossef David Azoulay, le 'Hida[1]. Ces personnalités lui dirent : « Tu as demandé l'avis d'un Rav qui t'a enjoint de manger avant la prière et toi tu refuses ! Nous t'ordonnons de manger ! » Depuis ce jour, Gourevitch se plia à l'injonction des médecins.

Ses fils avaient grandi et certains d'entre eux avaient commencé à subir l'influence de l'entourage. Reb Berel me fit part de ses inquiétudes à ce sujet. Je ne pouvais que le comprendre. En fin de compte, et par le mérite de ses prières et de ses larmes, les trois fils se renforcèrent dans la foi en D-ieu. L'un d'entre eux, qui s'installa plus tard à Tachkent, enseigna le *'houmach* à ma fille 'Hava.

---

1. Grand érudit et kabbaliste qui habitait en Erets Israël vers la fin du dix-huitième siècle et début dix-neuvième.

Plus tard, la famille Gourevitch monta en Israël. Non seulement Berel Gourevitch mérita de voir ce rêve s'accomplir enfin, mais il y vécut dix-sept années de parfait bonheur. Il décéda à plus de 90 ans et il était impressionnant de voir combien ses fils l'honoraient ! Ces dix-sept années furent pour lui comme les dix-sept années que Yaakov, notre patriarche, vécut en Egypte – sans aucun souci, ni aucune détresse. Il priait, organisait des collectes, enseignait la Torah, etc.

Reb Berel avait l'habitude de dire : « Tous mes enfants sont de bons enfants, mais ma belle-fille Beila – personne n'est à sa hauteur ! »

On raconte que Beila avait fait des études de comptabilité en Union Soviétique et qu'elle avait passé presque tous les examens de fin d'études avec succès. Il ne lui manquait qu'une seule épreuve qui avait eu lieu le Chabbat. Elle avait refusé de la passer, quitte à rester sans diplôme.

Nous avons eu l'occasion de nous rencontrer de multiples fois. Il habitait Kfar 'Habad. Un jour, je m'y rendis à l'occasion d'un mariage et je l'aperçus. Je lui promis de revenir quelques jours plus tard, ce que je fis. Peu de temps après, j'appris que cela avait été là notre dernière rencontre, puisque deux jours plus tard il rendit son âme à son Créateur. Que son souvenir soit béni !

REB YANKEL JOURBITSER ET SON FILS MENDEL

Reb Yankel Mosklik (Jourbitser) était un hassid de 'Habad. C'était un homme remarquable. Quand les autorités soviétiques commencèrent à fermer les synagogues, il parcourut le pays de long en large pour organiser des structures d'enseignement de la Torah pour les enfants juifs. Les hommes du mouvement 'Habad étaient d'ailleurs des spécialistes en la matière.

Reb Yankel était un des coordinateurs du groupe "*A'him*" – "la Fratrie" – structure qui organisait à Moscou des groupes de onze personnes ayant entre elles de véritables rapports fraternels. Ils venaient en aide aux familles de prisonniers et aux nécessiteux, et collectaient de l'argent pour la *yechiva* clandestine de Marina Rocha. Cette *yechiva* avait également fonctionné pendant la grande terreur des années 1930. Elle ne rassemblait qu'un nombre restreint d'élèves qui y habitaient sans presque jamais franchir le pas de la porte. Un de ses élèves habite aujourd'hui à Bné Brak, en Israël.

Reb Yankel voyageait d'une ville à l'autre et s'assurait que la Torah y était étudiée, participait à la construction ou à la réparation des *mikvaot*, et aidait même les Juifs à trouver un emploi à domicile leur permettant de ne pas profaner le Chabbat. Lui-même était comme beaucoup d'autres, – indigent – mais il parvenait toujours à collecter de l'argent pour les besoins d'autrui.

Un jour, Reb Yankel fut arrêté et pendant de longues années personne ne sut ce qui était advenu de lui ni où il se trouvait. Il y a peu de temps, son petit-fils, Reouven Halperin, m'informa que la famille avait appris très récemment que leur père avait été fusillé en décembre 1938. Après l'emprisonnement de Reb Yankel, Mendel – son fils – dut entrer dans la clandestinité pour échapper aux traques. C'était en 1954, Mendel se cachait chez moi. Ben-Tsion, mon fils, avait alors cinq ans et apprenait déjà le *'houmach*. Un jour, alors que Mendel étudiait avec Ben-Tsion, il lui indiqua le mot לוט – Lot, nom que portait le neveu d'Avraham. Ben-Tsion trouva dans la suite des chapitres de nombreux endroits où apparaissait ce mot. Mendel qui voulait amuser l'enfant lui dit : « Si tu trouves encore le nom de Lot dans les sections qui suivent celles de Lekh Lekha et Vayera, je te donne un rouble. »

Ben-Tsion ouvrit le Pentateuque à la section de Vayechev. Là, le mot לט était privé de la lettre ו. Ce terme désignait une plante, le lotus (Genèse 37,25, *parachat* Vayechev). Mendel dut aussitôt s'acquitter de sa dette…

Mendel resta plus d'un mois chez nous pour retourner ensuite à Moscou.

Au début des années soixante-dix, quand les Juifs commencèrent à quitter le sol soviétique, Mendel leur vint en aide et prodiguait sans compter l'argent dont D-ieu l'avait gratifié pour leur permettre de quitter la Russie.

Un jour, on retrouva son corps sans vie dans la rue d'un des faubourgs de Moscou.

Le fils du *cho'het* de Kostroma (chez qui avait habité le Maharyats de Loubavitch après avoir été libéré de prison) fut également frappé d'une mort semblable, "accidentelle". C'était après le décès de son père. Le fils était avocat, me semble-t-il et intercédait d'une manière très ingénieuse en faveur des Juifs accusés de pratique "illégale" de la religion. Je ne me rappelle pas son prénom ni son nom de famille d'ailleurs. Alors qu'il se rendait à Moscou pour le compte de la communauté de Kazan, qui lui avait demandé d'intercéder en faveur de la synagogue, deux hommes pénétrèrent dans le wagon dans lequel il avait pris place et l'entraînèrent au-dehors...

9
Confidences

Respecter le Chabbat au travail

Pendant près de vingt ans, de 1941 à 1960, j'ai travaillé dans l'enseignement. En 1960, je fus contraint, hélas, de quitter mes fonctions. Tout au long de ces deux décennies, je trouvai toutes sortes de manœuvres et judicieux stratagèmes afin d'éviter la profanation du Chabbat. Dans ce chapitre, vous découvrirez mes secrets et j'espère que jamais vous n'aurez à recourir à ces feintes et autres fourberies...

Qui souhaite respecter scrupuleusement les lois du Chabbat, alors qu'il se trouve assujetti à un régime de terreur areligieux, doit respecter un premier principe, peut-être le plus fondamental : il doit travailler dur pendant la semaine. En vérité, je n'ai pas inventé ce principe puisque la *halakha* elle-même nous enjoint de réserver les meilleurs aliments et les vêtements les plus somptueux en l'honneur du septième jour.

Pendant la semaine, je m'efforçais donc de couvrir le plus de sujets possible et de concentrer mes leçons sur l'aspect théorique de mon enseignement pour réserver au Chabbat la mise en pratique des théorèmes abordés, par le biais d'exercices ou de problèmes à résoudre. Avant le Chabbat, j'inscrivais dans le cahier de textes les sujets que nous allions traiter ce jour-là et fixais à l'avance les appréciations que je donnerais aux élèves interrogés tout en mémorisant leurs noms. Je préférais parer à l'éventualité d'une "inspection surprise" et me tenir prêt. En effet, à tout moment, je pouvais recevoir la visite inattendue du directeur de l'établissement, de son adjoint, d'un inspecteur d'académie ou d'un stagiaire en formation professionnelle qui, en assistant à mon cours, espérait tirer profit de mon expérience.

Le Rav Ben-Tsion raconte :

Ma mère avait demandé au surveillant général de l'établissement dans lequel elle enseignait d'aménager l'emploi du temps des professeurs de telle sorte qu'elle puisse être dispensée de travailler le vendredi soir.

« Si vous y tenez, lui répondit-il, vous pouvez vous en charger vous-même ! »

Il était trop heureux de pouvoir se débarrasser de cette corvée.

Ma mère s'attela à la tâche avec diligence et devait, pour ce faire, prendre en considération tous les desiderata des uns et des autres. Ses efforts furent couronnés de succès, et à la satisfaction de tous les professeurs, elle élabora un emploi du temps exemplaire. Le surveillant général la regardait avec suspicion. Avait-elle la prétention de le remplacer ? Pour quelle autre raison aurait-elle été si prestement disposée à supporter une telle charge ?

D'expérience, je peux certifier – et le démontrer jusqu'à l'évidence – que l'homme qui est soumis à une épreuve reçoit du ciel les moyens de la surmonter. Il suffit d'en avoir la volonté. Prétendre que l'on a succombé à la faute par nécessité est un leurre, un véritable mensonge, car si l'homme savait que pour avoir accompli un acte illicite, il devrait payer plusieurs milliers de dollars, cela lui donnerait à réfléchir. La prison ne joue pas ce rôle de frein que l'on souhaite lui voir tenir, et n'empêche nullement les criminels de commettre les pires délits. En outre, le spectre de l'incarcération ou du châtiment corporel n'est pas aussi dissuasif pour le malfaiteur que celui d'encourir une amende. L'homme se garde bien d'enfreindre la légalité s'il sait qu'il risque pour cela de devoir débourser, mais il est tout autant capable des plus grands forfaits, s'il peut y gagner quelques sous...

En d'autres termes, si l'homme ne parvient pas à surmonter l'épreuve, c'est un signe qu'il n'en avait pas la volonté ! Car l'homme a toujours les moyens de résister à la tentation et de ne pas céder à la facilité.

Je dois reconnaître que j'ai, à de multiples occasions, abusé du pouvoir soviétique et pris la fâcheuse habitude de lui "ravir" un temps considérable... Tous les Chabbats, je gagnais ma classe quelque dix minutes après la sonnerie et ne faisais guère cas de la présence éventuelle de l'un de ces visiteurs importuns qui peut-être était déjà installé et attendait le professeur. Ces retards répétés le Chabbat répondaient au deuxième principe que je m'étais fixé dans la gestion de mon travail : consacrer ces instants dérobés à l'étude de la Torah ! Jusqu'à ce jour, j'ignore encore comment rembourser cette dette envers l'Union Soviétique et lui rendre ces moments perdus...

Souvent, quand j'arrivais en classe, l'inspecteur d'académie se trouvait déjà là, assis sur un banc au fond de la pièce. Je me "rappelais" soudain avoir oublié le cahier de textes et demandais à un des élèves d'aller le chercher. Quand celui-ci le déposait sur mon bureau, je le priais de relever les absents, tâche que je devais normalement accomplir moi-même. Entre-temps, j'exhortais les élèves à ouvrir leurs livres de classe et leur indiquais un certain nombre d'exercices à faire pendant que j'invitais un étudiant à résoudre au tableau les problèmes que j'avais soumis. Pendant ce temps, les autres devaient accomplir ce travail dans leur cahier. L'affaire se corsait quand l'élève appelé au tableau peinait à résoudre les exercices. En semaine, je m'emparais tout naturellement de la craie et rédigeais moi-même la solution, mais le Chabbat c'était évidemment impossible. Je priais alors un autre élève de porter secours à celui qui l'avait précédé jusqu'à ce qu'il s'en trouvât un qui connaisse la solution du problème posé.

Le troisième principe concernait mes rapports avec les élèves juifs. Il était hors de question d'appeler ces élèves au tableau le Chabbat ni de les faire écrire dans leur cahier. Je m'approchais donc discrètement de chacun d'entre eux et leur disais : « La leçon aujourd'hui est parfaitement claire pour toi, tu n'as pas besoin d'écrire. »

Les visites impromptues étaient fréquentes. Mais il est surprenant de constater que les leçons que je donnais le Chabbat ou les jours de fête étaient particulièrement appréciées par les inspecteurs d'académie ! « Le professeur se contente de donner des instructions et toute la classe travaille dans la bonne humeur avec zèle et enthousiasme ! » pouvait-on lire dans les comptes rendus...

Après le cours, les inspecteurs me demandaient de leur montrer les appréciations que les élèves avaient reçues ce jour-là. J'ouvrais le cahier de textes et leur indiquais ce que j'avais pris soin de noter la veille, avant le coucher du soleil : « Voyez-vous, leur disais-je, Padourov a répondu à toutes les questions et a reçu une bonne note alors qu'Andrey n'a su répondre qu'à quelques questions seulement, je lui ai donc donné une mention satisfaisante.

– Très bien, tout est en ordre ! Il n'y a rien à redire. »

J'ai respecté ces principes immuables tout au long de ma carrière d'enseignant tout en m'adaptant avec astuce et surtout avec l'aide divine à chaque nouvelle situation...

Il arrivait, par exemple, qu'un examen national se tienne le Chabbat. Dans ce cas, le professeur devait se présenter plus tôt que de coutume à l'école. Une équipe de surveillants se chargeait d'ouvrir les enveloppes contenant les énoncés pour les remettre ensuite à l'enseignant et à ses deux assistants. Le professeur devait résoudre lui-même les problèmes posés et rédiger au tableau les énoncés des différents exercices. Ces examens duraient quelque six heures.

Mes stratagèmes ordinaires ne m'étaient d'aucune utilité. Je me débrouillais malgré tout pour déléguer la rédaction des énoncés au tableau à l'un de mes assistants en prétendant : « Ton écriture est plus lisible que la mienne. Il vaut mieux que tu écrives toi-même et je te dicterai les réponses. » En général, l'assistant acceptait de bonne grâce et tout se passait pour le mieux.

Que faire lorsqu'un des étudiants interrogés était juif ? Je disposais d'une panoplie de subterfuges pour pallier cette nouvelle difficulté. Je me rappelle cet élève dont la famille avait quitté le Birobidjan pour s'installer à Kazan. Il s'apprêtait déjà à répondre par écrit aux questions posées, quand je lui dis : « Rentre chez toi, je te connais bien et je connais ton niveau en mathématiques. Je te donnerai une note même si tu rends feuille blanche. » Et celui-ci s'en fut sans plus attendre.

Parfois, les événements prenaient une tournure plutôt comique... Nous étions en pleine période de révisions en vue des examens de fin d'année. Les cours n'étant déjà plus réguliers, je n'attendais plus la visite d'un quelconque inspecteur et n'avais de ce fait préparé aucun alibi pour éviter d'écrire ce Chabbat-là. Je travaillais à l'époque à l'école de gestion de Leningrad, transférée à Kazan. C'était le 26 Tamouz 1945, le premier anniversaire de décès de mon défunt père. A six heures du matin, je m'étais rendu à l'office et j'avais ensuite récité le *kiddouch* sur deux miches de pain avant de me précipiter à l'école pour huit heures. J'assistais les étudiants dans leur travail de révision et ce jour-là, j'étais en train de répondre à une question qui venait d'être posée quand soudain, le directeur de l'établissement entra dans la classe, avec à la main une feuille couverte de signatures.

« Isaac Yakovlevitch (c'est ainsi que je m'appelais officiellement. Quand mon père prit le nom de famille de Zilber, il changea également de prénom et se fit appeler Yaakov), fit-il, il faut envoyer ce document au ministère de l'Education dans les plus brefs délais, avant neuf heures. Il manque juste votre signature. Veuillez signer, s'il vous plaît, tout de suite afin que je puisse dépêcher cette feuille dans les bureaux du ministère. »

Que faire ?

« Boris Lebobitch, lui répondis-je, les élèves sont sous tension. Dans quelques jours seulement ils devront passer les examens de fin de cycle et je suis justement en train de leur expliquer la solution d'un problème difficile. Il m'est impossible d'interrompre maintenant mon développement, mais dans dix minutes je vous remettrai ce document dans votre bureau. »

Le directeur s'en fut aussitôt et moi, je simulai subitement un mal de tête épouvantable et quittai rapidement les lieux.

Le lundi matin, à mon arrivée à l'école, le directeur était courroucé. « Que s'est-il passé ? Je vous ai attendu toute la matinée !

– Oh, répondis-je, je vous en prie, pardonnez-moi, j'ai eu soudain une forte migraine au point que j'ai complètement oublié votre affaire. »

Derrière les portes

Quand je travaillais à Stolbichi, je rencontrais les plus grandes difficultés pour m'acquitter des trois prières quotidiennes. Partageant la chambre des enfants de la personne chez qui je logeais, il m'était impossible de prier chez moi. Dehors, la proximité des passants qui allaient et venaient sans cesse m'interdisait de m'isoler discrètement. Je trouvais mon salut derrière les portes de l'école où j'enseignais à l'époque. Jamais de ma vie je n'ai vu des portes aussi larges, capables de masquer complètement la silhouette d'un homme cherchant à se dissimuler dans l'encoignure. « Béni soit l'Eternel qui a créé ces portes avec sagesse » pensai-je avant d'entamer ma prière dans cet abri de fortune. Après la première heure de cours, je pouvais voir les enfants jouer au ballon avec un enthousiasme espiègle et je profitais de leur absence pour mettre les *tefillin*.

Un jour, la cloche sonna justement au moment où je m'apprêtais à commencer la prière du *chemoné essré* (« La prière des Dix-huit bénédictions »). Le moindre retard m'était interdit et je décidai de quitter ma cachette pour entrer en classe entre la bénédiction de "*gaal Israël*" et le *chemoné essré*. La situation était des plus délicates. En effet, je ne pouvais pas parler, puisqu'il n'est pas permis de s'interrompre à cet endroit dans la prière. Je décidai de communiquer avec les mains.

J'ouvris un livre, indiquai le numéro de l'exercice à résoudre avec mon doigt et désignai sans mot dire un élève pour qu'il aille au tableau...

Les élèves qui avaient remarqué la singularité de mon comportement me demandèrent : « Etes-vous fâchés ? »

Je me tus.

Mais ils insistèrent : « Dites-nous quel est le problème, et nous vous promettons de nous montrer sages. »

Je restai silencieux – et ceci, jusqu'à la fin de la leçon.

Le cours suivant, après que j'eus fini ma prière, je leur expliquai mon attitude étrange : « N'avez-vous pas vous-mêmes deviné ? Avez-vous déjà oublié votre absence injustifiée et inexcusable la semaine dernière, quand vous vous êtes rendus au spectacle...»

Pour les prières du matin et du soir, je trouvais facilement des solutions. Mais pour celle de l'après-midi, le problème était plus épineux. Les cours se terminaient vers cinq heures moins le quart alors que le soleil se couchait quelques minutes après cinq heures. Je devais rapidement quitter l'école, ce qui parfois m'était bien difficile, et me hâter vers un arrêt de bus non loin de là. Il y avait une petite estrade sur laquelle on déposait toutes sortes de journaux — la Pravda, l'Ysvestsia, etc. ainsi que des affiches de théâtre. Par chance, les revues ne contenaient pas d'images douteuses. Je pouvais donc me poster devant l'étal et affecter le plus grand intérêt à ces publications. Et, quand il fallait me prosterner pendant la prière, je faisais mine de vouloir voir de plus près ce qui y était écrit.

Un jour, alors que j'étais au beau milieu du *chemoné essré*, deux de mes collègues me rejoignirent à l'arrêt de bus. Il s'agissait d'Anna Padorovna et de Fedor Trassovitch. Ce dernier était connu pour être un délateur. Dans le passé, il avait travaillé au ministère de la Justice et s'était distingué dans l'exclusion des travailleurs indésirables. Ses collègues de travail le redoutaient et attendaient avec impatience le jour où ils pourraient se débarrasser de son insupportable présence. Ce jour arriva enfin et il fut transféré à Stolbichi pour y enseigner l'histoire. Six mois à peine après son arrivée à Stolbichi, ses actes de délation commencèrent déjà à porter leurs fruits : un beau jour, le directeur de l'école et son adjoint furent démis de leurs fonctions.

Et voici que Anna Padorovna et l'infâme dénonciateur m'accostaient avec bonhomie alors que moi, je ne pouvais pas leur répondre… : « Isaac Yakovlevitch, quelle heureuse rencontre ! Nous voulions justement te consulter au sujet des examens de fin d'année. Qu'en penses-tu ? Où devraient-ils se tenir et à quelle heure ? »

Je feignis un malaise, frappant mon cœur et simulant des douleurs cardiaques intenses, exécutant la pantomime d'un homme qui suffoque et qui est incapable de proférer le moindre mot.

Ils étaient alarmés : « Que se passe-t-il ? Tu ne te sens pas bien ? »

Le répugnant dénonciateur s'empressa d'appeler une ambulance, Anna Padorovna lui emboîtant nerveusement le pas. A l'arrivée des secours, j'avais déjà fini de prier et m'efforçais de tranquilliser les personnes qui s'étaient attroupées : « Je me sens beaucoup mieux. Tout va bien. »

Je dois avouer que durant toutes ces années d'enseignement, j'ai toujours été bon pour mes élèves, les assistant avec dévouement dans leurs études et les aidant également pendant les examens. J'avais gagné l'estime de mes responsables, qui, constatant le niveau remarquable de mes étudiants en mathématiques, étaient on ne peut plus satisfaits de mon travail. Anna Padorovna s'exclamait : « Nous allons tous boire du champagne avec Isaac Yakovlevitch pour la fête de fin d'année ! »

Ces fêtes, je ne pourrai jamais les oublier… Le champagne y coulait à flot. Je devais prononcer un discours et l'entamais avec un verre de champagne à la main, que je posais ostensiblement au milieu de mon allocution pour "l'oublier" ensuite et le remplacer par un verre de vodka (cet alcool ne posait pas problème de *cacheroute*). Voilà comment je surmontais, avec l'aide de D-ieu, cette nouvelle épreuve.

J'entretenais d'excellents rapports avec mes élèves, aussi bien en termes d'apprentissage qu'en termes d'éducation dans un sens plus général. Je possédais toutes les qualités d'un bon professeur : j'entretenais avec mes étudiants une correspondance et les rencontrais également en dehors des cours. Néanmoins, ces rapports ne furent jamais véritablement intimes et je gardais prudemment une certaine distance. Je participais aux fêtes, je leur parlais, je plaisantais, mais dans le secret de mon cœur je me sentais éloigné, différent et étranger à ce milieu. Comme le disait le Rabbi de Kotsk qui s'était distingué par son intelligence et sa grande sagesse : « Il est possible de s'asseoir à une table pour manger avec tout le monde – et d'y jeûner en même temps. Il est possible de tenir une conversation avec une personne dont on se sent complètement étranger. »

'Hava, la fille de Rav Zilber raconte :

Les femmes de la ville considéraient ma mère comme une femme à la mode qui portait toujours d'élégants chapeaux ! Elle les portait afin de couvrir ses cheveux comme l'exige la loi juive, mais ces femmes expliquaient cette habitude vestimentaire à leur façon. Mon père, qui portait toujours une casquette, avait à leurs yeux le profil du "professeur génial et distrait". Quand on lui demandait : « Alors, où est votre casquette ? », il faisait mine de sortir soudainement de son nuage et balbutiait : « Ah, oui, oui, pardon ! »

Congés de maladie

Je disposais également d'une batterie d'astuces pour les jours de fête. Pour le jour de Kippour, par exemple, j'avais pris l'habitude de me faire porter malade.

Mais la vie nous réserve bien des surprises. Un jour, le docteur Navouïtchikova murmura aux oreilles du directeur de notre département que les médecins distribuaient illégalement des congés de maladie à leurs connaissances. La réaction du directeur fut sans équivoque : il ne recevrait

Le rav Its'hak Zilber avec ses enfants – Sarah et Ben-Tsion

plus aucune autorisation de congé de maladie ! Les malades dont la température dépassait les 39 degrés Celsius devaient se présenter personnellement à son bureau afin qu'il constate lui-même leur état de santé et leur octroie si nécessaire un congé de maladie – et ceci, pour un jour seulement.

Quelque deux semaines avant le jeûne, les médecins pratiquants qui, les années précédentes, m'avaient délivré des congés de maladie, m'annoncèrent qu'ils ne pourraient plus le faire cette année-là. Ils avaient eux-mêmes décidé de jeûner sans faire précéder le jeûne du traditionnel repas l'annonçant (*seouda mafseket*). « Nous quittons le travail à quatre heures et quart et nous n'aurons pas le temps de rentrer pour manger avant le jeûne. »

La veille de Kippour, après la *seouda mafseket*, je n'avais toujours pas réussi à me procurer un certificat de congé de maladie. Je connaissais les élèves de l'école professionnelle dans laquelle j'enseignais alors et je les savais turbulents. Je redoutais qu'à cause d'eux, mon absence "sans raison valable" ne soit remarquée et ne me cause des problèmes.

Ma voisine, Olga Lifchits, une femme pratiquante dont le mari tenait un poste important dans une entreprise rattachée à l'armée de l'air, me dit : « Le docteur Navouïtchikova habite dans notre cour. Venez, on ne sait jamais…»

Chez le médecin, Olga engagea une longue conversation, parlant de choses et d'autres tout en décrivant avec force détails mes parents religieux et la façon dont je les avais toujours honorés, etc., etc. Au lieu d'en venir au fait, elle jacassait, errait, s'embarrassait dans un interminable préambule et moi qui voyais le temps passer et que les choses n'avançaient guère, je perdis patience. La prière de Kippour allait bientôt commencer et je décidai de passer à l'action. M'adressant au docteur Navouïtchikova avec franchise, je lui demandai brusquement : « Pourriez-vous me donner un congé de maladie pour demain ?

– Quel est votre nom de famille ? » fit-elle tout en rédigeant à l'instant même le certificat tant attendu !

Réunion le jour de Souccot

Le pouvoir soviétique exigeait de tous les enseignants qu'ils fassent du travail social. Je décidai de devenir membre du syndicat enseignant local pour y remplir une fonction qui exigeait un investissement minimal : je me chargeais de collecter les cotisations, de distribuer les primes et les certificats pour les travailleurs qui devaient séjourner dans des maisons de convalescence et communiquer au nom de la fédération syndicale les décisions et autres informations aux professeurs.

Les délégués syndicaux étaient nommés pour un an. Au bout d'un an, le syndicat enseignant devait se réunir pour rendre compte des actions entreprises l'année précédente et tenir de nouvelles élections. Cette année-là, la réunion fut fixée au premier jour de la fête de Souccot, un Chabbat. Que faire ? M'absenter ? Cette assemblée ne pouvait se réunir en mon absence. Prendre un congé de maladie ? J'avais toujours réservé cette option pour les jours de Roch Hachana et Kippour tandis que dans l'année, même quand je tombais réellement malade, j'allais enseigner. Un jour je fus effectivement malade. Pendant deux semaines, je souffris d'une infection pulmonaire dont je ne parvenais pas à me remettre. Malgré une fièvre élevée, je me rendis à l'école comme si de rien n'était. Mais à présent, que faire ? Je ne pouvais prétexter à nouveau une maladie pendant la fête de Souccot, juste après Yom Kippour.

Lors de cette réunion, je devais prendre la parole et présenter à mon auditoire le bilan des cotisations de l'année écoulée et les différentes actions entreprises avec l'argent ainsi récolté. En général, ces questions pécuniaires présentaient aussi peu d'intérêt que les supputations sur la pluie et le beau temps, et je pouvais, pour cette raison en parler le Chabbat. Il m'était néanmoins interdit de manipuler les relevés de compte et autres, tant et si bien que pour me passer de ces documents, je dus mémoriser une liste interminable de chiffres et d'estimations comptables afin d'en rendre compte le jour dit.

Quant à la perception des dernières cotisations de l'année, qui normalement aurait dû se tenir le jour de l'assemblée générale, je décidai de m'en charger le jeudi précédent quand les enseignants recevraient leur paye. Le Chabbat, je ne viendrais que pour "bavarder", les mains dans les poches. Hélas, mes projets échouèrent. Quand le comptable de l'établissement apprit qu'une réunion se tiendrait le Chabbat, il m'annonça qu'il distribuerait les payes sur place, avant d'ouvrir la séance et que moi je me chargerais de coller les timbres de quittance...

Je ne trouvais aucune solution pour me tirer de ce mauvais pas et décidai tout simplement de m'absenter.

Volodia Steinman, l'adjoint du directeur de l'école savait que je respectais le Chabbat. Il se faisait du souci : « Isaac Yakovlevitch, je n'ai jamais cessé de vous venir en aide, mais cette fois-ci, si vous décidez de bouder cette réunion, les conséquences seront terribles. Ils profiteront de l'occasion pour faire des histoires, et je risque moi aussi d'en pâtir. D-ieu vous pardonnera certainement si pour une fois vous transgressez le Chabbat. Nous n'avons pas le choix, vous êtes obligé d'assister à la réunion ! »

Il avait certainement raison. Le retentissement de mon absence injustifiée se ferait rapidement sentir. Néanmoins, après mûre réflexion, j'optais pour l'absentéisme. Ils n'allaient assurément pas me fusiller pour avoir manqué cette réunion ; ma vie n'étant pas en danger, il n'y avait aucune raison pour que je profane le Chabbat.

La fête de Souccot tirait à sa fin. J'étais assis dans la *soucca*, quand soudain je reçus la visite de Volodia Steinman, l'adjoint du directeur. Je me rendis compte immédiatement de sa bonne humeur et de sa sérénité.

Il me raconta : « Sache qu'il est arrivé une chose incroyable. Le comptable nous a rejoints et a commencé à distribuer les payes. Tous attendaient ta venue. La réunion devait commencer à dix heures. A dix heures moins dix, l'instructeur de la commission locale du Parti, tel un forcené, est entré avec fracas dans la salle de réunion : « Il faut tout de suite annuler cette assemblée ! Il n'y a pas de réunion ! Camarades, notre rôle premier consiste à combattre les croyances religieuses et l'obscurantisme. Les enseignants doivent constituer une armée d'éclaireurs dans ce combat et de ce fait, le département de la propagande a entrepris d'organiser une série de conférences sur le matérialisme dialectique. Vous devez tous nous rejoindre immédiatement pour assister à la première conférence. »

Pour la première fois de ma vie, je m'absentais sans autorisation officielle et sans toutefois enfreindre la légalité...

Le docteur Tsatskis raconte :

Le comité syndical régional connaissait bien le Rav Zilber et appréciait notamment ses qualités d'enseignant, le prenant même comme modèle. Lors d'une assemblée générale, un des membres féminins les plus importants du Parti, s'approcha du Rav pour le saluer et le féliciter pour son travail tout en lui tendant chaleureusement la main. Il est interdit pour un homme de serrer la main d'une femme et, de ce fait, le Rav fit mine de trébucher tout en repoussant son coude. Il s'en était bien sorti !

Il n'était pas facile en Russie Soviétique de dénicher une *soucca* où nous pouvions prendre nos repas de fête. Mais il était encore plus difficile de trouver les quatre espèces indispensables pour la fête de Souccot. Il arrivait que mon cousin Dov Yossef d'Israël nous les fasse parvenir et parfois, un généreux touriste déposait cette précieuse marchandise quelque part à Moscou – un seul bouquet pour toute une ville ! A Kazan, je dus une seule et unique fois renoncer à l'*etrog* et au *loulav* (le cédrat et la branche de palmier qui font partie des quatre espèces).

Quelques précieuses minutes d'étude

Les écoles en Union Soviétique souffraient désespérément d'une pénurie de salles de classe, de sorte que les enseignants devaient assurer un double service. Si l'on ajoute à cela l'heure et demie pour les transports, vous pouvez imaginer le peu de temps qu'il me restait pour étudier la Torah. J'y consacrais, avec les plus grandes difficultés, une minute ou deux par-ci par-là. Une demi-heure d'étude était pour moi un véritable trésor qu'il m'était bien difficile d'atteindre. Mon temps était compté et, ne perdant pas un seul instant, je pris l'habitude d'étudier pendant les interclasses et les récréations. Je me rappelle encore jusqu'à ce jour tout ce que j'étudiais à l'époque entre deux cours.

Je n'ai jamais cessé d'étudier la Torah, même un seul jour. Encore enfant, mon père m'avait initié à l'étude quotidienne du Talmud et m'avait habitué à y consacrer deux heures tous les jours. Quand j'étais étudiant et que je devais préparer mes examens, je travaillais parfois jusqu'à trois heures du matin. Mais jamais je ne renonçais à ces deux heures d'études du Talmud dont je m'acquittais tout simplement de trois à cinq heures du matin. Et si, pour une raison quelconque, je manquais à mon devoir d'étude quotidienne, je notais cet écart dans un carnet et rattrapais mon retard plus tard, à la première occasion.

Depuis lors, je pris l'habitude de compter chaque minute.

Il m'était particulièrement difficile de trouver du temps pour me recueillir, par exemple sur les tombes de mes parents. Les déplacements en taxi étaient hors de prix, et j'eus seulement deux fois l'occasion à Kazan de prendre un taxi. La deuxième fois, ce fut pour partir en Israël.

Le niveau de vie en URSS était particulièrement bas. La paupérisation frappait à l'époque la grande majorité de la population soviétique, au point que je ne pus faire l'acquisition de ma première montre – objet qui m'était devenu absolument indispensable, et encore à un prix exorbitant eu égard à mes maigres revenus —, qu'à l'âge de trente-deux ans seulement ! Mon père et moi partagions le même manteau, tout comme ma fille aînée qui avec sa mère portaient à tour de rôle le même manteau. Quant à prendre un taxi, c'était hors de question...

Le voyage en autobus durait quarante minutes. Et pour rejoindre le cimetière depuis la station de bus, il fallait marcher quarante autres minutes. Comme je ne disposais que de trois heures de pause, si je désirais me rendre au cimetière, je devais aussitôt arrivé, reprendre le chemin du retour. Je n'avais même pas le temps de prier correctement sur les tombes de mes pauvres parents et après plusieurs tentatives, j'arrivai à la conclusion qu'il ne me restait plus qu'à prier en chemin, à l'aller puis au retour.

Il est rapporté dans la *michna* (traité talmudique Peah 1,1) : « Voici les prescriptions pour lesquelles aucune mesure n'a été définie (...) la bienfaisance et l'étude de la Torah. » L'étude de la Torah est un commandement que l'homme doit accomplir selon tous ses moyens, bien qu'il ne saisisse pas forcément la portée de cette heure ou même de ces dix minutes qu'il aura consacrées à cette *mitsva*. Celle-ci ne connaît pas de limite et jamais on ne peut prétendre s'être acquitté de ce commandement.

Le Gaon de Vilna rapporte dans son livre *Chenot Eliahou* que chaque mot d'une étude est une *mitsva* en soi. L'homme prononce 120 à 150 mots chaque minute. Si l'on étudie au moins dix minutes, combien de *mitsvot* avons-nous accomplies ?

Un mikvé à Kazan

Il n'y avait pas de *mikvé* à Kazan – le seul *mikvé* de Kazan avait été fermé dans les années 1920. Après mon mariage, j'entrepris, avec un ami, d'y construire un *mikvé* clandestin. Je trouvai un emplacement dans les faubourgs de la ville : un ancien poulailler situé dans la cour d'une maison. Après avoir obtenu l'assentiment du propriétaire de l'endroit, nous nous mîmes au travail. Il fallut d'abord déblayer et nettoyer le poulailler, puis creuser ensuite deux bassins de taille différente. Un *mikvé* casher doit être alimenté avec de l'eau de pluie ou de l'eau obtenue en faisant fondre de la glace. C'est pourquoi il est d'usage de construire deux bassins communicants : l'un étant employé pour l'immersion rituelle et le second pour recueillir l'eau de pluie. Il ne nous restait plus qu'à y verser du ciment.

Pour cela nous devions requérir l'aide d'un maçon en qui nous aurions une totale confiance, et que nous pourrions impliquer en toute sécurité dans cette affaire "illégale" et secrète. Par chance, nous trouvâmes un maçon juif du nom de Vrakhovski. Il venait d'Ukraine et avait été déplacé à Kazan. Pendant plusieurs semaines, il consacra ses soirées à cimenter les bassins. Mais quand il fallut le rémunérer, je me heurtai à un refus des plus inattendus : « Des millions de Juifs ont été assassinés et parmi eux un grand nombre de femmes qui respectaient les lois de la pureté familiale. Que mon travail serve à l'élévation de leur âme ! » fit-il en sanglotant.

Je me rendis aux entrepôts frigorifiques de la ville et y achetai trois mètres cubes de glace que je cassai en plusieurs morceaux. J'essuyai ensuite chacun de ces blocs afin d'en ôter les gouttes éventuelles, comme l'exige la loi traditionnelle, puis j'allumai un four dans le poulailler pour y faire fondre la glace.

J'achevai la construction du *mikvé* le trois Nissan, le jour du *yahrzeit* de mon illustre grand-père, le Rav Shapira. Ce n'était certainement pas un hasard…

Quand, le *mikvé* fut ouvert au public, nous étions seulement deux familles à l'utiliser. L'eau était glacée. J'avais beau ajouter de l'eau bouillante dans le bassin, l'eau restait désespérément froide. Je trouvais une solution à ce problème bien plus tard, par l'entremise de Vichnev, secrétaire du Parti et directeur de l'usine de chaudières dans le camp de travail dans lequel je fus interné.

Je l'avais abordé en lui précisant que je ne m'adressais pas au "citoyen directeur", qualificatif que j'avais l'obligation d'employer en tant que détenu, mais simplement au "camarade Vichnev". Je m'assis dans son bureau et avec un naturel déconcertant, je lui racontai toute l'histoire du *mikvé*. J'expliquai les tenants et les aboutissants de l'affaire – cet homme n'avait aucune notion de judaïsme ! – et lui demandai son avis sur la façon de réchauffer l'eau du bassin d'immersion. Il accepta même de m'accompagner sur place, et portant un intérêt sincère à la chose, il me posa de nombreuses questions pour finir par trouver une heureuse solution.

10
En captivité

Mon arrestation

Nos salaires respectifs étaient tellement maigres qu'ils ne suffisaient pas à couvrir les dépenses usuelles de notre ménage, de sorte qu'en fin de mois, nous étions constamment obligés de recourir à un emprunt.

Une année, avant la fête de Pessa'h, j'avais emprunté cinq roubles à une de mes connaissances. A l'approche de la fête de Chavouot, je ne m'étais toujours pas acquitté de cette dette. J'étais en proie au désespoir. Quand il fallut régler la note d'électricité, je m'emparai de cinq roubles et montai dans le premier bus. En chemin, le remords me harcelait et je décidai qu'il valait mieux nous débrouiller un certain temps sans électricité plutôt que de laisser encore traîner ces arriérés qui pesaient lourdement sur ma conscience. J'étais de surcroît convaincu que mon prêteur tolérerait difficilement un tel retard et qu'il risquait de m'en tenir rigueur.

Je descendis au milieu du trajet et me dirigeai en hâte vers son domicile.

A ma grande surprise, un agent de police ouvrit la porte. Il me fit entrer, mais une fois à l'intérieur, je compris que je ne pourrais plus sortir. L'appartement, encombré et mis sens dessus dessous, avait – à l'évidence – été fouillé. Les policiers me reconduisirent chez moi, et là, sous mon lit, ils découvrirent un paquet de titres de créance.

Il arrive qu'un pays soit à court de liquidités et qu'il émette des obligations d'Etat auxquelles les ressortissants peuvent volontairement souscrire. L'Etat s'engage à travers cet emprunt à rembourser la somme avancée par l'épargnant à une échéance déterminée, date qui apparaît généralement sur le titre de créance. Evidemment, ces titres donnent également droit à leurs détenteurs de percevoir un intérêt annuel.

Ce genre d'emprunt avait également cours en URSS, sauf que le célèbre emprunt russe portait la marque du système soviétique malade... D'abord, l'aspect volontaire de cette entreprise était totalement inexistant. La souscription était absolument obligatoire et incombait à tout citoyen soviétique qui devait renoncer à un mois de son salaire annuel pour l'offrir par ce biais au Trésor. La deuxième spécificité soviétique résidait dans le fait que la date d'échéance de la dette n'apparaissait jamais sur ces titres. En d'autres termes, cette échéance n'était pas préalablement fixée et le remboursement de la somme avancée par le prêteur forcé était renvoyé aux calendes grecques... Toutefois, pour encourager quelque peu les détenteurs de ces titres, l'Etat soviétique organisait de temps à autre une loterie dont les résultats étaient des plus incertains...

L'avenir de ces titres était couvert de brouillard. Au même moment, comme les citoyens soviétiques étaient constamment à court de trésorerie, on commença à brader ces titres de créance. Qu'importait l'illégalité de ce trafic, pourvu qu'il rapportât des liquidités !

Un retraité du nom de Moché Narodovitch m'en confia un jour un nombre important. Sa petite retraite ne lui permettait pas de vivre et il avait acheté une grande quantité d'obligations à un prix dérisoire dans l'espoir de gagner à la loterie. Mais il craignait de les garder chez lui et il préféra les mettre à l'abri chez moi, tant il était convaincu que la police ne viendrait jamais fouiller mon domicile.

« S'il arrive quoi que ce soit et que la police découvre les titres, vous direz qu'ils m'appartiennent » me dit-il, tout en inscrivant son nom de famille sur l'un d'entre eux.

Mon épouse était plutôt réticente.

« Its'hak, j'ai peur ! disait-elle.

– Pourquoi avoir peur ? Nous n'avons jamais fait trafic de ces obligations. Assurément, personne ne pensera à mettre son nez dans nos affaires. » Avais-je apaisé ses craintes ?

Ce jour-là, quand je retournai à mon appartement sous "bonne" escorte, mes charmants accompagnateurs y mirent une telle pagaille qu'il ne leur fallut guère plus que quelques minutes pour tomber sur les malheureux documents. Quand ils me demandèrent à qui ces titres appartenaient, je leur répondis que j'en étais le propriétaire. Narodovitch était âgé et jamais il n'aurait survécu à un séjour en prison. Pour ma part, je pouvais d'une manière ou d'une autre y échapper, compte tenu de ma réputation d'excellent enseignant.

C'est ainsi que je fus arrêté. C'était la veille de Chavouot. Pendant la nuit, ils retournèrent à l'appartement pour le fouiller à nouveau. Nos enfants étaient en larmes. Guita s'était préparée à cette seconde visite et avait eu le temps de brûler tous les papiers qui auraient pu nous compromettre, de précieuses photos et des lettres qui nous étaient chères...

En prison, on me soumit à des interrogatoires interminables. Avant chaque séance, on me faisait entrer dans une pièce minuscule, de la taille d'une cabine téléphonique et au bout de quelques minutes j'avais l'impression d'étouffer. Je suffoquais au point de me sentir déjà au seuil de la mort... Et, au moment où mes forces m'abandonnaient, ils me sortaient de ce cachot putride pour me conduire auprès de mes inquisiteurs. (Plus tard, j'eus l'occasion de lire dans Soljenitsyne — célèbre auteur russe et opposant du régime communiste qui fut également emprisonné dans les goulags soviétiques — la description qu'il fit de cette forme de torture abominable. C'est à son retour de captivité qu'il entreprit de rapporter par écrit l'expérience de ces nombreuses années passées derrière des barbelés. Son œuvre, aujourd'hui célèbre, a même été couronnée du prix Nobel de la paix.) Jusqu'à ce jour, je ne peux oublier le nom de celui qui menait mon interrogatoire : Starobar. Il hurlait : « Il n'y a pas un endroit où l'on vend des titres de créance que je ne connaisse. Et jamais je ne t'y ai vu ! Dis-moi à qui appartiennent les obligations que nous avons trouvées chez toi ! »

Je répondais : « Elles sont à moi. »

Les interrogatoires étaient un véritable supplice. Les détenus affirmaient avec raison qu'une demi-heure d'interrogatoire valait bien un an d'emprisonnement !

La première fois que je dus répondre à mes inquisiteurs, je fus conduit dans une pièce où se trouvaient déjà cinq hommes qui engagèrent une conversation "amicale" et anodine, sans évoquer une seule fois le sujet des titres de créances pour lesquels j'avais été arrêté :

« Nous savons que tu es un homme religieux. Alors, explique-nous un peu qui est ce D-ieu en qui vous croyez ? Pour les Russes – il existe un D-ieu, pour les Tatars, il y en a un autre et pour les Juifs, un troisième. Et tous crient haut et fort que leur D-ieu est le D-ieu véritable. Comment croire en un tel D-ieu ? Nous menons une guerre féroce contre la religion, nous fermons les églises, les synagogues et, en retour, ce D-ieu ne semble pas réagir. En est-Il capable d'ailleurs ? Et s'il existe, où est-Il ? »

Et changeant de tactique, ils poursuivirent :

« Nous voulons simplement savoir, comprendre. Nous ne portons pas encore notre robe de magistrat. Considère-nous comme des personnes ordinaires, des camarades… Rassure-toi ! Nous n'avons nullement l'intention de rendre compte de ce qui va être dit ici. Allez, prouve-nous que D-ieu existe ! »

Que répondre ? Plutôt me taire ? Evidemment, je craignais qu'ils ne me tendent sournoisement un piège ; ils étaient impatients d'arracher des aveux, un renseignement, un mot. Je savais que l'histoire des titres de créances n'était pas bien grave et que je risquais au grand maximum quelques années d'emprisonnement. Mais la question religieuse était bien plus délicate et dans ce domaine je risquais le pire.

Parmi les enquêteurs, il y avait un Juif. Ce dernier ne disait mot. Je devinais qu'il n'était pas à son aise et déduisais de l'expression de son visage qu'il lui était pénible d'assister à ce petit "jeu" auquel il ne souhaitait pas prendre part. Brisant soudainement son silence, il dit : « Sachez, camarades, que nous ne parviendrons jamais à le convaincre et que cet homme n'a pas non plus la prétention de nous faire changer d'avis sur la question qui nous divise. Allez, laissez tomber. Cet entretien est sans intérêt. » A ces mots, la discussion fut close et moi je pris à cet instant la mesure du danger qui m'avait menacé...

Peu de temps après, l'inquisiteur juif me fit appeler. Il s'appelait Findros. Nous étions seuls et il parlait avec déférence. Je distinguais dans ses propos une certaine franchise. Il voulait m'aider et me demanda en quoi il pouvait se rendre utile.

« Mon épouse est aux abois. Je dois normalement recevoir ma paye à l'école. Pourriez-vous faire en sorte que cet argent lui soit transmis ? » lui demandai-je. Il accepta de bonne grâce et satisfit à ma requête.

Quand Narodovitch eut vent de mon arrestation, il se présenta aussitôt au poste de police et endossa la responsabilité des titres de créances qui m'avaient compromis. Il espérait que cette démarche ferait accélérer ma libération, mais en vérité cela ne fit qu'aggraver la situation. On prétendit que cette affaire était le fait d'une bande de malfaiteurs et qu'elle relevait du crime organisé. Je restai non seulement en prison, mais le malheureux vieillard y fut également conduit. Vous pouvez deviner quelle sorte de sanction les Soviétiques réservaient aux membres d'une organisation mafieuse...

Après une série d'interrogatoires, je passai en jugement. Nous étions en 1951 : la politique intérieure du régime et la répression stalinienne se durcissaient. A l'époque, la propagande antisémite se déchaînait. Je fus condamné à deux ans de prison ferme. Quelque temps avant la fin de ma peine, une amnistie providentielle me permit de retrouver la liberté.

RAV BEN-TSION RACONTE :

Mon père fut arrêté la veille de Chavouot et il sortit de prison le 30 Nissan, deux ans plus tard. Depuis ce jour, le 30 Nissan, il prit l'habitude de se couvrir du talit de son père et de nous bénir, nous ses enfants.

EN PRISON

Pendant toute la période des interrogatoires, je fus reclus en prison. Les conditions de vie y étaient abominables : quarante-trois personnes partageaient la même cellule et s'y entassaient. Deux seaux étaient posés au milieu de la pièce encombrée, pour les besoins. Je me gardais bien de les utiliser pendant la journée et préférais m'en servir la nuit, quand les autres détenus étaient endormis. Deux fois par jour également, nous étions tous conduits aux latrines, à six heures du matin et à six heures du soir, mais pour dix minutes ou un quart d'heure seulement.

Mes compagnons de cellule avaient remarqué que j'évitais ces seaux et décidèrent d'agir de connivence contre ce Juif pétri d'orgueil et empreint de pudeur excessive... Pendant plusieurs jours, quand nous nous rendions aux toilettes, mes codétenus se précipitaient dans les latrines qu'ils occupaient jusqu'à la dernière minute afin de m'en interdire l'accès. Je devais me retenir des heures durant et je ressentais des douleurs terribles au point qu'il me semblait parfois que ma fin était arrivée.

Quelque temps après, j'eus la dysenterie. C'était un Chabbat, le 10 Tamouz 1951 – jour anniversaire de la naissance de ma fille. J'avais procédé à l'ablution des mains et je m'apprêtais à prendre une bouchée de pain en l'honneur du Chabbat quand je découvris qu'il m'était tout simplement impossible d'en avaler la moindre miette. Lorsqu'on nous fit appeler pour la promenade dans la cour de la prison, je suppliai mes geôliers de me permettre de rester dans la cellule. J'étais à bout de force.

Mais cette permission ne me fut pas accordée et à peine avais-je fait deux pas en dehors du cachot, que je m'effondrai sans connaissance.

Je fus rapidement conduit à l'infirmerie de la prison, où je repris peu à peu des forces. Mais la probabilité de s'y rétablir était proportionnelle à celle d'y contracter une autre maladie non moins mortelle. Ceux qui partageaient ma chambre souffraient d'affections graves et contagieuses comme la tuberculose, la syphilis et autres maux tout aussi détestables dont la seule évocation fait déjà trembler. Je me hâtai donc de retourner dans ma cellule.

En prison, on me remit une couverture. Comme je craignais qu'elle ne contienne du *chaatnez*, je restais découvert pendant la nuit. Le froid était pénétrant et je trouvais difficilement le sommeil. Mon voisin de cellule avait reçu une couverture en coton. Je lui demandai de l'échanger contre la mienne, mais le Russe m'interrogea avec surprise : « Pourquoi ? »

Je tentai de lui en expliquer la raison, mais il se mit en fureur : « Il faut vous fusiller, vous autres ! A cause de gens comme vous, nous ne pouvons pas construire le socialisme ! » Sa colère était terrible.

Trois jours plus tard, cet homme fut transféré dans une autre cellule. Avant de quitter notre cachot, il m'aborda avec, en main, la couverture de coton : « Tiens, prends-la ! »

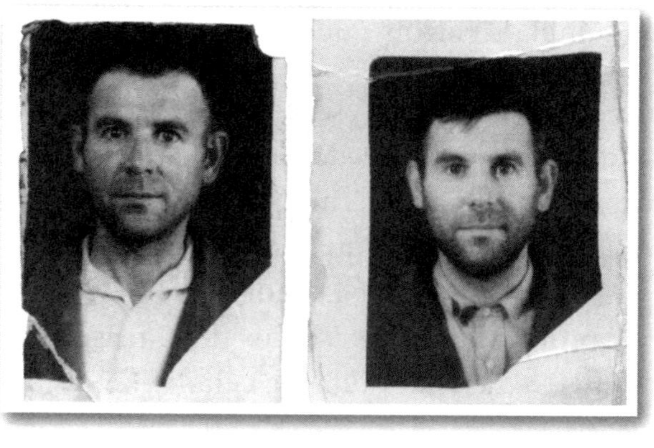

En captivité

Je rencontrai bien d'autres difficultés. Il est interdit de prier à proximité d'une odeur fétide à moins de recouvrir l'endroit d'où provient cette pestilence ou de s'en éloigner de quatre coudées. Pendant la prière, je tentais de couvrir les seaux qui, dans notre cellule, servaient de pots de chambre avec ma veste et mon manteau, mais sans succès. Je n'avais d'autre choix que de trouver dans la pièce surpeuplée un endroit qui soit à une distance de plus de quatre coudées des seaux nauséabonds.

Les prisonniers me tourmentaient sans cesse et se livraient à toutes sortes de divertissements dont j'étais la triste victime. Un jour, on nous distribua des colis qui avaient été envoyés par nos familles. Le gardien de prison nous tendit un crayon pour signer un document attestant de la bonne réception de ces précieux paquets. Quand tous les détenus eurent fini de signer, il nous somma de lui remettre le crayon – mais en vain ! Il avait tout bonnement disparu.

Les détenus commencèrent à s'agiter fébrilement et à fouiller les moindres recoins de la cellule, quand soudain, ils me désignèrent d'une seule voix à la vindicte publique comme étant responsable de ce larcin.

Le geôlier était résolu : « Je vous laisse cinq minutes pour me rendre le crayon – sinon vous ne recevrez plus de colis pendant un mois. » Il attendit. Le règlement pénitentiaire lui interdisait de laisser un quelconque objet dans la cellule. Les recherches se poursuivirent et le crayon fut retrouvé… sur ma paillasse !

Comment les prisonniers avaient-ils réussi à le dissimuler subrepticement dans mes affaires ? Ils maîtrisaient vraisemblablement l'art de la subtilisation… Une chose était sûre : j'échappai par miracle à une sanction disciplinaire, D-ieu m'avait encore une fois sauvé.

Après être passé en jugement, le prisonnier soviétique était transféré dans un camp de travail. Mon transfert était imminent, mais j'en ignorais la destination. C'est le Rav Piontak, "der Touler Rav", l'ancien Rav de Toula, qui, à l'époque, me vint en aide. N'eut été son intervention efficace, qui sait ce qui serait advenu…

Le Rav Piontak entra en contact avec l'un des membres du personnel d'un camp de travaux forcés près de Kazan. Il remua ciel et terre pour m'y faire transférer, mais ses démarches semblaient rester lettre morte. Guita comprit aussitôt ce qu'il convenait de faire et parvint à rassembler une forte somme d'argent qu'elle remit au Rav afin de soudoyer la personne avec laquelle il était en négociation. Peu de temps après, je fus interné dans ce camp, à quelque vingt kilomètres de Kazan.

Guita était nouvelle résidente à Kazan – elle habitait la ville depuis cinq ans à peine et, après mon arrestation, les bavardages allaient bon train : son mari avait été impliqué dans un commerce illicite, activité qu'il n'avait jamais de sa vie envisagée. Elle en était certainement responsable... La précarité financière de leur ménage l'avait incontestablement poussée dans cette sale affaire.

Il me semble que ce fut également grâce au Rav Piontak que ces commérages indélicats prirent fin.

Mon premier Chabbat au camp de travail

Les lettres que j'envoyais à mon épouse pendant ma captivité traduisaient un optimisme béat. Guita avait l'habitude de dire, des années plus tard, qu'une telle correspondance était digne des plus heureux vacanciers qui, de leurs hôtels luxueux et autres lieux de villégiature paradisiaques cherchent à faire partager la féerie de leur séjour. « Je me sens si bien ici. Je vais aux toilettes, dès que j'en ressens le besoin, je travaille toute la journée en pleine nature et je respire à pleine poitrine le bon air vif et piquant, etc., etc. »

A mon arrivée au camp, deux détenus m'abordèrent. L'un deux dit en yiddish : « *A yid* (un Juif) ?

– Oui, répondis-je.

– En quoi puis-je t'être utile ?

– Je ne veux pas travailler le Chabbat.

– Bien, fit-il, vendredi à six heures, tu te rendras à cet endroit et je te ferai parvenir un certificat médical. »

J'étais euphorique. Mais je n'eus guère l'occasion d'utiliser ce certificat pour la simple et bonne raison que ce Chabbat-là, je me retrouvai à l'hôpital.

Mon travail au camp consistait à abattre des arbres. Nous devions charrier d'énormes bûches de bois et les empiler. Pour accéder au sommet de la pile, deux détenus devaient grimper sur une planche étroite et se maintenir en équilibre instable. La pente était raide et j'avançais avec prudence. Mon compagnon de labeur remarqua aussitôt mon appréhension et, au moment où je mis le pied sur la planche étroite, il se mit à danser comme un damné pour me faire peur. Le troisième jour de mon arrivée au camp, il répéta son manège et me fit perdre l'équilibre. Je dégringolai avec la bûche. Heureusement, mes lunettes m'avaient précédé dans ma chute et mes yeux furent épargnés.

Je restais trois semaines à l'hôpital de la prison, ce qui vous donne une idée de la gravité de mes blessures. Ce charmant hospice n'avait que faire des petits maux et n'accueillait que les grands malades. J'ai d'ailleurs gardé des séquelles de cet accident jusqu'à ce jour. J'étais donc alité, couvert de bandages, mais j'étais heureux ! J'étais dispensé de travailler pendant trois Chabbats ! Si j'avais trouvé un million de dollars, je ne sais pas si j'aurais ressenti la même joie...

Mais les trois semaines passèrent et je devais quitter l'hôpital juste avant le Chabbat. Que faire ? Les gardes nous forçaient avec violence à travailler, et ce Chabbat-là je prétendis que ma main était encore douloureuse. Le contremaître consulta le médecin et ce dernier trancha sans hésiter : « Si l'hôpital l'a fait sortir, c'est qu'il peut travailler ! »

Le médecin ayant rendu son verdict, le garde commença à me ruer de coups enragés. Je parvins à lui échapper et me dirigeai vers la rivière qui coulait au milieu du camp. Je me dissimulai dans une barque délaissée qui, parmi de nombreuses autres, ondoyait sur les eaux. Vers midi, alors que les détenus se dirigeaient vers le réfectoire pour le déjeuner, j'entendis un prisonnier dire à son compagnon : « Regarde, quelqu'un est allongé dans une des barques. »

Que faire à présent ? Ils allaient découvrir ma cachette d'un instant à l'autre. J'aperçus soudain un autre groupe de prisonniers qui approchait dangereusement de ma cachette, et parmi eux il y avait Simyon Simyonovitch Lokzaki, le Juif d'Odessa que j'avais rencontré à mon arrivée au camp. Il était encore assez éloigné, mais suffisamment proche pour m'entendre. Je murmurai en yiddish : « Simyon Simyonovitch, détourne leur attention ! »

En réponse, j'entendis une voix forte qui clama : « Au fait, j'ai lu aujourd'hui dans le journal le discours du grand Staline (les prisonniers n'avaient pas le droit d'appeler Staline "camarade") au sujet des problèmes économiques que rencontre la construction du socialisme. Quelle pensée profonde ! Voulez-vous que je vous en fasse la lecture ? »

Qui aurait osé refuser ? Tous arrêtèrent leur marche et Simyon Simyonovitch commença la lecture de l'article tout en ajoutant son propre commentaire. Soudain, je l'entendis dire : « Et comme dit le proverbe latin : « Behalt zich in a zweiten ort ! » Cette maxime "latine" n'était autre que du yiddish et signifiait : « Trouve-toi une autre cachette. »

Il poursuivit sa lecture que tous écoutaient religieusement. Pendant qu'il captait avec talent leur attention, je réussis à me faufiler en silence hors de ma barque. Je parcourus prestement quelque cent mètres et me glissai dans une seconde embarcation. Nous étions au début de l'automne et la pluie ne cessait de tomber. Je restais allongé de longues heures durant sans jamais lever la tête, tant je craignais d'être aperçu.

La journée de travail prit fin. A cinq heures moins le quart – alors que j'étais toujours étendu dans la barque – le hurlement des sirènes se fit entendre pour annoncer le rassemblement. Le silence était total. Non loin de là, les détenus étaient rassemblés pour le dénombrement – il en manquait un. On entama des recherches frénétiques et après quelque quarante-cinq minutes, on découvrit ma cache.

Pendant ce temps, les prisonniers étaient restés debout, sommairement vêtus, sous une pluie battante et froide. Le repas qui les attendait au réfectoire avait refroidi. Quand j'apparus enfin, ils étaient prêts à me mettre en pièces...

« A cause de ce maudit youpin, nous sommes restés sous la pluie comme des piquets à l'attendre, et nous allons manger de la soupe froide ! »

Je tremblais. Et ce n'était que le premier Chabbat ! Qu'allais-je faire les Chabbats suivants ?

Cette même nuit, veille de Roch Hachana, je récitai les *seli'hot*. Je prononçai chaque mot avec une dévotion et une ferveur inégalées, si ce n'est à Stolbichi, alors que j'avançais péniblement dans la neige en risquant l'hypothermie. Ce soir-là, j'implorai le Créateur pour qu'Il me montre le chemin du salut.

Et, à nouveau, j'eus le sentiment d'être entendu. Au terme de ma prière, je sortis de ma baraque et rencontrai Kolka, le responsable de la distribution des tâches. Je lui dis : « Ecoute Kolka ! Je vois que je ne suis pas très efficace avec les bûches. Je voudrais un autre travail.

– Quelle sorte de travail ? me demanda-t-il. »

Simyon Simyonovitch Lokzaki m'avait donné de judicieux conseils à ce sujet. Mais avant de poursuivre mon récit, j'aimerais raconter un peu l'histoire de ce Juif.

Il venait d'Odessa et c'était un communiste fervent, un véritable activiste. A l'époque, le pouvoir soviétique avait imposé la collectivisation forcée dans les campagnes et intimé sans ambages aux masses de se soulever contre les koulaks, ces paysans qui s'étaient farouchement opposés à la socialisation de l'activité agricole et qui avaient saboté les projets staliniens en revendiquant à grand fracas le droit à la propriété privée. Staline n'eut de cesse qu'il n'ait concentré la paysannerie russe dans des kolkhozes, coopératives de production agricole. A partir de 1930, le dictateur lança la "dékoulakisation" – la liquidation des koulaks par la police politique, mais aussi par le peuple lui-même et les militants de base. Les koulaks furent ainsi expulsés de leurs terres, exécutés, incarcérés dans des camps de travail ou déportés en Oural ou en Sibérie. A l'époque, près d'Odessa, plusieurs villages avaient réussi à résister à la collectivisation et Simyon Simyonovitch Lokzaki, en bon militant, quitta les siens pour s'établir dans la région et travailler trois années durant à la collectivisation du district. Il fut nommé ensuite à la tête d'une imprimerie, mais pour avoir fait une erreur dans la gestion financière de l'entreprise, il fut condamné à un an de détention dans un camp de travail. Malgré tout, en captivité, Simyon Simyonovitch ne cessa jamais de croire en la justesse de la cause marxiste-léniniste.

Pourtant, après sa libération, Lokzaki prit l'habitude d'allumer les bougies de 'Hanoucca et commença même à pratiquer un peu. A mon retour de captivité, je gardais un bon contact avec lui. Hélas, son fils épousa une non-juive. La femme de Simyon Simyonovitch souffrit particulièrement de cette malheureuse union et je tentai de la réconforter en lui répétant que tout irait pour le mieux. Le fils était un homme silencieux et calme qui aimait ses enfants et semblait vivre un mariage heureux. La famille qu'il avait fondée semblait l'avoir définitivement enchaîné. Au bout de quelques années, ma bénédiction s'accomplit néanmoins quand, un beau jour, sans crier gare, la non-juive lui demanda le divorce. Finalement, le fils de Lokzaki finit par épouser une Juive.

Contre toute attente, Lokzaki me vint en aide plus d'une fois au camp. Il me répétait sans cesse : « Si tu ne remplis pas ton quota le Chabbat, ce sont les autres prisonniers qui en pâtiront parce que tu les auras mis en retard. Tu dois choisir une corvée que tu peux accomplir seul, sans dépendre de qui que ce soit. La seule qui réponde à cette condition c'est la corvée d'eau (le camp ne disposait pas d'eau courante.) Il en faut pour 3000 personnes. Généralement ceux qui sont de corvée d'eau sont au nombre de cinq. Mais si tu parviens à remplir cette tâche seul, tu pourras alors respecter librement le Chabbat. »

A la question de Kolka, ma réponse fut immédiate : « Je voudrais être de corvée d'eau.

– Et qu'y gagnerai-je ? me demanda-t-il.

– Vingt-cinq roubles » fis-je aussitôt tout en lui tendant quinze roubles comme acompte.

Depuis lors, je pus respecter le Chabbat sans encombre et je restais de corvée d'eau jusqu'à la fin de mon séjour au camp.

11
Au camp de travail

Jours ordinaires et jours de fête

La fête de Roch Hachana tomba exactement une semaine après mon arrivée au camp. Bien que je susse réciter par cœur les prières des jours redoutables, je nourrissais l'espoir de trouver un *makhzor* – un livre des prières des fêtes – afin d'en faire profiter les autres détenus juifs. Vous ne le croirez peut-être pas, mais c'est le secrétaire du parti dans le camp, le Juif Vichnev, qui me le fit parvenir !

J'avais appris à le connaître et, outre ses convictions et son éducation communistes, j'avais découvert un homme de vertu dont la sincérité avait quelque chose d'héroïque. Dans le secret de son bureau, à l'abri des regards indiscrets, nous abordions différents sujets, parmi lesquels celui de Staline. A l'époque, le « fils du peuple » était adulé et perçu par les masses comme « un guide infaillible », doté de qualités supérieures et d'une vision quasi prophétique. Quiconque osait formuler une objection à ces certitudes risquait de s'attirer les foudres populaires. Je tentais malgré tout de prouver à Vichnev que bien au contraire, le dictateur soviétique ne possédait aucun pouvoir divinatoire.

Le secrétaire du parti de notre prison expliquait pour sa part (et excusait peut-être) l'antisémitisme soviétique de la manière suivante : « Un père avait deux garçons. Le premier travaillait dur et assumait avec courage ses responsabilités. Quant au second, il trouvait toujours une occasion de se soustraire à son devoir et préférait l'oisiveté. Quand arriva le jour de fête, qui fit-on asseoir en tête de table ? L'oisif ou le travailleur ? Le peuple russe construit le socialisme – tandis que le peuple juif s'y dérobe constamment et consacre ses talents au commerce ou à la science. »

Quoi qu'il en soit, cet homme était apprécié pour ses qualités humaines, et c'est la raison pour laquelle je lui demandai un jour, avec une franchise quelque peu brutale : « Si je vous donne une adresse pour me ramener un livre, me rendriez-vous ce service ?

– Pourquoi pas, répondit-il. »

Et c'est ce qu'il fit. Outre le *makhzor*, il me transmit également un recueil de *michnayiot*, un *Tanakh* (livre de la Bible), et même une *Haggada* de poche. En me remettant ces ouvrages prohibés, il fit cette demande impérative : « Même si l'on vous menace de vous mettre en pièces, ne révélez jamais l'identité de la personne qui vous les a fournis ! »

De nombreuses années plus tard, je rencontrai le fils de Vichnev. C'était en 1992. Je dirigeais alors un *Seder* de Pessa'h dans une *yechiva* de Moscou. Vers la fin de la soirée, je racontai aux personnes présentes comment j'avais passé le *Seder* au camp de travail. Je mentionnai entre autres le nom de Vichnev, et ce n'était certainement pas le fait du hasard... Parmi ceux qui assistèrent à ce *Seder*, il y avait un couple originaire de Kazan. De retour dans leur ville, ils contactèrent le fils de Vichnev et lui rapportèrent ce qu'ils avaient appris lors de cette fameuse nuit de Pessa'h à Moscou. Celui-ci se rendit aussitôt dans la capitale pour me connaître. Il me tendit les bras, m'embrassa et évoqua avec émotion le souvenir de son père défunt : « J'avais à peine cinq ans, mais je me rappelle encore comment mon père nous racontait avec admiration et un profond respect qu'au camp, il y avait un Juif qui ne travaillait pas le Chabbat. »

Je profitais de mon séjour en Russie pour l'initier un peu aux écrits de la Torah. Il buvait mes paroles et écoutait ces leçons informelles avec attention et admiration. Je lui enseignai également le *kaddich*, prière qu'il ne manqua pas, depuis lors, de réciter pour ses parents décédés.

Vichnev avait certainement acquis un certain mérite dans les sphères célestes...

Quelques années plus tard, je reçus un coup de téléphone de Yossef Vichnev : il devait subir une intervention assez délicate et me demandait de prier pour lui. Peut-être que mes tribulations dans le camp de travail n'avaient-elles servi qu'à ce que le fils de Vichnev sollicite un jour mes prières...

Je disposais donc pour Roch Hachana d'un *ma'hzor*. Le premier jour de fête, nous organisâmes un office. Nous récitâmes les prières à voix basse, dans la plus grande discrétion. Peu de temps après, un incendie se déclara dans le camp. Les flammes se propageaient à vive allure, dévorant avec fureur les baraques en bois. De toutes parts s'élevait une fumée épaisse, provoquant une confusion indescriptible dans le camp. On voyait passer, criant de peur, prisonniers et gardiens emportés par un vent de panique. On entendait çà et là des ordres lancés d'une voix discordante, qu'étouffait le tumulte. Les sentinelles se chargèrent sans autre considération de placer les bagnards en lieu sûr et d'éviter que ceux-ci ne profitent du formidable désordre pour prendre la poudre d'escampette. On nous entassa dans une masure cernée par la fumée, qui fut fermée à double tour tandis que le feu continuait à se répandre.

Nous étions à l'agonie. Nous murmurions les versets pathétiques de la prière de Roch Hachana – *Ounétané Tokef* – que nous venions à peine de conclure et que nous inspirait le spectacle effroyable du brasier qui nous encerclait. « Tu as donné un *Tokef* – une vigueur – à ce jour redoutable et menaçant. A Roch Hachana vous êtes inscrits. Qui vivra et qui mourra ? Qui dans sa vieillesse et qui dans sa jeunesse ? Qui par l'eau et qui par le feu...» La clôture qui entourait le camp et un certain nombre de baraquements étaient déjà totalement calcinés. Les bâtiments de la direction étaient en proie aux flammes et l'on comptait déjà de très nombreuses victimes.

Grâce à D-ieu, je restai en vie bien que l'on annonça trop hâtivement à mon épouse que je faisais partie des personnes disparues...

A Yom Kippour, je réunis un plus grand nombre de Juifs. Nous attendîmes que les détenus quittent leurs quartiers avant d'élever nos voix en prières – prières que nous interrompions aussitôt que quelqu'un entrait dans la baraque, de sorte que notre office fut entrecoupé de silences. La "cérémonie" dura une demi-heure, voire une heure tout au plus. Il était évidemment hors de question de prier toute la journée dans un camp de travail soviétique, mais il nous fut toutefois possible de nous rendre à nos postes respectifs avec un petit retard.

Je tentai de convaincre les prisonniers juifs de l'importance de ce jour et de l'interdiction absolue de manger ou de travailler même dans une situation comme la nôtre, où nous étions littéralement réduits en esclavage. La veille de Kippour, j'organisai même des *kapparot* avec le peu d'argent dont nous disposions. Chacun des Juifs parvint à se libérer quelques minutes pour procéder à cette belle coutume.

A la fin du jeûne, un des détenus me dit : « Ecoute Its'hak, j'ai une question à te poser. Tu nous as dit qu'il est interdit de travailler le jour de Kippour, mais qu'en est-il de la cigarette ? Bien que tu ne nous aies pas précisé s'il était interdit de fumer ou non, j'ai tout de même choisi de m'en abstenir...»

L'ignorance de ces Juifs en matière de judaïsme était effarante ! Et cet homme avait été dans le passé un responsable syndical de grande renommée...

Sofa Tragger raconte :

J'ai entendu cette histoire de la bouche même du Rav Zilber.

Mon père, Reb Chmouel Bestchinski, est resté dix ans en prison pour avoir aidé des Juifs soviétiques à traverser illégalement la frontière polonaise, en passant par Lvov. Une fois en Pologne, les Juifs pouvaient librement se rendre en Israël ou ailleurs. Quand ils arrivaient à Lvov, ils se faisaient enregistrer comme des « proches parents » (Ndt : afin de bénéficier du droit au regroupement familial) de Juifs qui possédaient la citoyenneté polonaise. Un délateur informa les autorités soviétiques de ce « trafic », et toutes les personnes qui de près ou de loin y étaient impliquées furent arrêtées. Mon père fut déclaré coupable de haute trahison – selon l'article 58 – et « expia sa faute » en purgeant une lourde peine. Ce n'est qu'à la mort de Staline qu'il bénéficia d'une amnistie.

En prison, mon père ne consomma aucun aliment cuit – évidemment. Mais il s'abstint également de manger du pain en tranches, parce qu'il était coupé avec une lame qui avait très certainement servi à d'autres aliments interdits. Ses codétenus, pour la plupart des malfaiteurs de la pire espèce, le respectaient pour n'avoir jamais renoncé à ses principes, et pour cette raison, ils lui laissaient l'honneur de couper le premier, avec son propre couteau, les miches de pain qu'ils recevaient.

Après le décès de mon père en Israël, pendant les sept jours de deuil, nous reçûmes la visite du Rav Zilber qui venait nous présenter ses condoléances. A cette occasion, il nous rapporta une anecdote inédite. En captivité, mon père avait connu une certaine période de répit. La nuit, il devait allumer les chaudières pour chauffer l'eau à l'usage des prisonniers le lendemain matin. Cette fonction le dispensait de loger dans la même baraque que les autres, ce qui lui permettait notamment de faire discrètement la prière du matin. Hélas, un des détenus qui travaillait avec lui ne cessait de l'importuner de la manière la plus odieuse. Avant Kippour, mon père décida de lui parler avec franchise : « Ecoute, demain c'est un jour spécial, et je te prie de me laisser tranquille. Si tu fais l'effort de ne pas me tourmenter, je te payerai avec les moyens dont je dispose. »

L'autre demanda : « Quel jour est-ce donc ?

– Yom Kippour. Moi je vais prier et toi tu vas te tenir tranquille.

– Quand ce jour commence-t-il ?

– Demain soir. »

Le lendemain soir, le scélérat apparut. Rempli d'appréhensions, mon père commença sa prière, dans un coin de la pièce, sans faire cas de la présence de l'autre détenu. Advienne que pourra… Jusqu'aux derniers jours de sa vie, mon père ne s'est jamais assis pendant toute la journée de Kippour ! Le criminel se tint à l'opposé, immobile, sans quitter un seul instant son poste. Peut-être priait-il également ou montait-il la garde pour que personne ne vienne importuner mon père en prières… Depuis ce jour, il se garda de le provoquer, et chaque Yom Kippour, jusqu'au jour de sa libération, mon père bénéficia de sa fidèle surveillance…

Je parvins donc à réunir des Juifs pour les offices de Kippour. Hélas, tout au long de ma captivité, nous ne sommes jamais parvenus à rassembler un *minyan*, même le jour du *yahrzeit* de mon père. Certains Juifs ne savaient pas prier et restaient silencieux – mais aucun d'entre eux n'était un délateur.

Je m'efforçais toujours d'accomplir tous les commandements de la manière la plus stricte, bien que cela ne fût pas toujours possible. Pour la fête de Souccot par exemple, je ne pus me procurer les quatre espèces ni même construire une soucca. D'après la loi juive, s'il nous est impossible d'accomplir une certaine *mitsva*, nous en sommes dispensés – à condition d'avoir fait tous les efforts pour y parvenir. Cette injonction de la Loi juive me concernait également, malgré les conditions extrêmes de ma détention.

C'est pourquoi je priais toujours à l'heure – avant de me rendre au travail. Je me rappelle ce jour où je fus convoqué chez le directeur du camp. J'étais en pleine prière de *chemoné essré* et je restai figé malgré les appels qui se faisaient toujours plus pressants et auxquels se substituèrent rapidement des hurlements de rage.

Un prisonnier qui était présent eut cette phrase : « Même si vous menacez de le tuer, il ne quittera pas sa place. »

Les gardiens durent se résigner et attendre que je finisse ma prière...

LES TEFILLIN

J'avais demandé à mon épouse de me dénicher des *tefillin* minuscules. Un jour d'octobre, elle vint me rendre visite au camp avec les enfants. Les gardiens m'autorisèrent à prendre ma fille de quatre ans, Sarah, dans les bras. Trois geôliers surveillaient nos moindres gestes avec une sérieuse vigilance. Nous avions convenu que les phylactères seraient dissimulés dans les chaussures de Sarah – dans la première, les *tefillin* de la tête et dans la seconde, celles du bras. J'installai ma fille sur mes genoux, ouvris délicatement ses chaussures et fis discrètement glisser les *tefillin* dans mes bottes qui étaient assez larges.

Après cette visite, les surveillants me soumirent à la fouille réglementaire. Grâce à D-ieu, les *tefillin* échappèrent à leurs griffes.

Il me fallut ensuite trouver un endroit pour cacher ce fabuleux trésor. Après quelques heures de recherche, je découvris une baraque au fond de laquelle on avait entassé de vieilles chaussures usées, près du mur. L'espace était assez étroit – trente ou quarante centimètres à peine – et était recouvert d'un rideau. Je me dis : « Cette baraque m'a été spécialement préparée par D-ieu ! »

Je m'adressai au responsable du baraquement et lui dis : « Mikhaël Ivanovitz, j'aimerais loger dans ta baraque. »

J'obtins la réponse traditionnelle : « Qu'y gagnerai-je ? »

Je répondis tout de suite : « Tu es chargé d'en laver le sol et d'apporter matin et soir six seaux d'eau chaude. Je me chargerai des seaux et te donnerai un coup de main pour le ménage. »

Le marché fut aussitôt conclu.

Je disposais enfin d'une bonne cachette pour mes *sefarim*, que je dissimulai sous la pile de chaussures, derrière le rideau. Mais je renonçai à y laisser les précieux *tefillin*, craignant que les responsables du camp décident subitement de nettoyer la baraque. Tôt le matin, je mettais les *tefillin* et les camouflais ensuite dans la poche de mon manteau, que je confiais à la consigne jusqu'au lendemain matin, vers cinq heures et demie. Les détenus y déposaient des objets de valeur qui, s'ils n'étaient pas laissés sous bonne garde, étaient aussitôt ravis. Pendant les deux années de détention que je passais au camp, je restais, été comme hiver, en veste et laissais mon manteau à la loge. Le froid pénétrant atteignait les vingt, vingt-cinq, et parfois même, trente-cinq degrés en dessous de zéro ! Il arrivait que mes mains et mes oreilles gèlent littéralement, mais jamais je ne tombai malade. Que pouvaient penser les responsables de la consigne devant cette attitude des plus singulières ? Je ne m'en inquiétais guère...

La N.O.T.

N.O.T. – ces initiales désignaient en Russie soviétique la « nouvelle organisation du travail ». Bien que je ne sois pas expert en la matière, au camp, je dus recourir à des considérations productivistes.

Pendant deux ans, j'allais chercher l'eau à la rivière. En hiver, une épaisse couche de glace recouvrait la Kazanka et je devais puiser l'eau dans les crevasses qui s'y formaient. Lokzaki m'avait très justement mis en garde : cette corvée nécessitait cinq personnes ! Je m'efforçais malgré tout de l'accomplir seul, car cette autonomie me permettait de respecter le Chabbat. Le vendredi, je tâchais d'approvisionner le camp avec une quantité d'eau qui satisfasse les besoins des détenus jusqu'au lendemain midi. Et le Chabbat, je sollicitais l'aide des prisonniers qui, pour 30 ou 40 roubles – ou un quignon de pain – acceptaient de me remplacer jusqu'au soir. L'argent dont je disposais pour acheter les services de mes codétenus, je le devais à ma sainte épouse, qui parvenait toujours à me transmettre ce précieux viatique.

Maïmonide (*Hilkhot Talmud Torah* 1,5) enseigne : « Tout Juif a l'obligation d'étudier la Torah, qu'il soit pauvre ou riche, sain de corps ou souffrant, qu'il soit jeune ou âgé. Si ses forces l'abandonnent, s'il est pauvre, s'il vit de la charité et mendie (...) il doit fixer des moments d'étude aussi bien le jour que la nuit, parce qu'il est écrit : "Et tu l'étudieras le jour et la nuit." Jusqu'à quel âge ? – "Tous les jours de sa vie." »

Les grands Sages de notre peuple, dont les commentaires remplissent les pages du Talmud, gagnaient leur vie à la sueur de leur front. Qu'ils aient été porteurs d'eau ou bûcherons, ils n'ont jamais cessé d'étudier la Torah.

Au camp, je m'efforçais également de trouver du temps pour étudier – mais comment trouver un moment de libre ? Je n'avais ni repos ni cesse. De cinq heures et demie du matin jusqu'à sept heures et demie du soir, je portais mes seaux, de la rivière au camp, jusqu'à l'épuisement. Le soir, je regagnais ma baraque, après une journée d'esclavage dans un état d'exténuation extrême. Quand aurais-je pu étudier ?

Le parcours de la rivière au camp me prenait environ une heure. Je décidai d'accélérer la cadence et de porter mes seaux au pas de course, ce qui me permettait de gagner quinze précieuses minutes ! Pendant ce quart d'heure, je retournais à mon baraquement, me dissimulais derrière le rideau et me plongeais dans l'étude de la Torah, pour retourner ensuite à la rivière, en courant. Et dire que l'effort physique associé à l'activité intellectuelle est bénéfique...

Je fournissais chaque jour quatorze heures de travail et je parvins à consacrer plus de trois heures quotidiennes à l'étude de la Torah, grâce à ma nouvelle organisation du travail... Aujourd'hui, hélas, il m'est impossible de réserver autant de temps à l'étude ! C'est au camp que j'appris par cœur les traités de la *michna* de *Roch Hachana*, de *Yoma* et d'autres encore. Ce legs de ces années passées en captivité, j'en ai aujourd'hui la jouissance, puisque je suis encore capable de réciter de nombreux passages de ces textes étudiés à la dérobée. Je profitais pleinement de ces furtifs quarts d'heure. Le traité de *Kinim*, par exemple, m'avait été jusque-là particulièrement abscons. C'est en prison que j'en acquis une compréhension totale.

La baraque était éclairée par une ampoule de quarante watts seulement. Les rayons de jour parvenaient difficilement à percer l'épaisse couche de glace qui recouvrait l'unique fenêtre. Et le rideau derrière lequel j'avais pris l'habitude de me cloîtrer ne laissait pas non plus passer la lumière. Pendant un certain temps, cette lecture dans la pénombre me fut insupportable, mais je m'y habituai peu à peu. Aujourd'hui, je me plais à éteindre la lumière en présence de mes élèves, à recouvrir ma tête de mon *talit* et à poursuivre la lecture du Talmud, comme si de rien n'était, devant les regards ébahis de mon public...

Le surveillant général tatar était on ne peut plus satisfait de mon travail ; j'apportais non seulement l'eau au camp, mais je dégageais également la neige et la glace des allées et autres parties communes. En général, je m'efforçais de satisfaire ses moindres désirs. C'était un homme intègre et nos rapports étaient courtois et sincères. Un jour, je lui confiai : « Je ferai tout ce que vous me demandez, mais à Pessa'h, permettez-moi de chômer pendant deux jours. » Le marché fut conclu.

Je tentais de faire de même avec le responsable de mon baraquement et lui demandai de me dispenser le Chabbat et à Pessa'h du lavage des sols et de la corvée d'eau. Mais sa réaction fut particulièrement déplaisante. Pendant Pessa'h, le surveillant général se rendit dans nos quartiers. Le responsable du baraquement qui, certainement, nourrissait une vieille haine à mon encontre, eut un regard où perçait une pointe de cruauté : « Allez, viens m'aider à laver le sol ! » fit-il sournoisement.

Je lui rappelai les termes de notre accord : « Nous avons convenu qu'aujourd'hui je ne laverais pas le sol. »

Il s'adressa alors au Tatar : « Voyez, nous autres n'avons pas de fête aujourd'hui. Mais Zilber, lui, il est en fête et refuse de travailler. »

Le surveillant général, impassible, répondit : « Oui, nous n'avons pas de fête aujourd'hui, mais lui, il en a une. Il m'en a d'ailleurs touché quelques mots et s'est arrangé pour avancer son travail. Aujourd'hui, il a le droit de se reposer. »

La discussion était close. Je restai encore longtemps dans cette baraque et y accomplis fidèlement mes tâches, mais n'adressais plus la parole au traître qui en était responsable.

GUYNOLIN – LE NOUVEAU SURVEILLANT GÉNÉRAL

Tout allait pour le mieux jusqu'au jour où le surveillant général tatar, lui-même détenu, retrouva la liberté. Il fut remplacé par Guynolin, un homme des plus détestables. Je remplissais mes quotas, jamais le camp ne manquait d'eau à la satisfaction de tous, mais un jour, le nouveau surveillant général, découvrant que je ne travaillais pas le Chabbat et ne pouvant tolérer un tel écart de conduite, se mit à multiplier brimades et vexations à mon égard.

Une de mes tâches consistait à laver le sol des salles d'eau. Le Chabbat, je requerrais les services d'un autre détenu qui acceptait contre payement de me remplacer. Un Chabbat, vers neuf heures du matin, Guynolin entra dans une des salles d'eau que mon suppléant venait de nettoyer avec zèle. Tout en désignant le sol encore humide, l'odieux personnage brailla : « C'est sale ici ! » tout en me sommant de lessiver à nouveau le plancher. Je trouvai grâce à D-ieu un volontaire qui le fit à ma place.

Trois heures plus tard, vers midi, Guynolin fit à nouveau irruption et répéta son petit manège : « Le sol est sale ! Il faut le laver ! »

Et, encore une fois, je sollicitai l'aide d'un détenu.

Trois heures plus tard, la scène se renouvela.

Vers cinq heures, quand Guynolin vint à nouveau faire ses réclamations, je ne trouvai personne pour me remplacer. Que faire ?

Il y avait au camp un vieux Russe de près de soixante-dix ans. A la différence des autres prisonniers, il était croyant et plein de bonnes qualités. Il était alité, malade et infirme. Je le suppliai : « Je vous en prie. Sauvez-moi. Vous savez que je ne travaille pas le Chabbat, mais le nouveau surveillant général n'a de cesse que je ne profane ce saint jour. Si vous acceptez de laver le sol à ma place, je vous donnerai tout ce que vous désirez. »

Malgré son état de santé déplorable, le vieillard quitta son lit et nettoya la salle d'eau.

Une nuit de Chabbat, vers minuit, je fus brusquement réveillé. Guynolin se tenait là avec un autre détenu qui portait deux bêches.

« Zilber, tu dors encore alors que demain matin nous recevons la visite d'une commission d'inspection ? Nous attendons le ministre de l'Intérieur en personne ! Le camp est jonché de détritus, il faut tout de suite y remédier. Vous allez vous en charger tous les deux et me nettoyer tout ça jusqu'à demain matin six heures ! »

Que pouvais-je répondre ? J'avais pour principe de ne jamais discuter un ordre. Je m'habillai et sortis de la baraque. Dehors, le froid était paralysant, atteignant les trente degrés en dessous de zéro. Une tempête de neige faisait rage et les flocons aiguisés giflaient nos visages. L'autre détenu portait les bêches et moi j'essayais de gagner du temps. Mes gestes étaient lents et indolents – ce qui, pour moi, était plutôt contre nature. J'espérais que Guynolin se lasserait de marcher dans le froid et nous laisserait seuls. Nous nous rendîmes à l'emplacement que nous devions déblayer et le surveillant général, tout en pointant du doigt les détritus qui couvraient le sol, donna ses directives.

« D'accord ! » dis-je tout en ajustant nonchalamment mon chapeau sur mon crâne et en agrafant avec la même nonchalance les boutons de ma veste. Il faisait froid tout de même, il fallait bien se couvrir… Je fis mine ensuite de chercher mes gants. Je trouvai le premier et l'enfilai mollement. Mais où avais-je bien pu cacher le deuxième…

La tempête se déchaînait et Guynolin, tel un lion en cage, tournait en rond en murmurant : « Il faut finir le travail avant six heures… » Au bout de vingt longues minutes, il s'en fut.

Profitant de son absence, je dis à mon partenaire de corvée : « Je te payerai ce que tu voudras, mais je t'en prie, fais ce travail seul. »

Il accepta et moi je retournai à la baraque.

Evidemment, il s'avéra le lendemain que toute l'affaire n'avait été que pure invention. Nous ne reçûmes la visite d'aucun ministre, ni même celle d'un quelconque sous-fifre. Guynolin avait, une nouvelle fois, ourdi cette petite machination contre moi.

Peu de temps après, il découvrit le secret de mes lectures derrière le rideau. Lors d'une réunion des membres de la direction, Guynolin dut rendre compte de l'état de propreté du camp et de la qualité de l'approvisionnement en eau. « En ce qui concerne l'eau et le nettoyage, fit-il, il n'y a rien à redire – outre le fait que Zilber refuse de travailler le samedi. »

A ses mots, les personnes réunies piquèrent aussitôt une colère noire : « Qu'est-ce qu'il croit, ce Zilber ? Il se croit en Amérique, en Israël ou dans une prison soviétique ? Qu'est-ce que cela veut dire qu'il ne travaille pas ? Alors, que fait-il ? »

Guynolin, crachant prudemment son venin, poursuivit : « J'ai entendu dire qu'il lit toutes sortes de livres. »

Cela ne faisait aucun doute. La situation était grave et je risquais le pire. Mais je bénéficiai à nouveau d'un véritable miracle. Deux Oudmourtes – issus de la république éponyme – s'approchèrent de Guynolin et l'empoignèrent au collet. Ces colosses avaient déjà passé de très nombreuses années en prison. J'ignorais les raisons de leur détention et je n'avais de ma vie rencontré des personnages aussi menaçants ! Ces crapules m'avaient toujours fait souffrir et ne cessaient de me causer du tourment, mais ce jour-là, ils s'en prirent à Guynolin et le menacèrent en ces termes : « Cela fait combien de temps que tu es dans ce camp ? Trois ans ? Nous, ça fait déjà sept ans, et pendant sept ans nous avons souffert le martyre à cause de l'eau. Les problèmes et les bagarres n'en finissaient pas jusqu'à ce que Zilber soit de corvée d'eau. Depuis, tout va pour le mieux, ça roule ! Si tu continues à discuter, on t'étrangle sur place ! Et même si on nous ajoute cinq ans de prison – cela nous est complètement égal ! »

Personne n'osa s'interposer ni même contredire les deux gangsters, tant leurs menaces semblaient sérieuses… Guynolin était sous le choc et depuis ce jour, l'affaire du Chabbat fut définitivement classée.

Le grand changement

Comme vous pouvez l'imaginer, il est difficile de dire que l'ambiance du camp ait été fraternelle et sympathique… Nombreux furent les détenus qui se faisaient un malin plaisir de me tourmenter. L'un d'entre eux me rendit la vie particulièrement amère. Cet homme s'appelait Ouvarov. Ne pouvant plus supporter ses facéties diaboliques, j'étais au désespoir.

L'homme avait la quarantaine et n'en était pas à sa première détention. Je ne connaissais rien de son passé, et j'ignore pourquoi il mit tant de zèle à me faire souffrir...

Un jour, il découvrit l'importance que j'attachais à l'abri que je m'étais fait derrière le rideau. Ouvarov s'empressa de briser la tringle en bois qui le soutenait, me privant de cet oxygène salutaire que je retirais de l'étude et de la prière, et m'ôtant littéralement la vie.

Ouvarov était chargé des petites réparations dans le camp. Quand je lui confiais des outils à réparer, il se hâtait d'en faire part à la direction : « Voyez, ces outils ont été confiés à Zilber, mais il les a traités avec négligence et les a brisés. » Parfois il endommageait lui-même les balais dont j'avais la charge et en jetait les morceaux sur les toits des baraquements tout en m'accusant d'avoir détérioré le matériel. Cet homme cherchait la moindre occasion pour me nuire et m'affliger.

Mais, un vendredi, il me fit une proposition des plus surprenantes : « Ecoute, tous les Chabbats tu cherches à te faire remplacer pour la corvée d'eau. A partir d'aujourd'hui, c'est moi qui m'en chargerai ! »

A ma grande surprise, Ouvarov tint promesse, et cela jusqu'au jour de sa libération. Désormais, chaque Chabbat, je n'avais plus besoin de trouver des volontaires pour me suppléer. Pas un seul Chabbat il ne manqua d'apporter l'eau ni de laver le sol. Quant à moi, j'avais l'esprit tranquille et me contentais de le rémunérer pour son travail.

Que s'était-il passé ? Je n'osai guère l'interroger à ce sujet, mais il avait éveillé la curiosité des autres détenus. A leurs questions pressantes, il répondit qu'il avait eu un rêve au cours duquel un homme lui était apparu et l'aurait averti d'un malheur imminent. S'il voulait y échapper, il devait changer son attitude vis-à-vis du prisonnier Zilber et plutôt que de le martyriser, il se devait de lui offrir son aide…

Le rêve lui fit une impression si forte, qu'Ouvarov alla même jusqu'au sacrifice pour honorer la promesse qu'il m'avait faite. Les détenus devaient être vaccinés ; mais ce vétéran des prisons russes, redoutant ces séances de vaccinations, refusa avec obstination de s'y soumettre. Les gardiens cherchèrent d'abord à le convaincre, mais devant sa détermination, ils commencèrent à crier, à l'insulter et le menacèrent même de le jeter au cachot. Mais Ouvarov, avec opiniâtreté, campa sur ses positions…

Quand on eut presque fini de vacciner tous les détenus, Ouvarov se présenta soudain et dit : « Bon d'accord, vaccinez-moi. »

Les prisonniers étaient interdits. Pourquoi avait-il si subitement changé d'avis ?

« Je me suis rappelé que demain, c'est Chabbat. »

Quel rapport y avait-il entre Chabbat et le vaccin ? En vérité, il ne voulait pas passer le Chabbat au cachot et manquer ainsi à sa promesse. Il préféra donc subir la vaccination tant redoutée…

Ils avaient tous pris l'habitude de le surnommer « Fedka », un sobriquet plutôt enfantin, bien qu'il eut déjà dépassé la quarantaine. Il en était d'ailleurs à sa septième détention ! Ouvarov était particulièrement sagace, il avait une grande compréhension de la nature humaine, des rapports entre les hommes et du monde en général. Il parlait avec aise sur n'importe quel sujet.

A Pessa'h, je lui vendis mon *'hamets*. Je lui remis toutes mes biscottes et celles des autres Juifs en lui expliquant : « Nous n'avons pas le droit de manger du pain pendant huit jours. Nous te vendons tout ce qu'il nous reste, et toi tu dois me donner une avance de payement. »

Comme il n'avait pas d'argent, je lui tendis un demi-rouble qu'il me remit en tant qu'avance. Notre *'hamets* fut vendu dans les règles de l'art. Assurément, ce marché était fort avantageux pour Ouvarov, qui récupérait pendant une semaine les rations de pain de quelque quinze détenus...

Pendant près de six mois, je bénéficiai de son aide précieuse – jusqu'à sa sortie de prison.

Zilber est-il un fourbe ?

Les prisons russes n'hébergeaient pas uniquement des adultes. On y trouvait aussi des adolescents de douze, quinze ans que l'on appelait les « jeunes enfants ». Ces êtres misérables avaient l'agressivité des bêtes féroces et traînaient leur désespoir en jetant avec rage des éclats de verre sur les personnes qui passaient à proximité. Chaque fois que je devais m'approcher de leur baraquement avec mes seaux, je tremblais et priais le Créateur pour qu'ils m'épargnent.

Je réussis malgré tout à tisser des liens avec quelques-uns d'entre eux. J'enseignai les mathématiques aux plus âgés et m'efforçais de ramener la paix entre ces adolescents farouches et leurs parents désespérés. Malheureusement, je n'avais que peu de temps à leur consacrer – généralement le soir, après une journée de travail éreintant.

En captivité, j'entretenais de bons rapports avec les détenus et m'évertuais à me montrer ouvert, aimable et affable, à l'égard de tous les prisonniers – à l'exception de deux d'entre eux, auxquels je n'adressais pas la parole. Le premier était russe. Avant la prison, il avait tenu un poste de direction dans une entreprise d'Odessa, du nom d'"André Marty". Sous l'occupation nazie, il avait continué à y travailler. Plus d'une fois, il chercha à engager la conversation pour expliquer ses actes, mais je n'étais guère disposé à parler avec un homme qui avait collaboré avec le régime honni. Le deuxième était Juif. Il avait été expert-comptable à l'université de Kazan. Il avait toujours méprisé les Juifs et ne cessait de les dénigrer : « Ces prétendus *tsaddikim* – ce sont tous des fourbes ! Ils font semblant de pratiquer la religion ! »

Il disait par exemple : « Il est interdit aux Juifs de consommer de la viande abattue par un non-juif. Mais aujourd'hui, il est impossible de trouver un *cho'het* juif en URSS ! Qui oserait braver le danger et s'occuper d'abattage rituel en Russie soviétique ? Et voilà que les religieux mangent de la viande malgré tout ! Ces hypocrites, ils cherchent tous à nous duper, ils mangent de la viande non casher et se prétendent religieux ! »

Pétri de suffisance, cet homme avait ces mêmes mots au sujet du respect du Chabbat et des autres commandements. Par souci de "franchise" et "d'honnêteté", il se donna pour mission d'empêcher les prisonniers juifs de pratiquer clandestinement leur religion. Je voyais en lui un traître de la pire espèce.

Un jour, pendant la pause, ce Juif était assis avec ses compagnons de corvée, parmi lesquels se trouvait Azat, un dangereux tricheur aux cartes. Un de ses adversaires au jeu le traita un jour d'escroc. En réponse, Azat lui brisa le crâne avec une bêche !

Et voilà que le comptable de Kazan souleva une discussion animée sur un sujet qui lui était cher : les Juifs. Au même instant, je passais à côté du groupe avec mes seaux et j'entendis des bribes de leur conversation. Un des détenus, cherchant à contester les arguments du comptable juif, rétorqua :

« Et qu'en est-il de Zilber ? Il ne donne pas l'impression d'être un fourbe !

– Il est tout aussi hypocrite ! Cela ne fait pas l'ombre d'un doute ! clama le traître.

– Il n'en a pas l'air.

– Ah, vous prétendez que Zilber est honnête ? Sachez que d'après la loi juive, il est interdit de se raser au rasoir. Or voyez : Zilber ne porte pas de barbe ! »

Je m'étais déjà éloigné et ne pus entendre la réponse de ses interlocuteurs. Mais j'appris plus tard, qu'un des membres du groupe expliqua au comptable que je me taillais la barbe avec un rasoir électrique et qu'il en avait été personnellement témoin.

Je passais une seconde fois avec mes seaux et j'entendis : « De toute façon, c'est aussi un hypocrite ! »

Et ses auditeurs de demander : « Mais en quoi ? »

C'est alors qu'il commença à leur parler de la fête de Pessa'h, et à leur expliquer l'interdit de consommer du pain, etc. A ces mots, je frémis. Une des raisons pour lesquelles il nous était relativement possible de pratiquer la religion en prison tenait précisément à l'ignorance des Russes en matière de judaïsme. Or voici que cet impie leur expliquait le détail de nos lois...

Un vieux tatar, qui participait à la discussion, dit : « A Pessa'h, nous l'avons vu, ainsi qu'un autre Juif, manger un truc blanc, de la *matsa* certainement. »

Puis j'entendis dire : « Il est sournois, c'est indubitable. »

– Pourquoi est-ce indubitable ? lancèrent les autres.

– Qu'en est-il de Chabbat, hein ? Le Chabbat, il est interdit de travailler. »

Les prisonniers expliquèrent alors au comptable que le Chabbat je ne faisais aucun travail et que je demandais à d'autres de me remplacer. Le Juif se mit à rire : « Vous êtes tellement naïfs ! Qu'est-ce que vous en dites, vous ? Combien de temps pourra-t-il jouer à ce petit jeu ? Les autres accepteront de le remplacer pour un Chabbat, peut-être même un deuxième, mais après ? »

A ce moment, Azat, le tricheur invétéré bondit et donna un violent coup de poing dans le banc sur lequel ils étaient assis. « Non, non ! Nous ne permettrons pas une chose pareille ! Moi, travailler à sa place ? Que d'autres travaillent à sa place ? C'est impossible ! » hurla-t-il.

Le comptable juif se tut pour mieux laisser entendre l'odieuse calomnie.

Plus tard, il me demanda : « Pourquoi refuses-tu de me parler ? »

Je lui répondis avec franchise : « J'ai entendu comment tu insultes les *mitsvot* de la Torah. Je préfère garder mes distances.

– Mais si tu acceptais de m'adresser la parole, peut-être changerais-je d'attitude ? »

J'acceptai. Je commençais à étudier un peu avec lui. Et peu de temps après, le jour de Kippour, cet homme observa le jeûne.

En tout Juif sommeille une étincelle qui peut, à la force de sa volonté, le hisser au-dessus de la boue qui l'avait englouti.

Le prisonnier « Chinbe »

« Chinbe » désigne le Chabbat en langue tatare, et c'est par ce sobriquet que l'on me surnommait dans le camp.

Les prisonniers rechignaient à dormir près de la porte dans les baraques, à cause des courants d'air froid. Mais pour moi, cet emplacement était idéal. D'abord parce qu'il se trouvait à proximité du samovar, ce qui était fort agréable le Chabbat. Et aussi parce qu'on y avait installé un petit bahut qui, le Chabbat, me servait de table. J'avais, avec les plus grandes difficultés, réussi à dénicher deux feuilles de papier immaculées. Je déposais sur la première deux morceaux de pain que je recouvrais de la seconde, et c'est ainsi que je recevais le Chabbat. Les prisonniers tatars appelaient avec humour ce petit coin, que je m'étais fait derrière la porte, l'“agence juive”.

Je m'asseyais à cette “table” comme si je me trouvais chez moi, à la table du Chabbat. J'y invitais Simyon Simyonovitz Lokzaki, Roubintchik, et d'autres Juifs encore. Un des soirs de Chabbat, nous prîmes place autour de notre “table”, nous récitâmes la formule du *kiddouch* et commentâmes la *paracha* de la semaine, quand soudain Roubintchik nous dit : « Aujourd'hui, je suis tombé sur un journal. Savez-vous que les cheveux de Staline ont blanchi ? Cela me fait de la peine...»

Il semblait se faire beaucoup de souci pour Staline... Puis, il frappa le bahut de son poing : « Staline ne peut pas vieillir, c'est impossible ! »

Je devais me retenir de rire !

Roubintchik était marié à une non-juive et était particulièrement porté sur la boisson. Il avait travaillé au NKVD pendant plus de vingt-cinq ans. A Minsk, puis en prison, il se repentit dans une certaine mesure. Je me rappelle comment un soir de Chabbat, près de notre bahut, il avait entonné un chant yiddish :

« Moïchele, étudie
La sainte Torah
Sois un bon juif
Le monde entier
N'est que vanité
Et dès l'instant où l'homme naît
On creuse déjà sa tombe...»

Roubintchik avait convenu avec Moché Naradovitz qu'à sa sortie de prison, il logerait chez lui pendant quelques mois. Il ne voulait plus retourner à Minsk ni revoir les siens, mais préférait rester à Kazan et fonder une famille en épousant une juive et tourner une nouvelle page dans sa vie. Et c'est ce qu'il fit.

Le Chabbat, quand je rencontrais un Juif qui fumait, je lui disais : « Excusez-moi, mais vous êtes juif. Il est interdit de fumer le Chabbat. »

En général, les Juifs jetaient aussitôt leur cigarette.

Un Chabbat, j'aperçus Boris Mikhaëlovitz Gelfer, la cigarette au bec. C'était un Juif totalement assimilé, qui avait épousé une non-juive. Autrefois, il avait été l'adjoint du directeur de la prison dans laquelle nous nous trouvions à présent. Son corps était couvert de tatouages et ses manières étaient plutôt grossières.

« Boris Mikhaëlovitz, vous êtes juif, et D-ieu a ordonné au peuple juif de respecter le Chabbat !

– Oh, tu m'agaces ! » fit-il tout en abandonnant son mégot...

A notre retour de captivité, je lui rendis visite. Nous bavardâmes de choses et d'autres.

Plusieurs années plus tard, j'avais alors repris mes fonctions d'enseignant, et je craignais à tout moment d'être arrêté par quelque scélérat. Un Chabbat, je trouvai à nouveau une excuse quelconque pour m'absenter. Le lendemain, on m'informa qu'une personne qui enseignait dans une autre école avait demandé à me voir. La peur me saisit. Avait-on cherché à m'espionner ?

Peu de temps après, j'appris que cette personne n'était autre que l'épouse non-juive de Boris Mikhaëlovitz. Ne m'ayant pas trouvé à l'école, elle se rendit à notre domicile. Elle me raconta que son mari était décédé et qu'il avait été enterré dans un cimetière chrétien. Depuis un mois elle ne dormait plus. Elle était à bout. Chaque nuit, son mari lui apparaissait en rêve, et lui répétait inlassablement : « Que m'as-tu donc fait ? Pourquoi délaisses-tu ainsi mon âme ? »

Son époux lui avait souvent parlé de moi, et elle était convaincue que je pouvais lui venir en aide. Il est strictement interdit d'enterrer un Juif dans un cimetière non-juif. Mais, à l'époque, il n'était pas envisageable de faire transférer la dépouille de Boris Mikhaëlovitz. Les autorités ne le permettraient à aucun prix. Je décidai malgré tout de réciter le *kaddich* pour l'élévation de son âme.

Rabbi Its'hak Sandek habitait encore Kazan. C'était un Juif de grande valeur, un de ces Juifs que l'on n'a pas l'occasion de croiser tous les jours. Je suis certain que Sandek faisait partie des 36 justes cachés grâce au mérite desquels le monde se maintient. Je le rencontrai avant l'office de *min'ha* et lui demandai de dire *kaddich* pour Boris Mikhaëlovitz Gelfer, car je croyais davantage dans la force de sa prière que dans la mienne… Dès l'office de *arvit*, quelques minutes plus tard, Rabbi Its'hak Sandek récita le *kaddich* en faveur de l'âme suppliciée de Boris. Le lendemain, son épouse me rendit à nouveau visite. Elle était rassérénée. Pour la première fois depuis un mois, elle avait réussi à dormir. Pendant la période de deuil, elle se rendit plusieurs fois à notre domicile pour nous remercier encore chaleureusement et partager son soulagement d'autant plus vif que ses angoisses avaient été poignantes.

Il semblerait que son défunt mari avait un mérite quelconque pour avoir bénéficié d'une telle intervention divine...

Chemini Atseret

Dans les premiers temps, au camp, je ne fis guère cas de l'état de mes mains – ni de mes vêtements, qui prenaient systématiquement l'eau. La température en hiver atteignait les trente degrés en dessous de zéro, et l'eau qui coulait sur mes mains gelait aussitôt, provoquant de profondes fissures. Ces blessures tardaient à se cicatriser et la douleur était particulièrement vive, au point qu'il m'arrivait parfois de me demander si mes mains étaient encore attachées à mon corps… Elles étaient dévorées par le gel et malgré la torture atroce, je continuais à porter mes seaux avec diligence, parce que je savais que ce dur labeur me permettrait de recevoir un précieux cadeau – le Chabbat.

Le soir de *Chemini Atseret*, alors que le froid n'avait pas encore atteint les sommets dont l'hiver russe est coutumier, j'éprouvais une douleur fulgurante dans les mains et les pieds. De ma vie, je n'ai ressenti pareille douleur, tant elle était aiguë. Resterais-je à jamais handicapé ?

Je me trouvais à l'extérieur quand un violent élancement me saisit subitement. Je parvins avec les plus grandes difficultés à me traîner jusqu'au baraquement. Là, j'enlaçai le poêle et entrepris d'y poser mes pieds jusqu'au soir. A cet instant, je fus pris de terribles remords. C'était le jour de *Chemini Atseret*, et le temps n'était pas aux lamentations. Il fallait danser et se mettre en joie en l'honneur de la Torah ! Evidemment, il m'était impossible de danser, mais je devais tout au moins chanter !

Moché Naradovitz se trouvait là et je l'encourageai : « Allez, chante-nous un petit *nigoun* ! »

Il entonna un chant et je l'accompagnai. Les autres détenus nous regardaient, interdits. Avions-nous perdu la tête ? Avait-on seulement envie de chanter dans cette sinistre prison… Etrange effusion de joie autour d'un poêle…

Grâce à D-ieu, après trois semaines, les douleurs s'atténuèrent pour finir par disparaître complètement ! J'avais bénéficié encore une fois d'un véritable miracle ! Et moi, dans mon désespoir, qui avais pensé rester handicapé toute ma vie…

'HANOUCCA

La fête de 'Hanoucca approchait. La question de l'allumage des bougies ne cessait de me tourmenter. Je devais à tout prix trouver un moyen d'honorer la fête des Lumières. Je connaissais un peintre juif originaire de Vilna. Il était proche des membres de la direction du camp. Il était perçu comme un dangereux délateur, tant et si bien qu'il fallut m'armer de courage pour oser l'impliquer dans mon affaire... Mais cet homme me faisait plutôt bonne impression, et je décidai de lui parler de 'Hanoucca.

Il s'appelait Dobrovitsky. Il ne connaissait rien du judaïsme et fut enchanté d'entendre ce que je lui racontai sur le miracle de la fiole d'huile, etc. Il travaillait au département de la culture et de l'éducation et réussit à me faire parvenir un cierge. J'en découpai huit morceaux assez longs pour qu'ils puissent brûler pendant la demi-heure requise par la *halakha*. Bien que la coutume veuille que l'on allume chaque jour une bougie supplémentaire, je pouvais m'en tenir à l'obligation minimale d'en allumer chaque jour une seule.

Il me fallut ensuite trouver un local pour y allumer les lumières sans éveiller les soupçons. Il était non seulement strictement interdit d'allumer un feu dans l'enceinte du camp, mais nous étions de surcroît sous stricte surveillance. En effet, un gardien jetait tous les quarts d'heure un bref coup d'œil dans les baraques. Il m'était impossible de laisser brûler mes bougies pendant une demi-heure. Que faire ?

Après mûre réflexion, je décidai de les allumer dans une des salles d'eau du camp. Les prisonniers n'y lavaient que la partie supérieure de leur corps, de sorte qu'il m'était permis, au regard de la Loi juive, d'y allumer les bougies de 'Hanoucca et d'y prononcer la bénédiction.

J'y apportai un seau d'eau claire. Je réunis les quinze Juifs du camp et fermai la porte à clé, tout en versant l'eau sur le sol. Au bout d'un quart d'heure, le surveillant, qui devait également visiter ces établissements, frappa à la porte. Je lui dis : « Excusez-moi, mais je suis en train de laver le sol et je viens juste de verser l'eau. Vous ne pouvez pas entrer. Revenez dans un quart d'heure. »

J'accomplis mon devoir de « *pirsoumé nissa* » – de rendre public le miracle de 'Hanoucca – en racontant le miracle de la fiole et en expliquant les lois de 'Hanoucca devant ma petite assemblée. Nous allumâmes les lumières de 'Hanoucca pendant les huit jours de fête, respectant la stricte lettre de la loi.

Avant le Chabbat de 'Hanoucca, j'avais rempli comme d'habitude plusieurs tonneaux d'eau quand soudain, un Tatar manchot les renversa les uns après les autres. Contenant ma colère, je lui demandai calmement la raison de son geste. Ma question ne sembla nullement l'émouvoir et il poursuivit son acte de sabotage, vidant les tonneaux de leur contenu. Il alla même au bureau du directeur pour se plaindre de la mauvaise qualité de l'eau qui lui semblait fétide...

MICHLOA'H MANOT ET MATANOT LAEVIONIM

C'était en 1952. A l'époque, le pain était rare et nous souffrions littéralement de la faim. La fête de Pourim, et ses coutumes particulières approchaient.

Quelle sorte de nourriture doit-on offrir pour s'acquitter de *michloa'h manot* ? Tout ce qui, à une époque donnée, a de la valeur. En prison, l'oignon était considéré comme un véritable trésor. Je me rendis d'un baraquement à l'autre, en quête de cette précieuse plante potagère. Je trouvai enfin un prisonnier qui accepta de me prêter un oignon, et un autre qui consentit à me fournir une cuillère de sucre... Véritables délicatesses ! Mon *michloa'h manot* était des plus honorables et je demandai à Isaac Moysievitch, un Juif de Leningrad, de devenir mon délégué et de transmettre mon présent à son destinataire, Eizik Mironovitz, comme le veut la coutume. Eizik s'empara du *michloa'h manot* et n'en fit qu'une bouchée.

Pour accomplir cette *mitsva*, je devais envoyer deux *manot* – deux aliments différents – à une connaissance. Mais pour la *mitsva* de *matanot laevionim*, nous sommes tenus de donner l'aumône à deux indigents. Je réservai donc une somme d'argent que je me promis de distribuer à des pauvres à mon retour de captivité. A l'époque, je n'avais pas pensé que je pouvais m'acquitter de ce commandement en donnant cet argent à des détenus qui se trouvaient avec moi en prison, les prisonniers étant également considérés comme des nécessiteux. Je m'étais habitué à l'idée qu'en prison nous étions tous égaux. Nous recevions tous la même portion de nourriture et le même traitement, de sorte que j'avais oublié qu'il se trouvait parmi nous de véritables indigents.

Délit d'intelligence

Parmi les prisonniers, il y en avait un qui se distinguait par son intelligence. Je fis sa connaissance et lui demandai un jour : « Quelle est votre profession ? »

Il me répondit : « Je travaille dans la science.

– Et comment vous êtes-vous retrouvé ici ? (En prison, c'était la question usuelle, la formule que l'on employait pour faire connaissance.)

– A cause de l'épeautre. J'ai réussi à développer une variété d'épeautre qui résiste au froid et j'ai fait une demande à qui de droit, pour que cette découverte, dont je suis l'auteur, soit reconnue officiellement. Mais les autorités ont décidé d'en faire profiter un autre. En ce qui me concerne, elles ont ouvert un casier judiciaire à mon nom à la police. »

Cela vous paraît sans doute invraisemblable ! Mais des histoires de ce genre étaient monnaie courante en Russie soviétique. Une de mes connaissances, un scientifique juif, avait fait une découverte géniale dans le domaine de la cosmologie. Là encore, les pouvoirs publics attribuèrent la propriété intellectuelle de cette découverte à un autre, et menacèrent même de licencier mon ami. La mère du scientifique, une femme énergique et téméraire, se rendit d'une administration à l'autre pour défendre les intérêts de son fils – non pas la paternité de son invention, mais simplement qu'il ne perde pas son emploi. Pour ce faire, elle fit même le serment de ne jamais révéler qu'on lui avait volé le fruit de ses recherches. Mais la souffrance et les soucis eurent raison de lui : le pauvre homme fut victime d'une attaque cérébrale et resta à jamais handicapé. (Je me rappelle lui avoir rendu visite à Moscou lors d'une fête juive. Il me fallut gravir dix-huit étages à pied.)

Estimez-vous heureux de ne pouvoir même pas imaginer que de telles injustices aient pu avoir lieu !

12

Ma dernière année en captivité

"Le complot des médecins juifs"

C'était l'hiver 1953. La dernière année que je passais en prison fut l'une des périodes les plus sombres pour les Juifs d'Union Soviétique. C'est à cette époque-là que se déroula le tristement célèbre "procès des médecins juifs".

Ces événements débutèrent en hiver, au mois de janvier plus précisément. Les médias officiels annoncèrent l'arrestation d'un groupe de "dangereux médecins" qui auraient été arrêtés pour avoir prétendument formulé des diagnostics erronés et fait preuve de négligences dans les soins qu'ils auraient prodigués à de nombreuses et éminentes personnalités militaires et politiques (dont les noms étaient même cités dans les moindres détails) – et ceci, dans le but avéré d'attenter à leur vie. Or la majorité de ces "médecins criminels", désignés comme des espions servant des puissances ennemies, étaient juifs.

Cette nouvelle scandaleuse se répandit comme une traînée de poudre et on commença à licencier, à poursuivre et emprisonner un nombre toujours croissant de "Juifs dangereux". Les rumeurs confuses d'une conspiration ourdie par la juiverie internationale se propagèrent dans toute la Russie.

En prison, notre unique source d'informations provenait des personnes qui nous rendaient visite et qui, souvent, rapportaient des histoires abracadabrantes, sinon invraisemblables. Une jeune fille de seize ans raconta à son frère détenu que dans son quartier, un médecin juif s'était donné la mort après avoir injecté une piqûre mortelle à 35 enfants – qui avaient tous péri.... Un jeune homme rapporta que six ingénieurs juifs avaient été arrêtés en flagrant délit de sabotage dans l'usine où lui-même travaillait. Il prétendit même avoir été le témoin oculaire de leur arrestation.

Pouvait-on rester sceptique ? Toute la Russie fut frappée de cécité et prêta une foi aveugle à ces bruits. Moi-même, si je n'avais pas été juif, j'y aurais peut-être cru.

Le détenu juif qui m'avait demandé s'il était permis de fumer à Kippour engagea un jour la conversation sur le prétendu "complot des médecins juifs" : « Je ne peux croire que cette histoire ne soit que pure invention. C'est impossible d'inventer une chose pareille ! »

En vérité, il était particulièrement difficile de nier la véracité de ces informations et d'imaginer qu'elles ne fussent que le fruit de l'imagination fertile des propagandistes soviétiques. Les organes de presse rapportaient des faits apparemment avérés, les noms de personnes publiques, des preuves – et plus que tout : les aveux des « coupables » !

« Pourquoi inventer une chose pareille et y mêler tant de monde ? » me demanda ce Juif qui semblait fort bouleversé.

Je répondis qu'à mon avis il ne s'agissait que de purs mensonges, mais il s'exclama avec indignation : « Je ne pourrai jamais croire que cette affaire ne soit que falsification ! »

On colla des affiches sur tous les murs de la prison. On y voyait un homme en blouse blanche, portant une barbe et un nez crochu, en train d'égorger un enfant dont le sang coulait à flot. Sous ces "subtiles" représentations, on pouvait lire, en caractères gras, la légende suivante : « Médecins assassins ».

Quand je passais à côté d'une de ces affiches, j'entendais souvent murmurer des remarques du genre : « Hé, Abraham (nom qui me désignait en tant que juif) ! Que font tes médecins à nos enfants ? »

Et quand j'étais accompagné, les prisonniers me lançaient : « Voici le Joint en assemblée plénière ! »

Le Joint – cette organisation caritative juive américaine – était au cœur des débats dans les médias, qui dénonçaient la responsabilité de cet organisme dans ces assassinats présumés, et lui attribuait d'hypothétiques missions d'espionnage sur le sol soviétique.

Le procès public des médecins devait se tenir le 6 mars. Le verdict était prévisible : les "assassins" seraient pendus sur la Place Rouge, à Moscou. Staline avait déjà prévu, après le procès, de déplacer vers l'est de la Russie et la Sibérie tous les Juifs d'URSS.

Les municipalités commencèrent à recenser leurs habitants juifs. Il en fut de même dans les entreprises et dans les usines. Il ne fallait oublier personne, à D-ieu ne plaise ! On releva d'abord l'identité des Juifs dont les deux parents l'étaient également, et qui seraient déportés en premier lieu. Puis, on se chargea de dresser la liste de ceux qui n'avaient qu'un seul parent juif, et qui seraient expulsés dans un deuxième temps. En Israël, je rencontrai des personnes qui avaient reçu l'ordre officiel de regagner la gare ferroviaire et de rejoindre un convoi qui devait les conduire en Sibérie. La première venait de Moscou et la seconde de Leningrad. Pour leurs effets personnels, elles avaient été autorisées à emporter deux bagages uniquement...

Staline avait envisagé de déplacer les populations juives dès le mois de février, au plus tard, mais les listes n'étaient pas encore prêtes. Il pressa les responsables du recensement d'accélérer l'exécution de leurs travaux. Mais malgré la pression, le procès de Moscou et la déportation consécutive des Juifs des territoires occidentaux de la Russie ne purent avoir lieu avant le 6 mars.

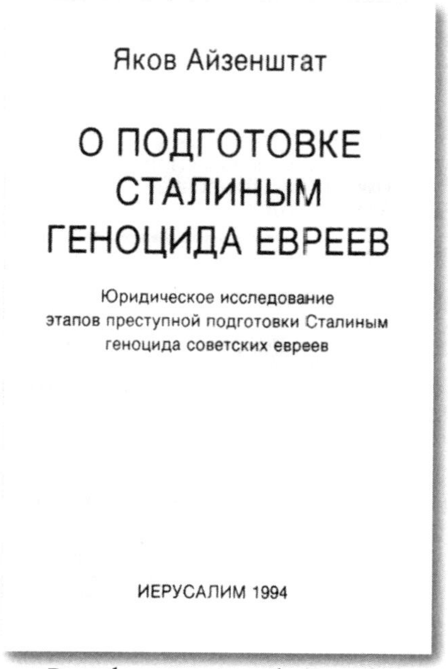

Page de couverture du livre de I. Eisenstadt

Dès les premières phases de leur sinistre projet, les Soviétiques avaient espéré qu'une grande partie des Juifs, déplacés vers la Sibérie, périraient pendant le voyage. La faim, le froid dans les wagons dépourvus de chauffage, les accidents ferroviaires ou les mouvements de foule dans les gares auraient eu raison des Juifs déportés. Les autorités comptaient sur la colère du peuple russe qui déverserait sa haine sur eux.

L'avocat I. Eisenstadt rapporte dans son livre « Les préparatifs de Staline quant à la solution finale des Juifs » (paru à Jérusalem en 1994), que l'ancien président du conseil, Nicolas Boulganine, avait confié au professeur I. Ettinger avoir reçu des ordres de Staline de regrouper près de la capitale et des grandes agglomérations plusieurs centaines de trains militaires. Boulganine prétendit que Staline souhaitait régler la question juive en favorisant la vengeance du peuple russe contre les supposés assassins par le biais "d'accidents" de chemin de fer dus à des sabotages ou des agressions. En février 1953, on avait déjà concentré des wagons de fret autour de Moscou, dans la région de Tachkent et dans d'autres endroits encore.

Eisenstadt cite le célèbre historien, membre de l'Académie et proche parent de l'auteur, Ivgieni Tarle, selon lequel, à la fin de l'année 1952, on avait déjà désigné les Juifs qui succomberaient sous les coups de la colère populaire – et quels seraient les Russes de Moscou ou de Leningrad qui recevraient les biens confisqués et habiteraient les appartements évacués par les malheureux déportés.

Nikita Khrouchtchev, alors premier secrétaire du Conseil central du Parti, rapporte dans l'ouvrage la conversation qu'il eut avec le « guide suprême », qui s'exprimait avec une rage à peine voilée : « Il faut permettre à la fureur populaire de se déchaîner contre eux.

– Contre qui ? avait demandé Khrouchtchev.

– Contre les Juifs, avait répondu Staline, pas plus de la moitié ne doit arriver à destination. »

Et pour les quelques rescapés, on fit construire des baraquements dans la Taïga sibérienne. La température y atteignait 50 à 60 degrés en dessous de zéro, voire davantage ! Ces baraques, longues d'un demi-kilomètre, ressemblaient à celles des sinistres camps de concentration. Le chauffage y était inexistant, et les murs lézardés avaient l'épaisseur d'une planche de bois – et ceci, malgré les conditions de froid extrême de l'endroit…

Ma vieille valise

Jusqu'à ce jour, je possède une valise que je place à mes côtés, pendant le repas de Pourim et celui du *Seder* de Pessa'h. Car avec cette valise, je vécus trois véritables miracles !

Le camp de travail disposait d'un atelier où l'on confectionnait des meubles. Aussi étrange que cela puisse paraître, les prisonniers y dérobaient des planches en contreplaqué pour en faire des valises qui, à l'époque, étaient en bois. A sa libération, le détenu devait laisser ce "bien de l'Etat" au camp. J'ignore encore comment une de ces valises me tomba entre les mains. C'est dans ce bagage que je gardais mes effets personnels.

A la fin du mois de février, je fis partie d'un groupe de prisonniers qui devaient être conduits dans un autre camp. On nous annonça subitement notre prochain transfert, et je fus confronté à un épineux problème : comment emporter mes livres et mes *tefillin* sans éveiller les soupçons des trois gardiens qui devaient nous soumettre à une fouille des plus minutieuses ? J'avais écrit sur mon *Tanakh* personnel [Livre de la Bible] ce verset des Psaumes : « Si ce n'est Ta Torah qui pour moi est un plaisir, j'aurais succombé à ma misère » (*Psaumes* 119,92). A ma libération, je donnai ce *Tanakh* à un Juif qui avait commencé à s'initier à l'Islam, tant il s'ennuyait en prison. L'ignorance des Juifs de Russie était si déroutante qu'un Juif en quête de vérité pouvait la rechercher dans les textes musulmans...

La simple pensée de ce qui pouvait m'arriver, si l'on découvrait mes précieux trésors, me terrorisait. Outre le fait que l'on m'accuserait d'organiser des activités contre-révolutionnaires, on m'interrogerait également sur l'origine de ces livres. Je tremblais déjà à l'idée de devoir répondre à ces questions compromettantes. Vichnev, grâce à qui j'avais pu me procurer ces livres, m'avait sans cesse répété : « Même si on doit te mettre en pièces, ne leur révèle jamais mon identité ! »

Que faire ? Laisser ces précieux objets au camp ? Mon cœur se refusait à une telle extrémité.

Il fallait ruser. Je plaçai les livres saints et les *tefillin* dans le fond de la valise et les recouvrais de biscottes. Puis, j'y déposai mon rasoir électrique. Les prisonniers n'avaient pas le droit de posséder de lame et devaient se faire raser par un "barbier" improvisé. J'avais pour ma part reçu l'autorisation d'utiliser un rasoir électrique, afin d'éviter l'interdit gravissime d'employer à cet effet une lame. Sur le tout, je plaçais des boîtes qui, à l'origine, avaient contenu du riz.

Tout au long de ma détention, je n'ai mangé que le pain de la prison. Environ tous les dix jours, mon épouse me faisait parvenir du riz, alimentation dont je dus me satisfaire deux années durant... Aujourd'hui, la simple vision du riz soulève mon cœur de dégoût. Un jour, ce fut une étrangère qui me fit passer le riz. Je lui demandai avec surprise : « Où est ma femme ?

– Elle est restée à la maison avec ton fils. Il a une infection dans l'oreille interne, et son état est assez grave. »

Quelques semaines passèrent sans que je reçoive aucune visite, puis une autre dame se présenta avec ma ration de riz. « Que se passe-t-il ? » lui demandai-je. Je commençais à me faire du souci. Et la femme d'expliquer : « Ton épouse n'a pas pu venir, elle est souffrante. »

J'étais en proie au désespoir. Que se passait-il donc ? J'étais si angoissé que le soir, il me fut impossible de retrouver mon baraquement ! C'était effrayant. Le camp ne disposait que d'un nombre restreint de baraques, et pendant une demi-heure, j'errai de l'une à l'autre, sans parvenir à identifier la mienne. Constatant mon désarroi, un détenu me prit en pitié et me conduisit dans mes quartiers.

J'ignorais l'identité des personnes qui m'avaient apporté ces boîtes et décidai de les garder jusqu'à mon retour de captivité. C'est la raison pour laquelle je les plaçai soigneusement dans ma valise, au-dessus de mes affaires. Plus tard, je devais découvrir que cela n'était nullement le fait du hasard...

J'empoignai ma valise et implorai : « Maître du monde, je fais ce qu'il m'est possible de faire et je compte sur Toi pour que Tu me sauves. »

Le surveillant général qui était chargé des fouilles et des inspections s'appelait Olimpiev. C'était un personnage particulièrement odieux, connu pour son infâme cruauté.

Je m'étais toujours efforcé de fournir un excellent travail à la satisfaction des geôliers et des détenus. J'approvisionnais le camp en eau, je lessivais les sols et avais même pris sur moi de nettoyer de temps à autre l'escalier de fer qui grimpait le long du bâtiment de la direction. J'en dégageais la glace qui se formait régulièrement à l'aide d'une pelle et d'un balai. Un jour, ayant brisé la glace avec la pelle, je l'avais posée contre le mur et m'apprêtais à prendre mon balai. A cet instant, Olimpiev apparut. Je levai la tête et voilà que la pelle avait disparu ! Je lui emboîtai le pas et lui demandai : « Citoyen directeur, où est donc la pelle ? »

Il s'étonna : « La pelle, quelle pelle ? Je n'ai pas vu de pelle ici. »

Sur ce, il s'empressa de raconter à la direction que le détenu Zilber avait emprunté une pelle qu'il avait prétendument destinée à son travail, mais qu'il avait remise en vérité à des prisonniers qui cherchaient à régler leurs différends à coups de pelles. Il ajouta même qu'il serait judicieux de me jeter au cachot pour trois jours. Le cachot n'était pas plus grand qu'une cabine téléphonique. Il était impossible de s'y asseoir. Il fallait rester debout. Le froid y était insoutenable. Les prisonniers qui y étaient détenus étaient obligés de gesticuler sans cesse pour réchauffer leurs jambes transies et éviter que leurs membres ne gèlent. La portion quotidienne de nourriture ne dépassait pas les 300 grammes de pain et les 600 cl d'eau. C'est vous dire la cruauté du traitement auquel Olimpiev souhaitait me soumettre...

Malgré l'insistance d'Olimpiev, la direction ne donna pas suite à sa cruelle demande. J'ignorai initialement la raison de ce refus, mais j'appris plus tard que le responsable sanitaire du camp s'était opposé à ma réclusion : « Et qui va se charger de la corvée d'eau jusqu'à ce que nous trouvions un détenu qui accepte de remplacer Zilber ? »

En effet, qui était assez fou pour accepter de faire ce travail d'esclave ?

Or voilà que ce même Olimpiev avait été désigné responsable de l'inspection des détenus qui devaient être transférés dans un autre camp !

C'était le 27 février, un vendredi à deux heures de l'après-midi (une semaine avant le procès des médecins juifs). On nous fit sortir de nos baraques vers midi et on nous laissa attendre dans le froid jusqu'à cinq heures de l'après-midi. Ce jour-là, la température avait atteint plus de 30 degrés en dessous de zéro, et une tempête de neige se déchaînait. Mais nos tortionnaires avaient tout leur temps. Pourquoi devaient-ils se presser ? Ils s'installèrent au chaud pour siroter du thé pendant que nous gelions dehors.

Quand mon tour arriva enfin, Olimpiev était occupé à fouiller les effets d'un autre détenu. D'autres gardiens se chargèrent d'inspecter ma valise. Quand ils aperçurent les deux boîtes de riz, ils éclatèrent de rire. « Ah, mais cet homme est religieux ! Il ne mange rien au réfectoire, outre le pain et le thé, mais il semblerait bien qu'on lui fournissait également de la nourriture là-dedans, ha, ha, ha ! »

Olimpiev qui entendit leurs rires lança, sans même s'approcher : « Oui, oui, je le connais bien. Il a une autre manie : il ne se rase pas avec une lame, mais seulement avec un rasoir électrique. La direction le lui a d'ailleurs permis. »

Les surveillants soulevèrent les deux boîtes et découvrirent les biscottes. Et, entre les biscottes et les marmites, ils aperçurent le rasoir électrique, ce qui excita à nouveau leurs rires. « Ah oui ! Voilà le rasoir électrique ! »

Olimpiev poursuivit : « Il a reçu une autorisation spéciale pour garder ce rasoir, ainsi que cette valise. Je me le rappelle parfaitement et je peux en témoigner ! »

Avait-il menti ? Avait-il cherché à me protéger ? Pendant trois heures, j'avais assisté aux fouilles des autres détenus. Dès qu'Olimpiev apercevait une valise comme la mienne, il prenait un malin plaisir à en déverser le contenu sur la neige immaculée, avant de la jeter au loin. Elle allait alors rejoindre ses semblables, dont le tas allait en grandissant. Or voilà qu'il attestait avec force que la valise dont je disposais – et qui ressemblait aux autres à s'y méprendre – m'appartenait personnellement…

Ce fut le premier miracle.

Tous les détenus avaient été fouillés méticuleusement. Mais les geôliers qui s'étaient chargés de mon cas s'étaient contentés de soulever les marmites et le rasoir électrique, sans toucher au reste. S'ils avaient un tant soit peu déplacé les biscottes, ils auraient aussitôt découvert les "substances" illicites que j'avais enfouies au fond de mon bagage. Ma fin aurait été imminente. Mais, ils négligèrent de poursuivre leurs fouilles, refermèrent la valise et me laissèrent tranquille !

Ce fut le deuxième miracle.

« Si l'Eternel n'avait été avec nous quand tout le monde se levait contre nous, ils nous auraient avalés tout vivants dans le feu de leur colère contre nous » (Psaumes 124,2-3)…

Le soleil était déjà sur le point de se coucher, le Chabbat s'apprêtait à descendre sur la terre. Je ne pouvais plus porter ma valise, et je demandai à un prisonnier russe du nom d'Issayev de la porter sur le chemin qui devait nous conduire à l'autre camp.

Pourim 1953

Nous gagnâmes le camp de travail le vendredi soir. Ce Chabbat, nous étions le 13 Adar (le 28 février) et le samedi soir, la nuit du 14 Adar, c'était la fête de Pourim.

Je réunis quinze détenus juifs et leur racontai l'histoire du Livre d'Esther. L'un d'entre eux, du nom d'Eizik Mironovitz, ne put se contenir davantage. C'était un homme d'âge mûr, condamné à une peine de dix ans de réclusion, que la vie avait rendu amer et aigri. Lorsqu'il entendit mes propos sur le miracle de Pourim, un éclair de colère assombrit son regard. Il me menaça de son poing en s'écriant : « Pourquoi raconter des histoires sur des événements qui ont eu lieu il y a plus de 2500 ans ? Dis-nous plutôt où se trouve ton D-ieu, aujourd'hui ? N'as-tu donc pas entendu parler de ce qui attend les Juifs d'URSS ? Cela ne nous suffit-il pas d'avoir perdu six millions des nôtres ? Voilà qu'ici aussi, ils ont décidé d'en finir avec nous, et d'anéantir trois millions de Juifs ! N'as-tu donc pas entendu parler de ces médecins juifs qui risquent la pendaison sur la Place Rouge, de ces wagons et de ces baraquements dans la forêt sibérienne ? Une partie des Juifs sera exilée à Verkhoïansk. Les températures y atteignent les 60 à 70 degrés en dessous de zéro ! Les autres seront déplacés vers Khabarovsk. Et les baraquements sibériens sont évidemment dépourvus de chauffage... »

Je répondis : « C'est vrai. Notre situation est désespérée. Mais le temps n'est pas encore venu de faire l'oraison funèbre des Juifs de Russie. Haman – aussi – avait prononcé un décret d'extermination et envoyé des ordres d'anéantissement de la population juive des 120 provinces de la Perse antique... D-ieu ne manquera pas de nous sauver une nouvelle fois.

– Nous sauver ? Mais comment ? Staline a déjà tout préparé. Et Staline n'est pas n'importe quel Haman !

– Qu'importe ! »

Mironovitz ne voulait pas en démordre et s'empressa de m'instruire sur le grand Staline. N'avait-il pas causé la mort de trois millions de personnes, dans son projet de transformer en travailleurs salariés tous les agriculteurs de Russie en les réunissant dans des kolkhozes ? En 1937, n'avait-il pas liquidé, avec ses proches collaborateurs, tous les vieux révolutionnaires du Parti et de l'armée, et fait arrêter plus de huit millions de personnes qui furent jetées dans les camps de concentration de la Russie du Nord et de Sibérie ? Il avait gagné la guerre contre Hitler, expulsé tous les Tatars de Crimée, et tous ses funestes desseins s'étaient réalisés…

« D'accord, il a réussi contre tous les peuples, mais il ne réussira pas contre les Juifs ! rétorquai-je avec emphase.

– Et d'où le sais-tu ?

– Parce qu'il est écrit : "Non, certes, Il ne dort ni ne sommeille, le Gardien d'Israël" (Psaumes 121,4). Et Staline qui, pour tout adulé et glorifié qu'il soit, n'est rien d'autre qu'un être de chair et de sang.

– Mais il est fort comme l'acier, malgré ses 73 ans.

– Personne ne sait ce qui l'attend dans la demi-heure qui suit. »

Mironovitz me quitta furieux. C'était le soir. Le lendemain matin, il vint me voir à nouveau : « Its'hak, j'ai réfléchi à ce que tu m'as dit hier soir. Tu as absolument raison.

– Ah bon ?

– Hier soir, à huit heures moins dix, tu as prétendu que Staline n'était rien de plus qu'un être humain, et que personne ne pouvait savoir ce qui arriverait dans la demi-heure qui suit. Or voilà qu'aujourd'hui, j'ai entendu dire par un détenu, qui avait réussi à capter la radio allemande, que dans la nuit du 28 février, à 20 h 23 exactement, Staline a eu une attaque cérébrale et qu'il a perdu l'usage de la parole. Il s'est passé une demi-heure entre 19 h 50 et 20 h 23 ! »

Il nous fallut étouffer un rire… La coïncidence était si amusante…

Quand j'appris la nouvelle de l'accident cérébral de Staline, je décidai de lire des Psaumes et de prier pour que ce bourreau meure enfin ! Si je suis aujourd'hui capable de réciter n'importe quel verset du Livre des Psaumes, c'est bien par le "mérite" de Staline. Pendant trois jours et trois nuits, pendant que je transportais mes seaux au pas de course et que je lessivais avec la même diligence les sols, je disais des Psaumes… Grâce à D-ieu, j'avais mémorisé des chapitres entiers et les récitais tout en accomplissant mes corvées, jusqu'au jour où j'appris que le terrible dictateur était enfin mort.

Avais-je le droit de réciter des Psaumes dans le but de voir mourir Staline ? Evidemment ! C'était même une obligation. Staline était un homme de la pire espèce. C'était une *mitsva* de prier pour qu'il disparaisse.

Le 5 mars, on annonça officiellement la mort de Staline. Les dirigeants des pays satellites se rendirent à Moscou pour accompagner son corps jusqu'à sa dernière demeure. Il y avait parmi eux le président de la Tchécoslovaquie, Klement Gottwald. Peu de temps auparavant, son pays avait autorisé quelque 100 000 Juifs à quitter le territoire pour Israël, provoquant la fureur de Staline. Suivant les ordres reçus de Moscou, Gottwald décida de s'en prendre aux "coupables" parmi lesquels le premier secrétaire du Parti communiste tchèque, le ministre de l'Intérieur, le ministre des Affaires étrangères et bien d'autres encore – en tout, seize dignitaires de très haut rang qu'il fit exécuter. Et pour semer la terreur parmi ceux qui avaient eu la chance de rester en vie, il maintint ses victimes dans la cellule des condamnés à mort pendant près de deux semaines.

Arrivé le 4 mars, le bourreau de Prague eut une infection pulmonaire foudroyante (selon la version officielle…) dont il ne put se remettre. Il suivit les traces de son maître, le “soleil des nations”, jusqu’à la tombe... On célébra ses funérailles en même temps que celles de Staline et on enterra ces deux monstres côte à côte. « Deux kaparot – deux sacrifices expiatoires – le même jour » comme le dit le dicton yiddish.

Préparatifs pour Pessa’h

La fête de Pourim était passée et il ne me restait que peu de temps avant Pessa’h. Les détenus juifs exultaient. Cette année, plus que toute autre, les préparatifs de Pessa’h revêtirent un air de fête et suscitèrent un espoir certain dans la délivrance, parce que Staline était mort !

Pour ma part, j’espérais cette année – comme les autres – que la délivrance finale et le *Machia’h* arriveraient enfin à Pessa’h. De ce point de vue, rien n’avait changé. Je ne parlais plus de Staline ni ne songeais un seul instant à cet être sanguinaire. Il était mort et enterré. Une page de l’histoire était définitivement tournée.

« Je ne peux vous assurer que la mort de Staline viendra mettre un terme à notre captivité et à nos misères. Quoi qu'il en soit, nous devons faire le maximum pour ne pas manger de pain à Pessa’h ! » fis-je, en exhortant les Juifs du camp à renforcer leur attachement aux *mitsvot*.

Dans le principe, ils étaient plutôt d’accord. Mais dans les faits, il leur était difficile de comprendre comment nous allions nous y prendre. « En temps normal, les rations de nourriture suffisent à peine à nous maintenir en vie. Si nous nous passons de pain, qu’allons-nous manger ? »

Je promis de trouver une solution et sollicitai l’aide de mon épouse. Elle se chargerait de se procurer de la farine et de confectionner des *matsot*. Pour ma part, j’invitai les prisonniers à se mettre en quête de précieuses pommes de terre.

Guita parvint avec difficulté à réunir huit sacs de farine, soit environ 24 kilos. Le risque était grand. Nombreux furent les Juifs arrêtés et condamnés à huit ou dix ans de prison pour avoir cuit des *matsot*. Le règne de la peur continuait, mais Guita accepta néanmoins de préparer des *matsot* pour les siens, pour mes codétenus ainsi que pour de nombreuses autres familles – ce qui explique l'importante quantité de farine qu'elle s'était procurée. Des Juifs qui redoutaient d'acheter eux-mêmes des *matsot* venaient lui avouer leurs craintes et lui demander qu'elle se charge – elle – de leur en fournir. Faute de quoi ils passeraient la fête sans *matsot*.

Guita échappa par miracle à un grand danger. Un jour, alors qu'elle retournait chez elle, tirant derrière elle un traîneau chargé de *matsot* qu'elle venait de cuire clandestinement, elle fut arrêtée par un agent de police tatar qui lui demanda : « Qu'êtes-vous en train de transporter ? »

Le Rav Its'hak Milner l'accompagnait. Quand elle aperçut le policier, Guita, persuadée que la police se montrerait plus conciliante avec une femme, lui fit signe de partir. Le Rav s'en fut aussitôt et Guita resta seule face à l'agent. Elle commença à lui expliquer qu'elle avait deux enfants, que l'un d'eux fêtait son anniversaire et qu'elle lui apportait des gâteaux.

« Et pourquoi une telle quantité ? » interrogea le policier avant de lancer : « Suis-moi au poste ! »

Mais Guita resta immobile. Il fallait gagner du temps. L'agent donna un coup de sifflet et fit appeler un collègue. Elle les entendit parler, mais c'était en langue tatare, et elle ne put saisir un traître mot de leur conversation. Au bout de quelques instants, le policier qui les avait rejoints lui fit un signe de la main et lui dit : « C'est bon, vous pouvez partir ! »

Sa réaction était si surprenante et si inattendue que mon épouse avait l'habitude de dire : « C'était certainement le prophète Eli déguisé en policier tatar ! »

Le Talmud rapporte en effet que l'âme d'Eliahou descend sur terre pour sauver des Juifs qui se trouvent dans une situation désespérée…

Une fois chez elle, Guita brisa les *matsot* en plusieurs morceaux qu'elle déposa dans des petits sacs sur lesquelles elle écrivit : "Biscuits pour le thé". Et c'est dans cet emballage qu'elle nous les fit parvenir. Le *Choul'han Aroukh* autorise de réciter la bénédiction – *al akhilat matsa* – sur des morceaux, voire même sur du pain azyme écrasé, dans les cas où il est impossible de trouver des *matsot* entières.

Autant que je me souvienne, mon épouse parvint également à nous faire passer du raifort pour le *maror* – les herbes amères que l'on consomme le soir du *Seder*.

Il était strictement interdit d'introduire du vin en prison. Que faire ? Guita m'envoya une espèce de compote qu'elle avait confectionnée avec des raisins secs. Comme elle ressemblait plutôt à de la confiture, elle passa de ce fait totalement inaperçue. Avant Pessa'h, il fallut filtrer cet épais breuvage, étant entendu que le *Choul'han Aroukh* considère que la bénédiction – *boré péri haguefen* – que l'on récite généralement sur le vin, s'applique également dans un tel cas. Nous avions donc du "vin", avec lequel nous remplîmes nos quatre coupes le soir du *Seder*.

Pour les pommes de terre, je devais trouver un moyen de les faire cuire. J'empruntai une grande marmite à un des détenus, puis je la frottai avec du sable et de la glace pour la cachériser. C'est alors que Michka Kossov, le chef d'une bande de brigands m'accosta. Cet homme de belle allure, qui avait près de 35 ans était particulièrement dangereux. Je n'étais pas à mon aise, mais soudain je l'entendis dire dans le yiddish le plus pur : « Moi aussi je suis Juif. J'ai appris que vous vous apprêtiez à vous passer de pain pendant Pessa'h. Si c'est vrai, j'aimerais bien en faire autant et m'associer à vous. »

Il me tendit un billet de 100 roubles : « Ça, c'est pour ta femme, pour qu'elle me trouve du poulet casher. »

Les Juifs qui se trouvaient là nous regardèrent ébahis. Je partageais leur stupéfaction. Michka Kossov était juif ?

Et Michka de poursuivre : « Les gangsters me prennent pour un non-juif – c'est plus pratique ! »

Michka s'associa donc à nos préparatifs. Il nous fallut trouver un endroit où conserver la *matsa*. Dans les baraquements, quatre détenus partageaient la même armoire. Ils y déposaient leurs effets personnels et même de la nourriture. Des Juifs me demandèrent :

« Nous ne pouvons tout de même pas laisser la *matsa* à côté du pain que les autres prisonniers ont mis dans notre armoire ?

– Dans la Torah, répondis-je, il est écrit : « *Lo yéraé* **lekha** *'hamets.* » Ce qui veut dire que pendant Pessa'h, nous n'avons pas le droit de voir du pain dans le domaine **qui nous appartient**. Les armoires de la prison appartiennent à l'Etat, et ce qu'elles contiennent, aux autres détenus. »

Mais ils n'étaient pas disposés à placer leurs précieuses *matsot* à proximité du pain.

Qui plus est, le camp était infesté de voleurs et autres canailles. Lorsqu'un des détenus recevait un colis, il recevait du même coup la visite d'un chef de bande qui venait lui réclamer son "dû", soit un tiers de ce que contenait le colis. Et si le prisonnier refusait de lui céder cette "dîme", ses collègues se chargeaient de le ruer de coups pendant la nuit et lui confisquaient la totalité de son précieux paquet.

Michka Kossov se chargea de la protection des *matsot*. En qualité de membre de la troupe théâtrale de la prison, il avait ses entrées au département de l'Education et de la Culture du camp. Il y trouva une armoire flambant neuve qu'il subtilisa dans la plus grande discrétion (il n'était pas chef de brigands pour rien...). Quand il nous l'amena, il s'exclama avec emphase : « Voilà une armoire avec un cadenas, elle est propre et spécialement destinée à la fête de Pessa'h ! »

Kossov mit également sa bande de voleurs en garde : « Je vous préviens : si pendant les huit jours qui suivent, il y en a un parmi vous qui ose demander à Zilber de "partager" ses *matsot*, il sera décapité ! »

Les autres connaissaient Michka et savaient fort bien qu'il était imprudent de lui désobéir. Et de fait, pendant toute la fête, aucun de ces bandits n'osa m'approcher...

Malgré les difficultés, Michka ne mit pas une seule miette de pain en bouche, et se contenta de *matsa* et de pommes de terre pendant les huit jours de fête. Un jour, il me confia qu'il avait déjà été arrêté dans le passé, et envoyé en Sibérie. Il y avait rencontré un Juif qui, comme moi, refusait de travailler le Chabbat. Quand celui-ci décéda, Michka remua ciel et terre pour que son corps ne soit pas inhumé aux côtés de dépouilles non-juives. Il plaida la cause de ce Juif auprès du directeur de la prison, prétendant être un proche parent du défunt. Il finit par obtenir une autorisation pour qu'il soit enterré à une distance raisonnable des tombes non-juives !

Où auriez-vous passé le *Seder* de Pessa'h dans une sinistre prison soviétique ? Avez-vous déjà réfléchi à la question ? Je connaissais un Juif qui travaillait au service d'hygiène du camp, et lui demandai : « Peux-tu me rendre un service pour les deux jours qui suivent ? Généralement, tu distribues les médicaments le soir, de huit à neuf heures. Serais-tu d'accord de les distribuer de six à sept ? »

Ce prisonnier venait de Bialystok. C'était un de ceux qui avaient abandonné leurs femmes juives pour épouser des non-juives. Un jour que je m'étais aventuré dans le département d'hygiène du camp, je l'entendis chanter en yiddish : « Je n'ai pas de doléances envers Toi Hachem. Toi et Ton jugement êtes justes. » Il possédait encore une étincelle juive qu'il suffisait de ranimer...

Il accepta de bonne grâce et mit son lieu de travail à notre disposition, pendant les deux heures convenues. Il s'installa même avec nous pour manger la *matsa*...

LE SEDER EN PRISON

La veille de Pessa'h, assez tôt, nous nous abstînmes de consommer du *'hamets*, de sorte que nous restâmes à jeun jusqu'au soir. Arrivés au *Seder*, nous étions affamés. Vers huit heures, je me rendis à la consigne pour prendre les *matsot* que j'y avais déposées pour plus de sûreté. Michka avait menacé sa bande au sujet du pillage des colis, mais les autres formes de racket étaient toujours en vigueur.

Le prisonnier qui en avait la charge était biologiste de métier, et ancien confrère du célèbre scientifique russe Mitchourine. Nous entretenions des rapports de confiance, et jamais, durant mes deux années d'emprisonnement au camp, il ne m'avait demandé de signer un quelconque reçu. J'avais toujours été autorisé à déposer ou à reprendre quoi que ce soit sans avoir besoin de me faire enregistrer.

Et voilà que ce soir-là, à la différence des autres, il exigea : « Signe ! »

J'étais interdit : « Qu'y a-t-il de spécial aujourd'hui ? »

Il s'obstina : « Si tu ne signes pas, tu ne reçois rien. »

La nuit était déjà tombée depuis longtemps et il m'était interdit d'écrire. Pendant plus d'une heure, je me heurtais à son refus opiniâtre. J'étais au supplice. « Signe ! » répétait-il avec froideur. Jusqu'à ce jour j'ignore ce qui avait pu causer ce brusque changement d'attitude. A n'en pas douter, il s'agissait d'une épreuve envoyée du ciel. De guerre lasse, après une heure de combat acharné, il me céda mon bien sans exiger une quelconque signature.

Je rejoignis mes "convives" avec en main, mes précieuses *matsot*, et nous prîmes place dans la petite salle du département sanitaire. Nous étions attablés, tels des souverains dégustant des vins fins et partageant un repas princier. Nous mangeâmes la *matsa* et récitâmes le texte de la Haggada que le délégué du parti, Vichnev, m'avait fait parvenir.

J'avais invité une douzaine de Juifs à notre *Seder*, ceux qui m'étaient les plus proches, car la pièce où nous célébrions la sortie d'Egypte était plutôt étroite. Mais je me faisais du souci pour les autres. Que faisaient-ils en ce moment même ?

Je leur avais donné de la *matsa* et leur avais suggéré de se réunir également à l'occasion de la fête. Je leur avais appris à dire le *kiddouch*. D'ailleurs, avant la fête, quelques prisonniers dont j'ignorais qu'ils fussent juifs me demandèrent une part de *matsa*. L'un d'entre eux me raconta qu'il était en prison depuis fort longtemps, peut-être depuis la Seconde Guerre mondiale. Il avait été kapo dans un ghetto ou même dans un camp de concentration, et avoua n'avoir pas goutté de la *matsa* depuis vingt ans !

Je donnai un bout de *matsa* à chacun d'entre eux de sorte que tous les Juifs du camp purent célébrer un *Seder* casher !

Je leur rappelai l'obligation de mentionner au moins le soir du *Seder* les trois éléments principaux à propos desquels le texte de la Haggada dit : « Qui a omis de dire ces trois choses à Pessa'h, ne s'est pas acquitté de son obligation : Pessa'h, *matsa* et *maror*. »

Pessa'h, leur expliquai-je, vient de *passa'h* – enjamber, franchir. Au moment de la dernière plaie d'Egypte – la mort des premiers-nés – l'Eternel est passé au-dessus des maisons juives, ce qui signifie qu'Il les a épargnées, pour ne frapper que les foyers égyptiens.

« *Matsa* » – c'est le pain du pauvre. Au départ, Pharaon a repoussé la requête de Moïse et n'autorisa pas les Hébreux à quitter son territoire. Ce n'est qu'après la dixième plaie, lorsqu'il commença à prendre la mesure de la destruction de son pays qu'il changea d'avis et renvoya les Juifs d'Egypte. La pâte que les Juifs avaient préparée pour la route n'eut pas le temps de lever. Et c'est avec cette pâte qu'ils firent des *matsot*. La *matsa* rappelle ce renversement de situation et cette évolution inattendue dans la politique pharaonienne qui, motivée par la peur, s'est soudain pliée à la volonté divine.

« *Maror* » – les herbes amères évoquent l'amertume de l'esclavage des Juifs en Egypte.

Le soir du *Seder*, alors que nous sommes installés tels des rois autour de la table, nous devons parler principalement de ces trois éléments. Et c'est exactement ce que nous fîmes au camp de travail soviétique.

Je ne pourrais jamais oublier cette fameuse nuit. Michka Kossov, chef de voyous tant redouté, était assis parmi nous, dans la minuscule salle du département d'hygiène du camp, buvant avec dévotion ses quatre coupes et dégustant avec vénération la *matsa* que Guita avait confectionnée. Nous étions tous en joie et les rires fusaient : « Michka Kossov est redevenu juif ! »

« Cuisine » juive

En général, Pessa'h sonne l'arrivée du printemps. A cette période de l'année, la plupart des baraquements n'étaient déjà plus chauffés, sauf l'un d'entre eux. Celui qui en était responsable était un homme difficile, qui ne permettait à personne de s'approcher du poêle.

Je cherchai un moyen de l'amadouer. Je découvris rapidement qu'il vendait des biscottes. Je n'en avais nullement besoin, mais pour trouver grâce à ses yeux, je lui en achetais de temps à autre. A la troisième fois, je lui remis seulement une partie de la somme que je lui devais, dans le but de revenir solder ma dette au moment précis où il actionnerait le chauffage. Ce jour-là, je lui donnai à goûter un bout de *matsa* et profitai de sa bonne disposition pour m'approcher du poêle, dont il me permit définitivement l'accès. C'est sur ce poêle que je fis bouillir nos pommes de terre pendant la fête et, par miracle, le chauffage fut maintenu jusqu'à la fin de Pessa'h dans ce baraquement.

Notre camp abritait un grand nombre de criminels. J'entretenais – malgré moi – des rapports avec eux, par exemple le Chabbat, quand je leur demandais de bien vouloir me remplacer pour la corvée d'eau. Avec le temps, leur langue et leurs chants me devinrent plus familiers. Et je les fredonne encore aujourd'hui à Pourim ou à Pessa'h, en souvenir des nombreux bienfaits dont D-ieu m'a gratifié tout au long de ces sombres années. J'avais déjà reçu ma "part" de colis, et je ne pouvais plus en bénéficier. Pendant la fête, je demandai à ces malfaiteurs de prier ceux qui venaient leur rendre visite de leur fournir des pommes de terre.

Pendant Pessa'h, dès cinq heures du matin, je me mettais au travail. J'épluchais les pommes de terre pour les cuire ensuite. Mais à six heures, je devais me rendre à la rivière pour chercher de l'eau. Je disposais donc d'une petite heure pour les faire cuire. Nous les mangions ensuite sans sel ni condiments. Il arrivait que les pommes de terre n'aient pas eu le temps de cuire, et nous étions alors obligés de travailler le ventre vide. Les juifs du camp résistèrent à la tentation et se plièrent à ce régime extrêmement maigre et insipide. A midi, c'était la même histoire. Quand j'avais des pommes de terre, la majorité des Juifs venaient partager ce repas frugal, mais dans le cas contraire, certains d'entre eux se rendaient au réfectoire. Je les suppliais alors de ne pas toucher au moins à la bouillie de flocons d'avoine et de ne consommer que des pommes de terre.

Le premier jour de Pessa'h, comme je surveillais la cuisson de mes pommes de terre d'un oeil attentif, voici que deux Oudmourtes s'approchent du poêle pour y faire cuire des spaghettis... C'était comme fait exprès ! Fort heureusement, d'après la loi juive, si un aliment casher est cuit à côté d'un aliment non casher, dans deux récipients différents, cela ne pose pas de problème. Mais voilà que l'un des deux colosses, qui touillait sa casserole, plongea subitement sa cuillère dans ma marmite ! Pouvez-vous seulement imaginer mon désespoir ?

J'étais frappé de stupeur ! Que faire de ces pommes de terre ? Et ma marmite, était-elle non casher à présent ? Pendant la fête de Pessa'h, il est de surcroît interdit de cachériser un ustensile ! J'étudiais la question et cette fois-ci comme les fois précédentes, ma maîtrise du *Choul'han Aroukh* vint à mon secours. En effet, d'après Rabbi Yossef Caro, en cas d'extrême nécessité nous avions le droit, à posteriori, de les consommer et même de cuisiner dans cette marmite pendant Pessa'h. Pour ma part, je m'abstins de manger des pommes de terre cuites dans cette casserole jusqu'à la fin de la fête, mais continuai à les préparer pour les autres détenus sans souffler mot à quiconque. J'avais délibérément choisi de taire cet incident afin que la responsabilité de cette indulgence rapportée par le *Choul'han Aroukh* m'incombe totalement. Après ma libération, j'interrogeai deux grands Rabbanim sur le sujet et ils me confirmèrent l'exactitude de cette disposition, mais à l'époque où j'avais pris cette décision, je n'étais pas tranquille.

Pendant les huit jours de fête, je me contentais d'eau et de *matsa*. Grâce à D-ieu, je ne fus pas malade. Avec du recul, je n'arrive pas à comprendre comment j'ai pu, avec un tel régime rester en vie – et même conserver, grâce à D-ieu, une excellente santé. Après tout, je risquais l'inanition...

Chaque jour, je devais trouver des pommes de terre, et c'était particulièrement difficile. Je partais en quête, auprès des prisonniers, sans jamais m'accorder de répit. Le soir, après avoir diligemment porté mes seaux, je me mettais à la recherche de quelques tubercules, jusqu'à parfois très tard dans la nuit.

Un jour, après de nombreux efforts, je parvins enfin à en trouver, que je fis cuire sur le poêle. Lorsque je sortis du baraquement la marmite en main, la neige avait commencé à fondre. Soudain je trébuchai et tombai de tout mon long. Les pommes de terre se déversèrent sur la neige sale. Rassemblant mes forces, je me levai avec peine et ramassai les précieux légumes. Après en avoir retiré les saletés, je les replaçai religieusement dans la marmite.

Devais-je raconter cet incident aux détenus juifs ? Ils étaient affamés. A midi, ils n'auraient pour unique nourriture que ces pommes de terre et un morceau de *matsa*. Si je leur révélais que le plat était tombé dans la neige sale, cela les dégoûterait et ils refuseraient de se nourrir pour rester à nouveau à jeun. Je décidai de ne rien dire.

Le dernier et huitième jour de Pessa'h arriva. Il ne nous restait plus une seule miette de *matsa*. Eizik, un des prisonniers juifs dit : « En Israël, ils mangent déjà du pain aujourd'hui ! »

Je répondis : « C'est juste, mais en diaspora, nous devons respecter un jour de plus. »

Mais Eizik s'obstina et maintint : « Je n'en peux plus... Je veux du pain ! »

Je découvris, à cet instant, la force des coutumes juives qui, bien qu'elles ne possèdent pas la même valeur légale que les lois, ont toujours un pouvoir certain. Eizik se rappela soudain l'usage de prononcer une prière en souvenir des âmes disparues le huitième jour de Pessa'h : le célèbre *Yizkor*. Eizik, alarmé, s'exclama : « Attends, mais aujourd'hui on dit *Yizkor* ! Je ne peux pas manger du pain et rappeler par la même occasion le nom de mon père défunt ? Non, cela ne se fait pas. D'abord je fais *Yizkor*. »

Nous récitâmes ensemble cette prière émouvante avec d'autres Juifs qui s'étaient joints à nous. L'un d'eux était un véritable mécréant à qui ses propres parents avaient demandé, avant de mourir, de ne pas rappeler leurs noms, ni pendant le *kaddich* ni pendant *Yizkor*. Ils lui avaient dit : « Tu ne saliras pas notre nom de ta bouche infâme. » Cet homme avait fait fermer la synagogue de la ville où il habitait et fait emprisonner le *cho'het* et le *mohel*. Il avait l'habitude de dire que les personnes religieuses étaient des hypocrites, des fourbes. Il nous menaçait même : « Quand je sortirai de prison, je ferais arrêter celui-ci et celui-là...»

Or voici que cet impie de la pire espèce se joignit à notre groupe pour dire *Yizkor* !

Il me demanda s'il avait le droit de faire cette prière. Je ne m'empressai pas de répondre et méditai la question pour trancher finalement : « C'est autorisé ! »

Il me demanda ensuite : « Est-il permis aujourd'hui de manger du beurre et du hareng salé ? »

Je pouffai de rire et lui demandai : « Ici – ou en Israël ? Parce qu'ici, il n'y a plus rien de casher... Mais en Israël, je n'en sais trop rien. Pourquoi une telle question ?

– J'ai reçu un colis avec du poisson fumé et du beurre. Et s'il est permis d'en manger aujourd'hui, je vous l'offre avec plaisir. »

A cet instant, Isaac Moysievitch apparut. Il avait des nouvelles fraîches : « Ils ont retiré les affiches antisémites ! » S'ils les avaient retirées, c'était un signe que les médecins juifs avaient été libérés. Nous n'avions reçu aucune information à ce sujet, mais nous apprîmes plus tard qu'ils avaient été relâchés dès le deuxième jour de Pessa'h.

Il est écrit dans le Talmud que le mois de Nissan – époque à laquelle les Hébreux sortirent d'Egypte – est propice à la délivrance et à la défaite des ennemis d'Israël. Il en est de même pour le mois qui précède Nissan, le mois d'Adar, tout aussi favorable aux Juifs. En effet, l'histoire contemporaine nous apporte la preuve de ce principe : la bataille de Stalingrad s'acheva par exemple le premier jour du mois d'Adar et Hitler, que son nom soit effacé, fit de ce jour une journée de deuil national.

Ce jour-là, nous trouvâmes des pommes de terre que nous mangeâmes avec du beurre et du hareng salé. Un véritable festin que je partageai également, étant entendu que le huitième jour de Pessa'h, on peut se montrer plus indulgent. Puis, nous fîmes une promenade dans le camp pour constater par nous-mêmes que les affiches, et leur venin raciste, avaient bien été retirées. En chemin, je racontai à mes compagnons des histoires du Talmud.

Nous fûmes accostés par Volodka Epstein, le frère de Maxime, que j'ai cité plus haut. Dans le passé, Volodka avait été athée et membre convaincu de l'Internationale communiste. Après sa libération, Volodka devint un autre homme, et comme son frère Maxime, il retrouva la voie de ses pères. Avant Pessa'h, nous recherchions des volontaires qui accepteraient de recevoir les colis de *matsot* (les prétendus biscuits pour le thé) en leur nom. Volodka se porta volontaire. De retour de captivité, il se sépara de son épouse non-juive, et épousa une Juive, ce qui donna à sa vie un tout autre sens…

Ce jour-là, Volodka nous confia qu'il devait recevoir le soir même un pot de confiture. Il annonça qu'il en donnerait à tous ceux qui n'avaient pas mis une seule miette de pain en bouche pendant les huit jours de la fête. « Celui qui a mangé du pain même une seule fois pendant Pessa'h, qu'il reste chez lui ! »

Un pot de confiture ! C'était un véritable trésor en prison. Les détenus étaient prêts à payer une somme formidable pour un oignon, et voilà que l'on nous proposait de la confiture !

Le soir, à l'issue de la fête, les Juifs qui s'étaient abstenus de consommer du *'hamets* retrouvèrent Volodka pour boire du thé et déguster de la confiture. Je préférai ne pas prendre part à cette petite réunion pour rester un peu seul.

Juste après Pessa'h, on prononça l'amnistie de nombreux prisonniers.

C'est la halakha !

Pourquoi, en prison, ai-je choisi de ne pas travailler le Chabbat ni les jours de fête ? Ce n'était pas simplement de l'entêtement, ou une obstination aveugle : il était bien question d'obéir à la *halakha*.

Dans les chapitres précédents, nous avons déjà abordé la question des lois qu'il est interdit d'enfreindre, même si l'on risque la mort. Il en est d'autres qui, dans certaines circonstances, peuvent être transgressées pour garder la vie sauve. Si j'avais été convaincu que mon refus de travailler le Chabbat me mettait en danger de mort, je ne me serais certainement pas obstiné.

Dans mon travail d'enseignant, j'avais appliqué le même principe. En refusant de travailler le Chabbat, je risquais au pire d'être licencié ou de me voir privé de certificat de travail (ce qui m'arrivera d'ailleurs plus tard). Mais ma vie n'était nullement en danger. En prison également, je ne risquais pas d'être fusillé parce que je refusais de travailler le Chabbat. Peut-être ma peine de prison serait-elle prolongée, ce qui n'était pas une raison suffisante pour profaner le Chabbat ou les jours de fête.

Il en était de même pour mon alimentation. Le régime auquel je m'étais astreint ne m'était nullement nuisible. Si j'avais senti que mes forces m'abandonnaient, j'aurais accepté de consommer des aliments non-casher – mais même dans ce cas, uniquement dans les limites imposées par la *halakha*.

La Torah donne un exemple pour illustrer ce principe.

Quand Yaakov se présente à son père Its'hak pour recevoir la bénédiction qui devait échoir au fils aîné, il se fait passer pour Essav (Genèse 27,18-25).

« Qui es-tu ? demande Its'hak, qui était devenu aveugle.

– Je suis. Essav ton aîné. »

A quoi cela ressemble-t-il ? Imaginons que nous apprenons que la poste a reçu un chèque au nom de M. Rabinovitz. Nous décidons de nous en emparer et nous nous déguisons en vieillard honorable.

Au guichet on nous demande : « Qui êtes-vous ?

– C'est moi. Rabinovitz qui habite à cette adresse.

– Votre carte d'identité, s'il vous plaît.

– Oh, je l'ai oubliée à la maison. »

L'employé de la poste nous considère avec attention et dans le bénéfice du doute, il nous remet le chèque postal. N'avons-nous pas abusé de sa confiance ? Dire : « C'est moi Rabinovitz » ou prétendre : « C'est moi. Rabinovitz qui habite, etc. », c'est du pareil au même ! Nous avons menti dans les deux cas.

Et Its'hak renchérit : « Es-tu mon fils Essav ? »

Yaakov de répondre : « C'est moi. »

Les commentateurs précisent qu'il ne s'attribue pas le nom d'Essav et dit uniquement : « C'est moi. » Peu importe… Est-ce à dire que son attitude ait été intègre et parfaitement honnête ? Yaakov recourt à la ruse et n'en démord pas ! Il veut à tout prix recevoir cette bénédiction qui, au départ, revenait à son frère – et l'obtient. Pourquoi prend-il tant de précautions si, en fin de compte, il profère un mensonge ?

Un soldat qui a prêté serment de fidélité se doit de répondre aux ordres de son supérieur, sans faire cas de ses opinions personnelles. Les commandements du Créateur sont bien plus importants que les ordres d'un quelconque officier – et à fortiori, il nous revient de les accomplir sans émettre la moindre réserve. Elles ne sont pas seulement plus sublimes, mais aussi bien plus complexes et autrement plus subtiles. Les raisons sous-jacentes aux commandements divins sont innombrables, indicibles et éminemment profondes. Les *mitsvot* permettent à l'homme de raffiner son caractère, de se sanctifier. Et inversement, hélas, le non-respect des *mitsvot* cause des dégâts irréversibles. C'est pourquoi il faut non seulement les considérer comme autant d'ordres lancés par un supérieur, mais aussi comme des recommandations médicales qu'il convient de suivre, même si nous n'en saisissons pas le bien-fondé.

De fait, si pour quelque raison que ce soit, nous sommes dans l'obligation d'enfreindre un commandement, il nous est interdit de croire qu'une autorisation de transgresser la loi divine, nous libère totalement du joug de la Torah et nous dispense entièrement de ses prescriptions ! La transgression, si elle est autorisée, ne l'est que dans un cadre bien défini. C'est la raison pour laquelle, Yaakov a refusé de mentir de la manière la plus ouverte en disant par exemple : « Je suis Essav. »

Yaakov s'est rendu auprès de son père avec des larmes dans les yeux. Il n'a pas sciemment choisi de tromper Its'hak – ce sont les arguments de sa mère qui l'ont convaincu de la nécessité d'une telle entreprise. Avant sa naissance, il avait été annoncé que « l'aîné obéira au plus jeune » (Genèse 25,23). Rivka, sa mère, fit comprendre à Yaakov qu'il devait recevoir cette bénédiction. Non pas pour son propre bénéfice, mais pour l'avenir du peuple qu'il allait engendrer. Malgré l'urgence, notre Patriarche ne se permit pas de recourir à un mensonge grossier. Il tint des propos dont la vérité était indubitable, même s'il est vrai que ceux-ci pouvaient prêter à confusion.

Si le régime que je m'étais imposé en prison avait nui à ma santé, étant donné la charge du travail physique à laquelle j'étais astreint et la pauvreté nutritive de mon alimentation – principalement du pain et de l'eau – je n'aurais pas eu d'autre choix que de consommer de la nourriture non casher. Mais manger sans restriction ces aliments interdits, comme s'il s'était agi de nourriture casher, m'était défendu. Je ne pouvais les consommer qu'à intervalles réguliers et en petites quantités, juste assez pour préserver ma santé. Grâce à D-ieu, j'y échappai.

AMNISTIÉ

Je fus libéré deux mois avant le terme prévu, grâce à l'amnistie qui fut proclamée à la mort de Staline, et au cours de laquelle la plupart des prisonniers juifs sortirent des prisons soviétiques.

Avant de nous relaxer, les responsables du camp se livrèrent à de nouvelles fouilles et je fus à nouveau confronté à la question de mes *tefillin* et de mes livres d'étude. Cette fois encore, j'employai le même subterfuge qu'auparavant, et cachai mes précieux effets au fond de ma valise, sur lesquels je déposai des biscottes et mon rasoir. Et cette fois encore, j'implorais D-ieu pour qu'Il me sauve.

Mon tour arriva. Je m'approchais des gardiens avec ma valise en main, en proie à l'incertitude.

Soudain, un des geôliers me tira par la manche. Son visage était sévère. « Viens discuter un peu ! » m'ordonna-t-il.

Il me fit entrer dans une pièce attenante, puis dans une autre... J'étais terrorisé. Avait-il des soupçons ? Mais il ne me laissa pas le loisir de réfléchir à la question et me dit : « Tu promets de ne rien raconter ?

– Bien sûr, répondis-je.

– Et si on te pose des questions, qu'est-ce que tu vas dire ?

– Je dirais que vous avez fouillé mes affaires. »

Il ouvrit la porte et fit : « Sors ! »

Et c'est ainsi que je retrouvais la liberté.

Pourquoi cet homme avait-il choisi de me sauver ? Je l'ignore jusqu'à ce jour. Une chose est sûre, avec cette valise, j'avais bénéficié de trois miracles extraordinaires.

13
Fuir Kazan

Retour à la maison

A l'entrée de notre maison, il y avait une petite fenêtre recouverte d'un rideau. Quand les enfants étaient seuls, ils savaient qu'ils ne devaient pas ouvrir à des inconnus, et lorsqu'ils entendaient toquer à la porte, ils jetaient tout d'abord un coup d'œil à travers la fenêtre. Si le visiteur leur était familier, ils ouvraient – mais dans le cas contraire, ils faisaient la sourde oreille.

Après deux années passées en prison, je retournai enfin chez moi. A peine arrivé, je dus attendre assez longtemps que l'on veuille bien m'ouvrir. Les enfants étaient indécis : Sarah, ma fille de six ans prétendait que l'homme derrière la porte était son père, mais mon fils Ben-Tsion, qui n'en avait que quatre, soutenait le contraire. « C'est interdit d'ouvrir la porte à des étrangers ! » clamait-il. Après de longues minutes, Sarah décida d'ouvrir malgré tout…

Sarah et Ben-Tsion

Le jour de mon arrestation, Ben-Tsion n'avait pas encore deux ans. En prison, je me faisais beaucoup du souci pour mon fils qui, à quatre ans, n'avait pas commencé l'apprentissage de l'alphabet hébraïque, du *Tanakh* [l'Ecriture biblique] ni des matières que nous avions coutume d'enseigner dès trois ans.

BEN-TSION RACONTE :

En prison déjà, mon père avait entrepris de tailler des lettres hébraïques en bois. C'était sa manière de commencer mon instruction – commencer seulement. Ses codétenus lui disaient : « Tu auras le temps de lui apprendre tout cela, pourquoi es-tu si pressé, ici, en prison ? »

A mon retour de captivité, je décidai de regagner au plus vite le temps perdu. Je commençai par apprendre l'alphabet hébraïque à Ben-Tsion, puis le *'Houmach* et, dès l'âge de sept ans, je l'initiai au Talmud. Lorsqu'il eut huit ans, je me mis en quête d'une école où l'on ne "tiendrait pas rigueur" de ses absences le Chabbat. Quand enfin nous trouvâmes cet établissement, toute la famille se mit à prier pour que Bentsik y soit accepté. Nous avions tout convenu avec l'enseignante, mais restait à obtenir l'accord du directeur. Nous redoutions aussi l'immixtion des responsables municipaux de l'éducation dans nos affaires. La loi voulait que les enfants soient automatiquement reçus dans les établissements de leur quartier. Or nous avions inscrit notre fils dans une école fort éloignée de notre domicile, et avions également exigé que Ben-Tsion intègre directement la classe de CE2, bien qu'il n'eut guère fréquenté l'école jusque-là. En effet, c'est en CE2 que "notre" enseignante, Maria Yakovlona Rosoï, travaillait. Ben-Tsion savait déjà lire le russe, et même compter, mais il n'avait pas encore appris à écrire. Pour Maria Yakovlona, cela ne posait aucun problème.

BEN-TSION POURSUIT :

J'avais huit ans lorsque je pénétrai pour la première fois dans une école. Les autres élèves, dès sept ans, en avaient déjà frotté les bancs. Mais, dans notre famille, il était d'usage de retarder d'un an l'inscription dans les établissements scolaires, pour repousser au maximum les difficultés rencontrées – comme le respect du Chabbat. Mon père avait trouvé deux institutrices qui acceptaient de coopérer : la première enseignait en classe de CE1, dans une école située à l'autre bout de la ville, tandis que la seconde tenait une classe de CE2, dans un établissement plus proche de notre domicile. Papa me demanda : « Qu'est-ce que tu préfères ? » Je répondis : « Je préfère l'école qui est plus proche. » Je me rappelle combien de Psaumes nous avons récités avant de nous rendre à l'entretien avec le directeur de l'établissement – entre autres le Psaume 20 : « Que le Seigneur te réponde au jour de ta détresse... »

Je priai donc le directeur de l'école d'accepter mon fils – que je qualifiai d'élève "éveillé et précoce" – en classe de CE2. Celui-ci interrogea Ben-Tsion et lui demanda même de multiplier onze par onze. J'en garde encore un souvenir précis. La réponse de Ben-Tsion lui plut et puisque l'institutrice de CE2 consentait à prendre mon fils dans sa classe, le directeur s'empressa de valider son inscription. Le cas fut ensuite soumis à la commission municipale chargée de l'éducation, qui entérina l'admission de l'enfant.

Ben-Tsion, enfant

A L'ÉCOLE

Le Chabbat, nos enfants devaient s'absenter. De sorte que nous eûmes les plus grandes difficultés à trouver, à proximité de notre domicile, une école pour Sarah. Il était évidemment impossible d'inscrire nos deux enfants dans le même établissement, car leurs absences conjointes – et répétées – le Chabbat ne seraient pas passées inaperçues. Sarah devait donc traverser toute la ville et prendre deux bus pour gagner son école.

Le respect du Chabbat nous obligeait à faire preuve de sagacité. Le vendredi, en hiver, quand les cours finissaient après le coucher du soleil, Ben-Tsion devait profiter de la dernière récréation et déposer son cartable chez une dame, qui habitait non loin de là, pour rentrer les mains vides le soir venu [le Chabbat, il est interdit de porter dans le domaine public]. Le lundi, il se rendait de très bonne heure chez cette dame pour reprendre ses affaires, et faire ses devoirs avant le début des classes. Sarah était plus âgée à l'époque, et elle se débrouillait plus ou moins seule.

Nous apprenions à nos enfants à se comporter avec la plus grande discrétion. Ils devaient se fondre dans la masse et ne pas attirer le regard. Nous leur interdisions par exemple de dire : « Je ne mange pas ceci » ou « je ne fais pas cela ». Nous les encouragions à entretenir de bonnes relations avec leurs camarades et les enseignants. Ils devaient éviter les querelles, ne jamais se mêler aux disputes et se dérober à toute discussion. Nos recommandations étaient certes motivées par un impératif social et éducatif, mais aussi par des considérations stratégiques – ce que nous leur expliquions d'ailleurs.

Un jour, me rendant à l'école de Sarah, je découvris le nom de ma fille au tableau d'honneur. Je me hâtai de trouver son enseignante et lui dis : « Il est préférable que ma fille ne soit pas placée sous les feux des projecteurs...»

L'institutrice, qui avait immédiatement compris mes sous-entendus, baissa une des notes de Sarah. Celle-ci se retrouva dans la moyenne des bonnes élèves – sans plus.

Quand nos deux enfants entrèrent en classe de CM2 (Ben-Tsion avait deux ans d'avance), nous fûmes confrontés à un nouveau problème. Dans les petites classes, une seule maîtresse se chargeait d'enseigner toutes les matières. Mais à partir du CM2, il y avait plusieurs professeurs, et il était impossible de les impliquer tous dans nos impératifs religieux. Nous décidâmes donc d'inscrire nos enfants dans une école professionnelle, destinée aux adolescents, où les cours n'étaient pas dispensés le samedi. Dès lors, ils se rendirent ensemble à l'école. Ben-Tsion avait dix ans et Sarah douze.

Hélas, cette situation idéale ne devait pas durer. Au bout de deux semaines, l'école reçut la visite d'une commission d'inspection. Apercevant nos enfants, les inspecteurs irrités lancèrent : « Cette école s'adresse-t-elle à des adolescents ou à des enfants de maternelle ? »

Sarah et Ben-Tsion furent renvoyés sur-le-champ.

Je parvins in extremis à inscrire Sarah dans une autre école et m'adressai au professeur Bouyev au sujet de Ben-Tsion. Il connaissait mon fils, qu'il avait soigné pour une otite. Il le savait talentueux et appréciait son zèle. Je lui dis : « Mon fils souffre de maux de tête. Que faire ? Peut-être devrait-il prendre un an de vacances ? »

Sans poser de questions, le professeur apposa immédiatement sa signature sur le certificat médical attestant qu'une année de repos complet était indispensable à la santé de l'enfant Zilber. Il me dit : « Essayez de l'envoyer à l'école malgré tout. S'il n'a plus mal à la tête, alors qu'il y reste. Mais si les maux de tête le reprennent, qu'il rentre chez lui. »

Et, tout en prenant congé, le médecin refusa l'argent que je lui tendis pour payer la consultation.

Confrontés au monde extérieur

Nous faisions l'impossible pour passer inaperçus et pratiquer notre religion dans la clandestinité et le secret. Nos enfants réagissaient avec beaucoup de maturité à ces conditions d'existence particulières. Je me rappelle comment, une nuit de Chabbat, alors que je revenais de la synagogue avec Ben-Tsion, il aperçut la lueur de nos bougies à travers la fenêtre. Nous prîmes aussitôt les mesures qui s'imposaient pour les soustraire aux regards indiscrets.

Bien évidemment, la vigilance des enfants n'était pas absolue et des erreurs étaient inévitables. De retour à la maison, Ben-Tsion semblait un jour terriblement accablé. Dans la cour de récréation, une dispute animée avait éclaté entre les enfants. Or, au milieu des débats et des palabres, mon fils s'était exclamé avec enthousiasme : « L'homme qui a vécu le plus longtemps sur terre, c'est Metouchela'h (Mathusalem). Il est mort à l'âge de 969 ans ! »

A ces mots, il s'était aussitôt ressaisi. Voilà qu'il avait cité un enseignement de la Torah, ce livre défendu ! Par miracle, personne ne fit cas de ses propos.

A l'époque, notre vie était plutôt tranquille. Il m'arrivait de me promener au parc avec les enfants. Souvent, j'emmenais Ben-Tsion à l'office clandestin, pour qu'il voie des Juifs plongés dans l'étude et les entende discourir sur une page du Talmud. Le Chabbat et les jours de fête, il m'accompagnait également à la synagogue. Les autorités avaient certainement eu vent de nos pratiques, mais nous nous gardions malgré tout de les afficher en plein jour. Jusque-là, les Soviétiques avaient choisi de laisser faire.

TENTATIVE D'ALYAH AVORTÉE

En 1956, en pleine campagne du Sinaï, nous entreprîmes pour la première fois des démarches en vue d'une *Alyah* vers Israël. Pour les autorités soviétiques, vouloir quitter le territoire de la mère patrie était un crime de haute trahison. Les employés de l'UBIR – instance qui délivrait des certificats et dressait des actes d'état-civil pour le compte du ministère de l'Intérieur – me dévisagèrent avec suspicion et dirent : « D'accord ! Vous et votre épouse devrez fournir dix photos d'identité sur lesquelles vous ferez apposer le tampon de votre lieu de travail, de même que la signature de votre responsable qui en certifiera l'authenticité. »

Outre les photographies, je devais également fournir une quantité de documents et de justificatifs. J'expliquai à mes collègues et mes responsables que je désirais rendre visite à ma belle-sœur qui habitait la Pologne. Quand il était question de se rendre dans un pays du bloc de l'Est, les Soviétiques se montraient plus conciliants.

Je présentai donc à l'UBIR les documents requis, mais, comme nous nous y attendions, l'office nous opposa une fin de non-recevoir.

Une fois le délai requis passé (six mois, me semble-t-il), nous réitérâmes notre demande. Cette fois encore, il nous fallut essuyer un nouveau refus. Il nous fallut répéter ces démarches de multiples fois. En 1957, 1958 et 1959, les bureaucrates de l'UBIR exigeaient des demandeurs qu'ils soient identifiés et authentifiés par le truchement des photos paraphées, appliquant un règlement à tout le moins humiliant, puisque les candidats à l'immigration se présentaient à ces employés en personne !

En 1959, le KGB (anciennement NKVD) décida de prendre personnellement cette affaire en main et d'en finir avec les Zilber…

LE KGB FRAPPE

Le 25 décembre 1959, juste avant Hanoucca, aux petites heures du matin, on frappa à notre porte. A ce moment, Sarah, qui avait douze ans et Ben-Tsion dix, se trouvaient à la maison.

Le visiteur se présenta comme étant un représentant du syndicat des parents d'élèves de l'école. Il commença à interroger les enfants et à leur demander pourquoi, à cette heure-ci, ils n'étaient pas en classe. Ben-Tsion n'avait pas cours et Sarah étudiait le soir à l'époque. Les livres de notre bibliothèque étaient généralement recouverts d'un rideau, à l'abri des regards, mais l'homme, dès son entrée dans l'appartement, le tira et se mit à examiner les ouvrages tout en demandant aux enfants ce qu'ils avaient l'habitude de lire.

A l'époque justement, mon épouse préparait une conférence et avait emprunté un ouvrage épais intitulé « *Le Pionnier* (nom porté par les jeunesses communistes russes) *de l'Etat soviétique* », qui rapportait les hauts faits de grands personnages, dont le célèbre Pavlik Morozov. Bentsik s'empressa donc de montrer le livre à l'importun.

Ignorant cet ouvrage de la littérature socialiste, le "représentant du syndicat des parents d'élèves" s'empara d'un livre d'étude et s'enquit de

СРЕДНЯЯ ШКОЛА № 6 БОНО
г. Казани
Личность Зильбер Г.В.
Заверяю
Директор школы
09.9.57 г

L'identité de Guita est « confirmée »

son intitulé. Ben-Tsion éluda la question et prétendit qu'il ne connaissait pas l'hébreu, tout en détournant la conversation sur le célèbre écrivain soviétique, Geider, auteur de nombreux livres pour enfants. Ben-Tsion tenta même de lancer un débat sur l'attitude de Geider pendant la guerre – qui, plutôt que d'être emprisonné, s'était suicidé. D'où avait-il la certitude d'avoir fait le bon choix ? Ne fallait-il pas plutôt tuer encore un autre Allemand ?

Le visiteur répondit que l'écrivain avait certainement suivi les instructions du Parti. Puis, s'écartant du sujet, il poursuivit son interrogatoire. Où travaillaient son papa et sa maman ? Je me souviens encore comment, de retour chez moi, je m'étais emporté contre mes enfants, leur reprochant d'avoir révélé les noms de nos lieux de travail...

En vérité, l'intrus, quel qu'il fut – journaliste ou agent du KGB – détenait déjà toutes les informations nécessaires...

L'INTERVIEW

Peu de temps après cette visite, le journal *La Tatarie Soviétique* contacta l'école où je travaillais. Les journalistes souhaitaient me poser quelques questions. Entre autres, on me demanda pourquoi je me rendais à la synagogue. Après la visite que nous avions reçue à notre domicile, cette question me mit aux abois. Cela n'annonçait rien de bon.

Je me rendis à la rédaction du journal, dans l'espoir que cela pourrait avoir une quelconque utilité. Au cours de l'entretien, je demandai à mon interviewer : « Comment donc un homme croyant doit-il se comporter ? »

En réponse, il me demanda : « Vous souvenez-vous d'Untel ? » désignant un certain prêtre qui avait renié sa foi en public. A cet instant, je compris aussitôt ce que l'on attendait de moi.

Parmi les hommes de la rédaction se trouvait un Juif, dont je connaissais la mère. Il s'opposa vivement à la publication de cet article qui allait me mettre à nu. Pendant que je patientais dans le couloir, je l'entendis parler avec le journaliste qui m'avait interrogé. Il était question de la période que j'avais passée en prison. Ils semblaient détenir des informations bien précises à ce sujet. Assurément, le récit de mon incarcération intéresserait les lecteurs, mais comme cela risquait aussi de nuire considérablement à ma réputation, le journaliste juif demanda : « Pourquoi vous acharnez-vous sur ce Juif ?

– Et d'où le connais-tu ? répondit l'autre.

– Toute la ville le connaît. »

En prenant ma défense, ce Juif s'était exposé à un véritable péril. Mais finalement, ses efforts portèrent leurs fruits et l'on ne fit pas mention de mes années passées derrière les barreaux. L'article était signé d'un nom d'emprunt – Nopenman – semblable au patronyme du journaliste qui avait plaidé en ma faveur. La rédaction du journal espérait-elle abuser de ma crédulité ? Quand le Juif apprit quelles furent les conséquences de la parution de cette interview – mon renvoi et le retrait de ma licence d'enseignant –, il eut une attaque cardiaque.

ФЕЛЬЕТОН

КТО ЖЕ ОНИ?

Советская Татария
4 стр. 6 января 1960 года

Ю. ЯКОВЛЕВ,
И. НОФФЕЛЬМАН.

L'article dans le journal conservé par le rav Its'hak Zilber

L'article décrivait notamment la situation dramatique dans laquelle se trouvaient les enfants de Zilber "le fanatique". Le journal rapportait entre autres abus que Sarah devait prendre quatre autobus pour se rendre à l'école, deux à l'aller et deux autres au retour.

Outre mon attachement à la pratique religieuse, on m'accusait aussi d'avoir offert le gîte à un criminel. Ce "criminel" n'était autre qu'un Juif innocent du nom de Wagman. Cet homme était originaire de Bessarabie roumaine – devenue, un an avant la guerre et suite à l'accord signé entre Hitler et Staline, la République moldave. Au moment où les Soviétiques s'étaient emparés de ce territoire, ils avaient arrêté en une nuit toutes les personnes détenant un statut social "douteux" et, notamment, les "capitalistes". Wagman était parvenu à fuir à temps et était arrivé à Kazan.

Il avait trouvé une cachette dans notre appartement et je l'avais hébergé pendant près de six mois. Un jour, il fut arrêté lors d'une de ses sorties. L'article en question semblait pourtant prétendre que l'arrestation avait eu lieu chez moi. En fin de page, on pouvait lire cet appel adressé aux lecteurs : « Qui sont ceux qui donnent un abri aux criminels ?! »

Wagman resta près de dix ans en prison et, à sa libération, il m'envoya une lettre terrifiante. « Cher Its'hak, écrivait-il, alors que je me trouvais chez toi, j'avais cru comprendre que tu étais un homme croyant. Pourquoi alors n'as-tu pas pris mes jeunes années en pitié ? »

Il s'avéra que les agents du KGB s'étaient appliqués à lui tenir des propos calomnieux à mon sujet, employant un savant subterfuge afin de le pousser à m'incriminer. « Si Zilber ne t'avait pas dénoncé, lui avaient-ils lancé, nous n'aurions jamais levé le petit doigt sur toi. » Mais ma prétendue visite dans leurs quartiers les avait contraints à "répondre".

J'écrivis à mon tour à Wagman pour m'expliquer et rétablir la vérité, mais je ne reçus de lui aucune réponse...

L'assemblée

Comme toujours, quand la presse fait des révélations inédites, le public se fait un devoir de réagir. Je ne fus donc guère étonné d'apprendre que, suite à la parution de l'article me concernant, les professeurs de mon établissement appelèrent aussitôt à l'organisation d'une réunion extraordinaire.

Celle-ci se tint un Chabbat. Nous étions le 9 janvier, date qui, cette année-là, correspondait au 9 Tevet. Les débats débutèrent à dix heures du matin et se poursuivirent jusqu'à six heures du soir – soit une journée de travail ou peu s'en faut. Vingt-cinq représentants du Parti et du komsomol assistèrent à cette assemblée, de même que des responsables de l'éducation et du syndicat des travailleurs affiliés aux entreprises, où j'avais eu l'occasion de donner des conférences sur des sujets scientifiques. Chacun prit la parole à tour de rôle. A cela venaient s'ajouter le directeur de l'école, son adjoint, notre délégué du Parti et le reste à l'avenant – soit en tout, trente-cinq intervenants !

Le même jour, il y eut une réunion dans l'école où enseignait Guita. Il valait mieux qu'elle divorce, lui suggéra-t-on, et, en échange du sacrifice, on lui fournirait un travail, un trois-pièces au centre-ville et une vie tranquille. Au cours de ces deux rassemblements, des décisions similaires furent prises. Il était donc évident que ces deux mascarades nous condamnaient d'avance.

Lors de l'assemblée me concernant, le directeur du département régional de l'éducation populaire, un certain Chalachov, me demanda : « On dit que vous croyez en D-ieu. Est-ce exact ?

– Oui, répondis-je.

– Je vous conseille de bien réfléchir avant de répondre. Vos amis, ceux qui ont travaillé avec vous pendant de nombreuses années, et ceux qui ont étudié avec vous à l'Université, espèrent vous voir reconsidérer sérieusement vos vues. Cessez donc de faire fausse route ! »

Je répondis que je croyais en D-ieu depuis toujours, et que je continuerais à croire en Lui, jusqu'à la fin de mes jours.

Il poursuivit son interrogatoire : « Que ferez-vous lorsque le communisme trouvera une assise solide et dominera le monde ?

– Je travaillerai là où l'on aura besoin de mes compétences. Mais je resterai croyant, quoi qu'il en coûte ! »

Puis ce fut le tour de Moyesiev, du groupuscule régional du Parti : « C'est impossible. Engels a bien écrit qu'à l'ère communiste, il ne resterait plus un seul croyant !

– Peut-être, mais je ne dérogerai pas à mes convictions. Moi, je resterai croyant ! »

Arriva le temps des discours. On avait soigneusement préparé les exposés. Il fut question de mes années passées à l'Université. J'avais reçu de mes maîtres, des appréciations élogieuses. Mais ils n'étaient pas dupes, eux. A l'Université, on avait été convaincu de mes compétences, et j'aurais pu apporter énormément à la recherche scientifique. Toutefois, cela ne m'avait pas intéressé puisque, selon leurs dires, « le Chabbat était pour moi plus important »... Cela aussi, ils surent se l'approprier à leur avantage, afin de servir leurs vils desseins.

Une femme portant le nom de Vassilieva fit un discours qui gagne à être rapporté. Celle-ci avait la charge de soutenir les adolescents en difficulté. Elle parlait avec emphase et dit : « J'ai eu le cœur serré quand j'ai appris dans quelles conditions vivent les enfants de Zilber. On ne leur achète pas de viande, parce qu'elle n'est pas casher. Le Chabbat, on leur interdit d'écrire. Avant de manger et même après, ils doivent réciter des prières. Il est impératif que les enfants aient une jeunesse heureuse, qu'ils fassent du patin à glace, des promenades, des sorties en forêt, des parties de baignade, etc. Or pour ces malheureux, la vie est amère. En tant que femme, en tant qu'éducatrice et aussi en tant que mère, je suggère à cette assemblée réunie aujourd'hui de retirer le droit de garde à Zilber Isaac Yakovlevitch et à Guita Vinyaminovna (le nom de mon épouse en

URSS). Il est de notre devoir de placer ces enfants dans une institution aussi éloignée que possible du domicile des parents Zilber, afin de les soustraire à l'influence néfaste de ce couple d'irresponsables. L'URSS se chargera de les élever et d'en faire des citoyens soviétiques dignes de ce nom. Un jour viendra où ils nous en remercieront ! » Puis, elle conclut avec grandiloquence : « Chers camarades, qui est favorable au retrait du droit de garde des parents Zilber ? »

Les participants levèrent presque tous la main. Il y eut seulement trois abstentions. Personne ne pouvait envisager de dénoncer purement et simplement une telle mesure. A l'époque, il fallait aussi beaucoup de courage pour oser s'abstenir. Parmi les abstentionnistes se trouvait une jeune professeure, communiste fervente, du nom de Tcherivatskaya. Elle était juive, mais elle avait toujours montré beaucoup de mépris pour la religion. Et voilà que, contre toute attente, elle n'avait pas ouvert la bouche lors de cette singulière assemblée. Elle avait même refusé de rédiger le compte-rendu de la séance, comme on le lui avait demandé, et était restée silencieuse, comme frappée de stupeur, durant les débats.

Il y a de cela un certain temps, j'eus l'occasion de faire une conférence quelque part en Israël. Soudain, un homme s'approcha de moi. En m'embrassant, il me dit : « Vous ne me connaissez pas. » Il se présenta et me confia qu'il était le frère de Tcherivatskaya, et qu'il était monté en Israël avec sa famille...

Le délateur repenti

Les personnes qui assistèrent à cette assemblée offraient un éventail complet de la population soviétique. Il y avait les acharnés, qui cherchaient à nuire envers et contre tout ; les indifférents – mais aussi, ceux qui, dans le secret de leurs pensées, nous étaient favorables et partageaient nos positions... Avec les années, je fus curieux de retrouver ces personnes afin de savoir ce qu'elles étaient devenues.

Où se trouve par exemple Fedor Tarasovitch ? Après la réunion, il s'était approché de moi avec, dans son regard, une satisfaction malsaine. Il m'informa qu'il avait pris l'habitude de me suivre. Un jour, il m'avait même aperçu chez un vieux rav qui habitait Kazan…

Il y avait aussi Achmanov, le professeur de physique. Cet homme d'origine Tchouvache était particulièrement antipathique. Nous découvrîmes rapidement qu'il s'était rendu chez les autorités pour nous dénoncer – l'adjoint du directeur, un Juif dénommé Steinman, et moi-même – alléguant notamment qu'au lieu d'enseigner durant les heures de cours, j'entretenais les élèves de toutes sortes d'histoires… Alors qu'en vérité je travaillais d'arrache-pied, jusqu'à l'épuisement !

Je ne fus pas l'unique victime de sa malveillance. Les membres de sa propre famille en eurent également à souffrir. Achmanov accepta de soutenir son pauvre père, seulement après en avoir reçu l'ordre du tribunal. Ce dernier, qui préférait ne pas rencontrer son fils et refusait de recevoir l'argent de ses mains, venait réclamer son dû au service de la paye, à l'école.

Or, contre toute attente, cet homme mesquin et vil fit pénitence. Son histoire ressemble étrangement à celle d'Ovrov, que j'avais connu en prison. Peu de temps avant mon licenciement, Achmanov me pria de le suivre dans les vestiaires, pour me parler entre quatre yeux. Il me dit : « Ecoute Isaac Yakovlevitch. Je t'ai fait beaucoup de mal, je t'ai livré à la police. Je t'en prie, pardonne-moi !

– Qu'est-ce qui t'arrive ? lui demandai-je, incrédule.

– Je t'ai vu dans un rêve et je voulais t'embrasser. Mais on m'a dit : "Non, tu n'en as pas le droit !" Et on m'a ordonné de te demander pardon. »

Je lui répondis que je ne voulais rien avoir à faire avec lui.

Après la fameuse réunion qui avait décidé de mon sort, il vint à nouveau me parler, en compagnie de son ami, le professeur de littérature. Achmanov me dit : « J'ai deux maisons en Tchouvachie. Tu peux y habiter tout le temps que tu le souhaites. Ne te décourage pas. Le jour n'est pas loin où dix hommes de différentes contrées saisiront le pan de la veste d'un Juif et diront : “Nous viendrons avec vous, car nous avons entendu que D-ieu est avec vous.“ »

En effet, dans les livres des Prophètes (Zacharie 8,23) il est écrit : « Ainsi parle l'Eternel : “En ces jours-là, dix hommes de toute langue, de toute nation, saisiront le pan de l'habit d'un seul Juif en disant : Nous voulons aller avec vous, car nous avons entendu que D-ieu est avec vous !“ »

Il semble qu'Achmanov avait étudié la Torah dans sa jeunesse...

Depuis, je ne l'ai plus jamais revu. Peu de temps après ces événements, je dus quitter Kazan.

Le rav Ben-Tsion raconte :

Ce jour-là, nous étions à la maison, ma sœur et moi. L'attente était presque insoutenable.

Au retour de nos parents, il commençait déjà à faire nuit. Ils avaient l'air abattu. Ils nous racontèrent qu'ils avaient été congédiés tous les deux, mais que ce double licenciement n'était pas la véritable cause de leurs soucis. Les deux assemblées avaient en effet pris des décisions très graves, et avaient voté pour le retrait du droit de garde de leurs enfants – Sarah et moi-même, en l'occurrence. Ce fut un moment terrible pour notre famille.

Après l'assemblée

En ces temps-là, le moindre coup frappé à la porte nous faisait sursauter. Nous appréhendions avec angoisse la visite des services sociaux... Les journaux firent paraître un nouvel article à mon sujet. On y relatait les débats et les révélations faites par les deux assemblées. Ces réunions avaient confirmé l'exactitude des faits et la véracité des crimes commis par le couple Zilber. On avait même découvert de nouvelles infractions comme ces odieux délits dont je m'étais rendu coupable : je n'avais jamais pris mes repas à la cantine, j'avais parcouru des kilomètres à pied afin de me rendre à l'école le Chabbat, et j'en passe...

Le pouvoir avait décidé de me pousser à bout. Les Soviétiques étaient impatients de me voir rejeter publiquement ma foi. D'ailleurs, de l'avis d'un certain nombre de mes connaissances, il valait mieux en finir et feindre l'apostasie. Tout le monde saurait qu'une telle démarche ne serait pas sincère et que je n'aurais franchi ce pas que contraint et forcé.

Mais simuler le reniement de sa foi est tout simplement interdit – il vaut mieux se laisser mourir plutôt que de transgresser un tel commandement !

Notre voisine russe, tata Toussia, me dit un jour : « Si vous, Isaac Yakovlevitch, vous reniez la foi en D-ieu, qui donc restera croyant ? »

Etre au chômage ne nous préoccupait guère, mais l'idée de perdre la garde de nos enfants nous rendait malades. Nous étions dévorés par l'angoisse et l'inquiétude. Que faire ?

Après mon départ de Kazan, comme je le raconterai par la suite, Guita se présenta au département de la propagande du Conseil régional et s'adressa à l'un de ses responsables : « Je pourrais vous amener mes enfants, ici, et vous constaterez par vous-mêmes qu'ils ne sont pas si malheureux. Qu'en pensez-vous ? »

L'interlocuteur, qui n'était pas un imbécile, lui répondit : « C'est inutile. Je le comprends bien. Nous vous laisserons tranquille à deux conditions. Mais si vous décidez d'enfreindre l'une d'entre elles, nous vous retirerons aussitôt leur garde, et les décisions prises par les assemblées entreront officiellement en vigueur. Première condition : les enfants ne doivent pas se rendre à la synagogue. Deuxièmement : votre fille doit être inscrite dans une école ordinaire. Et rappelez-vous bien ceci : si nous les voyons à la synagogue, vous ne pourrez vous en prendre qu'à vous-mêmes ! Si vous acceptez, je me charge de retirer cette affaire de l'ordre du jour. »

L'employé avait fait quelque chose de grand et ce geste était tout à son honneur. Il aurait pu, s'il l'avait voulu, soustraire Sarah et Ben-Tsion à notre garde. Mais il ne l'a pas fait, et il leur sauva la vie ! Cet homme s'appelait Zernov.

Je dois reconnaître que toutes les souffrances que nous avons endurées furent le fait des seules autorités. Outre les personnes affiliées aux organes politiques, nos voisins comme les autres nous prenaient généralement en sympathie. Par exemple, le propriétaire de notre appartement connaissait notre mode de vie, mais cela lui importait peu. J'avais construit une *soucca* dans notre jardin, et au moment de mon arrestation, de même que pendant toutes les années que je passai en prison, il ne la fit pas détruire. Au contraire, il baissa même le prix du loyer parce qu'il savait qu'à l'époque, Guita devait subvenir seule aux besoins de notre famille.

Notre unique adversaire était le KGB – et non pas les Juifs activistes affiliés au Parti, ou même nos voisins non-juifs. Personne ne se mêla de nos affaires. Après mon renvoi, je me rendis à l'école pour y récupérer des documents. Le directeur et les professeurs tentèrent d'expliquer leur attitude lors de la réunion : « Isaac Yakovlevitch, nous vous demandons pardon. Nous vous avons dénigré, certes, mais ils [désignant les hommes du KGB] nous ont tout simplement imposé le texte de nos discours. Entre leurs mains, nous étions comme des bêtes de cirque. »

« J'ai tenté de leur suggérer, me confia le directeur de l'école que, comme ils savaient exactement ce qu'il convenait de dire, il serait peut-être plus judicieux qu'ils prennent eux-mêmes la parole. Mais ils ont fait pression sur nous : “C'est vous qui parlerez et nous vous dirons quoi dire !“ »

Nos relations avec l'entourage étaient donc plutôt amicales. Je me rappelle comment Ben-Tsion jouait un jour dans la cour avec d'autres enfants. Soudain, l'un d'eux se mit à lui jeter des pierres. Ce furent justement nos voisins russes qui prirent sa défense en criant : « Honte à vous ! Ils sont déjà suffisamment harcelés. Pourquoi ajouter à leurs misères ? »

Certains Juifs évitaient notre contact, mais il y en avait d'autres qui nous offraient leur soutien. Notre histoire était devenue célèbre et avait suscité un grand élan de sympathie.

Je compris rapidement qu'après la parution de cet article, je ne trouverais plus de travail à Kazan, même pas comme chauffeur dans une fabrique de bougies. Faute de quoi, je me mis en route vers le point de passage de la Volga et gagnai le village de Vassilieva, à une heure de Kazan. Là, on m'offrit un emploi dans une verrerie.

Ma fuite

Un soir, alors que je retournais à Kazan à une heure très tardive et dans un état d'épuisement extrême, j'eus la surprise de trouver une étrange et inquiétante convocation : « Vous êtes prié de vous rendre avec votre épouse Guita à Niminovna, auprès du Conseil national de la sécurité (autrement dit l'illustre KGB). »

L'assignation était pour le jour même.

Il était donc trop tard pour nous y rendre – et d'ailleurs, je n'en avais guère l'envie. S'il était facile d'entrer dans les quartiers de la police politique, en ressortir était bien moins évident… A nouveau, nous étions rongés par l'angoisse. Que faire ? Fuir ?

Mon épouse me dit : « Où pourrais-tu donc aller ? Ils te retrouveront partout. Ils peuvent mener une traque à l'échelle nationale. »

Les enfants, qui avaient eu naturellement connaissance des derniers événements, partageaient les péripéties de nos existences tourmentées. Brusquement, le petit Ben-Tsion laissa échapper ce cri : « Papa, évade-toi ! »

Je décidai de prendre conseil auprès d'une procureure générale de ma connaissance. Après m'avoir entendu, celle-ci me dit : « Puisque vous n'avez pas signé une obligation de résidence dans la ville, en cas de fuite, ils ne pourront pas exiger que des recherches soient engagées en dehors de Kazan. En outre, la convocation que vous avez reçue ne revêt aucun caractère impératif. Et dans le cas où l'on vous demandera pourquoi vous ne vous êtes pas présenté, vous pourrez répondre que vous ne l'avez pas vue, tout simplement. Vous pouvez donc disparaître. »

De retour chez moi, je pris mes *tefillin* et mon *talit*, et me séparai des miens tout en disant : « Je ne sais pas où aller, mais dès que cela me sera possible, je vous donnerai de mes nouvelles. »

Il était trois heures et demie du matin lorsque je frappai à la porte d'un ami pour lui demander de me prêter de l'argent. Je me dirigeai ensuite vers la gare ferroviaire, où j'achetai un ticket pour Moscou. De Kazan à Moscou, il y a 800 kilomètres.

Ma fille Sarah raconte :

A la date indiquée sur la seconde convocation du KGB, maman se rendit seule au siège de la police secrète. Avant de quitter notre domicile, elle nous remit une lettre adressée à notre grand-mère. Nous devions l'envoyer à Kasil Orda où habitait notre aïeule, au cas où elle ne serait pas de retour dans les deux heures. Dans cette lettre, maman demandait à sa mère de nous garder chez elle.

Au KGB, on dit à maman : « Ce n'est pas toi que nous avons convoquée, mais ton mari ! Nous sommes tout à fait capables de le retrouver nous-mêmes, mais il vaut mieux pour vous que vous l'appeliez vous-même. »

Maman leur répondit qu'elle ignorait où se trouvait papa, mais les hommes de la police secrète se mirent à crier : « Voilà un homme qui ne rentre pas à la maison, qui sort la nuit pour disparaître, et vous n'avez pas appelé la police ? Nous allons venir chez vous et nous allons vérifier tout cela par nous-mêmes. Il se cache bien quelque part.

– A votre aise, répondit maman. »

Ben-Tsion raconte :

Le chef local du KGB se rendit en personne à notre domicile. A chacune de ses visites, il soumettait maman à un nouvel interrogatoire. Un jour, il lui dit : « Vous pensez vraiment que nous allons vous laisser sortir – vous, des personnes détenant des diplômes universitaires de haut niveau !? »

Connaissant l'état de notre situation financière, ils n'avaient pas imaginé que papa prendrait la fuite. Ils avaient supposé que mon père trouverait une cachette quelque part en ville. Et qui irait le voir dans son abri ? Les enfants, évidemment ! De sorte, qu'à peine quittions-nous notre maison, Sarah ou moi-même, pour nous rendre, par exemple chez l'épicier, nous étions suivis par un agent.

Pendant ces longues semaines, nous n'avions toujours pas de nouvelles de papa. Nous étions terriblement inquiets.

Sarah :

Juste après le départ de papa, maman m'inscrivit dans une école ordinaire. Le Chabbat, pour ne pas en arriver à profaner ce saint jour, je laissais mon cartable en classe dès la fin des cours et faisais mes devoirs le lundi, tôt le matin, avant l'ouverture de l'école.

Un des professeurs de cette nouvelle école me portait un intérêt particulier. Il entreprit un jour de me questionner avec "sympathie" sur mes parents, sur ma maison pour finir par me demander où se trouvait papa... Je lui répondis que je n'en avais pas la moindre idée et j'éclatai en sanglots ce qui mit fin à la conversation "amicale".

Maman se faisait beaucoup de soucis parce que nous n'avions aucune nouvelle de notre père. La procureure générale, qui avait recommandé la fuite, la tranquillisa : « Dans le cas d'un délit qui ne requiert pas l'engagement de recherches sur tout le territoire, l'affaire est obligatoirement classée si l'auteur du délit vient à disparaître.» Si papa était resté en ville, le KGB aurait pu poursuivre ses pressions et ses intimidations. Mais avec son départ, cette sinistre institution n'avait plus les moyens d'agir contre lui. Par ailleurs, comme ils avaient perdu les traces de mon père et que leurs recherches s'étaient soldées par un cuisant échec, le KGB ferait tout pour taire l'affaire et masquer leur défaillance. Maman le comprenait parfaitement. En effet, elle avait reçu, en son temps, son éducation politique du rav Mordekhaï Doubin.

Un jour, nous reçûmes enfin une lettre de papa. Il se trouvait à Tachkent et nous indiquait où nous devions le rejoindre. Il prit même la peine de donner à maman des "instructions" concernant les deux chatons et les deux chiots que nous hébergions dans la cour, et la pria de les remettre à des personnes de confiance.

Troisième Partie

1960 - 1972 :
Tachkent

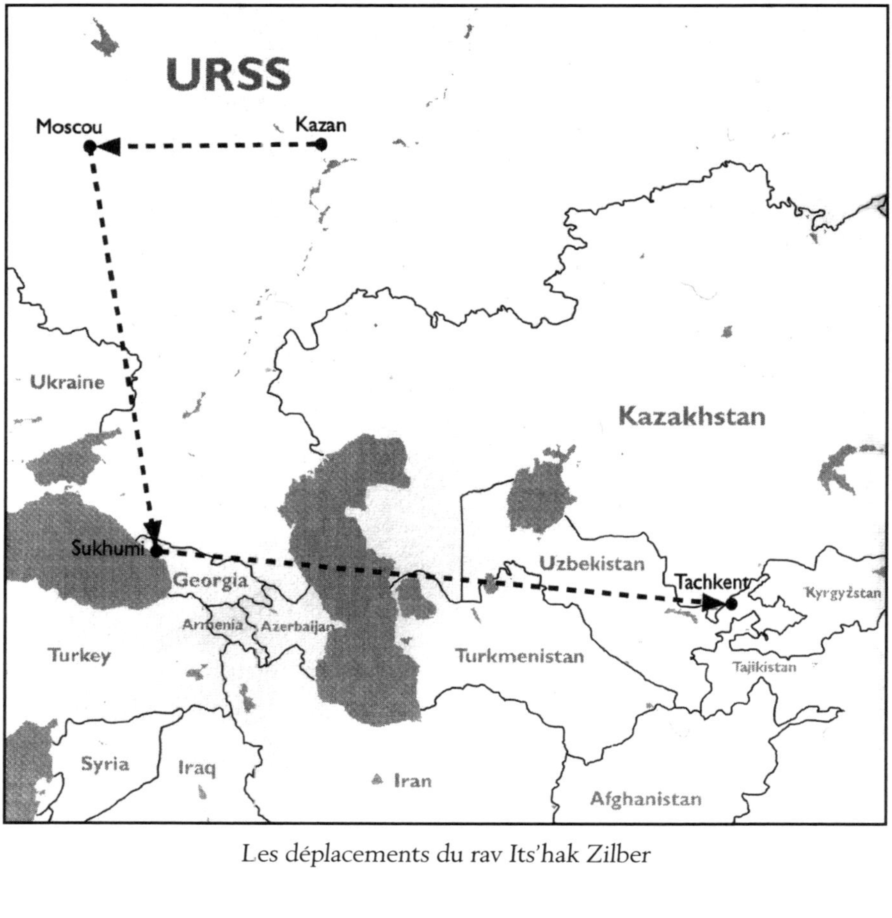

Les déplacements du rav Its'hak Zilber

1

En exil

Proscrits

Dans le train, cette nuit-là, en quittant Kazan, je me retrouvai dans le compartiment avec trois individus engagés dans une conversation animée. Soudain, j'entendis l'un d'eux déclarer : « Chez nous, au KGB, les congés payés sont assez nombreux...» Je fus soudain pris de vertige. Ce sont certainement des hommes de la Tcheka – la police d'Etat – venus me surveiller, me dis-je. Ils n'étaient pas assis là près de moi par hasard... Mes nerfs étaient à fleur de peau. J'étais devenu extrêmement soupçonneux...

Le voyage dura toute la nuit, mais je ne pus fermer l'œil. J'attendais, fébrile, l'instant fatidique où mes voisins se décideraient à m'arrêter. Quand enfin le train entra en gare de Moscou et que mes "accompagnateurs" se mêlèrent à la foule des passagers qui descendaient sur le quai, je me hasardai à me lever. Je ne pus toutefois faire le moindre pas ! J'avais perdu l'usage de mes jambes et faillis m'effondrer. J'en avais tout au moins la nette impression.

Et maintenant, que faire ? Je restai planté là un long moment, immobile, dans le wagon vide jusqu'à ce qu'enfin je parvienne à me mouvoir et à sortir.

J'étais rongé par le souci. Qu'était-il advenu de ma famille ? Nous n'avions pas de téléphone et je redoutais de contacter les miens par le biais d'une opératrice de peur d'être mis sur écoute. J'étais désemparé.

Ma première pensée fut celle de me rendre spontanément au tout-puissant Comité central du parti communiste et de tout raconter, ouvertement. Oui, j'étais bien un homme croyant, traqué pour cette raison-là, réclamant instamment que justice soit rendue… Mais à la réflexion, pareille démarche s'avérait inutile, sinon dangereuse. En général, plus les hommes de ce cénacle gagnaient en importance, plus ils devenaient mauvais.

Je passai donc le Chabbat à Moscou. Mais je compris rapidement qu'il ne servirait à rien de rester plus longtemps dans la capitale. Dès la sortie du Chabbat, j'empruntai une certaine somme au père du docteur Tsatskis – le rav Israël Tsatskis – et me mis en route pour le Caucase. J'arrivai à Sukhumi avec l'espoir de trouver un emploi et d'y faire venir ma famille. Hélas, la ville ne disposait pas d'école professionnelle pour mes enfants, de sorte que mes projets d'installation dans cette localité ne pouvaient aboutir.

Je décidai donc de partir pour Tachkent. Dans un premier temps, je pouvais résider chez un de mes proches parents, le rav Avraham Binyamin Rabinovitch, qui portait d'ailleurs le même nom que mon beau-frère.

A Sukhumi, je rencontrai pour la première fois des Juifs autochtones – des *Grouzinim* (Géorgiens) qui formaient la majorité de la population juive locale – ainsi que des Juifs d'origine ashkénaze. Je savais que les coutumes des *Grouzinim* étaient différentes des miennes, mais le contraste était incroyable et me surprit fortement. Ces Juifs semblaient ignorer totalement la présence du pouvoir soviétique. Les hommes allaient chaque jour à la synagogue, et même s'ils travaillaient le Chabbat, ils se rendaient à l'office à la fin de leur journée de travail et assistaient trois heures durant au cours donné par le *'hakham* – le rabbin. Ils s'employaient également à étudier en cachette et tous, sans exception, achetaient de la viande casher. Les ashkénazes en revanche n'en consommaient presque pas et rassembler chez eux dix hommes pour la prière était difficile. En semaine, seules cinq ou six personnes participaient à la prière, ce qui nous obligeait chaque jour à trouver d'autres Juifs afin de compléter le quorum.

Un jour, je demandai à un de ces Juifs pourquoi les ashkénazes n'achetaient presque pas de viande abattue rituellement.

« On peut les comprendre, fit-il en haussant les épaules. Ces escrocs demandent un prix exorbitant pour la viande...

– Et alors ? Manger de la viande non casher, c'est interdit ! C'est extrêmement grave ! répliquai-je.

– Je vois que vous avez perdu la raison ! Jusqu'à ma retraite, je ne me suis jamais hasardé dans la synagogue de notre ville. Au cours de mes déplacements, dans d'autres agglomérations, il m'est arrivé de mettre les pieds dans un de nos lieux de culte. Un jour, alors que je me trouvais à Kazan, j'ai vu le fils du rav. Il étudiait à l'université et j'ai appris que plus d'une fois, il avait tenté de faire différer la date d'un examen qui devait se tenir le Chabbat. Mais il faisait tout cela avec intelligence. C'était un homme cultivé, et particulièrement brillant. Et vous, vous n'êtes qu'un insensé, qui ne connaît qu'une seule chose : qu'il est interdit de consommer des aliments non casher... »

Je compris aussitôt que « le fils cultivé du rav de Kazan » n'était autre que moi-même, mais je préférai me taire. Juste avant de quitter Tachkent seulement, je confiai à cet homme que l'étudiant éclairé s'appelait Its'hak Zilber, comme moi...

En 1970, j'assistai à un mariage à Sukhumi. Un certain Juif, auquel tout le monde semblait manifester beaucoup de respect et que tous nommaient "rav", attira mon attention. Il ne ressemblait en rien aux rabbins dont j'avais l'habitude et l'occasion se présenta de lui demander pourquoi on lui attribuait ce titre. Pendant de nombreuses années, cet homme avait enseigné l'alphabet hébraïque, les livres de la Torah et la prière aux jeunes enfants. Dès les années 1920, le pouvoir soviétique avait interdit toute activité ayant un rapport quelconque avec le judaïsme.

Suite à cela, faute de maîtres, les enfants ne recevaient plus d'instruction religieuse. Bien que retraité (quand je le rencontrai à ce mariage, il avait déjà plus de quatre-vingt-dix ans), ce Juif décida de poursuivre son action dans la clandestinité. Les garçons se rendaient à l'école le matin et retrouvaient leur enseignant l'après-midi – et inversement pour ceux qui avaient cours l'après-midi.

« Croyez-moi, fit-il, en ces temps-là, je ne buvais mon premier verre de thé qu'à une heure et demie de l'après-midi, au moment de la relève. »

L'homme ne percevait que cinq roubles par mois, dont il prélevait aussi une certaine somme pour acheter le silence des policiers.

Je lui demandai : « Combien d'élèves aviez-vous chaque jour ?

– Quatre-vingt-dix. »

Quatre-vingt-dix élèves par jour…

Premiers temps à Tachkent

Je décidai de m'installer à Tachkent, mais il me fut impossible de me faire enregistrer comme résident officiel. Je devais d'abord faire acte de résiliation à Kazan, auprès des services de l'état-civil de la ville. Mais comment retourner à Kazan sans risquer de me jeter dans la gueule du loup ? N'étant pas en possession d'un permis de résidence, la peur ne cessait de me tenailler. Qu'adviendrait-il le jour où on me demanderait mes papiers ?

Je trouvai donc abri chez le rav Avraham Binyamin Rabinovitch. En entendant le récit de mes pérégrinations, il me dit : « Tu as bien fait de venir ici. » En ces temps-là, il fallait beaucoup de courage et d'audace pour accepter de donner le gîte à une personne recherchée par la police secrète. De plus, l'épouse du rav était professeur d'anglais, et comme vous l'avez compris vous-mêmes, les enseignants étaient soumis à une surveillance des plus strictes.

Le père du rav Avraham, le rav Eliahou Akiva Rabinovitch fut, de nombreuses années durant, le rav de Poltova. Il fut aussi le premier rédacteur en chef du journal *Hamodia* et de la revue *Hapelès*, deux publications éditées jusqu'en 1917 – année de la révolution soviétique – et qui s'élevaient avec force contre les Juifs qui avaient rejeté le joug divin.

On doit d'ailleurs au rav 'Haïm Soloveitchik *zatsal* une lettre célèbre à ce sujet, en réponse à la question qui lui fut soumise : « Comment rétablir l'honneur bafoué du rav de Poltova et directeur du *Hapelès* ? »

Rav 'Haïm écrivit : « Que faire ? Ils [la presse laïque] ont déjà déversé tant d'injures et de fiel sur la plupart des rabbins ! Mais si – comme vous le signalez dans votre lettre – vous souhaitez le défendre, vous pouvez veiller à ce que le nombre de lecteurs du *Hapelès* augmente, ce qui permettra de le blanchir et de dissiper les doutes. »

Le rav Avraham Binyamin était un authentique érudit en Torah et, poursuivant la voie de son père, il devint après le décès de celui-ci, le rav de Poltova, dont il dirigea la communauté dans la clandestinité et sans recevoir de salaire. Un autre détail témoigne de l'envergure de cette grande personnalité. Notre troisième enfant, 'Hava, naquit à Tachkent. Après sa naissance, le rav eut à cœur d'apporter chaque jour, un litre de lait à Guita. Un mois après, le rav Avraham Binyamin s'éteignit.

Tout le temps que je passais chez lui, je m'efforçai de suivre les habitudes que j'avais toujours prises et ne consommais que ma propre nourriture. Rav Avraham Binyamin en riait tout en disant : « *Für im iz kosher nur gebratene steiner* ! » – [en yiddish : pour lui, seules les pierres grillées sont cashers.]

Rav Avraham Binyamin
Rabinovitch zatsal

Après un certain temps, je m'installai chez des amis proches de la famille Rabinovitch, les Krouglak. J'avais déjà fait leur connaissance en 1956, à Samarkand, où je m'étais rendu pour rendre visite à mon beau-frère, le rav Aharon Rabinovitch, juste avant son immigration en Israël. A l'époque, j'avais également visité Tachkent. Malgré l'incomparable hospitalité de cette famille, j'étais dévoré par l'angoisse. En effet, Vladimir Krouglak était directeur de département dans une importante entreprise aéronautique, dont le siège avait été transféré à Tachkent pendant la Seconde Guerre mondiale. Ma présence chez eux risquait de les compromettre dangereusement.

Lisa Krouglak raconte :

Nous rencontrâmes le rav Its'hak Zilber pour la première fois avant la fête de Souccot, en 1956. Il venait de Samarkand. C'était un vendredi. Il dit à Volodia, mon époux : « Ne vous en faites pas, j'ai apporté de quoi manger avec moi » tout en brandissant un sac en plastique, avec, à l'intérieur une tranche de pain. Volodia répliqua aussitôt : « Ma femme est partie hier à Moscou pour rendre visite à sa mère, et elle a déjà préparé tous les repas du Chabbat. Ce pain, vous pourrez le donner à quelqu'un d'autre. »

Et, en effet, rav Zilber offrit son pain à un indigent, et fut l'invité de mon mari pour le Chabbat. Les deux parlèrent trois jours durant, sans dormir. Mon mari fut très impressionné par ce rav, et il avait l'habitude de dire : « Ce n'est pas un homme, mais une véritable encyclopédie ! »

Les deux familles qui avaient accepté de m'héberger couraient de très grands risques. C'est pourquoi je préférai dormir une fois chez les uns et une fois chez les autres, tout en me rongeant les sangs au sujet de mon épouse et de mes enfants. Je redoutais surtout que Ben-Tsion et Sarah aient été pris par les autorités. Pendant tout ce temps, je ne pus ni les joindre par téléphone ni recevoir de leurs nouvelles…

Le pickpocket

Cela dura quelque trois longs mois. Un beau jour, je décidai de m'armer de courage et de prendre le tramway. Une annonce attira mon attention : « Appartement à louer ». Je me souviens encore comment les termes les plus courants étaient truffés de fautes d'orthographe. Tout en la lisant, je commençai à envisager un nouvel avenir : je pouvais prendre une location et faire venir ma famille à Tachkent.

Au moment de quitter la rame, un homme qui descendait en même temps que moi, attrapa mon bras. Il était flanqué de deux acolytes.

Je lui demandai : « Que se passe-t-il ?

– Rends-moi les cinquante roubles ! »

Les deux autres, hochant vivement la tête, clamèrent : « Nous sommes témoins. Nous avons vu comment tu as fourré ta main dans sa poche pour lui voler cinquante roubles. Tu dois les rendre ! »

Ne me laissant guère démonter, je répliquai : « C'est une grossière erreur ! »

Mais ils ne voulaient pas en démordre : « Non monsieur ! Nous irons à la police pour vous dénoncer ! »

Evidemment, la police, c'était bien la dernière chose que je voulais rencontrer. Les trois se mirent à hurler, en pleine rue tandis qu'un attroupement de curieux se formait autour de nous : « Attrapez le voleur ! » criait-on. Pouvez-vous seulement imaginer l'effroi qui me saisit à cet instant ? Marchant ainsi au milieu de la foule, j'aperçus un tumulte, je vis soudain le rav Chemaya Marinowski. Je l'interpellai aussitôt : « *Rebbe, leit mir fuftsich rubel* ! » [En yiddish : rabbi, prêtez-moi cinquante roubles !]

Le rav qui habitait non loin de là, s'empressa de m'apporter l'argent. Je remis la somme aux trois malfaiteurs, mais ils refusèrent de s'en saisir.

« Non, tu dois rendre les billets que tu as chapardés ! » Qu'en pensez-vous cher lecteur ?

Non loin de là se trouvait le marché Bechagatch. Un chapelier juif infirme y travaillait. Je le connaissais pour l'avoir souvent croisé à l'office du Chabbat, chez le rav. Alerté par les bruits de notre altercation, le chapelier sortit de son échoppe. Nous apercevant, il comprit rapidement ce qui était en train de se passer et me reconnut immédiatement. Il s'approcha de notre groupe en criant : « Je le connais ! Ce n'est pas un voleur ! »

Il est rare qu'un homme puisse prendre la mesure de ses actes. Voilà que ce Juif venait d'apparaître sur les lieux, comme un envoyé du ciel !

Mais les bandits refusèrent de lâcher prise : « C'est un voleur ! Nous l'avons vu agir, de nos propres yeux ! »

L'artisan rétorqua avec fougue : « Apparemment, les voleurs, c'est vous ! »

Les trois n'en furent guère impressionnés et répondirent d'un ton glacial : « Tu devras payer pour ce que tu viens de dire ! »

J'étais terrorisé. Jusque-là, j'avais été convaincu que ces hommes n'étaient que de vilains garnements qui avaient décidé de me faire une mauvaise farce. Mais voilà que je réalisai lentement et avec effroi que ces individus étaient des agents du KGB !

Nous poursuivîmes notre marche dans les rues de la ville. Le chapelier clopinait derrière nous, traînant avec peine sa jambe de bois, les invectivant sans relâche : « Pourquoi le conduisez-vous au siège de la police ? Près du marché, il y a une station plus proche. »

Mes accompagnateurs avaient peine à répondre. Autour de nous, la foule était curieuse de connaître la suite des événements…

« Bien sûr, nous y allons ! » finirent-ils par céder. Ils espéraient malgré tout obtenir mon arrestation auprès de la police locale.

A notre arrivée dans les locaux, il y eut un grand désordre. Une partie de la foule criait : « Attrapez le voleur ! » tandis que les autres, les faisant taire, répondaient : « Ce n'est pas un voleur ! » Le policier de service renvoya tout le monde, y compris les trois plaignants, dans le couloir. Puis, il entreprit de me fouiller et n'ayant guère trouvé les cinquante roubles, il s'empressa de me faire sortir par une porte dérobée. Je pris mes jambes à mon cou et me hâtai de quitter l'endroit.

Le chapelier juif m'avait sauvé la vie ! Il travaillait au marché et confectionnait les couvre-chefs des hommes de la police et autres dignitaires. Il était connu de tous et clamant mon innocence avec force et conviction, le policier de service lui avait prêté foi, tout simplement.

Je courrai comme un damné dans les rues de Tachkent, la peur au ventre. Je m'étais, à nouveau, arraché aux griffes du KGB, in extremis. Les agents de Tachkent semblaient avoir reçu des instructions à mon égard. Pour eux, il fallait à tout prix liquider cette affaire. Après plus d'un mois de recherches infructueuses, ils avaient imaginé ce stratagème inique afin de saisir leur proie. N'eut-ce été l'intervention heureuse de ce Juif unijambiste, on aurait pu encore lire dans la presse un article à mon sujet avec, en titre, un nouveau scandale du genre : « Il chante la gloire de D-ieu et met dans sa poche de l'argent volé...»

Il y a peu de temps, j'ai appris que la petite-fille de ce chapelier avait immigré en Israël. Je m'empressai de lui téléphoner et de lui demander des nouvelles de son grand-père. Il s'avéra qu'elle se souvenait parfaitement de cet incident et que celui-ci lui avait même décrit de quoi j'avais l'air, tandis que j'étais pourchassé, comme un voleur, dans les rues de la ville. A quoi pouvais-je bien ressembler ?

Tout est pour le bien

Ces événements douloureux m'obligèrent à quitter Kazan. Mais avec du recul, il me paraît évident que cette expatriation forcée nous fut également favorable. Tout ceci avait été savamment orchestré par la main divine. Si le ciel ne m'avait pas poussé à quitter Kazan sous la contrainte, je n'en serais jamais parti de moi-même.

Et en fin de compte, il y eut, dans cet exil, de très bons côtés.

D'abord, c'est à Tachkent que nous reçûmes enfin l'autorisation de quitter le territoire soviétique pour nous rendre en Israël, et ceci avec relativement plus de facilité (seulement douze ans d'attente après notre installation dans la capitale ouzbèke). Ensuite, la pression exercée dans cette ville par les autorités se faisait bien moins sentir. Alors qu'à Kazan, il était dangereux de détenir des livres juifs chez soi, même un livre de prières – à Tachkent, c'était autorisé. Et il était même possible d'y étudier la Torah, quoique toujours secrètement.

Le respect du Chabbat aussi était plus facile. Celui qui chômait ce jour-là se voyait l'objet d'une retenue sur son salaire et avait du mal à trouver un emploi qui lui convienne, mais ce n'était pas impossible. Les risques étaient bien moins importants.

A Tachkent, la communauté ashkénaze, en voie de formation, comptait quelque soixante-dix familles, parmi lesquelles de nombreux juifs 'Habad qui avaient le souci de ramener chaque Juif à la Torah. Nos enfants avaient beaucoup d'amis juifs et respiraient une atmosphère imprégnée de judaïsme, ce qui était fondamental pour leur bon développement et leur éducation.

Nous nous fîmes également des amis, en particulier Vladimir Aharonovitch (Volodia) et Elisabetha Yakovlona (Lisa) Krouglak. Ils étaient très chaleureux et avaient bon cœur. Quoique détenant un poste important dans un secteur sensible, Volodia n'hésita pas une seule fois à prendre le risque d'héberger des Juifs traqués par les autorités. Nous bénéficiâmes aussi de son incomparable hospitalité. Il insista pour que nous partagions son toit tout le temps que cela nous semblerait nécessaire. Une personne resta cachée chez les Krouglak pendant un an et demi, jusqu'à son décès. Il fallait se montrer astucieux pour mener cette vie clandestine, surtout lorsqu'ils durent inhumer cet hôte "anonyme".

Lisa Krouglak raconte :

Nous avions une grande maison, de sorte que tous les mariages religieux qui devaient être célébrés dans le secret se déroulaient chez nous. J'avais pris l'habitude d'allumer les bougies du Chabbat dans un coin, pour qu'on ne les voie pas par la fenêtre. Pour plus de sûreté, je tirais également les rideaux.

Toutes les familles restées pratiquantes se connaissaient les unes les autres, et pourvoyaient ensemble aux besoins de la communauté. En 1952, mon mari fut licencié. Il avait quitté Moscou avec son entreprise lorsque celle-ci fut transférée à Tachkent ! Dans la lettre qui le dénonçait, il était écrit que, le Chabbat, un taxi venait le prendre (!) pour le conduire à l'office…

Après avoir été congédié, le directeur de l'usine lui dit : « Que faire ? On a reçu l'ordre de "purger" l'entreprise de ses Juifs. Aujourd'hui, c'est toi, demain, ce sera moi…»

Juste après le décès de Staline, mon mari fut, à nouveau, appelé pour travailler de nouveau dans cette société…

Après l'arrivée des Zilber, nous sommes devenus de véritables amis, ne formant plus qu'une même famille.

Les Krouglak organisaient des mariages chez eux, gratuitement, et Lisa se chargeait de cuisiner elle-même le repas de noces. Le couple Krouglak s'attacha également à restaurer la paix dans les foyers. Combien d'argent ont-ils prodigué autour d'eux ! Combien de prêts ont-ils accordés !

D'un travail à l'autre

Je ne disposai donc pas des documents qui m'étaient indispensables pour trouver un travail légal. Krouglak réussit malgré tout à me dénicher un emploi : cela consistait à relever le numéro d'immatriculation des véhicules et leur heure d'arrivée dans l'établissement. Je m'y rendais trois fois par semaine pour y passer la nuit, de six heures du soir à six heures du matin. Dès le premier jour, je m'empressai de trouver une solution pour le Chabbat. Un des employés, d'origine ouzbèke, accepta, contre trois roubles, de rester deux heures de plus le vendredi soir pour me permettre d'arriver sur les lieux un peu plus tard. Le Chabbat, évidemment, je ne pouvais pas écrire de sorte qu'il me fallait retenir les numéros d'immatriculation de quinze ou seize véhicules de même que leur heure d'arrivée pour les transmettre, le matin, à la secrétaire !

La situation finit par s'envenimer. Un jour, l'Ouzbek me demanda de lui payer trois semaines d'avance et disparut aussitôt, ce qui me valut d'être licencié pour absentéisme.

Je trouvai un autre emploi dans le bâtiment. Mon employeur était d'origine coréenne. Là, je renonçais à la moitié de ma paye pour ne pas avoir à travailler le Chabbat, jusqu'au jour où le Coréen, soupçonné de déclarer des salaires fictifs, fut arrêté pour fraude. Je préférai partir pour éviter toute implication dans cette affaire.

Pendant un certain temps, je travaillai dans un atelier clandestin de reliure qui s'était installé dans les locaux d'une association. Le soir, quand les employés quittaient les lieux, nous prenions place. Une nuit, alors que nous avions fini notre travail et que tous mes collègues étaient déjà partis, je décidai de rester encore un peu pour prier *arvit*. Soudain, le vigile entra dans la pièce et m'interpella : « Que faites-vous là ?

Mettant mon index à la bouche, je lui fis un signe de silence. Quelques jours plus tard, nous devions recevoir notre paye et cet homme demanda : « Où se trouve le muet ? »

Par la suite, je fus embauché dans une fabrique de carton. Le directeur était un Juif dénommé Oks. Il avait en son temps été procureur général. Je travaillais bien plus que les huit heures légales et le travail était éreintant. Je devais soulever de volumineux rouleaux de papier pesant chacun près de cinquante kilos. Le Chabbat, je me rendais à l'usine, mais je ne faisais rien. En échange de cela je cédais à mon patron les trois quarts de mon salaire : des 240 roubles, il ne m'en restait plus que soixante !

Semaine après semaine, Oks cherchait à m'intimider, espérant ainsi fléchir ma détermination. « Je pensais pouvoir supporter ton Chabbat, mais c'est impossible. Aberachkin, le délégué syndical est très mécontent ! »

Parfois il utilisait une autre procédure : je devais lui remettre ma lettre de démission, qu'il agitait d'un geste théâtral, tout en annonçant : « Bon, prenons patience. Rien ne presse. » Et ce scénario se répétait immuablement.

Un jour, Oks eut un démêlé avec son associé. Et, déversant sa colère sur moi, il me remit seulement quarante roubles au lieu de soixante.

– « Pourquoi ? lui demandai-je

– Comme ça, pour rien ! » fit-il avec colère.

Or à l'époque j'avais désespérément besoin d'argent. Je devais envoyer mon fils malade dans une maison de convalescence, et ce ne fut qu'en dernière minute que je réussis, après de nombreux efforts, à rassembler ce qu'il fallait pour couvrir ces dépenses.

Une fabrique peu ordinaire

C'est ainsi que je tentai ma chance, d'une occupation à l'autre, multipliant les emplois tout en rencontrant d'innombrables difficultés. Un jour pourtant, un hassid de 'Habad du nom de Mendel Gorelik me trouva un travail dans une usine, où il était coordinateur. C'est dans cette fabrique que je travaillai jusqu'au jour où nous quittâmes le territoire soviétique pour gagner les rivages de la Terre Sainte. Avec le temps, mon fils et ma fille y furent également employés. Cette usine se révéla être pour nous un havre de paix…

Gorelik s'était adressé à un ancien agent du KGB, Alexander Dimitriyevitch Youdin, et lui avait proposé de diriger une entreprise. Dans le passé, Dimitriyevitch avait été un des gardes personnels de

Au travail

Staline (au moment de la célèbre conférence de Yalta, semble-t-il) et avait aussi œuvré dans les services d'espionnage soviétique à New York. Youdin avait un faible pour la boisson et ne fit guère long feu dans son travail d'espion, de sorte qu'il dut, en pleine force de l'âge, quitter cet emploi. Il avait alors quarante ans à peine.

Gorelik lui fit part de son projet : « J'ai quinze hommes fiables et travailleurs. Il y a juste un problème sur lequel vous devrez fermer les yeux : le Chabbat, nous serons présents, mais nous ne travaillerons pas. En échange, vous recevrez la moitié de notre paye, une coquette somme avec laquelle vous pourrez remplir votre baignoire de vodka, si cela vous chante… Je vous propose donc de diriger notre affaire et d'en devenir le gérant. »

Youdin sauta sur l'occasion et y associa également son épouse et sa belle-mère. J'ignore comment ils se répartissaient l'argent qu'ils percevaient, mais moi, je recevais mes 120 roubles, comme prévu. Notre tâche consistait à décaper de grands panneaux en aluminium en les trempant dans des solutions de soude caustique sur lesquels nous devions ensuite imprimer toutes sortes de croquis.

Les conditions de travail étaient excellentes de mon point de vue, outre le fait que les émanations de soude ruinaient notre santé. Les effets en étaient si néfastes, que les autorités – qui, d'ordinaire, étaient très avares en subventions – nous remettaient gracieusement et chaque mois trois litres de lait concentré, un kilo de beurre et de l'eau gazeuse. C'est vous dire les risques que nous prenions en travaillant dans cette fabrique... Dans les premiers temps, ayant abondamment respiré ces vapeurs toxiques, je me surpris quelquefois à dormir debout, même en pleine rue. C'est pourquoi plus d'une fois j'arrivai en retard au travail.

Souvent pourtant, ces retards étaient dus à bien d'autres empêchements. Un jour, à l'office du matin, on nous parla du cadavre d'un Juif qui s'était fait renverser par un tramway, et qui se trouvait à la morgue en attente d'identification. Le défunt semblait seul au monde et à défaut de famille qui pourrait se charger de son inhumation, les services funéraires s'apprêtaient à l'enterrer dans un cimetière non-juif. Courant à la morgue et me faisant passer pour un proche parent, je m'empressai d'obtenir une autorisation pour l'ensevelir dans le cimetière juif et organiser des funérailles dignes de ce nom. Evidemment, ce même jour, j'arrivai à l'usine avec un sérieux retard. Dans ce cas, comme dans les autres, notre "délégué syndical", Samka Gorelik, le fils de Mendel, plaçait mon bleu de travail à l'extérieur du bâtiment, de sorte que je pouvais l'enfiler en toute hâte et entrer feignant de revenir de la pause.

Samka couvrait ainsi tous mes retards. Ce fut d'ailleurs la première fois, depuis de nombreuses années, que je goûtai la saveur d'un petit-déjeuner. Je me rappelle encore la stupeur de mon épouse lorsque, de retour de la synagogue un matin, elle me vit soudain me mettre à table. « Que se passe-t-il ? » me demanda-t-elle avec inquiétude. Elle avait pris l'habitude de me voir partir de bonne heure pour la prière et me rendre directement à mon travail pour ne rentrer qu'à l'heure du déjeuner, terriblement affamé.

Voilà qu'avec ce nouvel emploi, je trouvai un véritable paradis terrestre.

Lisa Krouglak raconte :

Nous avons aidé Its'hak à entrer dans l'usine de métallochromie où je travaillais moi-même. Le responsable de l'entreprise, un Juif du nom de Gorelik, refusa au départ d'embaucher Its'hak, parce que notre ami était très « sociable et qu'il attirait les foules autour de lui ». Gorelik qui redoutait la surveillance des autorités voulait rester discret. Il nous dit : « Je ne peux plus accepter de travailleurs dans l'équipe, il n'y a plus de poste vacant. »

Je répliquai : « Dans ce cas, vous pouvez le prendre à ma place. J'aurai moins de difficultés que lui à trouver un autre emploi. »

Il lui fut impossible de se dérober davantage et dut se plier à ma proposition : « D'accord. J'accepte de l'embaucher, mais sachez que vous devrez en porter l'entière responsabilité. »

Ils découvrirent rapidement qu'Its'hak était un excellent travailleur, et bien plus efficace que les autres, d'ailleurs, qui, souvent, travaillaient avec nonchalance. Le rav Zilber faisait toujours preuve de zèle et de bonne volonté. C'était un homme très appliqué et particulièrement dévoué ! Il accomplissait plus de tâches que n'importe qui, et abattait à lui seul le travail d'un très grand nombre. Et ceci, tout en racontant des histoires et en donnant des cours de Torah. Ses collègues étaient très impressionnés : ils n'avaient jamais rencontré un homme comme lui.

Peu de temps après, le directeur vint me voir : « Elisabetha Yakovlona, je dois vous remercier de m'avoir recommandé cet homme !

– Vous voyez ? répondis-je. Et quelle peine vous m'avez causée lorsque vous avez refusé de le prendre ! »

Souvent, dans ma hâte de commencer mon travail, je négligeais de me vêtir d'un masque ni d'enfiler des gants. Ce manque de précautions était certes imprudent, mais je voulais aller vite, afin de gagner du temps pour l'étude.

Reb Zeev (Volodia) Krouglak en Israël

Dans cette singulière usine, outre les tâches auxquelles nous nous attelions durant les heures de travail, nous consacrions également nos pauses à l'étude. J'avais convaincu mes collègues de prendre leur repas tout en travaillant, une heure avant la pause, afin de profiter de l'interruption du déjeuner – entre une heure et deux heures (et le vendredi, un peu plus tôt), lorsque les directeurs non-juifs de l'usine rentraient chez eux ou allaient au restaurant – pour étudier des passages du Talmud.

VLADIMIR KROUGLAK RACONTE :

Le rav Zilber disait toujours : « Je ne sais pas ! » Quand on lui posait une question quelconque en matière de halakha, il répondait inlassablement : « Il faut consulter les sefarim . » Il était particulièrement érudit en la matière, et savait exactement dans quel livre et à quelle page chercher. Et lorsqu'il ouvrait le livre, il l'ouvrait invariablement à la bonne page, ou tout au plus à la page précédente ou suivante. Il savait toujours si la réponse se trouvait en bas à gauche ou en haut à droite… Et pourtant, il ne cessait de répéter : « Je ne sais rien ! »

La quinzaine de Juifs qui travaillaient dans l'usine s'installaient donc pour étudier. Un vendredi, l'un d'eux s'écria : « Je n'ai jamais eu le mérite ni le plaisir d'étudier la veille de Chabbat (dans toute maison juive, le vendredi est une journée fébrile de préparations en vue du jour saint.) »

Le samedi, nous allions à l'usine, mais pas pour travailler.

Un Chabbat, des inspecteurs firent brusquement irruption dans les ateliers. Apparemment, nous avions été dénoncés. Dès que nous les aperçûmes près de la porte, nous nous mîmes en action et nous priâmes la femme de Youdin, qui travaillait également dans la fabrique, de verser une solution d'ammoniaque dans toutes les salles de l'établissement, à l'insu des visiteurs importuns. Lorsque ceux-ci pénétrèrent dans l'atelier, ils se bouchèrent aussitôt le nez en s'écriant : « Oh, comment font-ils pour travailler ici ? Cette puanteur est tout simplement insupportable ! Ils méritent de recevoir des dédommagements pour ces conditions de travail déplorables ! »

Et ils quittèrent rapidement les lieux. Des dédommagements promis, personne n'en vit le moindre centime… Personne n'y avait cru d'ailleurs.

Un autre Chabbat, on vint nous remettre nos payes. Nous prîmes tous la fuite parce que nous n'avions aucun moyen d'expliquer notre refus collectif de percevoir l'argent ou de signer le reçu. L'usine se situait sur les rives du lac Komsomol et nous nous cachâmes derrière les bateaux. Youdin, le directeur, était hors de lui. Il avait les plus grandes peines à comprendre : il était venu verser nos salaires et voilà que nous avions tous disparu, le laissant penaud et le couvrant de ridicule. A notre retour, il nous injuria avec amertume : « J'ai bien compris que vous ne travaillez pas le Chabbat, mais pourquoi refusez-vous également de percevoir vos rémunérations ? » Il avait peu d'intelligence pour ces choses-là et ne pouvait en concevoir le bien-fondé.

Le rav Ben-Tsion rapporte :

Youdin décéda peu de temps après que Samka Gorelik ait reçu un visa de sortie. Il me semble que nous reçûmes aussi les nôtres le jour où nous nous rendîmes chez lui pour présenter nos condoléances à sa veuve. L'usine avait accompli sa tâche sur terre. Il en était de même pour Youdin.

Un autre incident faillit aboutir à une catastrophe. Outre les membres de sa famille, Youdin avait également offert un poste intérimaire à l'une de ses connaissances, un homme du nom d'Ivan Kyrilovitch Lébédev. C'était aussi un ancien du KGB, et Youdin se proposa de lui donner du travail dans l'usine, de même qu'à son épouse et sa fille. Lébédev devint, pour une durée déterminée, coresponsable de la production.

Au bout de quelques semaines, l'ami commença à manifester certaines exigences : « Je n'irai nulle part ailleurs, c'est moi le patron de l'usine ! »

Youdin, interloqué, riposta. Le directeur c'était lui et il ne l'avait nommé à ce poste que pour une durée limitée. Lébédev ne voulait pas en démordre : « C'est moi le directeur ici ! »

Les suites ne tardèrent pas à arriver. Le nouveau venu s'empressa de nous dénoncer auprès de qui de droit.

Jusque-là, cet homme nous avait paru affable et civilisé. Il s'était toujours montré sensible et avenant. Souvent, en l'observant, je m'étais dit que nous pouvions tirer leçon de son comportement. J'admirais son attitude si délicate et si courtoise, et j'espérais au plus profond de moi-même que tous les Juifs puissent lui ressembler… Il avait fait si bonne impression que j'avais même décidé d'intervenir en sa faveur. Or voilà qu'un beau jour, nous reçûmes la visite de sinistres inspecteurs. Ils se mirent à nous lire les déclarations faites par Lébédev : « Je refuse de diriger la production dans une usine où tous les travailleurs sont sionistes et religieux. » Puis, on nous énuméra les méfaits que le délateur avait dénoncés dans sa déposition : « Les jours de fête suivants (les deux jours de *Roch Hachana* où la fabrique était restée fermée), nous avons chômé…» Il avait également joint la liste exhaustive de nos noms tout en ajoutant : « J'ai beau combattre ces religieux et ces sionistes, rien n'y fait. Ils ont espoir de quitter un jour la mère patrie pour s'installer en Israël. Or un travail d'équipe avec ce genre d'individus est impossible, et c'est la raison pour laquelle je vous demande de venir mettre de l'ordre dans cet établissement. »

Après la lecture de ces déclarations on ne peut plus claires, les inspecteurs s'écrièrent : « Camarades, où vous croyez-vous donc ? En Union soviétique ou aux Etats-Unis ? Que se passe-t-il ici ? »

Le ton qu'ils avaient employé était grave et la question resta en suspens dans le vide et le silence. Nous étions dans les années soixante, à une époque où les spéculateurs eux-mêmes étaient mis à mort en URSS !

Ce ne fut que par miracle que nous parvînmes à nous extraire de cette mauvaise passe. D-ieu nous vint en aide par l'entremise de Samka Gorelik, qui nous sortit habilement d'affaire.

Comme je l'ai déjà précisé, Samka faisait office de délégué syndical dans l'usine. Dès l'instant où il découvrit que Youdin était en froid avec son ancien ami, ses sens aiguisés lui firent rapidement comprendre où cette histoire risquait de nous conduire. Samka était un véritable génie, et il para à toute éventualité, avec intelligence...

Pendant les demi-fêtes de Souccot, j'avais réussi à convaincre mes collaborateurs de ne pas travailler. En ces jours de fête, le travail n'est permis qu'en cas de perte financière. Nous convînmes donc de ne pas travailler, sauf en cas de visite des responsables du siège. En Union Soviétique, les quotas de production étaient fixés à l'avance, selon les secteurs d'activité. Chaque entreprise recevait donc des commandes en volumes pour une période définie. Après les fêtes de Souccot et de Pessa'h, nous rattrapions notre retard en travaillant également la nuit de même que le dimanche. Je me rappelle encore comment, juste après la fête de Sim'hat Torah, je me rendis aussitôt à l'usine.

Samka décida de tirer avantage de cette situation. S'esquivant discrètement, il s'adressa à l'homme chargé de la sécurité de l'usine et lui dit : « Accepteriez-vous de témoigner que nous sommes venus travailler le dimanche ? »

L'autre accepta immédiatement. « Bien sûr. Je me souviens bien qu'à telle et telle date, vous êtes venus à l'usine.

– Vous accepteriez d'en faire le témoignage ?

– Evidemment, fut la réponse du garde. »

Samka rentra furtivement dans l'usine. Son absence momentanée n'avait pas été remarquée. Après les discours et la lecture des actes d'accusation, les membres de la commission d'enquête se tournèrent vers Samka : « Et qu'avez-vous à répondre de tout cela, monsieur le délégué syndical ? »

Ce dernier répondit avec calme : « Cette usine fait le maximum pour respecter les quotas et tenir le rythme qui lui est imposé. Et, pour satisfaire ces objectifs ambitieux, nombreux sont ceux qui, parmi nous, viennent travailler le dimanche...»

Il consulta ses registres et entama la lecture des noms de ceux qui y étaient inscrits : « Zilber a travaillé ce dimanche-ci et ce dimanche-là (Samka avait multiplié le nombre de dimanches où je m'étais rendu à l'usine : au lieu des deux ou trois dimanches, il en cita six ou sept), ce camarade – le tant et le tant, etc. »

Le "délégué syndical" poursuivit son énumération pendant près d'une demi-heure. Il cita les dimanches où nous étions tous venus travailler, de même que ceux où seuls certains d'entre nous s'étaient rendus à l'usine. Les enquêteurs finirent par se lasser et ne voulurent pas en entendre davantage. Mais Samka insista : « En vérité, ces camarades méritent de recevoir des congés payés supplémentaires. Mais j'ai refusé de les leur accorder. De mon point de vue, ce qui compte avant tout, c'est le respect des échéances. Personne ici ne les a donc reçus. Alors, de quoi se plaint-on, s'il vous plaît ? »

Puis, il poursuivit son argumentation : « Depuis un certain temps, nos appareils d'impression avaient besoin d'être remis à neuf. Et, dès lors que les quotas de production mensuelle ont été atteints, il m'a semblé indispensable de faire venir des techniciens (ce qu'il fit d'ailleurs...) qui se sont chargés de procéder aux réparations à ces dates-là (les deux jours de Roch Hachana...). Ce qui explique pourquoi nos travailleurs n'ont pas pu se rendre à l'usine ces deux jours-là. »

Samka fit une pause pour reprendre sa respiration, puis réitéra sa question : « Je ne comprends pas, de quoi parlez-vous donc ? »

Les inspecteurs déconcertés s'adressèrent aussitôt à notre dénonciateur : « Ivan Kyrilovitch ! Il semble que d'après les faits, tout soit en règle ici. Pourquoi prétendez-vous le contraire ?

– C'est vrai, dut-il admettre. Sur le terrain, tout semble légal. Mais je peux vous dire une seule chose : essayez donc de ligoter ces gens-là, de les frapper et de les contraindre à travailler le Chabbat. Jamais, ils ne le feront !

– Bon, ça, c'est un autre sujet. Il est question maintenant de vérifier ce que vous avez mentionné dans votre rapport. Qu'avez-vous à ajouter à ce sujet ? »

Le délateur se tut. Il n'avait pas de réponse.

Ce fut pour moi un événement lourd de sens. Je m'étais fié à mes seules impressions pour juger cet homme – et je m'étais trompé. Il avait l'air convenable et feignait habilement la retenue et l'amabilité. Or voilà ce qu'étaient devenues ses bonnes manières ! Je me souviens encore comment je m'étais évertué à lui trouver des médicaments…

Après ces faits, Lébédev attrapa un virus qui lui tordit la bouche d'un mauvais sourire, ce qui le poussa à démissionner immédiatement. Même les non-juifs conclurent que D-ieu l'avait puni parce qu'il avait cherché à nous nuire.

2
Difficultés scolaires

Sur les bancs de l'école

A Tachkent, certains enfants juifs ne fréquentaient pas l'école le Chabbat, tandis que d'autres s'y rendaient même en ce jour saint. Que des enfants soient scolarisés et refusent d'écrire le Chabbat, cela n'existait tout simplement pas !

La communauté juive de Samarkand, à quelque 400 kilomètres de Tachkent – distance qui, pour l'Union Soviétique, n'est guère considérable – entretenait d'étroites relations avec celle de la capitale ouzbèke. L'anecdote qui suit remonte aux années cinquante. Un Chabbat, un jeune juif, Micha Lerner, était assis en classe, devant sa page de cahier restée blanche.

L'institutrice s'approchant de l'élève lui demanda : « Pourquoi tu n'écris pas ?

– Je n'ai pas de stylo, » répondit Micha.

L'enseignante lui tendit un stylo, mais il persista dans son refus d'écrire. « Je n'ai pas de cahier, » fut sa nouvelle excuse.

La maîtresse lui en proposa un.

Que faire maintenant ? Micha, sans attendre, sauta par la fenêtre ! Par chance, celle-ci n'était pas bien haute et le Chabbat ne fut pas profané…

Voici une autre anecdote. A Tachkent, pendant les hostilités, le rav Aharon Hazan mit en place des cours clandestins de Torah pour les enfants. Le mouvement 'Habad accepta de supporter la charge financière de ce projet. Le rav loua un espace chez une dame, qui possédait une cour qui donnait sur une grande salle. Il employa les services de rav Zalman Leib Estoulin, un authentique érudit qui, durant la guerre, avait perdu une jambe. Ce dernier se mit en devoir d'enseigner la Torah aux jeunes générations.

Le rav Hazan se rendit d'une maison à l'autre, afin de convaincre les parents d'envoyer les enfants chez le rav Estoulin. Un jour, quelqu'un lui dit : « Je vous déconseille de parler à cette dame. Elle a très mauvaise réputation. »

Mais le rav de répondre : « Il faut bien que son fils étudie la Torah. »

Rav Hazan inscrivit donc cet enfant dans son école, initiative hardie, qui s'avéra quelque temps plus tard fort judicieuse... La fête de Noël approchait. Il n'était pas question de permettre l'érection d'un arbre de Noël dans l'école, comme c'est l'usage chez les chrétiens – ce que le rav Zalman Leib expliqua d'ailleurs avec force à ses jeunes élèves. Mais les enfants, qui n'étaient guère timorés, donnèrent au sermon de leur *rebbe* une interprétation toute personnelle : l'arbre de Noël, ils l'érigeraient en cachette, à l'abri des regards... Ils trouvèrent un coin retiré dans la cour pour y dissimuler leur sapin. Le soir de Noël, on entendit des coups au portail. On ouvrit aussitôt, sans vérifier de qui il s'agissait et une commission d'inspection, envoyée par le conseil régional, fit son entrée. Les autorités, alertées par une quelconque indiscrétion, avaient dépêché leurs sinistres agents sur les lieux afin d'arrêter les ennemis du peuple.

Le rav Zalman Leib pâlit d'effroi. Il se voyait déjà avec les archanges au paradis.

Le fils de cette femme, qui avait "mauvaise réputation", lui, ne perdit guère son sang-froid. Apercevant les hommes de la commission d'enquête, il alla prendre l'arbre de Noël que les enfants avaient caché et le dressa au milieu de la cour. Puis, courant vers le rav et lui tirant gentiment la barbe blanche, il fit mine de jouer ingénument avec le vieil homme assis, l'entourant de cris et de rires espiègles.

« Les enfants, que faites-vous là ? demandèrent les visiteurs.

– Nous jouons. Voyez le beau papa Noël que nous avons trouvé ! Il est presque comme le vrai ! » répondit le garçon tout en désignant le rav, et lui tirant à nouveau la barbe.

Le chef de la commission, que le spectacle affligeant de ce vieillard infirme bousculé par des enfants turbulents bouleversait, s'écria : « Les enfants, cet homme est invalide ! Il est revenu du front avec une jambe en moins. Laissez-le tranquille ! Allez ouste ! »

Si je n'étais pas là pour vous raconter cette histoire, qui d'autre le ferait ?!

A L'ÉCOLE DE POLICE

Il me fallait trouver une école où mes enfants ne seraient pas forcés d'écrire le Chabbat. Je pris des renseignements auprès de mes connaissances, et l'une d'elles, le rav Israël Frankel, me dit un jour : « Je connais un Juif qui dirige trois écoles professionnelles. La première forme des pompiers, la seconde est destinée aux troupes blindées, et la troisième est une école de police. Lui-même n'est pas pratiquant, mais ces trois établissements sont fermés le Chabbat. »

Je me rendis donc auprès de l'homme que le rav m'avait indiqué. Aujourd'hui, je peux révéler son nom : il s'appelait Boris Davidovitch Aksakalov. Je décidai de lui parler franchement et lui expliquai que nous étions originaires de Kazan, que nous avions perdu notre emploi parce que nous étions croyants, que nous avions été contraints de nous exiler à Tachkent et que j'avais espoir d'inscrire mes enfants dans l'une de ses écoles parce que des cours n'y étaient pas dispensés le Chabbat.

Il avait du mal à comprendre :

Boris Davidovitch Aksakalov zal

« Dites-moi : pourquoi ne voulez-vous pas les inscrire dans une école régulière ?

– Parce qu'ils devront écrire le Chabbat. Or le judaïsme l'interdit.

– Et pourquoi est-ce interdit ? La loi du pays stipule que les enfants sont obligés de se rendre à l'école le Chabbat. Et s'ils doivent écrire, ce n'est pas par plaisir ! Ce n'est donc pas de leur faute, ils le font sous la contrainte.

– Je souhaite éduquer mes enfants dans le respect total des commandements. »

Il demeura songeur, comme plongé dans une pensée infinie. Puis, il dit avec sincérité : « Vous le faites pour accomplir la volonté de D-ieu, n'est-ce pas ?

– Oui, répondis-je.

– Si c'est ainsi, je vous aiderai ! »

Il leva aussitôt le combiné de son téléphone et composa le numéro d'un proche parent, qui lui aussi dirigeait une école.

« Salomon Yonovitch, peux-tu inscrire une jeune fille dénommée Sarah Zilber dans ton établissement ? Elle ne pourra rien écrire le Chabbat. Les professeurs crieront certainement au scandale et feront tapage. Tout ce bruit ne devra pas transpirer ni sortir des limites de l'école ! Tu m'as bien compris, n'est-ce pas ? » ordonna-t-il.

Puis, s'adressant de nouveau à moi, il dit : « Le garçon sera inscrit chez moi. »

A cet instant, je lui demandai spontanément : « Votre institution commence à partir de quelle classe ?

– Depuis la cinquième.

– Mais mon fils n'a fait que quatre années d'école, avouai-je.

– Je ne vous comprends pas. Si vous agissez au nom du Créateur, qu'importe si votre enfant entre en cinquième, en sixième ou en CM1. Si j'accepte de le prendre dans mon établissement, alors foncez, un point c'est tout ! »

Il griffonna quelques mots sur un bout de papier qu'il me tendit et que je ne pris pas la peine de lire sur le moment. Je me rendis ensuite avec Ben-Tsion à l'adresse qu'il avait indiquée : nous y découvrîmes une antenne de police. Moi qui avais déjà eu bien des déboires avec le KGB, je fus soudain comme pris de panique. Qui s'est brûlé à l'eau bouillante redoute même le contact de l'eau tiède... Cet Aksakalov, je le connaissais à peine. Je ne l'avais jamais rencontré auparavant. Peut-être m'avait-il tendu un piège ?

Après quelques instants de trouble, je découvris que dans ce même bâtiment, se trouvait une école : l'école de police. Je remis le papier que je tenais en main à la sentinelle et l'on me fit entrer. On me présenta à l'adjointe du directeur, qui était juive également. Sans poser de question, elle conduisit Ben-Tsion dans une des salles de classe. Les élèves portaient tous l'uniforme et même une arme à la ceinture. C'était d'immenses gaillards et Ben-Tsion qui n'avait que onze ans, était petit et frêle. Craignant de le laisser seul avec ces hercules, je décidai de l'attendre. Aux personnes qui me demandaient ce qu'un gringalet de l'âge de Ben-Tsion faisait dans cet institut, je donnais cette réponse : « Mon fils est souffrant et doit suivre des traitements. C'est pourquoi nous avons dû l'inscrire ici. »

AKSAKALOV ACCOMPLIT UNE MITSVA

Les mois passèrent sans histoire. Un jour, mon épouse se trouvait dans la rue avec notre fils. Ils rencontrèrent un policier qui leur dit bonjour et leur fit même le salut militaire. Guita en fut fort étonnée : « Bentsik, tu connais cet homme ?

– Bien sûr, nous sommes dans la même classe, » répondit l'enfant.

Il arriva qu'un examen fût fixé le jour de *Chavouot*. Je contactai Aksakalov et lui demandai : « Boris Davidovitch, pouvez-vous différer la date de cet examen ?

– D'accord. Ben-Tsion le passera le dimanche, » dit-il aussitôt. Et il nomma spécialement un maître pour le surveiller.

Deux mois après l'inscription de mon fils à l'école de police, je reçus la visite-surprise de son directeur. Lorsque je le vis à ma porte, je m'en effrayai. Que se passait-il ?

Aksakalov prit place et me dit : « J'ai toujours fumé le Chabbat. Il y a quelques jours pourtant, j'ai décidé d'arrêter de fumer ce jour-là. J'aimerais vous raconter le miracle qui m'a poussé à faire ce pas décisif. J'ai une grande famille et mon seul salaire ne suffit pas à couvrir toutes nos dépenses. Il m'arrive parfois de me compromettre dans des affaires plus ou moins douteuses. Je prends évidemment mille précautions. Un jour, un homme s'est présenté à mon bureau. Il n'avait pas passé tous les examens du baccalauréat et souhaitait acheter son diplôme. J'y consentis, et je lui remis un certificat tout en y ajoutant des notes fictives aux examens qu'il n'avait pas passés et en y apposant une signature contrefaite. Par mesure de prudence, je reportai les notes sur le registre de l'école. Entre-temps, cet homme, devenu ingénieur, épousa une femme pour divorcer par la suite. Son ex-femme, pour se venger de son ancien mari, le dénonça aux autorités. Dans sa lettre, elle précisa même que son époux avait obtenu ses diplômes et son baccalauréat par fraude. Une commission spéciale fut aussitôt dépêchée à la direction de l'école. On ouvrit tous les tiroirs et les dossiers furent scrupuleusement épluchés. Les inspecteurs s'apprêtaient à examiner le document compromettant. J'étais sur le point de m'évanouir, car la contrefaçon était flagrante, lorsqu'un des contrôleurs s'écria : « Bon, maintenant on commence par la fin ! » Et ils se mirent à l'ouvrage en reprenant un à un les dossiers, depuis la lettre Z. Cette fois encore, juste avant d'arriver au document falsifié, ils décidèrent d'arrêter leurs recherches… Tout était en règle. Il n'y avait rien à signaler…»

Aksakalov me dévisagea longuement. « Les agents ont disséqué tous les registres de l'école et n'ont laissé que cette feuille-là ! Par deux fois ! J'ai compris ce jour-là que D-ieu m'avait gratifié d'un vrai miracle, parce que j'avais eu le mérite d'inscrire votre fils dans mon école. Depuis ce jour, j'ai décidé de ne plus fumer le Chabbat. Je vous demande donc d'écrire ici, sur cette feuille, à quelle heure il est permis de fumer à nouveau le samedi soir. »

J'obtempérai aussitôt.

Peu de temps après, je décidai de le dédommager pour son geste envers mon fils. Il m'avait rendu un immense service. Qui, à l'époque, faisait une chose pareille ? Je réussis à ramasser 500 roubles, et me rendis à son bureau. Je lui tendis l'argent, mais il refusa de le toucher.

« J'ai certes besoin d'argent, me dit-il, mais cette chose-là, je l'ai faite au nom de D-ieu, et je refuse d'être payé pour cela. »

Je tentai de le convaincre et lui dis : « La *mitsva* reste grande, même si l'on reçoit une rémunération !

– Non, non ! m'opposa-t-il avec opiniâtreté. Si j'accepte cet argent, la valeur de la *mitsva* en sera diminuée. »

Puis, il ajouta : « Je voudrais d'ailleurs que vous me trouviez d'autres enfants tels que votre fils – qui respectent le Chabbat. Je les inscrirai également dans mon école. Et pour chacun d'entre eux, je vous offre un demi-litre de vodka ! »

Nous étions au début des années soixante. A l'époque, en URSS, on condamnait à mort les plus petits trafiquants !

Je réussis à réunir trente-cinq enfants. Pouvez-vous seulement le croire ?

Ce n'était d'ailleurs pas tellement évident. L'établissement d'Aksakalov était une école professionnelle destinée aux adolescents de seize ans et plus, qui travaillaient également en alternance. Or les enfants que nous voulions y faire admettre, avaient à peine onze, douze ans et n'avaient pas de travail, évidemment.

Pour accomplir ce tour de passe-passe, j'employai un astucieux stratagème. Je devais fournir pour chacun des enfants un certificat de travail. J'inscrivais donc le patronyme, et en guise de prénom, je me contentais d'écrire uniquement les initiales d'un des parents, tout en choisissant le prénom du parent dont les initiales ressemblaient à celles de l'enfant et pouvaient plus facilement être falsifiées. Par exemple, pour Krouglak, le nom de la mère était Elisabetha – E – et celui du père, Vladimir – V. Le fils s'appelait Yaakov – Y. Le V devenait aisément un Y, de sorte que je pus modifier la première lettre et recevoir pour le petit Yaakov un certificat de travail d'un quelconque employeur.

Ceci n'était pas sans présenter quelque danger, bien évidemment. Les inspecteurs n'avaient guère à faire montre de talent pour déceler la fraude. Mais Boris Davidovitch Aksakalov tenait à ce que nous possédions des documents, quels qu'ils soient, attestant un tant soit peu de la validité de l'inscription de ces enfants. Le reste ne lui importait guère, et il passait outre. Et pour inscrire ces trente-cinq enfants, Boris ne demanda pas un seul kopeck !

Je décidai malgré tout de le rémunérer d'une autre façon et me mis en devoir de lui apporter des *matsot* chaque veille de Pessa'h. J'entrepris aussi de lui sonner du chofar à Roch Hachana, de lui enseigner les prières de Yom Kippour, de l'inviter dans ma cabane à Souccot, et enfin de lui lire la *Meguila* à Pourim.

Cinq kopecks en guise de sceau

Il nous arrivait parfois de nous mettre dans des situations impossibles, ou de rencontrer des impasses. Souvent, tout espoir semblait perdu, mais en dernière minute, les événements prenaient une tout autre tournure...

Une année, Tachkent fut victime d'un assez grave tremblement de terre, comme la ville en avait rarement connu. Le séisme détruisit plus de soixante-quinze pour cent des immeubles. Près de 80 000 ouvriers du bâtiment furent dépêchés dans la capitale ouzbèke afin de construire au plus vite de nouveaux quartiers. L'un d'eux portait le nom de Tchilansar. On y ouvrit aussi une école destinée aux enfants de l'arrondissement. Non loin de là habitait un Juif, dont la fille fréquentait l'établissement d'Aksakalov. Une des enseignantes de l'école de Tchilansar se rendit un jour chez cette famille pour tenter de convaincre la petite fille de s'inscrire dans l'école du quartier.

« J'étudie déjà dans le quartier des travailleurs » répondit l'enfant.

Or, dans ce dernier, il n'y avait pas d'autre établissement en dehors de l'école professionnelle d'Aksakalov ! Le même jour, son père vint me voir. Il était très embarrassé : « Que faire maintenant ? Ma fille a commis une bévue ! Si l'on apprend qu'Aksakalov accepte des enfants de moins de seize ans dans son école, il risque gros ! »

Je m'empressai d'alerter Boris. Mais lui ne se fit guère de souci. « Il fait erreur ce pauvre homme. Nous ne sommes pas la seule école du quartier. Il y a un collège non loin d'ici. Venez, nous allons de ce pas y inscrire cette fille. »

Nous nous adressâmes au directeur de l'établissement, et nous le priâmes de nous remettre un certificat de scolarité au nom de l'élève qui s'était compromise.

« Faites-moi une faveur, je vous prie, dit Aksakalov. Pouvez-vous signer ce document – et quand vous en aurez besoin, je vous en signerai un autre à mon tour ? »

Le directeur refusa de signer.

Aksakalov, qui était considéré comme un des meilleurs enseignants de la république ouzbèke, ne se laissa guère démonter. Avec astuce, saisissant un tampon encreur, il encra l'une des faces d'une pièce de cinq kopecks – dont le diamètre était le même que celui du cachet de l'établissement scolaire – et l'apposa sur le document, en guise de timbre.

Je n'étais pas très rassuré : « Que faites-vous ? Et si l'on vérifie le certificat ?

– Nous agissons au nom de D-ieu n'est-ce pas ? Il nous aidera bien ! » fit-il, laconique.

Nous remîmes le "certificat" à l'école de Tchilansar qui le valida aussitôt…

Un jour, David Marinovsky, un de nos petits élèves reçut un ordre de mobilisation. En effet, l'âge qui était indiqué sur son dossier d'inscription était bien celui auquel les garçons étaient appelés au service militaire – mais, en vérité, l'enfant avait cinq ans de moins !

A nouveau, il nous fallut ruser…

Une longue conversation

J'avais réussi à faire inscrire une jeune fille religieuse à des cours du soir. Son nom était Gayassinsky. La journée, elle travaillait dans une banque et le Chabbat, elle s'efforçait de ne pas enfreindre les lois de ce saint jour. Cette jeune fille faisait partie de ces quelques rares personnes qui refusaient d'écrire le Chabbat, quoi qu'il en coûte !

Le directeur de la banque, un Juif de Boukhara, découvrit qu'elle évitait d'écrire le samedi. Il la fit appeler et lui en demanda la raison.

Elle lui avoua qu'elle était pratiquante.

« Le Chabbat ! cria-t-il avec rage. Si c'est ainsi, je me chargerai moi-même de vous contraindre à écrire ce jour-là ! »

Elle donna sa démission, mais le directeur refusa de la lui accorder. La jeune fille était désemparée. En effet, il lui était interdit de quitter son emploi sans avoir reçu préalablement l'accord de la direction. Elle risquait même la prison en cas de départ intempestif. Que faire ?

Ayant eu vent de cette affaire, je me rendis aussitôt chez Boris Davidovitch. Nous étions le 30 août, à la veille de la rentrée scolaire. Il était huit heures du matin quand j'arrivai chez lui, et derrière la porte de sa chambre, j'entendis : « Che-ma I-sra-ël » faisait-il en prononçant lentement chaque syllabe. Une demi-heure passa avant qu'il n'achève enfin la lecture du Chema, puis qu'il ne rajoute une prière avec des mots à lui...

Aksakalov était devenu pratiquant. Il achetait même de la viande casher. Quand je lui expliquai la raison de ma visite, il me dit immédiatement : « Nous allons essayer de parler au directeur de la banque et de l'entretenir un peu.

– Vous le connaissez ? lui demandai-je.

– Non.

– Mais comment irez-vous lui parler ? C'est risqué !

לזכרון עולם בהיכל ה'
נר ה' נשמת אדם
לע"נ מו"ר אבינו עטרת ראשנו
בן ציון בן אוגול רחל ודוד חיים
אקסקלוב זצ"ל
שניפטר כ"ג כסלו תשל"ה
ת.נ.צ.ב.ה.
נדבת אשתו בניו ובנותיו שיחיו

Siddour édité par la famille Akskalov en souvenir de leur père

– D-ieu nous aidera bien » répondit-il avec assurance.

A ce même instant, l'adjoint du directeur nous rejoignit. Ils devaient tous deux se rendre à la réunion des professeurs, qui avait été fixée à neuf heures du matin. Mais Aksakalov n'en fit guère cas. Plutôt que de regagner l'école, nous nous rendîmes tous les trois à la banque. Il était déjà huit heures et demie. Vous pouvez imaginer la charge de l'agenda d'un chef d'établissement à la veille d'une rentrée des classes...

L'heure de la réunion des professeurs approchait à grands pas. A neuf heures moins cinq, Aksakalov entra dans la banque. Je l'attendis dehors tandis que son adjoint demeurait dans la voiture. Les heures passaient, Boris était toujours à l'intérieur. Je commençai à m'inquiéter vivement. Certainement, le directeur de la banque avait déjà alerté le KGB, et refusait de laisser partir mon ami... A midi moins le quart, Aksakalov sortit enfin de l'établissement et me dit d'un air triomphant : « Grâce à D-ieu, j'ai réussi à le convaincre. Il s'est bien entêté, mais je lui ai parlé sans discontinuer, jusqu'à ce qu'il se laisse amadouer. Il a fini par accepter de signer la lettre de démission de la jeune fille. »

Il s'empressa ensuite de rejoindre les professeurs, qui attendaient depuis neuf heures !

Voilà un homme qui était prêt à sauver une vie, sans faire cas de ses considérations personnelles. Que les impératifs de l'agenda attendent ! On trouvera bien une excuse pour expliquer le retard à ceux qui s'impatientent ! Si une vie doit être sauvée – et cette jeune fille courait un danger bien réel – ce n'est pas le moment de faire des calculs. Il faut agir sans délai. C'est ce que fit Aksakalov. Existe-t-il beaucoup d'autres hommes comme lui, capables de se mettre en péril pour porter secours à un être humain qu'ils ne connaissent pas ? Et de surcroît, en Union Soviétique, sous Brejnev ?

Trente-cinq enfants purent respecter le Chabbat grâce à cet homme. Il bravait tous les dangers, bien qu'il fut lui-même père de famille nombreuse. Et ceci, au nom du Saint béni soit-Il, au nom de la pratique des *mitsvot* – sans recevoir un seul kopeck en retour !

Aksakalov eut huit filles. Puis, après les filles, il eut des garçons. Je me rappelle le jour où il courut chez moi pour m'annoncer la nouvelle de la naissance d'un de ses fils. Avec le temps, la famille était devenue pratiquante et après son décès – il y a près de vingt ans – ses proches s'installèrent en Israël. Ils y firent éditer un *siddour* pour l'élévation de son âme. Il y a quelques années, ils firent même monter sa dépouille pour l'inhumer à nouveau à Jérusalem. Tous ses enfants participèrent à ces secondes funérailles, y compris ceux qui, entre-temps, s'étaient installés aux Etats-Unis. Ce jour-là, de nombreuses histoires circulèrent à son sujet, auxquelles je contribuai également. Chaque année, le jour anniversaire de son décès, je leur rends visite afin de commémorer sa mémoire.

Un esprit créatif au service des autres

Pour plus de sûreté, j'évitais de faire entrer tous les enfants juifs dans les établissements d'Aksakalov. J'avais découvert une autre école professionnelle qui, elle aussi, était fermée le Chabbat. Son directeur, qui était juif, n'était pas pratiquant. Il faisait partie de ceux qui, hélas, s'employaient plus que les autres, à combattre les "croyances illicites". Je me méfiais de lui comme de la peste. Pour preuve, il prit un jour contact avec l'employeur d'une de ses élèves afin de l'informer qu'au jour de telle et telle fête juive, cette étudiante ne viendrait pas travailler. « Vous voilà averti ! » avait-il ajouté...

Il est évident qu'avec un tel homme, je ne pouvais pas faire "affaire". Mais son adjoint, un certain Victor Sergevitch, qui n'était pas juif, était, comme beaucoup de Russes, porté sur la boisson. En échange de trois bouteilles d'un demi-litre d'alcool (qui était le prix convenu pour chaque élève inscrit...), je pouvais conclure toutes sortes de marchés, en l'absence de son supérieur, évidemment.

En ce mois d'août, je devais, comme chaque année, trouver des écoles pour les enfants juifs qui ne voulaient pas écrire le Chabbat. Or le directeur, qui n'entendait pas renoncer à son salaire, avait décidé, cette année-là, de rester à l'école et de ne pas prendre de congé. Sa présence dans les locaux rendait mon action difficile. La rentrée scolaire approchant, je n'avais toujours pas avancé d'un pouce...

Je découvris un jour que le ministère de l'Education avait adressé une circulaire selon laquelle les directeurs d'école étaient obligés de prendre deux ou trois semaines de vacances avant la rentrée des classes. Je contactai donc l'école en question et annonçai d'une voix grave :

« Est-ce bien l'école une telle ?

– Oui, me répondit-on.

– Qui vous a donc autorisé à enfreindre les ordres du ministère de l'Education ? Ignorez-vous que la loi exige que les directeurs d'école prennent quelques jours de congé avant le début des classes ? Des rumeurs circulent au sujet du directeur de votre établissement. Nous avons appris qu'il est resté en poste pendant toute la période des vacances ! Est-ce exact ? »

A l'autre bout de la ligne, on me pria de me présenter. En guise de réponse, je raccrochai le combiné d'un coup sec, simulant avec emphase mon irritation.

Le jour même, le directeur arriva à son bureau de bonne heure. On lui fit part de l'appel téléphonique et on le pria de se mettre au plus tôt en vacances pour ne pas causer d'autres désagréments à l'établissement.

L'homme prit donc un repos forcé. Je pouvais enfin m'atteler à ma tâche...

Un des Juifs de notre communauté pratiquait sérieusement la religion, ce qui n'était pas le cas de son épouse. Leur couple était la proie de disputes interminables, jusqu'à ce que l'homme et la femme décident un jour de divorcer. Bien entendu, lorsque les relations entre les parents sont tendues, ce sont les enfants qui en pâtissent.

Un jour, juste avant le début de l'année scolaire, la femme m'informa qu'elle acceptait d'envoyer ses enfants dans une école du soir, fermée le Chabbat. Elle me remit les documents nécessaires, les actes de naissance et les bulletins de classe, tout en me sommant de les lui rendre au cas où les enfants ne seraient pas reçus, parce qu'elle entendait les restituer aussitôt à l'établissement qu'ils avaient fréquenté jusque-là. C'était une manière de me signifier qu'elle considérait l'éducation de sa progéniture avec le plus grand sérieux et que ce sujet lui tenait à cœur.

Nous étions la veille du mois d'Eloul, jour où nous récitons beaucoup de Psaumes. Je décidai néanmoins de régler cette affaire importante au plus vite – advienne que pourra ! Je pris un taxi et gagnai l'école en toute hâte. Par chance, le directeur était absent ; seul son adjoint était à son poste. Je m'apprêtai à lui remettre les documents afin de procéder à l'inscription des enfants, mais – catastrophe ! – les documents avaient disparu ! Je fus pris de vertige. Je suppliai le Russe de les inscrire malgré tout, mais celui-ci s'y opposa fermement.

Que faire ? Mes démarches avaient non seulement avorté, mais je devais de surcroît annoncer à cette mère, quelque peu agressive, que les précieux documents avaient disparu… Dehors, je ne pus me résoudre à reprendre le chemin du retour. Des pensées fébriles se bousculaient dans mon esprit.

Les minutes passaient. Je devais retourner chez moi au plus vite pour l'office de *min'ha*, mais je restai immobile, incapable de prendre une quelconque décision. « Maître du monde, m'écriai-je, Tu sais que je n'ai pas agi pour retirer des honneurs, ni augmenter la gloire de mes parents. Je n'avais pour seule volonté que d'aider ces enfants juifs à respecter le Chabbat. Je t'en prie, aide-moi ! »

Une demi-heure passa et je restai planté là, sans rien faire. Mon inertie était plutôt inhabituelle. Soudain, un taxi s'arrêta près de moi. Le chauffeur me fit signe de la main. Je m'approchai et il me dit : « Ces documents vous appartiennent-ils ? »

Il me tendit une liasse de papiers. Je les avais laissés sur la banquette arrière lorsqu'il m'avait conduit à l'école. Si j'avais quitté l'endroit une minute plus tôt, le conducteur ne m'aurait pas retrouvé !

Deux autres filles n'avaient jamais mis les pieds à l'école. A douze ans, il fallut leur trouver une place dans un établissement scolaire. On fit donc appel à mes "services". Je réussis à me procurer des attestations vierges d'une école d'un des faubourgs de Moscou, que je remplis en leur nom, ce qui me permettait de les faire inscrire quelque part. Mais, après quelque temps, on découvrit que leurs connaissances en littérature russe étaient quasi inexistantes (ce qui n'avait rien d'étonnant...). Le professeur de lettres les conduisit au bureau du directeur et pesta : « Le niveau de ces filles en littérature est on ne peut plus faible ! » Puis, s'adressant aux deux élèves, l'enseignant fit : « Où avez-vous donc étudié avant de venir ici ? »

J'avais indiqué sur leurs attestations qu'elles avaient prétendument fréquenté une certaine école de Tachkent. Le directeur s'empressa de téléphoner à cet établissement. La peur figea les deux filles sur place. Mais personne ne répondit à l'appel. Les deux élèves purent à nouveau respirer...

En ces temps-là, la tension était permanente...

Enoncés et crayons

Dans la classe de Sarah, ma fille aînée, il y avait deux autres juives. L'examen final en mathématiques devait se tenir le 30 mai 1964, un Chabbat. Il était évident que si les trois refusaient d'écrire pendant l'examen, cela ne passerait pas inaperçu, et risquerait d'éveiller les soupçons des surveillants. Une des trois juives au moins devait s'absenter, me dis-je. Je me rendis donc à l'hôpital avec Sarah, et me présentai à un grand spécialiste. Celui-ci accepta de coopérer – il plâtra la jambe de Sarah et lui remit un certificat médical attestant que ma fille souffrait d'une fracture. Je la renvoyai à la maison en taxi tandis que je gagnai mon travail.

A mon retour, le soir, Ben-Tsion se jeta à mon cou et s'écria : « Papa, Sarah s'est cassé la jambe ! »

Nous devions garder le secret de cette fracture devant nos jeunes enfants, pour éviter les dérapages.

Le jour de l'examen – un Chabbat – quelques camarades de classe vinrent la chercher en taxi : « Viens ! Tu ne vas pas rater l'examen ! »

Mais celle-ci répliqua : « Je ne peux pas... Ma jambe me fait terriblement souffrir ! »

Nous avions réglé le problème de Sarah, mais que faire pour les deux autres filles ? David Moyesievitch Havkin, le professeur de mathématiques, était également à la tête du syndicat de l'école. C'était un bon Juif qui priait en cachette et m'avait même procuré des documents afin de falsifier des certificats de fin d'études.

« Que comptez-vous faire pour les Juives à propos de cet examen ? » me demanda-t-il.

L'examen devait débuter à neuf heures et durer jusqu'à trois heures de l'après-midi.

« Je n'en sais trop rien. Mais on trouvera bien une solution » lui répondis-je. Puis, je lui proposai : « Peut-être pourriez-vous parler avec l'adjoint du directeur, et lui suggérer de séparer les nombreux candidats en deux groupes : les uns passeraient l'examen de neuf heures à trois heures et les autres, de six heures à minuit. Et n'oubliez pas de lui insinuer que nous ne serons pas avares en vodka...»

C'est ainsi que l'affaire se conclut avec notre fidèle collaborateur.

A Tachkent, en cette saison, le soleil se couche vers neuf heures du soir. Le Chabbat ne finissant qu'à la nuit tombée, les filles ne disposeraient que de trois heures – au lieu de six – pour rédiger leur copie. Ce qui me tracassait bien davantage était le fait que le directeur et son adjoint fassent les cent pas dans la salle d'examen, afin de surveiller les élèves. Ils remarqueraient rapidement que deux d'entre elles n'écrivaient pas trois heures durant…

Je priai donc David Moyesievitch de détourner l'attention des deux directeurs dès six heures du soir et de les occuper avec toutes sortes de problèmes et de tracas liés aux affaires syndicales. A l'heure dite, Havkin invita le principal à le suivre dans la cour et l'entretint jusqu'à neuf heures du soir !

Une autre difficulté surgit. Les filles ne pouvaient emporter de crayon – objet qu'il est défendu de manipuler le Chabbat – le jour de l'examen. Il leur était également interdit de transporter ce jour-là des affaires dans le domaine public. Un autre problème se posa au sujet des énoncés sur lesquels il fallait écrire, dès le début de l'épreuve, les prénoms et noms de famille pour ne pas risquer d'éveiller les soupçons des surveillants. Que faire ?

Nous réussîmes à nous procurer les énoncés avant l'examen. Le vendredi, les jeunes filles y inscrivirent leurs patronymes et, avant le coucher du soleil, je me rendis à l'école et les dissimulai, ainsi que quelques crayons, dans la chaudière de l'établissement, qui, en cette période estivale, n'était pas en fonctionnement.

Finalement, les filles réussirent à répondre à toutes les questions en moins de trois heures !

Quant à Sarah, elle passa l'examen un peu plus tard, après s'être "rétablie".

3

La vie juive en Ouzbékistan

L'ABATTAGE RITUEL À TACHKENT

A Tachkent, il y avait un certain nombre de *cho'hatim*. L'un d'eux, le rav David Gayssinsky, un proche parent de la jeune fille qui travaillait à la banque, s'y employait de tout son cœur. Il vérifiait la lame de son couteau avec application et respectait les opinions *halakhiques* les plus sévères en la matière. Il ne se contentait pas d'en examiner lui-même le tranchant, mais tenait également à soumettre son couteau à deux autres rabbins avant chaque abattage ! Son frère, rabbi Moché Aharon, le secondait dans cette entreprise, lui donnant un sérieux coup de main. Le jour-dit, il quittait son travail pour rejoindre le *cho'het* à l'abattoir, et s'assurer que des morceaux de viande interdite ne seraient pas mêlés à la viande abattue rituellement. La communauté juive avait souvent imploré rabbi Moché Aharon d'accepter une rémunération, mais il avait toujours refusé de recevoir un quelconque salaire. D'ailleurs, lorsque les enseignants en Torah – qui n'étaient déjà pas bien nombreux – émigrèrent les uns après les autres en Israël, il se mit en devoir d'enseigner clandestinement, et gracieusement, la Torah aux enfants. Plus tard, il gagna lui aussi les rives de la Terre Sainte.

Une "piscine" à la synagogue

Dans les années soixante, le pouvoir soviétique mit l'unique *mikvé* officiel de Tachkent sous scellés. Quelque 200 familles pratiquantes d'origine ashkénaze et près de 50 000 Juifs d'origine séfarade habitaient alors la ville. La fermeture du *mikvé* porta un coup terrible à l'ensemble de la communauté juive.

Berel Lifchits était le bedeau de la synagogue Sagban, où se trouvait le *mikvé*. Cet homme avait travaillé pendant quarante ans dans une usine et avait reçu de nombreuses décorations. Ses fils, à son grand malheur, ne suivirent guère la voie de leur père, et avaient pour seule ambition de faire carrière. Le premier était amiral et l'autre, doyen d'université.

Un jour, reb Mendel Klein, un hassid de 'Habad particulièrement sagace, dit à Lifchits : « Ecoute Berel, si tu n'arrives pas à ouvrir le *mikvé*, tout le *guehinom* sera bien trop petit pour te contenir ! »

Les mots du hassid firent grande impression sur Berel, qui prit la ferme décision d'agir en faveur du *mikvé* de Tachkent. Il se mit en quête d'interlocuteurs disposés à l'entendre ou plutôt – disons-le franchement – disposés à recevoir un petit dédommagement en échange de leur collaboration. Ses efforts furent couronnés de succès. Il apprit, un jour, qu'un employé de la municipalité, dont dépendait l'affaire, se laissait facilement soudoyer. Berel s'adressa donc à cet homme, mais celui-ci soupira : « J'aurais été heureux d'accepter votre argent, mais c'est impossible. Le *mikvé* n'a pas été fermé par nos services. Cela relève du KGB...»

Qu'à cela ne tienne. Berel se revêtit de son plus beau costume, y accrocha toutes les décorations reçues durant ses quarante années passées à l'usine et, affublé de cet accoutrement de cérémonie, il fit son entrée, dans les quartiers de la police secrète...

On l'introduisit aussitôt et on lui demanda : « Que voulez-vous ?

– Je suis un travailleur vétéran et je voudrais prier à la synagogue. Il est permis de prier, n'est-ce pas ?

– Oui, bien entendu.

– Mes fils, le premier qui est amiral dans la marine et l'autre doyen d'université, me demandent d'ailleurs souvent si je suis satisfait du régime soviétique. Je leur réponds sans un brin d'hésitation : "Oui, que le pouvoir soviétique vive encore longtemps !" Dans la synagogue dans laquelle je prie, nous recevons parfois la visite de touristes et ceux-ci ne cessent de nous demander : "Est-ce que l'on vous empêche de prier ?" Alors je leur réponds : "Non, nous menons nos offices dans la plus grande liberté."»

Berel fit une pause. Il voulait voir l'impression que ses mots avaient laissée sur ses interlocuteurs. Il poursuivit : « Je dois tout de même vous expliquer une chose. A la synagogue, il nous faut une piscine. L'officiant y plonge deux fois par an : la veille du jour du Grand Pardon et avant la fête de Pessa'h. [Vous comprendrez vous-mêmes que le *mikvé* était destiné à bien d'autres usages... mais Berel se garda bien de le leur révéler !] Les visiteurs étrangers me demandent sans relâche : "Avez-vous une piscine à la synagogue ?" J'avais l'habitude de leur répondre par l'affirmative, jusqu'à aujourd'hui, et je me faisais un plaisir de leur montrer notre bassin. Mais il y a quelque temps, des saboteurs – des ennemis du pouvoir soviétique – l'ont fermé. Peu de temps après, nous avons reçu la visite d'une délégation en provenance des Etats-Unis, je leur ai montré l'endroit. Ils étaient atterrés et m'ont demandé : "Mais où est donc le bassin ?" J'ai rougi. Je ne savais pas quoi leur dire. Il n'y avait rien à leur montrer...»

L'homme du KGB dit : « Nous avons entendu. Vous pouvez partir maintenant. » Quelque temps après, le *mikvé* fut à nouveau ouvert.

J'ai entendu cette histoire de Berel lui-même.

Dvora, son épouse, était encore plus téméraire que son mari. A l'époque, elle n'était déjà plus très jeune, mais, malgré son âge, elle entreprit de coudre un *talit* katan pour tous les Juifs de la ville – gracieusement. Leur maison était ouverte à tous, et chaque Juif qui arrivait en ville connaissait leur adresse.

Le couple Lifchits ne faisait guère cas des soucis du quotidien. Berel était assez aisé, mais quand la toiture de leur maison se mit à fuir, par exemple, il ne s'en soucia guère, et plutôt que de faire venir un professionnel pour la réparation, il posa tout simplement une bassine pour réceptionner l'eau qui coulait, sans plus de considérations pour ces détails. Par contre, lorsque Berel prenait les affaires de la communauté en main, il n'était pas économe pour un sou. Il manqua 400 roubles pour la construction d'un nouveau *mikvé* à Tachkent. Sans dire un mot, Berel compléta lui-même la somme, de sa propre poche. Or pour l'époque, 400 roubles, c'était un montant considérable !

Ce don spontané, il le fit pour le *mikvé* clandestin que la communauté souhaitait faire construire chez un particulier, juste après la mise sous scellés du *mikvé* autorisé de la synagogue. Dans l'une des chambres, sous les lattes du plancher – que l'on pouvait soulever et qui le dissimulaient parfaitement –, un bassin avait été aménagé.

Ce *mikvé* privé ne pouvait desservir toute la communauté de Tachkent, et il fut décidé de ne pas l'ouvrir au grand public. Il arrivait en effet que des Juifs respectueux des lois de la pureté familiale soient proches parents de tristes individus qui avaient la réputation d'être des délateurs. Les responsables du *mikvé* ne voulaient prendre aucun risque et préférèrent en autoriser l'accès aux seules personnes en qui ils avaient une confiance absolue.

A Boukhara

Bien que n'étant pas affilié à la mouvance Breslev, j'accorde une grande importance aux pèlerinages sur les tombes des Justes.En URSS, les refuzniks, ces Juifs à qui les autorités refusèrent de nombreuses années durant l'autorisation d'émigrer, avaient l'habitude de se rendre sur les tombes des saints pour y prier et implorer la miséricorde divine.

Une année pourtant, je ne pus me joindre à l'un de ces pèlerinages, car je dus me rendre à Boukhara. J'avais décidé d'entreprendre ce voyage le jour où je reçus la visite d'un Juif originaire de cette ville, qui me rapporta que les autorités avaient fermé leur *mikvé* et qu'un maître de conférences de la faculté de médecine, d'origine juive, avait décidé de faire construire un *mikvé* chez lui. Hélas, cet homme n'avait aucune connaissance en Torah, bien qu'il respectât le jour de Kippour et célébrait le jour anniversaire du décès de ses parents. C'est dire... Il habitait un pavillon, et un *cho'het* lui aurait dit un jour : « Si vous souhaitez faire quelque chose pour l'élévation de l'âme de vos parents – construisez un *mikvé*.

– Que doit-on faire pour cela ? avait demandé le Juif.

– Il faut creuser deux trous, » avait répondu le *cho'het*.

Le professeur de médecine prit la chose au sérieux et entreprit aussitôt la construction du *mikvé*. Redoutant d'impliquer d'autres personnes, il fit lui-même tout le travail, aidé de son fils de quatorze ans et de sa fille de seize ans. Il fallait déloger le frigidaire, de même qu'une armoire et forer le sol, au beau milieu de la cuisine. Une fois les bassins creusés, ils ne savaient pas trop comment poursuivre leur ouvrage.

Je décidai donc de me rendre à Boukhara, et avisai mes employeurs que je partais pour affaire. A Guita, je prétextai un pèlerinage sur les tombes des saints. Elle quitta d'ailleurs ce monde sans avoir jamais su les véritables raisons de mon voyage. J'allais à Boukhara, avec la certitude que ce qui m'y amenait était bien plus essentiel que la prière sur les sépultures de nos maîtres.

Je vous ai déjà raconté comment, à Kazan, nous avions construit un *mikvé*. La loi juive exige que le petit bassin soit rempli d'eau de pluie qui s'y écoule naturellement. Il est également possible de le remplir avec de la glace que l'on a fait fondre. A Boukhara, je procédai comme à

Kazan. J'acquis trois mètres cubes de glace que je fis transporter chez le Juif. Je cassai les blocs en menus morceaux et les essuyai un à un avec un chiffon, pour des raisons obligatoires d'un point de vue *halakhique*. Afin que la glace fonde plus vite, j'employai un radiateur jusqu'à obtenir une quantité de liquide suffisante. Hélas, au lieu de chauffer le bassin, la chaleur du radiateur se répandit dans la cuisine, de sorte que la glace mit un temps infini à se liquéfier. Nous étions entre Roch Hachana et Kippour, période au cours de laquelle nous récitons les *seli'hot* à la synagogue. Je décidai toutefois de rester près du *mikvé* en construction, et ne le quittai pas même un court instant. De jour comme de nuit, je demeurai dans la cuisine, occupé à alimenter le chauffage pour que la glace veuille enfin fondre...

Il y eut des moments où le médecin, propriétaire de la maison, en proie au désespoir, à force d'attendre, voulait abandonner toute l'affaire, ou peu s'en faut. Mais quand nous eûmes enfin la quantité d'eau nécessaire et que je lui annonçais que le *mikvé* était casher, il se mit à danser et sauter de joie ! C'était un véritable ignorant en Torah, comme on le dit en yiddish : "a posheter yid" – un Juif simple – ni un maître, ni un érudit. Toutefois, il savait – et combien le savait-il ! – se réjouir de la joie d'une *mitsva* accomplie. Ce Juif me prit par le bras et me fit valser dans sa cuisine pendant un long moment, tant il était heureux de ce que nous avions réalisé.

Par souci de sécurité, l'accès au *mikvé* ne fut autorisé qu'aux personnes qu'il considérait comme absolument fiables. Il me demanda même de parler à son épouse et de l'inciter à se rapprocher du respect de la Torah. J'eus plus tard l'occasion de le rencontrer en Israël. La famille était devenue pratiquante et respectait tous les commandements.

Un cimetière à Tachkent

A une certaine époque, il ne restait plus de place dans le cimetière juif de Tachkent. Berel Lifchits s'investit à nouveau totalement dans cette affaire. La communauté juive de Tachkent avait désespérément besoin d'un nouvel espace pour enterrer ses morts. Berel se mit en action. Usant de tout son pouvoir de persuasion, il frappa à toutes les portes et n'épargna aucun effort. Mais rien n'y fit : le temps passait et il n'y avait toujours pas de cimetière pour les Juifs de Tachkent.

Je lui demandai un jour : « Reb Berel, pourquoi cette histoire n'aboutit-elle pas ?

« Vous savez comme moi qu'il est inutile de lancer une attaque frontale pour obtenir quoi que ce soit des autorités. Nous sommes contraints de donner des pots-de-vin à droite et à gauche. Je sais aujourd'hui, qui, parmi les instances responsables, est à même de coopérer. Mais je n'arrive tout simplement pas à mettre la main sur cet homme. Il quitte son domicile à sept heures du matin. Il m'est impossible de me rendre chez lui avant sept heures parce que je risque de manquer l'office à la synagogue, de même que le cours de Talmud. Les fidèles y sont si peu nombreux que mon absence risque d'empêcher l'office d'avoir lieu.

– Reb Berel, répondis-je, dans les Maximes des Pères, nous pouvons lire cet enseignement de rabban Gamliel : "Ceux qui oeuvrent pour le bien de la communauté, qu'ils le fassent de manière désintéressée, et le mérite des pères les soutiendra. Quant à vous, je vous octroie une double récompense, comme si vous y aviez participé. "

En voici l'explication : quiconque s'occupe des besoins de la communauté ne doit pas penser au profit qu'il pourrait en retirer, qu'il s'agisse d'argent ou d'honneurs. De plus, bien que son succès ne dépende nullement de ses mérites personnels, mais seulement des mérites des pères et de ceux de la communauté, D-ieu le récompensera de la peine qu'il s'est donnée – tout comme pour ce qu'il n'aura pas pu accomplir pendant qu'il s'affairait à répondre aux besoins de ses frères. Maïmonide l'explique comme étant un double salaire : si, au moment de prendre la charge de la communauté, on en vient à perdre l'occasion de faire une autre *mitsva*, alors D-ieu considère que l'on se sera acquitté de ces deux *mitsvot* à la fois, et nous alloue une double récompense. Il rétribue la personne comme si elle avait effectivement réalisé la *mitsva* qu'elle n'a pas pu faire, étant occupée à satisfaire les besoins communautaires.

«…Vous prétendez, reb Berel, que vous risquez de manquer l'office si vous prenez l'affaire du cimetière en main, et qu'à cause de votre absence, il n'y aura pas *minyan*. Mais en vérité, D-ieu vous récompensera, aussi bien pour votre implication en faveur de l'obtention d'un cimetière que pour la prière en communauté que vous aurez manquée. »

Dès le lendemain, reb Berel manqua l'office et obtint l'autorisation de construire un cimetière pour les Juifs.

Dans la prière du Chema, il est dit : « Et vous en parlerez quand vous serez assis dans vos demeures et quand vous marcherez en chemin, à votre coucher et à votre lever. » Pourquoi le verset précise-t-il « vos demeures » et « en chemin » ?

Le Talmud répond que lorsqu'une personne est occupée à un commandement de la Torah, et qu'elle ne peut en accomplir un autre dans le même temps, elle en est tout simplement dispensée. « Qui accomplit une *mitsva* est exempt d'une [autre] *mitsva* », nous apprend le Talmud. Ainsi, celui qui est assis chez lui ou celui qui marche sur la route – occupé à des affaires personnelles – doit tout abandonner afin de réciter le Chema. Qu'en est-il de celui qui se met en route pour délivrer un Juif captif, ou qui œuvre pour l'ouverture d'un *mikvé* ? Si l'heure de la prière arrive et qu'il doit s'arracher à ces nobles activités au risque de ne pas les faire aboutir, il est tout simplement dispensé de la récitation du Chema.

J'eus de nombreuses fois l'occasion de m'occuper des besoins de la communauté, ce qui explique pourquoi cette question m'a souvent interpellé.

Une Juive pratiquante vint un jour à décéder. Un de ses proches découvrit que la purification du corps[1] n'avait pas été faite dans les règles de la *halakha*. Lorsque Lisa Krouglak l'apprit, elle en fut particulièrement peinée et en parla à Guita. Cet incident l'avait résolue à relever le défi de cette grande *mitsva* qu'est la purification des dépouilles des femmes

1 Ndt : Nettoyage rituel du corps du défunt avant de le mettre en terre.

et elle proposa à Guita de la suivre dans cette nouvelle entreprise, parce qu'elle ne connaissait personne d'autre qui acceptât de s'y associer.

Mon épouse y consentit. Elle n'avait pas le choix, tout simplement.

Une rencontre extraordinaire

Ma rencontre avec le rav Wiener de Margelan fut assez extraordinaire. Peu de temps après notre déménagement à Tachkent, notre fille 'Hava naquit. Nous vivions dans des conditions particulièrement difficiles. Nous logions à cinq dans une seule pièce, sans avoir pour autres meubles que des lits. Nous n'avions même pas une chaise, sans parler de cuisine, ni de hall d'entrée évidemment... Les sanitaires se trouvaient dans la cour. A cette époque, je travaillais chez Oks, et je risquais à tout moment de perdre mon emploi.

Une nuit, le rav Wiener eut un rêve. Il vit un homme qui lui fit cet avertissement : « Un Juif va venir te voir, tu devras prendre ses paroles avec le plus grand sérieux et faire ce qu'il te demande. Prends garde ! »

Puis, dans ce même rêve, le rav Wiener vit apparaître un autre homme qui lui dit : « Tu habites en paix chez toi, tandis que dans un des immeubles de la ville est née une petite fille, et dans sa maison, il n'y a rien – il n'y a même pas une chaise pour la mère. Trouve rapidement cette famille et aide-la ! »

Dans la suite du rêve, on montra au rav une rue au fond de laquelle se trouvait une impasse ; puis une porte, et derrière cette porte, une pièce...

Pour le rav Its'hak Wiener, c'était un signe du ciel, parce qu'à Margelan où il habitait, il connaissait tous les pauvres de la ville. Or aucune de ces familles ne correspondait à ce qu'il avait vu en rêve. Pour son travail, il partit en mission à Kokand, non loin de Margelan, où il se présenta à la veuve du rav (dont le mari avait été emprisonné en 1937 et qui n'était pas revenu depuis). Celle-ci venait en aide à tous les indigents de sa communauté. Mais à Kokand il n'y avait pas non plus de famille qui répondait à qu'on lui avait montré en rêve. Le rav poursuivit sa route et se rendit à Pargana – mais là aussi ses recherches furent infructueuses. Finalement, il arriva à Tachkent et y rencontra le rav Sim'ha Gorodezki, un hassid 'Habad. Il lui demanda : « Une fille est-elle née dans votre ville, ces derniers temps ?

– Non, dit le rav. Nous avons eu la naissance d'un garçon et non d'une fille. » Mais il se reprit aussitôt et ajouta : « Ah, si. Il n'y a pas longtemps, un Juif est venu de Kazan, et il a eu une fille.

– Il habite loin d'ici ?

– Non. A deux stations seulement.

– Dans ce cas, nous y irons à pied. Mais je vous en prie, ne me montrez pas la maison de ce Juif. Je voudrais la trouver par moi-même. »

Le rav Sim'ha le considéra d'un drôle d'air, mais il ne dit mot et accompagna son hôte. Les deux parcoururent les rues de la ville, et quand le rav Sim'ha désignait des maisons et demandait : « C'est celle-là ? », l'autre répondait, « Non. »

« Celle-ci ? – Non plus. »

Poursuivant ainsi leur marche, ils arrivèrent enfin à un cul-de-sac. C'était une ruelle très étroite, ne laissant le passage qu'à deux personnes, et encore. Au fond de l'impasse se trouvait une construction avec, sur le côté, un petit pavillon. C'est là que nous habitions. Le rav Its'hak fut frappé de stupeur : c'est cette ruelle qu'on lui avait montrée en rêve ! Il entra dans la pièce et vit une femme assise en train d'allaiter un nourrisson. (Un jour avant, exactement, Gorodezki nous avait prêté une chaise.)

J'étais absent. Le rav Its'hak regarda autour de lui et finit par dire : « D'où avez-vous reçu cette chaise ? »

Le rav Sim'ha Gorodezki répondit à la place de Guita : « Hier, je la leur ai prêtée. »

Un peu plus tard, je rencontrai le rav Wiener. Il tenta avec douceur de me convaincre d'accepter la charité. « Parfois, fit-il, il ne faut pas trop s'en tenir à ses principes et il ne convient pas de refuser de l'aide d'autrui. Peut-être vaut-il mieux supporter des dettes, quitte à rembourser les prêteurs un peu plus tard, que de vivre dans des conditions pareilles. »

Je lui répondis : « Mais comment pourrai-je seulement rembourser ces dettes ? C'est avec les plus grandes difficultés que je parviens à gagner chaque centime. »

Il ne me dit rien du rêve qu'il avait fait. S'il m'en avait parlé, j'y aurais vu un signe du ciel et j'aurais accepté son aide. Mais je m'entêtai, et je dus le payer très cher…

Il y a seulement deux ans que le rav me fit part de son rêve.

« Dans la gueule du loup »

Le rav Its'hak Wiener était un homme exceptionnel.

Le rav Ben-Tsion Zilber raconte :

Dans sa jeunesse, alors qu'il habitait le village de Varnakov, des troupes de Cosaques ukrainiens firent irruption dans le village avec à leur tête le terrible Petlioura, connu pour être un cruel antisémite.

Les dirigeants de la communauté juive locale lui firent la proposition suivante : ils lui donneraient un généreux présent – en d'autres termes, ils payeraient une coquette rançon... – à condition qu'il ne leur fasse aucun mal.

Petlioura fixa le montant de ce présent et les Juifs se mirent en quête de l'argent. Hélas, la somme convenue était exceptionnellement élevée, et malgré tous les efforts investis – les Juifs ne purent en rassembler la totalité.

Ils étaient dans l'impasse – qui allait oser se présenter à cet ennemi juré des Juifs pour lui offrir l'argent collecté, mais qui ne correspondait pas au chiffre escompté ? Trois Juifs furent chargés de cette délicate mission. Mais, pour le premier, sa mère redoutait de l'envoyer. Pour le second, ce fut sa femme qui refusa de le laisser partir… Il ne restait plus que le troisième, qui n'était autre que rav Its'hak Wiener.

Il se mit donc en route, tout seul, avec l'argent dans sa besace. La somme n'était pas celle qui avait été demandée par le Cosaque, mais elle était toutefois très conséquente, et rav Its'hak craignait d'être tué par des bandits avides avant même d'arriver à destination. En ces temps-là, la Russie était en proie à l'anarchie et nul n'était à l'abri de toutes sortes de mauvaises rencontres.

Mais le rav Its'hak n'avait d'autre choix que de cheminer dans l'obscurité de la nuit, la peur au ventre, jusqu'au campement militaire.

A son arrivée, il se présenta à un garde de Petlioura et demanda à être conduit auprès du redoutable Cosaque.

« C'est un déshonneur pour moi de parler avec un Juif, dit le garde avec dédain. Je vais en parler au commandant et s'il accepte de te recevoir, je t'ouvrirai la porte sans dire un mot. Mais dans le cas contraire, tu recevras une balle dans la tête, et cela aussi, je le ferai sans t'adresser la parole. »

Rav Its'hak attendit donc et finalement la porte s'ouvrit devant lui.

Il remit son trésor à Petlioura qui lui demanda en retour : « Dis-moi la vérité : tu n'as vraiment pas réussi à en réunir davantage – ou as-tu pris l'argent de tes Juifs en pitié ?

– C'est la pure vérité. C'est tout ce que nous avons réussi à collecter » répondit le rav Wiener.

– Demain, je donnerai l'ordre de ne pas toucher un seul cheveu des Juifs du village, annonça Petlioura tout en ordonnant à l'un de ses sbires de raccompagner le rav jusqu'à son domicile.

En effet, le lendemain, on fit cette annonce au nom du commandant cosaque : « Il est interdit de faire du mal aux Juifs de Varnakova ! »

Absence de preuve

Pendant une période assez courte – dans les années 1917-1918, le rav Its'hak Wiener fut le rabbin de Kiev, mais après la révolution, il prit un emploi dans un moulin.

Après le travail, le rav avait l'habitude de se rendre à la synagogue pour *min'ha*, la prière de l'après-midi. En cette fin des années vingt et au début des années trente, les agitations sauvages de l'Yvsektsia avaient atteint leur paroxysme. Malgré la menace, le bedeau de la synagogue prenait le risque d'enseigner les prières aux enfants ; chaque jour, dans l'après-midi, après l'école, les enfants allaient secrètement étudier avec lui.

Un jour, alors qu'il était en compagnie de ses élèves, il vit entrer brusquement un homme de l'Yvsektsia. Celui-ci, comprenant aussitôt à quelle sorte d'activité le bedeau de la synagogue s'adonnait, arracha violemment le livre de prières de la main d'un des enfants. Il lui fallait une preuve afin de dénoncer le crime qu'il avait surpris en flagrant délit. Le bedeau qui savait exactement à quoi s'en tenir – quinze ans de prison dans la steppe sibérienne – blêmit.

Le rav Its'hak qui se trouvait là empoigna le visiteur importun par le collet et se saisit du livre de prières que l'autre serrait contre sa poitrine tout en hurlant : « Sors d'ici ! Maudit sois-tu ! » Et, le mettant dehors, il le laissa sans preuve…

Peu de temps après, rav Its'hak fut emprisonné. On lui rappela, entre autres choses, cet incident que l'on qualifia de "coups et blessures portés à un fonctionnaire de l'Etat".

EN PRISON

Le rav Its'hak Wiener passa seize ans et trois mois dans un camp de travaux forcés. Vous me demanderez: pourquoi il fut envoyé en prison ? En vérité, pour rien. En Union Soviétique, cette question n'existait pas. La question inverse aurait été plus justifiée : « Comment se fait-il que vous n'ayez jamais fait de prison ? »

Quand on faisait entrer un prisonnier dans une cellule, les autres détenus avaient l'habitude de demander au nouveau venu : « Pourquoi tu es là ?

– Pour rien, répondait-il.

– Pour combien de temps ?

– Pour quinze ans.

– Menteur ! Pour "rien", on ne donne que dix ans ! »

En effet, la loi condamnait à 10 ans de prison (au minimum !) toute activité considérée comme contre-révolutionnaire. Les citoyens soviétiques pouvaient d'un jour à l'autre être déclarés coupables de "propagande contre-révolutionnaire". Ces initiales – KPA [en russe] – étaient connues de tous.

Le rav Wiener eut la vie sauve par miracle. En prison, il traversa des situations peu ordinaires.

Il fut envoyé au fin fond du nord de la Russie, où même les oiseaux ne pouvaient vivre… Les gens y mouraient jeunes et atteignaient à peine les quarante ans. Pour survivre, les détenus fendaient la chair d'un cerf vivant et en buvaient le sang afin d'échapper à la tsinga, une maladie due à une carence en vitamines. Un jour, le rav Its'hak, qui ne pouvait avoir recours à ce remède, interdit selon la loi de la Torah, se sentit au plus mal. Devenu totalement apathique, il s'apprêtait à rendre l'âme à son Créateur. Mais il s'endormit et fit un rêve. Son père, le rav Avraham Yehochoua, se révéla à lui et lui dit : « Its'hak, tu souffres tellement ! Pourquoi ne te tournes-tu pas vers le Maître du monde ?

– Je n'en ai plus la force, fut la réponse du fils.

– Si au moins tu faisais la prière du *chmoné essré.*

– Je ne peux pas, répondit rav Its'hak qui était à bout de forces.

– Et si je te récite la prière, tu répéteras après moi ? lui demanda son père.

– Oui. »

Le père commença à réciter et lui répéta mot après mot : « Hachem sefataï tifta'h… »

A la bénédiction « Considère notre détresse, lutte pour nous et délivre-nous au plus vite en Ton Nom, parce que Tu es un sauveur puissant, Béni sois-Tu qui délivres Israël », un des geôliers sortit le rav Wiener de son sommeil et lui intima : « Prends tes affaires et sors d'ici ! »

Le rav fut transféré aussitôt dans un autre camp, où les conditions de vie étaient bien plus faciles !

Pendant toutes les années passées dans les camps de travaux forcés, le rav Wiener refusa de raser sa barbe. Plus d'une fois, le "barbier" du camp tenta de la lui couper – mais le rav s'y opposait toujours avec détermination. Le rasage se faisait dans la salle des douches, où on laissait entrer tous les prisonniers. Une femme de l'Yvsektsia, particulièrement mauvaise, vint un jour donner un coup de main au barbier. « Cette fois, lui ordonna-t-elle, tu vas le raser ! » Mais le rav Its'hak le repoussa avec force.

« Ah, tu es un prêtre juif, lança la femme avec rage. Quand tu étais en liberté, tu as trompé les gens. Et ici aussi tu poursuis tes bassesses et tes ruses ! Tu n'y parviendras pas ! »

Sur ce, la mégère s'en alla répandre ses calomnies auprès de la direction du camp, qui s'empressa d'enfermer le rav Wiener dans une cellule avec d'affreux malfrats en lançant cet ordre indigne : « Rasez-le ! » Ceux-ci prirent un malin plaisir à accomplir cette tâche ignoble et lui arrachèrent sauvagement la barbe. Deux heures plus tard, on vit passer dans le camp un brancard transportant la femme scélérate qui, à la suite d'une chute, s'était cassé la jambe !

« D-ieu lui a donné sa récompense ! » entendit-on dans le camp. Ce fut une véritable sanctification du Nom Divin ! Après cet incident, cette femme n'osa plus retourner à son "travail" et se fit transférer dans un autre camp.

Après la guerre, les camps étaient emplis de collaborateurs nazis. Ces criminels, particulièrement effrontés, avaient tué de leurs propres mains de très nombreux Juifs. Au fil du temps, ces brutes se retrouvèrent à diriger les sinistres camps staliniens. L'un d'entre eux commandait un département de l'usine du camp où était détenu le rav Wiener.

Parmi les trente prisonniers qui y travaillaient se trouvait un Juif. Le malheureux découvrit rapidement qu'on cherchait à le tuer. Il était très facile de commettre un assassinat dans les camps soviétiques : il suffisait de lancer un ordre pour que la sentinelle tire. Pour une raison ou pour une autre, on envoyait la victime près des barbelés, sur la zone interdite. L'apercevant, la sentinelle tirait une fois en l'air – soit-disant en guise d'avertissement – et, au même instant, elle abattait le détenu "égaré".

Je fus moi-même témoin de ce genre de crime. Une jeune fille de quinze ou seize ans à peine avait été emprisonnée pour avoir pris 70 grammes de clous de son lieu de travail. Elle s'était donc rendue coupable de "vol de la propriété de l'Etat". L'histoire eut lieu juste avant la mort du "grand Staline". A l'époque, le régime maintenait l'ordre public d'une main de fer, usant d'une sévérité extrême. Ce jour-là, les sœurs de la jeune fille lui rendirent visite, en prison et lui racontèrent que leur père, qui travaillait dans la police et subvenait ainsi aux besoins de sa famille, avait été licencié à cause d'elle. La situation était devenue intenable. La détenue se mit à pleurer et se dit que sa vie ne faisait que nuire à sa famille. Elle distribua ses affaires et se rendit près des barbelés... Là les sentinelles "l'aidèrent" à mettre fin à ses jours. Trois jours plus tard, le "petit père du peuple" mourut. Si elle était restée en vie, elle aurait peut-être été graciée...

Rav Its'hak Wiener zatsal

Le rav Its'hak Wiener fit jouer les relations qu'il avait cultivées durant toutes les années passées dans les camps et parvint à faire transférer ce Juif dans un autre camp. Quand le nazi découvrit que son bouc émissaire lui avait échappé, il fulmina. Et quand il apprit que le transfert avait été arrangé par l'entremise du juif Wiener, il remua ciel et terre pour qu'il soit placé sous son autorité.

C'est ainsi qu'un beau jour on fit savoir au rav Wiener : « Dès demain, tu ne travailleras plus à la comptabilité. Tu seras affecté à ce département-ci. » Sous la férule du criminel nazi !

Le rav Its'hak savait que sa fin était proche. Il commença à réciter le *vidouï*. Le lendemain, il se rendit à la fabrique. Quelle fut sa surprise lorsqu'il découvrit que le nazi était absent ! « Que se passe-t-il ? » demanda-t-il hésitant. La veille au soir, à six heures, le chef du camp avait fait une visite et avait consulté les registres des différents services de l'usine. Contre toute attente, il jugea nécessaire de fermer le département du nazi !

Rav Its'hak ne pouvait croire un pareil miracle ! Durant ses seize années derrière les barreaux, il n'avait jamais rencontré un chef de camp manifester autant de "zèle", au point de travailler même après trois ou quatre heures de l'après-midi ! Cet événement n'avait pas de précédent ! Et pourquoi le directeur avait-il décidé de fermer seulement cette unité-là ? Cela aussi, le rav Wiener avait du mal à le comprendre. Mais c'était un fait – l'unité n'existait plus, tout simplement, ni même son sinistre responsable. Le rav Wiener eut, une nouvelle fois la vie sauve.

Le rav Its'hak à Margelan

Juste après sa libération, le rav Its'hak s'installa à Margelan. Pendant un an, il s'échina à trouver un travail compatible avec le respect du Chabbat. Mais sans succès. Pour vivre, il empruntait à droite et à gauche, et se nourrissait uniquement de pain et d'eau – sans jamais s'avouer vaincu devant les difficultés. S'ajoutait à cela l'habitude qu'il avait prise de ne jamais rien accepter d'autrui, au point qu'il ne buvait même pas un verre de thé chez les autres. Quand il trouva enfin un poste d'expert-comptable dans une pharmacie, il s'empressa de rembourser toutes ses dettes. Jamais il ne travailla le Chabbat ni les jours de fête, quel qu'en fût le prix !

Même après l'épreuve terrible de son incarcération, le rav Wiener persista à s'en tenir à ses principes, avec opiniâtreté et les Juifs de la ville lui vouaient une profonde admiration pour cela. Ils le craignaient tout autant, et ceci, pour une raison bien précise.

L'histoire se passe dans les années les plus noires du régime stalinien, en 1950 – 1951.

Depuis toujours, les communautés avaient pris l'habitude de nommer des *cho'hatim* craignant D-ieu, respectueux des commandements et versés dans les questions de *halakha*. A Margelan, ils s'en trouvaient deux, désignés tous deux par la communauté. Mais le pouvoir soviétique commença à les persécuter, et ils durent cesser leur activité. Le premier se fit cireur, travail qui lui permettait de chômer le Chabbat. Mais le second fut incapable de surmonter l'épreuve et trouva à s'employer dans un magasin où il dut travailler le jour saint…

Un Chabbat, le rav Wiener se rendit dans cette boutique et dit à l'ancien *cho'het* : « Jusqu'à ce jour vous étiez notre *cho'het*. Nous avions confiance en vous et en votre abattage. Mais aujourd'hui vous travaillez le Chabbat – alors que, comme on me l'a appris, votre famille mange à sa faim. Sachez que le Chabbat vengera cet affront et ne gardera pas le silence ! »

Imaginez le courage et la témérité de ce rav ! Il avait traversé l'horreur des camps staliniens, il avait souffert dans sa chair, des années durant. Le *cho'het* aurait aisément pu souffler un mot à qui de droit et prendre sa revanche…

Peu de temps après, des inspecteurs firent une descente dans le magasin et l'ancien *cho'het* écopa de dix ans de prison…

Souvent, on désigne des personnes par le nom de leur ville d'origine, ce qui est le cas de nombreux rabbins qui prennent le nom de la communauté dont ils avaient la charge. Avec le temps, les Juifs de Margelan commencèrent à appeler le rav Wiener, rav Its'hak Margelaner – de Margelan – bien qu'il n'en eût jamais été le rav.

« Je crains D-ieu seulement ! »

Chaque année, avant le 1er avril, la pharmacie où travaillait le rav Wiener faisait l'inventaire. Celui-ci durait trois jours, pendant lesquels on mettait également à jour les prix des médicaments sur tout le territoire soviétique.

Une année, la période de l'inventaire tomba les deux jours de Pessa'h, suivis d'un Chabbat. Pour le rav Wiener, ces trois jours-là seraient chômés.

A la date convenue, tous les comptables se réunirent avec les membres de la direction de la pharmacie et des contrôleurs des Finances. On ferma les portes de l'établissement et chacun prit place afin de commencer. Or voilà que l'expert-comptable était absent !

« Où est donc le comptable en chef ?

– Il n'est pas venu aujourd'hui.

– Qu'en sera-t-il de l'inventaire ? »

Les comptables consternés se mirent au travail malgré tout. Le lendemain, ce fut la même histoire. Mais au troisième jour, les contrôleurs perdirent patience et exigèrent que l'on fasse aussitôt venir le rav.

A son arrivée, ceux-ci s'écrièrent à l'adresse du directeur de la pharmacie : « Nous avons du mal à comprendre. Cet homme est votre subordonné et pourtant, il semble ne guère craindre votre autorité ?

– Effectivement, il ne me craint pas. Je lui ai demandé de venir travailler, mais il n'est pas venu. Vous l'avez vous-même constaté. »

Puis, ce fut au tour du responsable des services sanitaires de la ville de répondre à l'interrogation des contrôleurs :

« Comment expliquez-vous qu'un de vos employés ait manqué de se présenter à l'inventaire ?

– Il ne m'écoute pas non plus. »

A cet instant, celle qui avait réclamé la convocation urgente du rav se leva : « Voyez cet ennemi du peuple qui, malgré son séjour passé en prison, poursuit devant nous ses actes de perversion ! A cause de son crime, il n'y aura pas de médicaments pour les travailleurs ! »

Puis, se tournant vers le rav, la femme s'exclama : « Dites-nous, Isaac Avramovitch, à qui êtes-vous subordonné ? Qui craignez-vous donc ? Votre directeur ? Vous le méprisez ! Qui donc redoutez-vous ? »

Le rav Wiener les considéra longuement et lança en hébreu, un cri terrible qui fit trembler les murs de la pièce : « Je crains D-ieu seulement ! »

Après l'avoir traduit, il ajouta : « Ne vous fatiguez pas à me sermonner. Je connais déjà la leçon. Quand trois étoiles scintilleront dans le ciel, je viendrai immédiatement m'atteler à l'ouvrage.

– Et comment comptez-vous finir ce travail de trois jours en un temps si court ? lui demanda-t-on.

– Vous n'avez pas à vous faire de souci à ce sujet. Tout sera réglé rapidement ! promit-il et il s'en alla.

Le samedi soir, le rav les rejoignit et travailla sans discontinuer. Au matin, tout était prêt.

Quand il était question de respecter les commandements, le rav ne craignait personne !

La moitié du monde à venir

En 1945, les autorités firent fermer le *mikvé* de Margelan. Quand le rav Wiener rencontrait un Juif de Boukhara – qui, dans leur grande majorité, respectaient les *mitsvot* – et que l'autre le saluait, il répliquait sèchement : « Je ne te tendrai pas la main parce que tu es impur. Tu t'es soucié de construire ta maison – mais le *mikvé*, tu ne t'en inquiètes nullement.

– Qu'y puis-je ? Les autorités l'interdisent, se justifiait le Juif.

– Ce n'est pas une excuse ! » répondait le rav avec autorité.

C'est de cette manière que le rav parvint à rallier les Juifs de Margelan à sa cause. Finalement, la communauté trouva un emplacement idéal pour la construction d'un *mikvé* clandestin. Hélas, les canalisations le desservant devaient passer par le jardin du voisin – qui était juif – et qui refusait obstinément de voir les conduites traverser sa propriété. Cette difficulté-là, les Juifs de Margelan ne l'avaient pas escomptée.

On tenta de l'amadouer : « Pensez au nombre d'obstacles que nous avons dû franchir pour enfin trouver cet endroit ! Et voilà que vous nous mettez des bâtons dans les roues ! »

On lui proposa une coquette somme pour obtenir son consentement, mais il s'obstina dans son refus. On lui offrit même de l'or – en vain.

Enfin, on lui demanda : « Vous pensez que le *'hakham* Its'hak (appellation donnée aux Rabbanim par les Juifs de Boukhara) possède des mérites dans le ciel ?

– Bien sûr, répondit le Juif.

– Si c'est ainsi, nous vous dédommagerons bien davantage qu'avec de l'or et de l'argent. Si le *'hakham* Its'hak accepte de partager sa récompense future avec vous, y consentirez-vous ?

– Oui, dans ce cas, j'accepte. »

On rédigea aussitôt un contrat aux termes duquel le rav Its'hak Wiener acceptait d'accorder la moitié de sa récompense ultime à cet homme en échange de son accord. Le rav Its'hak y apposa sa signature et l'on remit l'acte au voisin qui donna son approbation à la construction du *mikvé* et au passage des conduites dans son jardin.

Dans les années cinquante, deux Juifs qui travaillaient pour le compte du KGB se rendirent auprès du rav Its'hak Wiener : « 'Hakham Its'hak, firent-ils, nous sommes juifs et communistes. Nous savons que vous avez un *mikvé* et une synagogue en ville. Nous avons reçu l'ordre de fermer l'un des deux établissements, et il nous est impossible de faire la sourde oreille. Nous aimerions savoir qui, du *mikvé* ou de la synagogue, vous préféreriez que nous mettions sous scellés. »

Le rav répondit aussitôt : « La synagogue. »

Et ainsi fut fait. La synagogue fut immédiatement fermée, mais les Juifs purent rapidement trouver un autre endroit pour l'office du Chabbat. Après la mort de Staline, la synagogue fut à nouveau ouverte, tandis que le *mikvé* fonctionne jusqu'à ce jour.

Ce qui a été édifié dans un élan de sincérité et de pureté d'intention ne peut jamais être détruit.

Un maître pour mon fils

Comme je l'ai raconté, le rav Its'hak refusait toujours de recevoir l'aide d'autrui. Et plus que cela : il prodiguait presque tout son argent aux indigents. Quand il commença à vieillir, ses voisins voulurent le soutenir de quelque manière que ce soit. Ils savaient que le rav était un Juif saint, et voyant les conditions précaires dans lesquelles il vivait, ils cherchèrent une façon de lui venir en aide, à son insu. L'un d'eux, un Juif qui avait, lui aussi, fait de la prison et qui y avait considérablement souffert, confectionnait des *'halot* pour le rav et lui faisait quelques courses, en l'honneur du Chabbat. Tantôt, le voisin racontait au rav Wiener qu'il avait payé un prix dérisoire pour ses achats, bien moins que ce qu'il avait dépensé en réalité. Tantôt il entrait dans la chambre du rav et cachait quelques roubles dans la poche de son manteau. Il fallait employer ces stratagèmes afin de ne pas éveiller ses soupçons. « Il n'y verra que du feu » se disait ce Juif, qui parvint à aider ainsi le vieux rav pendant un ou deux ans, sans que ce dernier remarque son subterfuge.

Un jour, le rav Wiener me dit : « Je ne comprends pas. Il m'arrive souvent, quand je compte mon argent, de trouver une somme plus importante que ce que je devrais avoir. Je dois absolument trouver le responsable ! »

Plusieurs années s'écoulèrent et le rav trouva enfin la clé du mystère. Une fois, pendant la visite de son voisin, il découvrit que l'argent qu'il gardait dans sa poche faisait des petits...

« Enfin, je vous attrape ! s'écria le rav. Dites-moi, de combien de roubles vous êtes-vous ainsi dépouillé depuis tant d'années ?

– Je, je… ne me rappelle pas, répondit l'autre.

– Si c'est ainsi, nous irons au *beth din* ensemble pour régler cette affaire ! » tonna le rav.

Ils se rendirent donc au beth din afin de procéder à un *din torah* – une action en justice conforme à la Torah. Le tribunal siégea à mon domicile. Le cas était inextricable, ou peu s'en faut !

Quand Ben-Tsion sortit de sa maison de convalescence, le rav Its'hak se proposa de lui enseigner le *Tanakh*.

A l'époque, il habitait déjà à Tachkent. J'acceptai avec joie. Voilà qu'à l'âge de quinze ou seize ans, les connaissances de mon fils en *Tanakh* allaient presque dépasser les miennes. Le rav Wiener considérait Ben-Tsion comme son propre fils. Lui-même n'avait jamais eu d'enfants.

Avant son *Alyah*, le rav Wiener distribua ses livres et décida d'emporter seulement les trois tomes du *Tanakh* qu'il utilisait lors de ses cours à Ben-Tsion. Mais il dut revenir sur sa décision, parce qu'il lui fallait recevoir pour cela une autorisation officielle. En effet, il était interdit de faire sortir des livres du territoire soviétique. Et il craignait qu'une telle démarche n'entrave ses projets d'immigration en Terre Sainte.

Une fois installés en Israël, Ben-Tsion et 'Havaleh se rendaient régulièrement chez le rav Wiener pour y faire le ménage pour Chabbat et avant la fête de Pessa'h. Il rechignait à recevoir de l'aide, et quand mes enfants venaient le voir, il les gratifiait toujours d'un petit quelque chose en échange. 'Hava fit une belle collection des cadeaux qu'elle reçut du rav pendant toutes ces années.

Elle a d'ailleurs l'habitude de dire qu'elle connaît de nombreuses personnes qui, après les années passées dans les camps de travaux forcés, en sont ressorties totalement brisées. Ces années de servitude ont définitivement eu raison de leurs forces morales et spirituelles, ce qui n'était pas le cas du rav Wiener.

Après son mariage, Ben-Tsion s'installa à Bné Brak où vivaient ses beaux-parents. Le rav Wiener en fut très mécontent ! Il habitait près de notre domicile, à Jérusalem, et lorsque 'Hava se rendait chez lui, il grommelait : « Pourquoi Ben-Tsion est-il allé habiter à Bné Brak ? C'est impensable ! Pourquoi pas à Jérusalem? Nous récitons trois fois par jour dans la prière du *chmoné essré* : "Que nous retournions à Jérusalem, Ta ville !" Il est écrit – à Jérusalem – et non à Bné Brak ! »

Les années de prison ne comptent pas...

Le rav Wiener émigra en Israël alors qu'il était déjà âgé. A Roch Hachana, il disait : « Voilà ! Je ne sais pas si je vais finir l'année...» Mais je lui répondais aussitôt : « Au contraire, cette année, vous la finirez aussi ! »

Et ce dialogue se répétait, d'année en année.

Un jour, il me dit : « Comment en êtes-vous si certain ?

– J'ai une preuve à l'appui de ce que je me permets d'avancer, répondis-je. Noé avait 600 ans au début du déluge. Une fois revenu sur la terre ferme, il vécut encore 350 ans. Si nous y ajoutons l'année du déluge, il ressort que Noé a vécu 951 ans. Mais la Torah en dénombre seulement 950. Où est passée l'année où les flots ont recouvert la surface de la terre ? Il semblerait donc que les douze mois passés enfermés à l'intérieur de l'arche n'aient pas été comptés par la Torah comme une année de vie. Vous avez vous-mêmes passé seize ans en prison, c'est pourquoi je suis certain que vous avez encore du temps devant vous ! »

En effet, le rav avait près de soixante-dix ans quand il monta en Israël et il décéda à l'âge de quatre-vingt-six ans.

Depuis lors, à chaque jour anniversaire de son décès, nous réunissons une vingtaine d'hommes pour réciter des *michnayiot* et nous recueillir sur sa tombe.

La sœur du rav Its'hak Wiener était une communiste endurcie. Mais il ne cessa jamais, malgré tout, de lui envoyer des invitations pour monter en Israël [Ndt : Documents indispensables pour obtenir l'autorisation de sortie du territoire soviétique.] Quand je lui en demandai un jour la raison, il me répondit : « Ici, au moins, elle mangera de la nourriture casher. »

Elle finit par faire son *Alyah* et, après un certain temps, il fut impossible de reconnaître la communiste fervente qu'elle avait été… Deux ou trois ans avant de mourir, elle fit l'acquisition d'une concession près de la sépulture de son frère. Et juste avant son décès, elle me pria de réciter le *Kaddish* et d'étudier des *michnayiot* pour l'élévation de son âme. Une chose pareille est-elle possible ?

4

Les enfants grandissent

Le bonheur d'être juif !

D'après la loi juive, l'obligation d'apprendre la Torah à ses enfants revient au père. Malgré mes nombreuses occupations, aussi bien professionnelles que communautaires, j'avais à cœur de leur enseigner le *'Houmach*, les prières et tout ce qui avait trait au judaïsme. J'initiai moi-même mon fils Ben-Tsion à l'étude du Talmud. Quand ce dernier grandit, et dès qu'il le put, il donna également des leçons de Torah à ses sœurs. A notre arrivée en Terre Sainte, notre fille 'Hava fréquenta une école religieuse et put aisément suivre les cours de Torah qui y étaient dispensés, même les leçons sur les prophètes, qu'elle n'avait jamais étudiées. En *'Houmach*, nos jeunes enfants en savaient d'ailleurs davantage que leurs camarades de classe. Ils avaient appris ce que j'avais enseigné à leurs aînés, qui avaient douze ans de plus qu'elles.

Sofa Lerner raconte :

Lorsque Bentsik, le fils des Zilber, arriva à Tachkent, il avait dix ans. Nos enfants le voyaient souvent assis avec son père, dehors. Jamais il ne restait oisif. Son père lui racontait toujours une histoire ou lui apprenait quelque chose – pour le rav Its'hak, pas un seul instant ne devait être perdu. Il en était de même avec

'Havaleh, la fille cadette, et Malka, la benjamine. Dès trois ans, le rav Zilber commençait à leur raconter des histoires sur la paracha de la semaine. Il investissait énormément de temps et d'efforts dans l'éducation, ce qui transparaissait aisément chez ses enfants.

Un Chabbat, alors que les Zilber étaient nos invités, il y eut soudain une vague de froid inattendue. Les Zilber, qui habitaient une maison vétuste, redoutaient de rentrer chez eux à cause de la basse température qui y régnait. Cette habitation précaire risquait de nuire à la santé de leurs enfants, c'est pourquoi ils préférèrent rester chez nous. Le froid persista, et les Zilber furent nos hôtes jusqu'au printemps. Je me rappelle qu'un jour, Sarah, la fille aînée, tomba malade. Le rav Zilber sortait chaque jour à l'aube, et ne rentrait que le soir. Mais pendant la maladie de sa fille, après une épuisante journée de travail, il arrivait le soir et avant même d'entrer, depuis la terrasse, il demandait : « Comment va Sarah ? » C'était là son premier souci. La maladie de Sarah l'avait préoccupé toute la journée. Il lui était impossible de mettre un frein à ses nombreuses occupations qui, dans l'URSS de l'époque, étaient absolument vitales, mais toutes ses pensées allaient, avant tout, à sa famille.

Souvent, j'amenais mes enfants en promenade, au parc municipal ou au zoo. Ils jouaient et moi je profitais de ces moments disponibles pour m'adonner à l'étude du Talmud. A Tachkent, les gens vivaient très simplement et ne s'embarrassaient pas avec les convenances. Plus d'une fois, je fus accosté par des inconnus qui s'approchaient naturellement de moi et me demandaient très familièrement ce que j'étais en train de lire. C'est d'ailleurs de cette manière que je fis la connaissance d'Elie Luxembourg, cet ancien sportif qui est aujourd'hui écrivain, en Israël. Avec les années, nous nous liâmes d'amitié. Un jour que je prenais le tram, il m'interpella : « Que lisez-vous donc ? » De cette rencontre naquit notre amitié. Je savais qu'à Tachkent, on ne s'empressait pas, comme à Kazan, d'aller dénoncer ses voisins. Le danger y était bien moins important. Je répondais donc avec franchise que ces livres étaient écrits en hébreu.

A Tachkent, j'eus également pour spécialité de réunir un *minyan* pour les offices. Quand il manquait un dixième fidèle pour la prière, je sortais dans la rue et demandais aux passants : « Vous êtes juif ? Dans ce cas, venez compléter notre *minyan.* »

Pouvez-vous seulement imaginer une chose pareille dans l'Union Soviétique de ces temps-là ?

Un jour, je désespérai presque de trouver un dixième homme. Non loin de là, dans une des usines du quartier, travaillait un Juif. J'allai le chercher. Je le vis entouré de nombreux travailleurs auxquels il attribuait des tâches. Je m'approchai et dis : « Excusez-moi, pouvez-vous me suivre. Vous n'en aurez que pour vingt minutes seulement. »

L'homme accepta, jeta à la ronde : « Je reviens dans un instant.» Et il me suivit.

'Hava me confia un jour qu'elle avait honte de me voir ainsi apostropher les passants dans la rue…

'HAVA RACONTE :

Il était interdit d'emmener des enfants de moins de seize ans à la synagogue officielle. A l'office clandestin qui se tenait chez un particulier, on laissait en permanence des exemplaires de la revue « Le crocodile » en cas de visite impromptue. Les fidèles pouvaient ainsi prétendre qu'ils s'étaient réunis pour lire ensemble.

Enfants, nous participions aux préparatifs des fêtes. Maman tenait à ce que nous en ressentions la joie, et que nous y trouvions du plaisir. Elle s'efforçait donc de me proposer une occupation attrayante. Je n'allais pas au jardin d'enfants. Ce ne fut qu'à l'âge de huit ans que je gagnais les bancs de l'école. Avant Pessa'h, on m'avait nommée responsable de la préparation du 'harosset[1]. Lorsque Ben-Tsion apprit que « les enfants d'Israël sont remplis de mitsvot comme la grenade », il me suggéra d'en compter les grains. Notre choix se porta sur deux grenades – une petite et l'autre plus grande, et je me mis à compter...

Pour Chabbat, maman confectionnait toujours des 'halot et nous donnait un peu de pâte, pour que nous en préparions également. La fabrication des 'halot avec de la terre glaise était d'ailleurs un de nos jeux favoris.

Nous avions aussi un autre passe-temps. Nous devions « marcher comme Papa »...

SOFA TRAGGER RACONTE :

Nous pouvions voir cet homme dans tous les coins de la ville. Jamais il ne marchait tranquillement. Il courait plutôt... Il redoutait les aléas des transports en commun et préférait aller à pied, pour arriver plus vite...

'HAVA POURSUIT SON RÉCIT :

Personne ne nous l'avait jamais expliqué – mais je savais d'instinct que certains sujets ne devaient pas être soulevés en public et que parfois même, il était dangereux de dire la vérité. Ben-Tsion craignait qu'à cause de ces mesures de prudence, je m'habitue au mensonge. Il s'évertua donc à m'instruire sur les manières d'esquiver les questions embarrassantes, sans en venir

1 Ndt : Mélange de fruits écrasés que l'on consomme traditionnellement le soir du *Seder*.

à mentir franchement : il fallait répondre de façon à ce que l'interlocuteur tire lui-même les bonnes conclusions. A l'instar de Yaakov qui, à la question, de son père Its'hak avait répondu : « Je suis. Essav – ton aîné. » Malgré l'ambiguïté de la réponse, ce n'était pas un vrai mensonge.

A sept ans, âge auquel les enfants étaient scolarisés en URSS, je n'avais toujours pas mis les pieds à l'école. Lorsque l'on me demandait mon âge, je répondais : « Si l'année prochaine je rentre à l'école, alors quel est mon âge ? »

Je voulais apprendre la Torah et mes parents me trouvèrent un enseignant. Ma mère s'adressa au rav Abba David Gourevitch qui enseignait la Torah à sa propre fille – qui avait mon âge – et lui demanda si je pouvais me joindre à leur étude. Mon frère, lui, étudiait avec ses fils. Dès le premier coup frappé à la porte des Gourevitch, nous savions que nous devions nous précipiter dans une autre chambre, pour nous cacher.

Un vendredi, on frappa à la porte. Madame Gourevitch était en train de préparer des 'halot. La bassine où levait la pâte était posée sur un lit et dans notre hâte, nous sautâmes directement dans le récipient…

Nos parents ignoraient si nous sortirions un jour de Russie. Maman, soucieuse de réduire les épreuves que nous étions amenés à rencontrer en terre soviétique, s'évertuait à nous donner de l'assurance. Nous devions, sous le joug communiste, acquérir assez de confiance et d'aplomb pour ne pas devenir influençables, ni veules. Nos études et nos connaissances étaient, de son point de vue, comme une sorte de bouclier qui nous protégeait.

Pendant la fête de Pessa'h, notre mère avait l'habitude de cuisiner en quantité et de préparer des plats appétissants et variés. Elle craignait qu'au bout d'une semaine sans pain, nos estomacs ne crient famine. Aussi dès la fin de la fête, elle nous emmenait acheter des gâteaux, bien qu'en vérité, nous étions rassasiés. Pour maman, la pratique des mitsvot devait se faire dans la joie !

Nous avons donc grandi avec le sentiment qu'être juif et pratiquant était la chose la plus merveilleuse qui puisse exister. A la sortie du Chabbat, après la prière de la havdala , la gaieté envahissait notre maison. Papa jouait avec les enfants, il dansait avec Ben-Tsion et nous racontait des histoires à épisodes tirées du Tanakh ou des hauts faits de notre peuple.

L'école en Russie était le lieu d'une violence qui se manifestait notamment contre les élèves juifs. Mon nom – 'Hava Zilber – était comme une lanterne rouge pour les antisémites. Il était impossible de masquer ma véritable identité.

Pour maman, plus je gagnerais confiance en moi, moins on s'aviserait à me chercher querelle. Je devais apprendre à me défendre et elle me montra quelques gestes d'autodéfense. Pendant les trois ans de ma scolarité dans une école soviétique, je ne fus pas une seule fois prise à partie. Mon assurance avait, semble-t-il, découragé ceux qui auraient voulu m'agresser.

J'avais huit ans déjà lorsque je fis mes premiers pas dans une école. Je savais que dans ma vie, il y avait deux univers : le monde intérieur et le monde extérieur. Pour moi, cette situation schizophrène était tout à fait naturelle, comme une chose allant de soi. Enfant, je pensais que mes parents agissaient selon des principes justes, et qu'ils fondaient leurs dires et leurs actes sur la réflexion, la raison et la logique. L'étendue de leurs connaissances et les compétences multiples qu'ils manifestaient dans de nombreux domaines leur conféraient à nos yeux, et en toutes choses, une autorité suprême. De sorte que l'école et tout ce qui y avait trait ne pouvaient guère leur faire concurrence. La voie tracée par nos parents était immuable et inaltérable.

Enfants, nous acceptions de bon cœur le mode de vie que nos parents nous dictaient. Nous avions pour seule ambition de leur ressembler – ils en savaient tant... Nous les sentions très proches de nous et avions en eux une confiance absolue. Nous étions impressionnés par leur manière d'agir et les admirions profondément. Notre maison était pleine de vie et la rue ne nous attirait nullement.

Ma grand-mère était une femme très active. Elle dirigeait sa maison d'une main de maître et n'avait jamais été secondée par ses filles. A l'époque, en URSS, on poussait les jeunes filles à se consacrer à leurs études, afin qu'elles puissent plus tard contribuer aux avancées technologiques de la grande Russie. Ma mère fit, avec succès, des études d'ingénieur en électricité. Maman nous racontait qu'elle regrettait de ne pas avoir appris la couture, le crochet ou le tricot, ni même la cuisine ou la pâtisserie. Elle s'efforçait de nous faire acquérir – nous, ses filles – l'art des activités ménagères qu'elle n'avait pas eu la chance d'apprendre elle-même, et nous envoyait dans des ateliers pour enfants ou nous encourageait à pratiquer ce genre d'occupations.

A son mariage, c'est sa belle-mère qui lui apprit les rudiments de la cuisine et la gestion d'un foyer. Maman s'efforçait toujours, malgré la pénurie, de préparer des plats appétissants, afin que nous ne ressentions aucun manque. Elle craignait que dans notre indigence, nous acquérions une mentalité de pauvre. Elle préférait acheter moins cher, mais en quantité, plutôt que cher et trop peu. Il fallait toujours qu'il y en ait assez ou même plus qu'il n'en faut.

Outre la gestion de son ménage et de sa famille – maman n'a jamais cessé de travailler à l'extérieur. Après notre Alya en Israël, elle trouva un poste au « Séminar Hayachan » de Jérusalem – une école renommée, pour jeunes filles. Elle y était laborantine et préparait les solutions pour les expériences en chimie. Après les cours, elle rangeait le laboratoire.

Ses fonctions n'exigeaient pas spécialement de rentrer en contact avec les élèves. Pourtant, rapidement, le laboratoire devint un des lieux les plus populaires de l'école. Les élèves « en difficulté » en chimie, en physique ou en biologie, venaient voir ma mère pour lui demander de l'aide. Et maman, avec patience et son sourire légendaire, se faisait un plaisir de leur expliquer les points restés pour eux obscurs.

En outre, elle avait dans son sac toutes sortes de petites choses indispensables : du fil, des boutons, des pansements, un désinfectant, des analgésiques et même des sandwiches. Les élèves connaissaient l'adresse – en cas de besoin, elles allaient au laboratoire et s'adressaient à madame Zilber. Elles savaient qu'elles y trouveraient ce qui leur manquait : depuis le fil de couture jusqu'à l'en-cas. Quand les filles venaient la voir pour lui demander un comprimé contre des maux de tête, elle leur expliquait que ces cachets étaient des médicaments, et qu'ils pouvaient nuire à leur santé si elles les prenaient de manière inconsidérée. Elle vérifiait d'abord si les élèves souffrantes avaient bien pris leur petit-déjeuner et dans le cas contraire, elle avait toujours de quoi les sustenter. Elle leur disait aussi qu'il fallait parfois apprendre à supporter la douleur – si tant est qu'elle fût tolérable, évidemment. Maman prodiguait soins et conseils avec gentillesse et rapidement les filles finirent aussi par lui confier leurs secrets.

Enfants, à la maison, notre mère représentait l'autorité. Je lui dois mon savoir et mes connaissances sur les choses de la vie. Malgré son travail considérable, elle nous accordait toujours son entière attention et parlait avec chacun de nous. Elle nous éclairait sur ce qu'il convient de faire comme sur ce qu'il faut éviter. Elle nous expliquait les raisons et les motivations cachées de certains comportements, elle nous inculquait le sens des responsabilités et implantait en nous le souci de l'autre. Elle nous faisait sentir que nous étions tous aimés équitablement, et quand je recevais des bonbons d'une amie ou dans une fête, maman me demandait toujours de les partager avec mes frères et sœurs. Je ne manquais jamais de distribuer ces friandises aux membres de ma famille, y compris à mes parents. De la même façon, nous partagions les tâches ménagères, tant et si bien que nous avions le sentiment profond de former une véritable famille, un seul corps.

Maman portait tout le joug de la maison sur ses épaules. Et malgré ses nombreuses occupations, elle trouvait toujours du temps pour faire chaque jour sa prière ou pour réciter des tehilim. En Israël, elle se rendait régulièrement au Mur des Lamentations afin d'y prier pour ses enfants.

Nous avons gardé le livre de prières de notre mère, tel quel, avec les marques-pages encore placés aux mêmes endroits...

LE RAV BEN-TSION RAPPORTE :

Chez nous, toute la charge du foyer reposait uniquement sur notre mère. Jamais mon père ne participait aux tâches ménagères – bien qu'occasionnellement, il lui arrivait d'aller chez l'épicier pour acheter un peu de nourriture... Il comptait entièrement sur maman et ne se souciait guère de ces questions-là, sauf les rares fois où il s'écriait : « Dommage que nous n'ayons pas acheté le pain. »

Papa était notre autorité spirituelle. Lui avait la charge de notre éducation toranique et nous imprégnait de ses connaissances religieuses, de sa foi et de sa crainte divine. Il implantait en nous la primauté de la Torah, des mitsvot et de la bienfaisance. Notre mère, pour sa part, se chargeait de nous préparer à la vie quotidienne : elle nous enseignait le souci et le respect de l'autre, à savoir retenir notre langue, nous encourageait à céder à un frère ou une sœur, et à aimer l'ordre et la propreté. Malgré son travail, à la maison comme à l'extérieur, de Kazan à Jérusalem, maman sut nous élever, nous instruire et nous éduquer à la grandeur.

Des vigiles "de confiance"

Tachkent était remplie de chiens. En général, ils gardaient les maisons. Je manquais de patience et j'étais toujours pressé, de sorte que dehors, j'avais plutôt tendance à courir pour gagner du temps. Or, par nature, les chiens poursuivent une personne qui court...

Un matin, j'étais en quête, comme à l'ordinaire, d'un dixième homme pour compléter le *minyan*. L'heure de l'office était presque passée et les huit personnes qui s'étaient réunies finirent par s'impatienter. Craignant d'arriver en retard au travail, les fidèles s'apprêtaient déjà à partir. En désespoir de cause, je décidai d'aller chercher une de mes connaissances. Arrivé chez elle, je frappai à sa porte. Il était assez tôt, et la maison était fermée à clé. Personne ne répondit. Comme je ne voulais pas réveiller toute la famille, j'entrepris de passer par le balcon. Brusquement, deux chiens se jetèrent sur moi et l'un d'eux me mordit violemment. Le maître de maison qui avait entendu le vacarme sortit de sa chambre effrayé : « Que se passe-t-il ? »

Je lui expliquai rapidement les raisons de mon intrusion et il se joignit aussitôt à nos prières... Je ne me préoccupai guère de la morsure ni des contrecoups de l'assaut dont j'avais été victime – j'avais enfin trouvé le dixième fidèle. C'était cela le plus important !

De nombreuses années durant, je dirigeai l'office clandestin de Kippour qui se tenait chez un particulier. Je restai chez cette famille toute la journée sans sortir un seul instant et, pendant les courtes pauses, je donnai un cours de Torah. Nous avions baptisé cet office "le *minyan* du Parti et du komsomol", eu égard à l'identité des personnes qui y assistaient les deux jours de *Roch Hachana* et la journée de Kippour – et qui, du fait de leurs fonctions illustres, s'aventuraient dans une affaire particulièrement compromettante...

Une année, à la fin de Kippour, je m'apprêtai à rentrer chez moi. Je sortis dans la cour sans en avertir nos hôtes quand soudain, les chiens de garde qui n'étaient pas en laisse se jetèrent sur moi. Ils avaient été lâchés afin de barrer l'accès de la villa aux indésirables. A nouveau, je dus subir leurs morsures, mais cette fois-ci, j'échappai aux injections contre la rage, parce que les molosses étaient des chiens domestiques et que leurs maîtres m'avaient assuré que pendant les dix jours suivants – délai au cours duquel il était encore possible de recevoir le vaccin – ils feraient examiner leurs bêtes afin de déceler une contamination éventuelle.

Mais ces agressions canines ne trouvaient pas toujours une fin heureuse. Je dus plus d'une fois être piqué contre la rage, soit plus d'une trentaine de piqûres pour chaque morsure. Pendant le traitement, le vin m'était interdit de sorte que je ne pouvais pas réciter le *kiddouch* du Chabbat. Mon épouse, ou ma fille Saraleh, le faisaient à ma place (à l'époque, Ben-Tsion était en convalescence).

Depuis lors, je décidai de redoubler de prudence à cause des chiens. Les injections me faisaient horreur...

YAAKOV LERNER RACONTE :

Nous étions une veille de Yom Kippour. Nous nous réunîmes au domicile d'un Juif de Samarkand pour l'office clandestin. Les craintes que les autorités ne découvrent le minyan étaient grandes. Je travaillais à l'université et mon frère avait aussi un poste qui exigeait une vigilance accrue.

Soudain, nous entendîmes des coups frappés à la porte. Sur le perron se tenait un inconnu.

« Que se passe-t-il ? » avons-nous demandé avec frayeur.

« J'arrive de Tachkent, le rav Its'hak m'a envoyé ici » répondit l'étranger.

Nous savions que si l'homme avait été envoyé par le rav Its'hak, nous pouvions le recevoir. Nous lui trouvâmes même un endroit pour passer la nuit. Le rav Its'hak prit plus d'une fois le risque d'adresser des Juifs à notre minyan. S'ils venaient de sa part, c'est qu'il n'y avait rien à craindre. Et malgré nos appréhensions, nous étions toujours disposés à les accueillir.

J'eus souvent l'occasion de me rendre à Tachkent, que ce soit pour le travail ou pour des raisons familiales. A chacune de mes visites, le rav Its'hak me renvoyait avec un nouveau commentaire sur la Torah. Plus tard, il demandait aux gens de Samarkand : « Nou, vous l'a-t-il exposé ? » Il vérifiait même si je l'avais transmis dans sa totalité.

POUR UN VERRE DE VODKA...

Une année, le soir de *Chemini Atseret*, je me trouvais dans la *soucca* des Krouglak (en dehors d'Israël, nous demeurons dans la *soucca* le premier jour de *Chemini Atseret* également). Parmi les convives, il y avait un cohen, membre de la tribu des *Cohanim*. Nous n'avions pas de cohen dans notre *minyan*, et je n'avais d'ailleurs pas eu la chance d'en rencontrer depuis bien longtemps dans une synagogue. En diaspora, les communautés ashkénazes récitent la bénédiction des *cohanim*[1] les jours de fête uniquement, soit quelques jours par an. Or, en l'absence de cohen pendant l'office, on s'abstient de prononcer cette bénédiction particulière. Cette année-là, je n'avais pas entendu la bénédiction des pontifes ni à Roch Hachana, ni pendant la fête de Souccot. Quand je découvris ce *cohen* chez les Krouglak, je lui demandai aussitôt : « Voudriez-vous vous joindre à notre office demain ? »

Le *cohen* se mit à rire : « Si vous buvez ce verre de vodka, je viendrai ! »

1. Ndt : Les jours de fête, les *cohanim*, descendants des pontifes, bénissent les membres de la communauté.

Sans hésiter, je m'emparai du verre d'alcool et l'avalai d'un trait, jusqu'à la dernière goutte. Le *cohen* tint sa promesse et se présenta le lendemain à l'office. L'heure était matinale et il m'attendit. Les minutes passèrent et notre homme commença à s'inquiéter sérieusement. M'était-il arrivé quelque chose de grave ? Peut-être n'avais-je pas supporté la vodka ? En vérité, la boisson âpre ne m'avait fait aucun effet... Ma femme avait beaucoup de plaisir à rappeler cet incident.

Peu de temps après, j'emmenai mon fils à la synagogue où priaient des Juifs de Boukhara qui avaient coutume de réciter la bénédiction des *cohanim* tous les jours. Ben-Tsion prétend qu'il s'en souvient. En Israël, nous avons l'habitude de la dire tous les jours et grâce à D-ieu, cela fait déjà de nombreuses années que j'ai le mérite de l'entendre chaque jour.

Ben-Tsion tombe malade

Mon fils Ben-Tsion a traversé de nombreuses et douloureuses épreuves – que je ne souhaite à personne. La vie quotidienne était plus difficile à Tachkent qu'à Kazan. D'abord, il fallut trouver nos marques : louer une chambre pour nous y entasser, accumuler des dettes pour survivre et supporter les affres de la précarité. Nos relations avec le voisinage n'étaient pas non plus évidentes. A Kazan, Ben-Tsion avait de nombreux amis, mais à Tachkent, il souffrit de la solitude. Les enfants ouzbeks, nos voisins principalement, ne se lièrent guère d'amitié avec notre fils et lui lançaient même des pierres.

A treize ans, Ben-Tsion tomba malade. Son état s'aggravait de jour en jour. Les médecins tardèrent à diagnostiquer la tuberculose qui, à l'époque, était mortelle.

Ce fut le docteur Jitnitsky, un médecin juif de Tachkent, qui fut le premier à déceler les signes de cette maladie chez Ben-Tsion. Par la grâce de D-ieu, il réussit à soigner l'enfant avec un dévouement exceptionnel. Il refusa de recevoir des honoraires pour ses soins et ses multiples visites. Ce médecin avait un excellent diagnostic et était un homme de grande valeur. Originaire d'Orenbourg, il avait étudié à Kazan. Au moment de choisir son métier, il fit le calcul suivant : s'il se lançait dans une carrière commerciale, il ne pourrait s'adonner à la charité qu'à condition d'avoir de l'argent et de réussir en affaires – mais s'il devenait médecin, il pourrait toujours venir en aide à autrui, quel que soit l'état de son porte-monnaie. C'est donc mû par une profonde exigence de bonté qu'il commença des études de médecine.

En 1937, Jitnitsky fut arrêté et emprisonné. On le jeta dans une cellule bourrée de pauvres hères. L'air y était rare et certains détenus étaient sur le point de défaillir. Le médecin comprit rapidement qu'ils couraient tous à la catastrophe. Il se glissa vers la fenêtre et en brisa la vitre avec son poing ! Qui d'autre que lui aurait le courage d'en faire de même ?

Il s'abîma sérieusement les mains et souffrit des séquelles de ses blessures de longues années durant. Ses mains tremblaient depuis ce jour, ce qui ne l'empêcha pas, toutefois, d'être un excellent médecin. L'histoire suivante en témoigne d'ailleurs.

Jitnitsky présidait la commission médicale chargée d'examiner les conscrits. Un jour, se présenta un jeune homme de belle allure et de bonne corpulence qui semblait en excellente santé. A la surprise générale, notre médecin juif l'exempta du service militaire. Comme ses confrères lui en demandaient la raison, il expliqua que le candidat souffrait d'une certaine maladie. L'appelé fut envoyé à la radio, mais les clichés ne révélèrent aucune anomalie. Jitnitsky s'obstina et l'on soumit le conscrit à une nouvelle série d'examens radioscopiques qui, cette fois, dépistèrent l'affection dont souffrait le jeune homme – et dont notre médecin avait eu l'intuition.

Chaque jour, après sa journée de travail, le docteur Jitnitsky se rendait auprès de ses malades. Il refusait avec force de recevoir une quelconque rémunération pour ces visites. « Comment donc ? Vais-je échanger la mitsva de rendre visite aux malades contre de l'argent ? » répondait-il.

Je n'exagère pas si je vous dis qu'il est venu chez moi près d'une centaine de fois. Il en fut de même avec ma belle-mère ! Il ne mangeait que de la viande casher, mais craignait de se faire arrêter et envoyait des connaissances la lui acheter.

Dès qu'il eut ausculté Ben-Tsion, il trancha : « tuberculose ». Mais il souhaita toutefois en recevoir la confirmation par d'autres confrères. Pourtant, après la radioscopie, on ne découvrit rien d'anormal. Il en fut de même pour ma belle-mère, Frouma Malka. Quand elle vint habiter chez nous, elle tomba très malade. Nous avions les plus grandes peines à la déplacer et à l'emmener chez les médecins. Après maintes démarches, nous parvînmes à lui faire passer une radioscopie (à défaut de radiographie, trop onéreuse pour l'Etat soviétique…). Sur les clichés, tout semblait normal… Malgré tout, grand-mère Frouma Malka avait bien la tuberculose.

Au départ donc, les médecins décrétèrent que Ben-Tsion avait attrapé le typhus, et mon fils fut envoyé dans le service des maladies infectieuses. Heureusement, ce diagnostic fut rapidement invalidé, mais pendant plusieurs semaines, personne ne parvint à confirmer la tuberculose de Ben-Tsion, jusqu'au jour où, après avoir enfin passé une radiographie, on découvrit sur ses poumons les lésions caractéristiques de la maladie. Ben-Tsion dut séjourner dans une maison de convalescence. Les frais d'hospitalisation furent intégralement couverts par les services sociaux – outre les frais de transport qui furent à ma charge – c'est vous dire la gravité de son état…

Ben-Tsion en convalescence

La maison de convalescence de Ben-Tsion se trouvait à quatre-vingt-dix kilomètres de Tachkent. Comme il m'était interdit de lui apporter de la nourriture faite à la maison, je dus consulter des rabbins pour savoir ce qui, dans les repas servis dans l'établissement, lui était permis. J'avais également d'autres questions sur son respect du Chabbat, les *tefillin*, etc. Les malades étaient constamment surveillés et Ben-Tsion avait les plus grandes peines à pratiquer les *mitsvot* secrètement. Il n'avait que quatorze ans lors de son premier séjour en maison de repos, mais il réussit grâce à D-ieu à surmonter toutes les épreuves. Pendant deux ans, Ben-Tsion passa les mois d'été et d'automne dans cette maison – soit quelque quatre à cinq mois par an – pour finalement recouvrer pleinement sa santé.

Ben-Tsion y était le seul Juif. On avait réparti les jeunes par groupes. Une de ses connaissances ouzbèkes lui proposa de se joindre à lui, ce que Ben-Tsion accepta aussitôt. Bien qu'il ne connût pas un traître mot d'ouzbek, il préféra s'intégrer à eux plutôt qu'aux Russes, parce qu'il savait que dans ce groupe, il lui serait plus facile de pratiquer les commandements. Il arriva néanmoins que les enfants ouzbeks lui demandent pourquoi les Juifs confectionnaient des *matsot* avec du sang !

Ben-Tsion avait décidé de ne pas emporter son livre de prières. Il connaissait les prières journalières par cœur et avant de partir pour la maison de repos, il s'efforça également de mémoriser celles des jours de fête.

Dans les bois qui entouraient la maison de convalescence, il dénicha un arbre creux où il pouvait dissimuler ses *tefillin*. Chaque matin, il sortait de bonne heure et se faufilait dans la forêt pour y mettre discrètement ses phylactères et prier. Une fois rangés dans leur cachette, il retournait prestement dans sa chambre où ses camarades dormaient encore profondément. Hélas, quelqu'un les trouva un jour et lorsque Ben-Tsion sortit un matin, il découvrit atterré qu'ils avaient disparu ! Je dus lui procurer une nouvelle paire, chose qui à Tachkent n'était pas évidente. Peu de temps après, elle lui fut, elle aussi, subtilisée.

Ben-Tsion récitait le *kiddouch* du Chabbat matin en silence, sur deux tranches de pain, et la *havdala* sur un verre de thé ou de café. Il faisait le *birkat hamazon* en masquant sa bouche de sa main afin que personne ne remarque son murmure.

Après quelques semaines passées à la maison de convalescence, des cours étaient également organisés pour les jeunes malades. Comme ils avaient lieu aussi le Chabbat, Ben-Tsion qui ne voulait pas écrire, prétextait que sa main le faisait souffrir. Il devait poursuivre cette feinte même en dehors des classes, jusqu'au soir et ne pas oublier de manger avec la main gauche…

Les élèves devaient balayer le sentier qui contournait la maison. Quand le tour de Ben-Tsion tombait le Chabbat, il allait se cacher.

Mais il ne put échapper à la douche du Chabbat. Pour ne pas profaner ce saint jour, il évitait de se savonner. Les habits propres leur étaient livrés dans un autre bâtiment et il était interdit de les transporter d'un endroit à l'autre. Néanmoins, les adolescents arrivés les premiers à la douche recevaient leurs habits sur place, en guise de récompense. Pendant la semaine, Ben-Tsion cédait son tour à ses camarades et se douchait parmi les derniers afin de pouvoir passer parmi les premiers le Chabbat. Un jour, il eut une angine – ce qui lui procura la plus grande joie. En effet, la maladie le dispensait de tous ces désagréments et le Chabbat pouvait être respecté comme il se doit…

Un jour, les élèves de la maison de convalescence durent passer un examen en mathématiques. Ben-Tsion découvrit une erreur dans l'énoncé et en fit part aux examinateurs. Si l'on remplaçait un chiffre par un autre, l'exercice se résoudrait plus facilement. Les professeurs en furent impressionnés. Et bien qu'il ait toujours eu la sympathie de ses maîtres, depuis cet incident, ils le tinrent en grande estime.

A quatorze, quinze ans, Ben-Tsion dut à nouveau être hospitalisé dans un service de maladies infectieuses. Cette fois-ci, ce fut pour une hépatite. A cause de son état de santé, il s'absenta de l'école de nombreuses semaines et reçut même une dispense pour les examens du baccalauréat. C'est à l'âge de quinze ans que Ben-Tsion quitta l'école.

Ben-Tsion et l'avion

Un jour, Ben-Tsion fut envoyé à Kislovodsk. Il devait s'y rendre en avion et sur le chemin du retour, l'appareil dut atterrir brusquement à Samarkand, au lieu de Tachkent. Il lui était impossible de mettre les *tefillin* à l'aéroport. Ben-Tsion préféra se rendre chez des connaissances, en ville, pour y faire la prière et revenir à temps à l'aéroport. Mais, au retour, son taxi heurta un camion. L'accident était grave et tous les voyageurs furent gravement blessés, sauf Ben-Tsion qui s'en sortit seulement avec quelques contusions. Ce fut un véritable miracle, comme le dit le Talmud : « Ceux qui partent faire une *mitsva*, il ne leur arrive rien de mal, ni à l'aller ni au retour ! » (Pessa'him 8,1).

A la maison, nous attendions fébrilement le retour de Ben-Tsion. La veille, il avait envoyé un télégramme pour nous annoncer son arrivée. Or voilà que le temps passait et que l'adolescent n'avait toujours pas donné de ses nouvelles. Notre inquiétude allait en s'amplifiant au fil des heures. Je faisais de mon mieux afin d'apaiser les craintes de Guita. Peut-être avait-elle confondu les dates, l'heure d'arrivée… Quand ils apprirent après coup ce qui était arrivé, Guita et les enfants déclarèrent en riant qu'il ne fallait pas croire un seul mot de ce qu'avançait papa. Mais qu'aurais-je pu dire ? J'avais moi-même été rongé par l'inquiétude et les idées les plus noires avaient traversé mon esprit…

Les miracles que D-ieu nous a prodigués sont innombrables, en effet !

Au nom de D-ieu

Mon souhait le plus ardent était que notre fils étudie la Torah comme dans les grandes *yechivot*. Mais comment y parvenir à Tachkent, dans les années soixante ? Je devais me résoudre à prendre moi-même la charge de son instruction toranique.

Un jour, au retour du travail, nous prîmes place tous deux, comme à notre habitude, pour étudier. Quoique plongés dans les textes saints, nous avions les plus grandes difficultés à progresser dans leur compréhension. Mon fils me proposa de dormir un peu, pour reprendre ensuite notre étude. Cela en valait-il la peine ?

Le *Kitsour Choul'han Aroukh,* au chapitre 32, dit : « Chaque Juif doit étudier et agir *lechem chamaïm* – pour la gloire de D-ieu. » Les Maximes des Pères (chapitre 2, *michna* 12) ajoutent : « Tous tes actes seront accomplis au nom de D-ieu. » En d'autres termes, les gestes du quotidien, aussi ordinaires soient-ils, comme le sommeil, l'alimentation et le travail doivent être accomplis dans le but de servir le Créateur uniquement. En pratique, deux personnes effectuant le même travail doivent recevoir un même salaire. Si vous demandez à la première : « Pourquoi travaillez-vous donc ? » – elle vous répondra : « Eh bien, je voudrais partir en Italie cet été et y faire un peu de tourisme » ou bien, « Je compte changer de meubles. » Mais à cette même question, la seconde répondra : « Je travaille pour offrir à mes enfants des cours particuliers en Torah, afin qu'ils deviennent de bons Juifs. » L'écart entre ces deux personnes est énorme, et celui qui choisit de travailler afin de consacrer une grande partie de ses revenus à la charité, ou pour louer les services d'un maître en Torah à ses enfants, transforme les heures passées à gagner sa vie en heures d'étude et de bienfaisance ! A l'inverse, si le travail n'est motivé que par des intentions matérialistes, la récompense attendue dans le ciel ne sera absolument pas la même.

Il en est de même pour le sommeil qui n'est, en soi, nullement mauvais. C'est une nécessité élémentaire pour tout être vivant. La question est pourtant de savoir quelle en est la fonction véritable. Si l'homme a besoin de se reposer afin de mieux prier, de mieux étudier ou de servir le Maître du monde, alors le temps utilisé à dormir est, lui aussi, considéré comme un moment consacré à l'accomplissement d'une *mitsva.* Nous recevrons également un salaire pour ces instants passés sous la couette ! Et il en est de même pour chaque chose.

Cette question n'a jamais cessé de me préoccuper. Avais-je véritablement besoin de dormir, ou devais-je poursuivre mon étude et ne pas faire de sieste ?

MON FILS ENTRE EN YECHIVA

Plus tard, c'est avec le rav Zalman Pozner que Ben-Tsion poursuivit son étude du Talmud. Le rav Pozner venait de Russie Blanche. On l'appelait également rabbi Zalman Buber, d'après le nom de sa ville d'origine (en vérité, on aurait dû dire Buberer, mais on disait Buber par souci de commodité).

Quand je fis sa connaissance, le rav Zalman avait déjà près de soixante-dix ans, dont dix passés dans les camps de travaux staliniens, d'où il était ressorti à moitié vivant. Il y avait perdu sa voix et parlait avec la plus grande difficulté. Il émettait des sons rauques et avait constamment d'effroyables accès de toux. Il était très malade. D'ailleurs, un autre que lui serait resté alité toute la journée. Ce n'était pas le cas du rav Zalman, qui jamais ne cessa d'enseigner la Torah en secret. Il avait, pour élèves, ses trois petits-fils et quelques autres enfants. Chaque jour, il donnait des leçons de haut niveau en *guemara*, de huit heures du matin à six heures du soir, sans jamais consentir à une quelconque rémunération.

Ce fut d'ailleurs pour ce crime-là qu'il fut envoyé au goulag. Pourtant, dès sa sortie de prison, il poursuivit sa mission, comme si les dix années passées derrière les barreaux ne s'étaient jamais écoulées.

Grâce à ces quelques rares "insensés", le judaïsme a survécu – tant bien que mal – en URSS ! J'inscrivis donc mon fils chez le rav Zalman, et à son retour de la maison de convalescence, Ben-Tsion étudia plusieurs années chez ce rav, comme à la *yechiva*.

LE RAV ZALMAN POZNER

Deux rabbins de grande renommée demeuraient à Tachkent : le rav Zalman Pozner et le rav Chemaya Marinovsky. J'étais plus proche du rav Zalman et je le chérissais particulièrement pour sa droiture et sa répugnance à trouver des accommodements.

Rav Zalman Pozner zatsal

Dans la synagogue du rav Zalman priait également un délateur. Un jour, celui-ci voulut prendre la place de l'officiant, mais il ne put rassembler un *minyan* pour l'office. Les fidèles, qui n'entendaient pas prier sous la conduite d'un tel homme, avaient tout simplement quitté la synagogue. Le délateur s'approcha du rav et s'en plaignit : « Ils m'ont outragé en me laissant sans *minyan* ! »

Sans hésiter, le rav le sermonna vertement : « Sachez qu'il est interdit de répondre *amen* à vos bénédictions ! Et si vous avez l'intention de me livrer aux autorités parce que ce que je vous dis maintenant vous déplaît, si vous essayez de me faire arrêter, sachez que je ne m'ennuierai pas seul dans mon cachot. Car si je dois y aller, nous y irons ensemble ! »

Je fus moi-même témoin de cet échange ! Le délateur ne sut que répondre. Il se leva et partit. Quel courage ! Quelle audace ! Les prières se tenaient dans la clandestinité, dans un lieu tenu secret et dans la plus grande illégalité. Dire une chose pareille, dans de telles conditions était impossible, inimaginable ! Mais le rav Pozner n'avait peur de personne… Il n'avait pas son pareil. Qui est capable aujourd'hui d'agir comme lui, sans avoir d'autre considération que la vérité ! C'était un véritable rav, comme il n'y en a guère !

Le 13 Nissan 1971, le rav Zalman rendit son âme à son Créateur. Il avait près de quatre-vingts ans. Ce jour-là, à l'annonce de son décès, mon fils Ben-Tsion et moi-même fîmes une déchirure à notre veste – en signe de deuil – comme le veut la coutume lors de la perte d'un proche parent.

Tous ses descendants habitent aujourd'hui Israël.

Il décéda deux jours avant Pessa'h, et le poids de la communauté retomba aussitôt sur mes épaules. Je devais organiser la vente du *'hamets* et répondre aux innombrables questions relatives à la fête. Je m'en rappelle encore une parmi tant d'autres : un Juif avait acheté un canard et trouvé, dans ses entrailles, un grain qui ressemblait à de l'avoine. Le canard était-il casher pour Pessa'h ? Je montrai le grain à des spécialistes qui affirmèrent avec autorité que ce n'était pas de l'avoine, mais qu'il provenait d'une plante très ressemblante dont j'ignorais l'existence. Etait-ce une des cinq céréales interdites à Pessa'h ? Pour clarifier l'affaire, je décidai de soumettre le cas à un cousin qui était rav à Leningrad, le rav 'Haïm Avraham Loubanov.

« ETUDES PAR CORRESPONDANCE »

Dans le traité *Kiddouch*in (29a), il est écrit qu'un père a plusieurs obligations vis-à-vis de son fils : il doit le circoncire, le racheter (si c'est un premier-né), lui trouver une femme, lui enseigner un métier afin qu'il puisse subvenir à ses besoins. Certains disent aussi qu'il doit lui apprendre à nager. Je décidai donc d'apprendre un métier à mon fils. J'avais moi-même réussi à respecter le Chabbat en étant professeur de mathématiques, et j'en déduisis que ce métier pouvait également convenir à Ben-Tsion. Il fut donc inscrit dans un institut où l'on formait des enseignants, au département des « études par correspondance ». Les étudiants devaient apprendre seuls les matières exigées par le cursus, et se rendre seulement quatre semaines par an à l'université – deux en été et deux en hiver – afin de passer les examens. Les élèves étaient donc dispensés de suivre des cours toute l'année. Ce curriculum laissait beaucoup de temps disponible à mon fils qui pouvait ainsi se consacrer à l'étude de la Torah, son occupation principale. Seules les personnes actives étaient habilitées à s'inscrire à ces cours. Je dus donc trouver un emploi pour Ben-Tsion dans l'usine où je travaillais moi-même.

Un autre jeune Juif du nom de Boris Vilenkin suivait lui aussi des études par correspondance et recevait des cours de Talmud chez le rav Zalman.

Les deux devaient quitter le travail assez tôt pour se rendre ensuite auprès du rav pour leurs cours de *guemara*. J'en touchai un mot au directeur Youdin : « Mon fils et Vilenkin, fis-je, étudient par correspondance. Il est impératif d'encourager les jeunes soviétiques à rentrer à l'université et à y apprendre un métier noble ! Je pense que nous devons les libérer dès midi, afin qu'ils puissent s'investir plus sérieusement dans leurs études. »

Youdin, qui était un ancien de la Tcheka (les services secrets) y consentit et, en échange, je lui remis la moitié du salaire de mon fils.

C'est ainsi que chaque jour, dès midi, les jeunes se retrouvaient chez le rav Zalman. Au bout de quelques années, le rav s'affaiblit considérablement et ne put poursuivre ses leçons. Les deux jeunes se mirent alors à étudier seuls. Ils se rendaient chez les Vilenkin qui habitaient un pavillon avec un jardin entouré d'une clôture assez haute. C'est là qu'ils étudiaient, depuis midi jusque tard dans la soirée. En cas de visite surprise à l'usine, je pouvais prendre un taxi et les ramener en un quart d'heure.

De droite à gauche : Ben-Tsion, Mordekhaï Gorelik et Berel (Boris) Vilenkin

A une certaine époque, un troisième jeune juif se joignit à eux. Il venait d'une autre ville et s'était installé à Tachkent avec ses parents. Il s'appelait Moïchele. Il se laissait pousser la barbe. Nous redoutions que les voisins des Vilenkin remarquent qu'il était religieux et qu'ils nous dénoncent. Mais le jeune refusa obstinément de se raser. Grâce à D-ieu, les garçons méritèrent la protection divine et personne ne leur chercha noise.

BEN-TSION DEVIENT ENSEIGNANT

Ce fut principalement l'enseignement clandestin de la Torah qui permit aux enfants qui en bénéficièrent de ne pas perdre leur foi dans l'URSS d'alors. A Tachkent, un certain nombre de Juifs séfarades enseignaient la Torah aux enfants, mais l'un d'eux décéda des suites d'une maladie et quelque quinze élèves se retrouvèrent sans maître. Nous ne pouvions nous permettre de les abandonner, parce qu'ils risquaient, tout simplement, de renier un jour leur religion, tant et si bien que je dis à mon fils : « Tu dois prendre ces enfants en main...»

Ben-Tsion tenta de s'y dérober : « Mais je suis moi-même un ignorant. Je viens à peine de commencer à étudier sérieusement. Après mes leçons chez le rav, j'étudie encore trois heures de *guemara*, seul. Si j'interromps cette étude, je ne pourrai jamais progresser ! »

Je ne cédai pas : « Tu as raison, mais réfléchis un peu : qu'est-ce qui est plus important pour D-ieu ? Que toi et tes amis vous connaissiez encore mieux la *guemara* et les commentaires des *Tossafot* – ou que des enfants qui n'ont pas un brin de connaissance en Torah sachent que D-ieu existe, qu'ils apprennent à réciter le Chema et à mettre les *tefillin* ? Sache que c'est à cette seule condition qu'ils resteront juifs ! Il me semble qu'il t'est tout à fait permis d'abandonner l'étude que tu fais seul pour aller enseigner la Torah à ces bambins. »

Ben-Tsion eut le plus grand mal à se plier à cet impératif. Il répliqua : « Papa, comment es-tu certain d'avoir raison ? Peut-être te trompes-tu ?

– Ici, en Russie, il est difficile de trouver quelqu'un auprès de qui prendre conseil, et c'est la raison pour laquelle tu n'as pas d'autre choix que d'accepter ma décision. Seul D-ieu sait si j'ai raison ou non. Mais je te promets – et je suis même disposé à le signer –, que tout ce que tu n'auras pas pu étudier parce que tu auras consacré le temps qui t'est disponible à enseigner la Torah, tu le rattraperas plus tard, et même bien davantage. »

C'est ainsi que Ben-Tsion dut céder et renoncer à son étude du soir. De huit heures du matin jusqu'à midi, il se rendait à l'usine, puis s'empressait d'aller chez rav Zalman, pour son cours de l'après-midi. Le soir venu, vers sept ou huit heures, nous sortions ensemble : moi, je rejoignais mon élève et Ben-Tsion retrouvait les siens. Nous n'en dîmes mot à mon épouse. Si elle avait su que Ben-Tsion passait d'une maison à l'autre pour enseigner la Torah aux enfants, elle aurait été dévorée par l'angoisse.

Un hiver, à la nuit tombée, alors que Ben-Tsion se rendait en secret chez ses élèves, il fut brusquement assailli par des voleurs qui s'emparèrent de son manteau. De retour à la maison, Guita lui demanda aussitôt : « Où est ton manteau ? » Ben-Tsion ne voulait pas l'inquiéter. Il répondit : « Je l'ai oublié. »

Yaakov Lerner raconte :

Le rav Its'hak se dévouait corps et âme à l'enseignement de la Torah. Un jour, il se rendit chez un élève pour lui apprendre l'alphabet hébraïque. Je lui demandai : « Rav Its'hak, pourquoi vous souciez-vous de lui apprendre vous-même le alef-beth ? Vous pourriez confier cette tâche à quelqu'un d'autre, et réunir des enfants plus grands pour étudier des choses plus sérieuses. »

Il me répondit : « Si j'abandonne cet élève aujourd'hui, je ne sais pas ce qu'il adviendra de lui demain...»

Les efforts immenses investis dans l'éducation toranique des enfants de Tachkent ne furent pas vains. Il y a un certain temps, j'eus l'occasion de rencontrer un jeune homme en Israël – un de ceux à qui nous avions donné des cours à l'époque. Il s'avéra qu'il respectait les *mitsvot* avec le plus grand sérieux.

Un de ces enfants est devenu médecin. Je reçus un jour une lettre du *cho'het* de Tachkent qui me soumettait la question suivante : « Est-il permis d'enseigner la *che'hita* – l'abattage rituel – à une personne qui n'a que peu de connaissances en Torah ? » J'appris qu'en effet ce médecin avait trouvé un travail dans un endroit reculé où il n'y avait pas de *cho'het*, et qu'il avait décidé d'apprendre lui-même les lois de l'abattage. Nous n'avions pas semé en vain...

Souvenirs d'enfance

'Hava raconte :

Mon enfance – comme celle de ma sœur Malka – fut plus facile que celle de nos aînés, qui avaient déjà onze et douze ans lorsque notre famille s'installa à Tachkent. A Kazan, où ils avaient habité auparavant, ils étaient bien intégrés dans la société : ils partageaient les parties de ski et de patinage, et pratiquaient toutes sortes d'activités. Sarah était la « reine du jardin » et avait l'habitude de passer beaucoup de temps dehors. La vie prit soudain un tout autre tournant : nos parents furent licenciés et menacés de perdre la garde de leurs enfants. La peur les dévorait et ils sursautaient à chaque coup frappé à la porte. Ben-Tsion, pour tranquilliser notre père, lui disait : « Même si l'on me place dans un orphelinat, je te promets que je ne mangerai jamais de la nourriture non casher...» Puis, papa s'enfuit précipitamment, sans donner de nouvelles de lui pendant de longues semaines.

Et même lorsque la famille partit pour Tachkent, les aînés n'avaient toujours pas l'assurance qu'ils resteraient avec leurs parents.

La deuxième année après l'installation à Tachkent, Ben-Tsion célébra sa bar-mitsva. Maman se faisait du souci : comment recevoir nos invités dans les conditions dans lesquelles nous vivions alors ? Mais papa voulant l'apaiser lui dit : « Nous n'avons pas besoin de préparer quoi que ce soit, de toute façon nous sommes nouveaux ici et nous n'aurons pas grand monde. » Finalement, pas moins de cent personnes vinrent célébrer avec nous la bar-mitsva de notre frère ! De nombreuses années plus tard, maman taquinait papa et lui répétait la phrase qu'il avait eue : « Nous n'aurons pas grand monde...» Papa acheta une paire de tefillin pour Ben-Tsion, et Lisa Krouglak proposa de préparer le repas de fête. Ben-Tsion lut dans la Torah la paracha de Behaalotekha. Bien des années plus tard, son fils aîné lut la même paracha que son père à l'occasion de sa propre bar-mitsva.

La vie à Tachkent était difficile. Nous n'avions pas de meubles ou peu s'en faut. D'abord, par manque de moyens, mais aussi parce que nous avions le sentiment que notre immigration en Terre Sainte était imminente. Nous nous apprêtions à partir d'un instant à l'autre, et pendant les douze années passées à Tachkent, nous étions constamment sur le départ – dans nos espoirs tout au moins. L'essentiel de nos discussions tournait autour de ce grand projet...

Lisa Krouglak raconte :

Dans la cour des Zilber se trouvait une petite pièce. C'est là qu'ils installèrent un sans-abri juif atteint de tuberculose qui, parce que contagieux, s'était vu rejeté par ses proches. Un autre Juif, dénommé Sim'ha, habita également chez les Zilber. Malgré l'exiguïté, les Zilber offraient l'hospitalité sans discontinuer.

Le rav Its'hak emmenait les étrangers chez lui et disait à son épouse, sans ambages : « Nous avons des invités ! » Celle-ci ne refusait jamais d'héberger ces inconnus, et les accueillait avec chaleur. Je m'efforçais de ne jamais venir chez eux les mains vides. En URSS, la misère était noire, mais je me souviens de ces jours-là comme de jours heureux malgré tout.

5
Mes amis à Tachkent

Un des trois piliers du monde

En 1966, Tachkent fut ébranlée par un important tremblement de terre. Juste avant le séisme, j'avais aperçu une énorme boule de feu à l'horizon. Guita et moi étions persuadés qu'il s'agissait d'une explosion atomique souterraine. Le tremblement de terre de Tachkent avait vraisemblablement été provoqué par cette explosion nucléaire et n'était nullement d'origine tectonique. Comment en avoir la certitude ? Comment mesurer le niveau du rayonnement radioactif auquel notre région avait été si dangereusement exposée ? En tout état de cause, les secousses détruisirent 75 pour cent des immeubles de la ville !

Au petit matin, dès les premiers soubresauts, nous nous précipitâmes au-dehors. Un de mes voisins juifs m'interpella : « Its'hak, quelle bénédiction récite-t-on sur les tremblements de terre ?

– *Oy*, m'exclamai-je, je n'y ai même pas pensé ! *Béni sois-Tu, D-ieu de l'univers, dont la force et la puissance remplissent le monde !* »

Au premier chapitre des *Maximes des Pères*, il est écrit : « Chimon le Juste, un des derniers Sages de la Grande Assemblée, disait : "Le monde repose sur trois piliers : la Torah, le service divin et la bienfaisance." » Or, en ces instants d'apocalypse, j'eus moi-même le loisir de constater la justesse de cet enseignement. A cette époque, en Union Soviétique, la communauté de Tachkent n'avait pas son pareil, tant par son unité que par la ferveur et le dynamisme de son judaïsme. On pouvait y trouver un certain nombre de synagogues, et même des *mikvaot* clandestins. La bonté et la charité y étaient très répandues. Sept ou huit *cho'hatim* desservaient les Juifs de la ville, ce qui, sous le régime où nous vivions, était assez exceptionnel. Deux ou trois d'entre eux exerçaient de manière régulière. L'un d'eux, Binyamin le *cho'het*, proposait ses services bénévolement à tout Juif qui s'apprêtait à faire abattre ses volailles chez les non-juifs.

De ce point de vue, Tachkent était unique. Il me semble même qu'à Samarkand, la vie juive était moins florissante. Certes, dans l'ensemble, les Juifs du Caucase respectaient leurs traditions – mais à Tachkent, à la différence des autres villes, la Torah était étudiée. Ben-Tsion et moi étions d'ailleurs presque contraints, par les Juifs de Tachkent, de l'enseigner à leurs enfants.

Quelques années plus tôt, la ville d'Achkhabad fut également frappée par un terrible tremblement de terre, quoique de plus faible intensité que celui de Tachkent. Les conséquences furent pourtant bien plus désastreuses. On déplora la mort de quelque 10 000 personnes, tandis qu'à Tachkent, il y eut à peine une dizaine de victimes.

Le premier jour du séisme, dès six heures du matin, je courus aux nouvelles. Chez les Wolf, des proches parents, je découvris Efraïm – le père de famille – encore endormi et autour de lui, des amas de pierres et de briques. Il était sain et sauf et n'avait pas une seule égratignure ! Près de son lit, un amoncellement de ruines... J'allai d'une maison à l'autre. De certains immeubles, il ne restait que des décombres et des débris, et pourtant, les occupants étaient en vie !

La presse rapporta que 700 secousses secondaires avaient frappé la ville. Les dégâts étaient considérables, inimaginables. Le séisme se poursuivit pendant plusieurs jours, causant des dommages en grand nombre. Pourtant, seules quelque dix personnes y trouvèrent la mort. « Le monde repose sur la Torah...» L'étude de la Torah est une des conditions d'existence de la Création, ce qui explique pourquoi les habitants de Tachkent furent si miraculeusement épargnés.

Hélas, les humains rechignent à voir les miracles et préfèrent fermer les yeux devant l'intervention divine. Nahmanide écrit à la fin de la section de Bo, que les miracles dévoilés servent à rendre manifestes les prodiges cachés. L'homme de foi reconnaît et comprend que tous les événements du monde ne sont que miracles.

Prenez par exemple la première guerre du Golfe, en 1991. Trente-neuf skuds irakiens s'abattirent sur les villes israéliennes à forte densité de population. La Seconde Guerre mondiale a bien montré que les bombardements urbains causent un nombre considérable de victimes. Les obus modernes, tels que les skuds, sont encore plus destructeurs que ceux qui avaient été employés cinquante ans plus tôt. Pourtant, malgré les dégâts matériels importants causés par les projectiles irakiens, Israël ne déplora qu'une seule victime directe !

Pendant la guerre, l'armée israélienne s'était préparée après chaque offensive, à accueillir des centaines – voire des milliers – de blessés dans les hôpitaux du pays. Les experts militaires avaient pris pour étalon la guerre meurtrière de l'Irak contre l'Iran : le moindre missile lancé sur Téhéran avait causé la mort de huit à dix personnes et fait des centaines de blessés graves.[1]

Les attaques irakiennes sur Israël avaient débuté au début du mois de Chevat, et s'étaient poursuivies jusqu'au milieu du mois de Adar (du 18 janvier au 5 février). Des centaines d'habitations furent détruites par la chute des obus. J'ai en tête la photographie célèbre d'un immeuble de trois étages entièrement démoli par un missile et, au milieu des décombres, le visage souriant d'un homme ! Parmi les débris, on avait trouvé d'autres survivants et ce miracle n'était pas isolé. Il se reproduisit trente-neuf fois ! Trente-neuf skuds comme les trente-neuf coups de bâtons donnés au pécheur…

1. *Comme le dit Sam Ofer dans Missiles, masques et miracles, Jérusalem 1995.*

Des spécialistes militaires européens ont essayé d'expliquer ce phénomène en comparant les dégâts provoqués par le bombardement de Londres par les nazis lors de la Seconde Guerre mondiale (le *Blitzkrieg*) à ceux causés par l'offensive irakienne sur Israël, en 1991. Après avoir constaté les faits, la question reste – pour eux – sans réponse : pourquoi, en Israël, le nombre des blessés a-t-il été presque nul ? Il faut se résoudre à l'évidence : les miracles de la guerre du Golfe sont inexplicables, illogiques. Peut-on encore parler de hasard ?!

QUELLE MATSA CHOISIR ?

Le tremblement de terre de Tachkent fut accompagné de très nombreuses secousses secondaires qui frappèrent la ville pendant plusieurs jours.

Le jour où Tachkent connut la plus grosse secousse, j'étais absent. J'étais parti à la campagne pour moissonner du blé qui devait nous servir à la confection des *matsot* pour *Pessa'h*.

SOFA LERNER :

La communauté juive de Tachkent comptait de très nombreux Juifs pratiquants. Certains d'entre eux avaient dû quitter Moscou ou Leningrad pendant la Seconde Guerre mondiale et étaient restés sur place. A Pessa'h, ces juifs tenaient à consommer de la matsa chmoura (du pain azyme fait à partir de blé que l'on a surveillé depuis la moisson, afin d'éviter que les grains ne se mouillent et pour empêcher empêcher toute forme de fermentation). Pendant la guerre, les ouvriers de l'usine où travaillait mon père avaient reçu des autorités, des lopins de terre en dehors de la ville, pour en faire des potagers. La plupart des travailleurs y cultivaient des pommes de terre, mais papa préféra y semer du blé. Il parvint même à convaincre un certain nombre de ses collègues non-juifs de faire de même, tout en leur promettant de racheter leur récolte au prix fort, soit quatre fois plus que le prix du marché. Pendant la moisson, un des Juifs de la ville était préposé à la surveillance : pas une seule goutte d'eau ne devait toucher le blé coupé. Voilà comment nous pûmes consommer de la matsa chmoura en pleine guerre !

Je me rappelle comment, enfants, nous attendions mon frère et moi cet instant merveilleux, où l'on apporterait enfin la farine du moulin. Nous mettions alors des blouses blanches, attachions nos cheveux et rabotions la table que nous couvrions d'un drap blanc pour ensuite nous atteler à l'ouvrage : tamiser la farine qui servirait à la confection des matsot.

Après son installation à Tachkent, le rav Zilber se joignit, évidemment à cette entreprise. Quand les Zilber habitèrent rue Parman, ils confectionnèrent eux-mêmes les matsot, dans leur cour, pour toute la ville.

Ce jour-là, je m'étais donc rendu sur les terres d'un des kolkhozes de la région et y acquis une certaine quantité de blé qui n'avait pas encore été coupé. Les responsables de l'exploitation consentirent à me laisser conduire la moissonneuse-batteuse et, perché sur le siège de mon engin, je la sentis soudain faire des bonds. En plein champ, je ne risquais pas de recevoir un immeuble sur la tête et ces nouvelles secousses étaient bien moins effrayantes que celles que j'avais connues à Tachkent. Mais qu'en était-il de mes proches, restés en ville ? A ce même instant – je l'appris plus tard – mon fils Ben-Tsion étudiait auprès du rav Zalman.

Le rav Ben-Tsion rapporte :

A la première secousse, je courus à la fenêtre et je sautai. J'étais paniqué, mais une fois dehors, je fus rongé par l'angoisse : j'avais laissé mon maître seul, à l'intérieur. Il ne pouvait pas se déplacer facilement, ni sortir à temps pour échapper à l'effondrement de sa maison. Que faire ? Finalement, l'édifice resta intact et mon rav fut sain et sauf.

La chaleur était suffocante. Une fois le blé moissonné et battu, une goutte de sueur tomba sur un des sacs. Je m'empressai de retirer une poignée de grains sur la surface et la jeter. Avions-nous résolu le problème comme il se devait ? Nous consultâmes des rabbins sur la question qui nous répondirent que la sueur ne rendait pas le blé *'hamets*. Grâce à D-ieu, le sac de blé était casher pour Pessa'h.

Puis, il fallait le moudre. Pour cela, nous louions un moulin pour deux jours. Le premier jour était consacré au nettoyage, tâche difficile qui était accomplie par une trentaine de jeunes gens. Le travail était éreintant et minutieux : il fallait retirer tout le *'hamets* qui s'était accumulé dans les moindres interstices. Le lendemain, nous moulions notre blé puis, quelques jours plus tard, les jeunes, habillés de vêtements réservés pour l'occasion, confectionnaient les *matsot*. Ma fille aînée participait également à tous ces préparatifs.

'Hava raconte :

Mes parents m'avaient fait la promesse que, lorsque je grandirais et que j'aurais douze ans, je pourrais aussi – comme ma sœur aînée – participer à la confection des matsot. Je garde le souvenir du tablier que Sarah portait pour la circonstance, et que l'on gardait d'un Pessa'h à l'autre.

Les premières *matsot* qui sortaient du four étaient réservées aux malades et aux indigents. Baroukh Hekher prenait la voiture de son fils, qui avait été jadis directeur d'usine, et distribuait les *matsot* aux nécessiteux.

Personne ne recevait le moindre kopeck pour tout ce travail, depuis la moisson jusqu'à la confection des *matsot* et leur livraison – nous étions tous bénévoles.

Une année, pour la première fois, les Juifs de Tachkent purent choisir leur *matsot* : les premières avaient été préparées par nos soins, les autres provenaient d'Israël ou de Brooklyn, ces dernières ayant été envoyées aux hassidim 'Habad de la ville ouzbèke.

Le rav Its'hak Wiener s'était alors écrié : « Les paroles des *Maximes des Pères* sont en train de se réaliser pour nous : "Qui respecte [les commandements de] la Torah dans l'indigence finira par les accomplir dans l'opulence !" »

Quel bonheur ! De nombreuses années durant, je n'avais pas vu une seule *matsa* à Pessa'h, et ne m'étais nourri que de sucre en morceaux. Et cette année-là, nous avions le choix pour les *matsot* ! Quel luxe !

Un agent de la Tcheka, la police secrète soviétique

Chaque Chabbat, un Juif nommé Eliah Isakovitch avait l'habitude de prier dans la synagogue que je fréquentais moi-même. Isakovitch n'est pas son véritable nom de famille, et je préfère le garder secret. Ce patronyme désigne le prénom de son père – qui s'appelait Isaac, en l'occurrence. Cet homme revenait progressivement à ses racines : il participait régulièrement à l'office du Chabbat, étudiait les règles alimentaires prescrites par la Torah et nous aidait à la confection des *matsot*. Or, ce Juif était un ancien de la Tcheka et bien évidemment, les hommes de la police secrète ne consacraient pas leurs journées à la confection de *tefillin*... Eliah cherchait à se justifier et prétendait qu'à l'époque, il avait travaillé dans les bureaux et ne s'était occupé que de paperasserie.

Il me raconta un jour qu'il avait beaucoup voyagé dans le cadre de ses activités. De passage à Vitebsk, il s'était rendu au pénitencier de la ville. A l'époque, les Juifs pratiquants étaient traqués par le régime, et à Vitebsk, plus de trente Juifs, parmi les personnages les plus illustres de la communauté, avaient été jetés en prison. Il y avait parmi les détenus des rabbins, des érudits, des sages, des hommes saints. Eliah en ressentit une immense peine. C'était juste avant la fête de *Pessa'h*.

Les familles des personnes incarcérées s'étaient présentées, avec des colis, aux responsables pénitentiaires. Eliah se trouvait là et observait la scène. Il entendit les gardes leur répondre que les prisonniers n'étaient plus inscrits sur la liste des détenus. Il vit les pauvres parents sortir en pleurant de la sinistre prison. Les avait-on déjà fusillés ?

Eliah se mit à courir derrière les familles accablées. « Remettez-moi vos paquets, je les donnerai à vos proches. Ils sont encore en cellule ! » s'écria-t-il. Puis, de retour à la prison, il donna les colis aux malheureux captifs. Eliah ressemblait à un paysan russe, et lorsqu'il confia aux rabbins emprisonnés qu'il était juif, ceux-ci se mirent à pleurer et à le couvrir de bénédictions.

Les années passèrent. Eliah Isakovitch habitait déjà Tachkent. Un jour, il tomba gravement malade et dut subir une intervention chirurgicale. Il resta alité pendant près de vingt jours, avec dans le ventre une incision béante qui ne se refermait pas. Pour les médecins, ses jours étaient comptés. Les gens venaient déjà lui faire leurs adieux. Quand Krouglak se rendit à son chevet, il regarda le malade avec les yeux baignés de larmes. « Pourquoi pleurez-vous donc ? Chacun a son heure, chacun doit bien mourir un jour » s'exclama Eliah.

Mais quelque temps plus tard, la plaie finit par se refermer et Eliah recouvra la santé.

La bénédiction des rabbins emprisonnés l'avait protégé !

Ses descendants se sont installés à Jérusalem depuis peu et sont religieux. J'eus un jour l'occasion de les rencontrer, et je leur demandai des nouvelles de leur grand-père. Eliah est mort à l'âge de quatre-vingt-neuf ans – la bénédiction des rabbins s'était bel et bien réalisée.

Vacances imprévues

En juin 1968, Eliah Isakovitch vint me voir à l'hôpital. Comment avais-je atterri sur un lit d'hôpital ? Un certain Yossef Elichaiov – un Juif de Boukhara – qui m'avait rencontré à la synagogue avait vu en moi l'enseignant idéal pour sa progéniture.

« Mes enfants traînent dehors toute la journée, ils ne m'écoutent plus, et je n'arrive à rien avec eux. Je vous loge gratuitement, dans ma cour, et en échange, vous les prenez en main. Je suis prêt à tout pour que vous acceptiez ! » me dit-il.

Je venais juste d'acheter un appartement dans un autre quartier, et Guita ne se voyait pas déménager une nouvelle fois. « Et si, dans quelque temps, vous ne vous entendez plus ? Où irons-nous ? » Elle avait raison. Malgré le poids de mes nombreuses occupations, je ne pouvais refuser à cet homme l'aide qu'il était venu solliciter. Je lui fis donc savoir que je n'étais pas en mesure de m'installer chez lui, mais que je trouverai du temps pour me consacrer à l'instruction religieuse de ses enfants.

Le lendemain matin, alors que je marchais dans la rue et que je réfléchissais à la proposition d'Elichaiov, je fus soudain renversé par un camion. Le pare-brise vola en éclats et je fus projeté à terre, sans connaissance. Lorsque je retrouvai mes sens, le routier – non content de m'avoir heurté – ne manqua pas non plus de me reprocher d'avoir brisé la vitre de son véhicule avec mon crâne...

« Je vous rembourserai les bris de verre, m'écriai-je, mais je vous en prie, conduisez-moi à l'hôpital, au plus vite ! »

Aux urgences, les médecins diagnostiquèrent un traumatisme crânien. Mon épaule gauche était entièrement broyée et mon bras pendait mollement... Je dus rester trois semaines à l'hôpital.

Quand Eliah me rendit visite, il me dit avec humour : « Tout le monde me demande pourquoi Its'hak a mérité pareille mésaventure. Je réponds simplement que le rav Zilber passe son temps à se démener et à s'agiter.

Il travaille et s'occupe d'un tas de choses sans s'accorder un seul instant de répit. Le corps a besoin de repos aussi, et voilà, D-ieu vous a mis en vacances...»

YAAKOV LERNER RACONTE :

J'ignore combien de kilomètres le rav Its'hak parcourait le Chabbat pour lire la Torah dans les différentes synagogues de la ville. Il n'y avait pas, à Tachkent, suffisamment de Juifs capables de lire dans le Sefer Torah de sorte que le rav Zilber entreprit de le faire lui-même. Mais, en semaine, il marchait aussi et faisait tous ses déplacements à pied. « Je ne prends pas l'autobus, disait-il, ça va trop lentement. » Il était donc toujours en mouvement, constamment, jusqu'au jour où il fut heurté par un camion.

Lorsque je vins à son chevet, à l'hôpital, il était allongé sur son lit, heureux :

« Tu sais, ce paragraphe du Talmud, cela fait bien longtemps que je ne l'ai pas étudié, et voilà, enfin, par la grâce du Ciel, j'ai pu faire une pause et l'étudier ! »

Il était d'un tempérament jovial et était toujours satisfait !

Je devais porter un plâtre, le bras relevé et bien droit. Les médecins se demandaient si je pourrais supporter cette position particulièrement inconfortable. Mais je les tranquillisai aussitôt et les assurai que je tiendrais le coup. La pose des *tefillin* était difficile et je devais pour cela requérir l'aide de mes voisins de chambre. Encore à l'hôpital, j'écrivis une lettre dans laquelle j'endossai l'entière responsabilité de l'accident et en déchargeai le camionneur.

Pour ma part, je voyais dans cet accident une punition divine. J'avais fait attendre Elichaiov et ne lui avais pas donné immédiatement une réponse positive. Dès ma sortie de l'hôpital, je m'empressai donc de prendre la charge de ses enfants et allais les voir tous les jours. Elichaiov en avait huit ou neuf. J'allais les chercher dans la rue et les ramenais à la maison. Aux plus nerveux, j'enseignais seulement le *Chema* – credo de la foi juive – et j'initiais les plus calmes à la prière du *chmoné essré*. Les plus sages encore apprenaient aussi Béréchit, le premier livre de la Torah. Avant chaque fête, je tâchais de leur parler des coutumes et du sens de ces célébrations et m'employais aussi à donner aux filles une instruction religieuse, et ce, jusqu'à mon départ pour la Terre promise. Après notre *Alya*, nous conservâmes évidemment des liens d'amitié avec la famille Elichaiov. Je dois préciser que tous ses enfants sont aujourd'hui pratiquants et que certains d'entre eux ont même étudié dans les *yechivot* de Bné Brak.

Le nom Elichaiov est connu de tous les Juifs *boukharim* en Israël. Yossef Elichaiov était assez aisé et après son installation en Israël, il investit toute sa fortune dans l'éducation des enfants juifs originaires du Caucase. Ne négligeant ni la veuve, ni l'orphelin, il mit également en place des cours de Torah et des clubs de rencontre pour les adultes. Avec le temps, il fonda les institutions Chaaré Tsion qui regroupent aujourd'hui des écoles, des jardins d'enfants, des *yechivot* et des *collelim* dans tout le pays. Aujourd'hui, c'est le rav Chmouel Elichaiov qui les dirige, un de ses fils qui, d'après mes souvenirs, était le plus assidu.

La nuit du Seder la plus courte de ma vie

Une veille de Pessa'h, notre cour était très sale et il fallut la nettoyer juste avant la fête. L'après-midi qui précède la nuit du *Seder*, la consommation de *'hamets* est prohibée, mais il est également interdit de manger de la *matsa* et généralement, cet après-midi-là, la faim nous tenaille. Je m'attelai à l'ouvrage et achevai la corvée de nettoyage quelques instants avant le coucher du soleil. Au moment où je posai mon balai, on m'annonça que certaines familles de Tachkent n'avaient pas de *matsot* pour la fête. Je n'avais pas le temps, avant la fête, de leur en apporter. Après l'office, je me rendis d'une famille à l'autre pour distribuer les *matsot*. Tachkent est une ville très étendue et quand je retournai chez moi, il était déjà minuit moins le quart. Heureusement, *'hatsot* [minuit astronomique] tombait cette année-là à une heure vingt-neuf. Nous avions encore le temps pour faire le *Seder* et manger l'*afikoman* comme le veut la *halakha* [loi qui consiste à manger un morceau de *matsa* supplémentaire avant le milieu de la nuit]. J'étais épuisé. Le déblaiement de la cour dans l'après-midi, la longue marche nocturne à travers les rues de Tachkent et la faim m'avaient achevé. Néanmoins, je ne pouvais pas commencer le *Seder* : Efraïm Wolf, notre hôte, et son épouse n'étaient pas encore arrivés. La femme d'Efraïm était enseignante dans une école du soir et finissait son travail aux alentours de minuit.

Les Wolf arrivèrent donc à minuit et demi. Nous pouvions enfin attaquer la lecture de la Haggada. A une heure dix-huit, je pressai les miens de faire rapidement l'ablution des mains et de réciter la bénédiction sur la *matsa*. Nous avalâmes en hâte la quantité de *matsa* requise, nous déglutîmes les herbes amères et le reste en deux ou trois minutes. A Guita qui s'apprêtait à nous servir au moins un verre de thé, je lançai vivement : « Il n'en est pas question, nous devons manger l'*afikoman* tout de suite, avant *'hatsot* ! »

Ce soir-là, nous n'eûmes guère le loisir de goûter même le plus modeste plat. Efraïm Wolf en rit encore jusqu'à ce jour. Quel singulier *Seder* !

A Tachkent, j'avais l'habitude de confectionner moi-même le vin pour le soir du *Seder*. Je remplissais une grande bouteille avec des raisins, sans prendre la peine d'ôter les grains de la grappe, par manque de temps. Avant Pessa'h, je filtrais ce breuvage. Or cette année-là, le vin eut une saveur exquise et après avoir bu les quatre coupes traditionnelles, nous avions l'impression d'avoir dégusté un plat de viande ! Nous étions rassasiés.

Dès le lendemain huit heures, je devais être au travail. Je ne travaillais pas vraiment le Chabbat ni les jours de fête, mais ma présence était obligatoire. A sept heures, je me rendis à l'office et, par chance, on m'y offrit de quoi me sustenter. Je récitai le *kiddouch*, mangeai un peu et partis commencer ma journée de "travail" pour ne retourner qu'à cinq heures chez moi. Des deux jours de fête, je ne pris un vrai repas que le deuxième soir.

Vingt-cinq ans seulement !

Mottel Kosliner, une de mes connaissances, était un hassid de 'Habad. C'était un être exceptionnel. En 1946, sa mère, qui détenait un faux passeport – falsifié par les bons soins de Mendel Gorelik, le Juif qui, quelques années plus tard, établit l'usine dans laquelle je travaillai moi-même – fut arrêtée. Mendel était capable d'imiter n'importe quelle écriture. Il fut lui aussi emprisonné pour cette raison-là et, hélas, en prison, il perdit presque la raison.

La mère de Mottel Kosliner fut donc arrêtée en pleine rue. A la suite de son arrestation, son mari fut également appréhendé. On avait trouvé chez eux plus d'une vingtaine de visas de sortie contrefaits. Nous étions tous persuadés qu'ils encourraient la peine capitale et des personnes charitables prirent les deux jeunes enfants Kosliner chez eux.

Peu de temps après, les Juifs de Tachkent apprirent que les parents avaient eu la vie sauve et qu'ils avaient été condamnés à vingt-cinq ans de réclusion "seulement". Vous ne pouvez imaginer la joie ressentie alors par les enfants, en apprenant la nouvelle. Ils en dansaient littéralement, grisés par l'euphorie. Quand on leur en demanda la raison, ils s'écrièrent :

« Comment ne pas danser ? Papa et maman ne vont faire que vingt-cinq ans de prison !... »

Finalement, les parents furent libérés au bout de huit ou dix ans et ils retrouvèrent avec émotion leurs enfants – Mottel et sa sœur. Ils vécurent encore de longues années. Le père de Mottel vécut plus de quatre-vingts ans, entouré de ses enfants qui le couvraient d'amour et lui vouaient un profond respect.

L'humour de la Tcheka

On a beaucoup écrit sur le rav Sim'ha Gorodezki *zatsal*, un homme remarquable. C'est pourquoi je ne vous raconterai que quelques anecdotes qui peut-être sont moins célèbres et que j'ai entendues de sa propre bouche.

Dans les années vingt, le rav Sim'ha étudiait dans une académie talmudique 'Habad à Rostow. En 1926, il fut envoyé par ses maîtres à Samarkand pour y enseigner la Torah. Il y établit des *yechivot* clandestines et eut de très nombreux élèves. Un jour, il fut convoqué par le NKVD. L'agent, qui était juif, désigna une liste de noms et tonna : « As-tu organisé des cours de Torah clandestins et envoyé quinze personnes à la *yechiva* ? »

Le NKVD détenait des informations précises et pendant que l'inquisiteur rédigeait le rapport de police, le rav Sim'ha préféra feindre la contrition : « Je regrette et je me repens. »

L'autre ne se laissa pas si facilement amadouer : « Dans votre Talmud il est écrit que les justes parfaits ne peuvent atteindre l'endroit où se tiennent les pénitents. Mais dans le mien, on peut lire : "L'endroit où croupissent les pénitents..." [c'est-à-dire, en prison...] »

L'homme du NKVD poursuivit la rédaction du procès-verbal et lorsqu'il eut fini de remplir au moins cinq pages, il murmura, comme se parlant à lui-même : « Et que gagnerai-je à faire emprisonner ce Juif ? » Puis, il dit à l'adresse du rav : « Où habitez-vous ? En ville nouvelle [un des quartiers de Samarkand] ? Je vous conseille de vous installer plutôt dans les anciens districts. Là-bas, personne ne vous connaît. Et tâchez de mettre un terme à vos activités clandestines ! Je vous aurai prévenu ! » Le rav Sim'ha était libre !

Bien évidemment, le rav Sim'ha poursuivit son activité illégale. Il fut arrêté une seconde fois, après la Seconde Guerre mondiale et fut condamné à la peine capitale. Son épouse tenta désespérément de faire commuer la peine. Elle se rendit d'un tribunal à l'autre, implorant les différents responsables d'annuler le verdict et de condamner son mari à la réclusion à perpétuité. Elle eut finalement gain de cause et se précipita à la prison. Hélas, les autorités pénitentiaires n'avaient pas encore reçu l'ordre de commutation de la peine. Affolée, elle retourna au NKVD. Que s'était-il passé ? On lui répondit froidement : « Nous n'avons pas trouvé de timbre pour poster la lettre...»

Après sa sortie de prison, le rav s'installa à Tachkent. Il habitait non loin de chez nous. Nous nous liâmes d'amitié. Plus tard, il émigra en Israël. Que son souvenir soit béni !

6
Derniers jours en URSS

Sur les tombes des Justes

En 1970, nous n'avions toujours pas reçu notre autorisation de sortie. Cette année-là, des hassidim de Breslav se rendirent à Ouman, sur la tombe de rabbi Na'hman de Breslav pour y célébrer Roch Hachana, et je décidai de me joindre à eux. Nous gagnâmes Kiev en train et de là, nous devions poursuivre notre route en voiture. Nous étions dix. Faire le voyage à deux voitures aurait été trop voyant et les conducteurs fiables étaient particulièrement rares. Mais rien ne pouvait arrêter la détermination des hassidim. Nous nous entassâmes donc dans un seul véhicule, empilés les uns sur les autres. C'est ainsi que nous voyageâmes, toute la journée durant, malgré l'inconfort. Nous prîmes la route tôt le matin, pour arriver à destination à une heure tardive, nous arrêtant en chemin sur les tombes d'autres *tsaddikim*.

A Berditchov, nous nous recueillîmes sur la sépulture de rav Lévi Its'hak, qui avait dirigé cette communauté plus de deux cents ans auparavant. Les autorités avaient détruit la stèle qui la recouvrait, mais des Juifs avaient entrepris de la reconstruire en y ajoutant l'inscription : « Ci-gît un grand homme – le rav Lévi Its'hak de Berditchov. » L'expression – un grand homme – était risible, pour quelqu'un de la dimension de rav Lévi Its'hak, ce saint vénéré, cet éminent érudit ! Toute sa vie durant, il s'était donné pour mission de défendre le peuple juif devant D-ieu, et prenait même la défense de ceux qui s'étaient écartés du droit chemin.

Tout aussi affligeante était la rencontre des quelques Juifs qui habitaient encore l'illustre village, une poignée de vieillards...

Je proposai aux hassidim de nous arrêter à Medziboz, sur les tombes du Baal Chem Tov et de ses deux petits-fils – le rav Baroukh de Medziboz et le rav Efraïm de Sdilkov, auteur du *Deguel Ma'hané Efraïm*. A Medziboz, nous découvrîmes également les tombes de Juifs assassinés par Bogdan Chmielnicky et son armée de cosaques, en cette année noire de 1648. Le cimetière était à l'abandon et cette désolation était insoutenable.

Dans la deuxième moitié du dix-huitième siècle et au début du dix-neuvième, ce fut le célèbre rav Avraham Yehochoua Hechel Hakohen de Apta (décédé en 1825) qui dirigea la communauté de Medziboz.

Nous nous rendîmes également sur sa tombe, et autour de la sépulture, le sol était jonché de débris, avec des lettres hébraïques éparses. Seul le dernier mot, au bas de la stèle, était resté intact : *Chabe'houhou – Louez D-ieu*. Le rav Apta avait refusé que l'on écrive quoi que ce soit sur sa stèle en dehors de son nom, par humilité.

Tard dans la nuit, nous arrivâmes sur la tombe de rabbi Nathan de Breslav, l'élève de rabbi Na'hman. De drôles d'individus rodaient autour de la sépulture, ce qui nous obligea à nous tenir à une certaine distance. C'est à Ouman, que nous avions prévu de passer la fête de *Roch Hachana*, qui cette année-là, tombait un jeudi et un vendredi, suivie du Chabbat.

L'endroit était plutôt dangereux. La police faisait de nombreuses descentes pour soumettre les visiteurs à des interrogatoires. Qui êtes-vous ? Que faites-vous là ? D'où venez-vous ? Une année, on interdit même à la personne qui, d'ordinaire, accueillait les Juifs à Ouman de le faire. Par chance, peu de temps avant notre arrivée, un groupe de Juifs américains y avait séjourné. Les autorités elles-mêmes avaient prié cette femme de recevoir l'illustre délégation. Elle leur demanda interloquée : « Puis-je recevoir certaines personnes et d'autres non ?! » Après la visite des Américains, l'interdit qui pesait sur sa pension fut levé.

Cette femme avait commencé à accueillir chez elle les hassidim de Breslav par reconnaissance pour le rav Ye'hiel Mikhel Dorfman – aujourd'hui un des dirigeants de ce mouvement hassidique – qui avait réussi à soigner sa fille aliénée avec je ne sais trop quel remède.

Nous logeâmes dans une pièce minuscule, dans une bâtisse qui n'avait rien d'un hôtel. Nous étions assis à même le sol, serrés les uns contre les autres. Les installations étaient particulièrement rudimentaires. Mais pour la nourriture, nous étions bien lotis : Yaakov Golant, qui avait fait le voyage en notre compagnie, avait une grande expérience dans l'abattage rituel, et pour la première fois, les hassidim de Breslav purent honorer la fête de Roch Hachana avec des poulets. Nous étions dix, ce qui nous permit d'organiser l'office à la synagogue. Là encore, c'était la désolation : huit ou neuf vieillards se joignirent à notre *minyan* pour les offices. La jeunesse avait déserté les lieux. Nous avions apporté un *chofar* pour les sonneries traditionnelles.

Le samedi soir, à la sortie du Chabbat, après la *havdala* et le repas de *mélavé malka*, nous retournâmes à Kiev. Peu après notre départ d'Ouman, la police fit une nouvelle descente. Nous étions partis à temps !

Toute ma vie, j'avais caressé le rêve de me recueillir sur la tombe de mon grand-père, à Rogova. Je ne l'avais jamais connu et désirais ardemment m'y rendre, à tout le moins. Rogova se trouve à une heure et demie de vol de Kiev et je profitai de mon passage en Ukraine afin de donner suite à cette idée.

Après le repas de *mélavé malka*, les hassidim se mirent à danser et à chanter cet air merveilleux de « *taïere brider* » – *chers frères* : « Chers frères, frères aimés, quand donc allons-nous nous revoir ? Si D-ieu nous prête vie et santé, alors nous nous reverrons...» C'est accompagné de cette mélodie que je partis à Kiev, puis à Vilnius. J'arrivai au milieu de la nuit dans la capitale lituanienne, à une heure où la synagogue était vide. Je pénétrai dans un des immeubles de la ville, et montai au dernier étage pour m'endormir sur le plancher, dans la cage d'escalier.

Le matin, je me mis en quête de Juifs. Je rencontrai le bedeau, à la synagogue. Cet homme intéressant s'appelait Kav. C'était un simple ouvrier du bâtiment, mais il était pratiquant, droit et intègre. Pendant seize ans, n'ayant pas trouvé de viande casher, il ne goûta pas une seule fois de la nourriture interdite. Il avait passé la guerre en Tatarie et y avait vécu dans des conditions acceptables. Quand je lui révélai qu'à la même époque, la faim nous avait rongés, il fut très chagriné de n'en avoir rien su. Il aurait partagé son pain avec joie… Après la guerre, il était retourné à Vilnius avec les siens.

Au début des années cinquante, les autorités avaient ordonné la démolition de l'ancien cimetière juif de la ville. Ce dernier avait, entre autres, abrité la sépulture du célèbre Gaon de Vilna. Kav, avec cinq autres Juifs, avaient eu à cœur de sauver les tombes du Gaon, de ses enfants, de son frère, de sa sœur, de ses parents et des membres de sa famille. Ils avaient déplacé les restes funéraires de huit sépultures, pour les inhumer ailleurs. Sur une des stèles, on avait pu lire : « Notre grand maître, à qui nous as-tu donc laissés et abandonnés…» Cette stèle avait recouvert certainement la tombe du Gaon, bien qu'elle reposât sur une tombe voisine. Kav avait également tenté de retrouver les restes du comte Potozki, un aristocrate polonais qui s'était converti au judaïsme, et avait été condamné au bûcher par l'Eglise pour avoir trahi sa foi. Le noble avait été enterré aux côtés du Gaon, mais Kav n'était pas parvenu à identifier sa sépulture. J'interrogeai mon guide sur la singularité de la dépouille du Gaon. Ses restes étaient-ils différents de ceux d'un homme ordinaire ? Il me répondit que ses cheveux étaient durs comme des épingles.

Kav m'indiqua la route pour Rogova et s'excusa de ne pouvoir m'accompagner, sa femme étant souffrante. Mais celle-ci l'encouragea à me suivre et il se ravisa. « Cet homme est venu de loin et c'est un devoir de le conduire à Rogova ! » lui avait-elle dit.

En chemin, nous traversâmes de très nombreux villages. Hélas, comme partout ailleurs dans la Lituanie d'après la guerre, il ne restait plus un seul Juif. La plupart des cimetières avaient été rasés. Celui où reposait mon grand-père – le rav Moché Michel Chmouel Shapira *zatsal* – faisait exception. Il était demeuré intact. Pendant la guerre, on y avait inhumé les corps des soldats soviétiques tombés sur le front, ce qui explique pourquoi l'endroit avait été parfaitement conservé. Je trouvai la tombe de mon aïeul dont la stèle indiquait qu'il avait été le rav de la communauté de Rogova pendant quarante-huit ans.

Après ce dernier pèlerinage en terre soviétique, je retournai chez moi en passant par Moscou.

UN CÉDRAT EN PROVENANCE DES ETATS-UNIS

A Moscou, je me dirigeai directement vers la synagogue. J'y rencontrai le grand rabbin de la capitale, le rav Yehouda Leib Levin. Il me reçut avec chaleur et me dit : « Votre cousin d'Amérique, le rav Teits, a laissé un *etrog* (cédrat) pour vous. »

J'étais comblé. J'emportai le précieux agrume à Tachkent. D'ordinaire, à Souccot, je récitais comme les autres la bénédiction des quatre espèces sur le *etrog* de la communauté, mais cette année-là je disposais enfin de mon propre cédrat.

Un jour avant Souccot, un Juif de Margelan vint à Tachkent. Le rav Its'hak Wiener lui avait parlé de l'importance de la *mitsva* du *etrog* de Souccot, et il s'était mis en tête d'accomplir ce merveilleux commandement. Il était venu solliciter mon aide dans ses recherches. Nous nous rendîmes ensemble chez une personne qui, à ma connaissance, possédait un *etrog*. Mais celle-ci ne voulait le vendre à aucun prix : « Si le *etrog* se trouve chez moi, mon fils pourra, lui aussi, réciter la bénédiction, mais à la synagogue, il ne s'y rendra jamais. »

Que faire ? Je n'avais pas d'autre choix que de céder mon propre *etrog* à ce Juif de Margelan. Après la fête, cet homme se rendit à nouveau à Tachkent et me remit cent cinquante roubles. Je n'avais nullement escompté pareille compensation. Je m'étais délesté de mon cédrat sans attendre quoi que ce soit en échange. Voilà que les paroles de rabbi Na'hman de Breslav s'étaient concrétisées : « Qui viendra me voir ne sera jamais perdant. » En effet, mon voyage à Ouman m'avait coûté 150 roubles – et à présent, je les recevais en retour, d'une manière totalement inattendue...

Le rav Pin'has Teits

Il convient d'écrire quelques lignes au sujet du rav Pin'has Teits, ce cousin d'Amérique grâce auquel j'avais reçu, cette année-là, un *etrog*. Comme je l'ai rapporté dans la préface de ce livre, c'est le rav Teits qui m'a présenté au rav Its'hak Hutner *zatsal*, lors de mon voyage aux Etats-Unis, et c'est ce dernier qui m'a encouragé à rédiger mes souvenirs.

Nos mères étaient sœurs. En 1935, les pays baltes n'étant pas encore rattachés à l'Union Soviétique, le rav Pin'has quitta la région en compagnie du *Roch Yechiva* de Telz, le rav Eliahou Méïr Bloch, pour s'installer à Elisabeth, dans le New Jersey. Il y épousa la fille du rav de la ville, le rav Eliezer Méïr Prell. Peu avant l'invasion des pays baltes par les Allemands, il eut encore le temps de faire venir ses parents.

A peine arrivé en Amérique, il se préoccupa avant toute chose du *mikvé*. Aux Etats-Unis, lui répondit-on, demander un *mikvé*, c'est commettre un "'*hilloul* Hachem" (profanation du Nom divin) ! Les Juifs fraîchement installés sur le nouveau continent avaient peu à peu abandonné leurs coutumes, et en étaient même venus à considérer les lois de la pureté familiale comme des pratiques désuètes, relevant de croyances superstitieuses. En parler même n'était pas convenable à leurs yeux...

Après le décès du rav Prell, le rav Pin'has Teits, fut nommé rav d'Elisabeth. Il y accomplit une véritable révolution – il fonda une *yechiva*, une école toranique pour garçons et une institution religieuse pour filles. Il fut le premier, en Amérique, à diffuser des cours de Torah sur les ondes. Pendant plus de trente ans, il donna une leçon hebdomadaire de Talmud d'une demi-heure. Près d'un quart de million d'auditeurs

Rav Pin'has Teits zatsal

écoutaient cette émission sur tout le territoire américain – de Chicago, à Los Angeles, en passant par la Floride !

Rav Pin'has avait l'habitude de souligner la différence entre le judaïsme *conservative* et le judaïsme orthodoxe. « Les libéraux, disait-il, prétendent que le judaïsme est malade et que, pour survivre, il doit se faire amputer des mains et des pieds. Pour notre part, nous estimons que le judaïsme n'est pas malade, mais qu'il a pris le lit parce qu'il n'a plus de forces. Pour le soigner, il faut tout simplement le nourrir correctement. »

Les Juifs "malades" ne connaissent rien du judaïsme, et pour reprendre des forces, il leur faut une alimentation saine – l'étude et l'enrichissement de leurs connaissances en Torah.

Le rav Teits fut l'un des dirigeants de l'Agoudat Israël aux Etats-Unis. Cette organisation internationale, fondée en 1912, rassemble toutes les mouvances du judaïsme religieux. Elle a pour but de préserver les traditions et de défendre les intérêts du judaïsme traditionnel face aux défis de l'époque. Avec les années, en Israël, l'Agoudat Israël se constitua également en parti politique. Un de ses plus importants fondateurs fut le très célèbre 'Hafets 'Haïm.

Le rav Teits a été aussi membre du *Vaad Hahatsala*, cet organisme religieux qui s'est attaché à porter secours aux déportés et aux rescapés de la Shoah, en leur délivrant notamment des visas pour l'Amérique. Malgré ses très nombreuses occupations, le rav Teits trouvait également le temps de se rendre régulièrement à Moscou, pour y enseigner la Torah et venir en aide aux "Juifs du silence". Il fit en tout vingt-deux séjours en terre soviétique, dans les années les plus sinistres ! Lors de l'une de ses visites, il fut arrêté par des agents du KGB. Ceux-ci firent des perquisitions,

Avec le rav *Pin'has Teits zatsal*

le soumirent à de multiples interrogatoires et le menacèrent de toutes sortes de maux. Le rav étant un ressortissant américain, ses inquisiteurs ne pouvaient pas le garder indéfiniment dans leurs geôles, et durent le remettre en liberté. Pourtant, même après cette douloureuse expérience de la terreur soviétique, le rav poursuivit ses voyages à Moscou.

Le rav agissait avec intelligence et achetait le silence des délateurs qui grouillaient dans la synagogue moscovite en les couvrant de cadeaux. Jamais il ne fut dénoncé pour ses cours de Torah.

J'appris bien plus tard qu'il avait longtemps étudié avec le rav Eliahou Assas, un jeune *baal techouva*, qui avait établi un réseau clandestin de cours de Torah à Moscou et ailleurs. Le rav Teits lui enseigna en outre ce que l'on doit dire aux Juifs égarés, et comment les ramener à la pratique. En plus de ses activités dans ce domaine, il se faisait également un devoir de venir en aide aux Juifs nécessiteux de la capitale.

Un jour, deux ans avant notre immigration en Israël, je quittai mon travail sans prévenir et partis avec mon fils à Moscou pour y rencontrer le rav Teits. Ce voyage n'était pas sans présenter quelque danger. J'avais désespérément besoin de voir un homme de "là-bas", quoi qu'il en coûte. Nous vivions dans un véritable cloaque, et notre monde était si différent du sien. J'avais besoin de cette bouffée d'oxygène. Le rav Teits se distinguait par sa grande délicatesse et sa profonde noblesse d'âme. Le rencontrer me faisait le plus grand bien.

Lisa Krouglak raconte :

Le rav Teits se rendit pour la première fois à Moscou en 1964. Il était accompagné de son épouse et de sa fille. A ce même moment, je me trouvais en ville. J'étais venue rendre visite à ma mère et ma sœur, et je rencontrai le rav américain à la synagogue. Il me parla longuement et me pria de remettre une certaine somme d'argent à un homme qui était malade. Pendant qu'il me parlait, il tournait la tête pour ne pas me faire face. Il faisait de même avec tous ses interlocuteurs afin de ne pas risquer de les compromettre. Depuis cette visite, il se rendit tous les étés à Moscou.

A mon arrivée à Tachkent, je fis part de cette rencontre intéressante au rav Its'hak Zilber, et lui rapportait que ce rav s'appelait Pin'has Teits. Le rav Its'hak me demanda aussitôt de lui décrire le rav en visite, ce que je fis. Il s'écria alors : « Mais c'est mon cousin ! »

De retour à Moscou, je rencontrai à nouveau le rav Teits et lui remis une lettre du rav Zilber. Au premier coup d'œil, il me dit : « Je connais cette écriture, c'est celle de mon cousin ! »

Peu de temps après, le rav Teits se rendit lui-même à Tachkent pour revoir le rav Its'hak. J'avais joué les intermédiaires…

Rav Avraham 'Haïm Loubanov zatsal

Après Moscou, je décidai d'aller à Leningrad, afin d'y rencontrer un autre cousin, le rav Avraham 'Haïm Loubanov qui dirigeait la communauté juive. C'était un homme tout aussi exceptionnel, aux qualités peu communes ! Il avait fait de la prison, comme nous tous, pendant dix ans. Quel avait donc été son crime ?

Une famille pratiquante habitait alors Leningrad. Les parents respectaient scrupuleusement les commandements, tandis que leurs enfants ne s'en tenaient qu'aux seules règles alimentaires. Lorsque le père de famille quitta ce monde, le rav Loubanov murmura au gendre, pendant les funérailles : « J'aurais tant aimé que chez vous, les choses redeviennent comme avant. »

Une oreille indiscrète l'entendit et le rav fut dénoncé…

Le rav Ben-Tsion raconte :

Le rav Loubanov était un éminent érudit. Lors de notre visite chez lui, je n'arrivai pas à trouver le sommeil. De guerre lasse, je me levai et me mis à étudier. Le maître de maison prit place à mes côtés. Feignant une insomnie, il me demanda le titre de l'ouvrage ouvert devant moi.

« Sanhedrin [un traité du Talmud] » lui répondis-je.

Il me posa une question sur le traité, à laquelle je n'avais pas de réponse. Il faut du temps pour répondre à une bonne question et nous passâmes une bonne partie de la nuit à en discuter.

Le matin, comme nous nous apprêtions à le quitter, le rav et mon père se mirent soudain à débattre avec passion du problème des divorces religieux pratiqués en URSS. J'étais nerveux parce que je craignais de rater notre vol. Mais eux poursuivaient leur débat, comme si de rien n'était… Grâce à D-ieu, nous prîmes notre avion à temps !

Rabbi Yehouda Leib Levin, le rav de Moscou

A la fin des années cinquante, après le décès du rav Chlomo Schleifer, le rav Levin fut désigné au poste de grand rabbin de Moscou. A chacune de mes visites dans la capitale, je ne manquai pas de le rencontrer, que son souvenir soit béni. Sa position était des plus délicates et son titre le mettait au supplice. De très nombreuses histoires circulent d'ailleurs à son sujet.

Un jour, il fut envoyé aux Etats-Unis par le régime. Je sais de source sûre qu'il se rendit auprès des Sages de la génération pour leur demander s'il devait retourner à Moscou ou profiter de ce voyage pour rester en Amérique et se cacher. Voici la réponse qu'il obtint : « Si vous quittez Moscou, ce sera encore bien pire. » Il devait rejoindre son poste.

Le régime le tourmentait sans discontinuer. On l'obligeait à signer des déclarations de toutes sortes et un jour, on le menaça même de fermer le *mikvé* de Moscou s'il refusait de signer. Une autre fois, ses bourreaux le menacèrent d'interdire la confection des *matsot*. Ils trouvaient à chaque fois un nouveau prétexte pour le martyriser, un autre moyen de faire pression. Bien qu'il habitât toute sa vie à Moscou, le régime lui refusa le statut de résident. Il pouvait d'un instant à l'autre recevoir un avis d'expulsion…

Pourtant, le rav Levin savait braver tous les dangers. Plus d'une fois, il accorda aux enfants du rav Aharon Hazan (auteur du livre *A contre-courant*) des certificats attestant que le judaïsme interdisait aux Juifs d'écrire le Chabbat…

Le rav Hazan était, lui aussi, un homme remarquable. Où peut-on trouver dans le monde un Juif tel que lui ? Il avait treize enfants, tous nés en terre soviétique, et pas un seul d'entre eux n'écrivit ni ne travailla le Chabbat ! Certes, mes enfants non plus n'ont jamais travaillé le Chabbat, mais nous agissions dans le secret, à l'abri des regards. Chez les Hazan, tout était fait à visage découvert, de manière officielle, en toute notoriété. Le rav demandait ouvertement une dispense à qui de droit pour que ses enfants ne soient pas obligés d'écrire le Chabbat à l'école !

Une année, à la veille de Kippour, quelques heures avant le début du jeûne, le rav Hazan fut convoqué par le KGB. On le menaça de lui retirer la garde de ses enfants. Nullement effrayé, le rav lança à la figure des agents : « Inquisition ! »

Par chance, quelques jours plus tard, les Hazan reçurent leurs visas de sortie : ils furent sauvés in extremis.

Peu de temps avant mon départ pour la Terre Sainte, je participai à une grande réunion de rabbins qui se tint sous les auspices du Kremlin. Moscou, qui avait le souci de son image sur la scène internationale, souhaitait répondre aux nombreux articles parus dans la presse occidentale dénonçant la répression soviétique. Les rabbins devaient "faire taire ces calomnies" et montrer qu'au pays des Soviets, on pouvait pratiquer librement sa religion. J'eus l'occasion d'entendre le rav Levin et une fois encore, de voir comment cet homme parvenait avec intelligence et profondeur à surmonter tous les obstacles. Je ne rapporterai pas l'intégralité des discours prononcés par les différents intervenants, mais je citerai le rav Levin lui-même, afin de rendre hommage à sa finesse et à son courage remarquables ! D'ailleurs, dans ses déclarations, le rav ne pécha guère par manque de clarté...

« Ma santé est fragile, dit-il en introduction, et j'ai les plus grandes peines à parler. Que vous dire si ce n'est ces quelques mots ? Nous avons une synagogue et qui le souhaite peut y prier... Il est écrit dans les Psaumes (21,19) : "Qu'elles deviennent muettes, les lèvres menteuses, qui parlent avec insolence contre le juste, par excès d'orgueil et de mépris !" »

Le rav leva la voix et s'écria avec passion : « Qu'elles deviennent muettes, les lèvres menteuses !! » Il avait fini son discours. Comprenait qui voulait bien comprendre... Après cette formule lapidaire qui dénonçait pourtant si ouvertement le mensonge et la duplicité du régime soviétique, il descendit de la tribune.

Le rav Eizik Krasilchikov

On me dit un jour, à la synagogue de Moscou, que l'époux d'une telle écrivait des exégèses sur le Talmud de Jérusalem. C'est ainsi que l'on désignait les personnes, pour plus de sûreté : on parlait du mari de Rivka, ou de celui de Dvora, etc. Plus tard,

Rav Tzvi Bronstein zatsal

j'appris que cet homme s'appelait Krasilchikov. Je m'en étonnai : « Quelqu'un était-il capable de nos jours, en URSS, d'écrire des exégèses sur le *Yerouchalmi*[1] ? » Le Talmud de Babylonie est abondamment commenté par des Sages renommés, par Rachi, les Tossafistes, etc. La plupart des Juifs qui étudient le Talmud s'intéressent principalement à celui de Babylonie, mais son homologue hiérosolymite est plus difficilement abordable et plutôt hermétique. Ses exégètes sont rares et il n'est pas souvent étudié. Le rav Krasilchikov avait rédigé des commentaires sur ce Talmud-là justement, sans employer d'autres ouvrages que le Talmud lui-même ! Il avait accompli un travail extraordinaire et unique jusqu'à ce jour. Ses explications suivent le sens littéral et analysent plus profondément certains passages. D'une clarté remarquable, ses interprétations sont accessibles à tout étudiant. Cette œuvre d'envergure exceptionnelle a considérablement simplifié l'étude du *Yerouchalmi* !

Le rav Krasilchikov s'était attelé à cette tâche pendant une année de *chemita*. A défaut de pouvoir accomplir ce commandement en dehors d'Israël, il avait décidé d'approfondir l'étude du traité de *Cheviit* – sur la *chemita* – dans le Talmud de Jérusalem. Après en avoir achevé l'analyse, il avait entrepris de couvrir également les autres traités du *Yerouchalmi*. Ce fut là l'œuvre de sa vie et il y consacra tous ses moments de loisir, dans la plus grande discrétion. Dix ans après son décès, en 1982, ses manuscrits furent publiés à Bné Brak, en sept volumes.

Comment son œuvre parvint-elle à traverser le rideau de fer ?

1. Talmud de Jérusalem, contemporain du Talmud de Babylonie, rédigé par les Sages qui vivaient alors en Israël.

Ce fut le rav Tzvi Bronstein, que son souvenir soit béni, qui découvrit ces manuscrits et qui les fit éditer. Il était rav et *mohel* aux Etats-Unis et commença, dès les années cinquante, à se rendre en URSS. Au cours de ses voyages, il mit plus d'une fois sa vie en danger. On lui avait aménagé un espace minuscule dans un coin discret du cimetière juif de Kiev. Là, il procéda aux circoncisions clandestines. Lors de l'une de ses visites, le rav n'accomplit pas moins de vingt-cinq circoncisions !

Quand le KGB eut vent de ses activités, il fut arrêté et jeté en prison, ignorant ostensiblement sa nationalité américaine. Mais, en cellule, le rav eut une crise cardiaque. Les autorités prirent peur et le firent immédiatement rapatrier à Londres.

Peu de personnes ont entendu parler du rav Bronstein. Cet homme était particulièrement audacieux. Nous, les Juifs d'URSS, nous n'avions pas le choix que de braver le danger. Mais lui, qu'est-ce qui l'avait poussé à venir se jeter dans la gueule du loup, et à mettre sa vie en péril ?

Lors de l'une de ses visites, juste avant de reprendre l'avion pour l'Amérique, le rav Levin le pria de se rendre au chevet du rav Krasilchikov, à l'hôpital : « C'est un grand érudit ! » avait-il ajouté.

Arrivé dans la chambre du rav Krasilchikov, le rav Bronstein découvrit que le malade était agonisant. Ce dernier eut encore le temps de lui parler de ses commentaires sur le Talmud de Jérusalem et de lui révéler l'endroit où les manuscrits avaient été dissimulés. Puis, prenant la main du visiteur, le rav moribond le pressa : « Je vous en prie, allez chercher mes manuscrits et faites-les paraître. » Une heure plus tard, le rav Krasilchikov n'était plus de ce monde.

Le rav Bronstein s'empressa d'accomplir ses dernières volontés. Une partie de ses écrits avaient été enfouis sous l'oreiller du défunt, à l'hôpital. Le rav Bronstein finit par retrouver le reste après de laborieuses et périlleuses recherches. La publication posthume de cette œuvre remarquable coûta près de 30 000 dollars au rav Tzvi !

Vers la fin de sa vie, le rav Tzvi Bronstein s'installa en Israël pour y finir ses jours, que le souvenir de ce juste soit béni ! Nous étions de très bons amis, et c'est lui qui m'a rapporté ce témoignage.

Le rav Yossef Chalom Eliachiv *zatsal* rédigea la préface des commentaires du rav Krasilchikov sur le Talmud de Jérusalem :

« Les manuscrits sur l'Ordre de *Zeraïm* du Talmud de Jérusalem du rav *Hagaon* rav Its'hak Eizik Krasilchikov *zatsal*, rav de Poltova, m'ont été présentés. Ce livre fut rédigé sous l'oppression du régime ennemi, au pays des ténèbres, dans l'enfer de ceux qui ont déclaré une guerre totale contre la Torah et ceux qui l'étudient. C'est dans ces circonstances effroyables que l'auteur a navigué dans les eaux de la connaissance, et a plongé dans les profondeurs du Talmud *Yerouchalmi*. Son commentaire – *Toldot Its'hak* – et ses interprétations inédites – *Tvouna* – sur le Yerouchalmi suscitent l'admiration et révèlent la grandeur d'âme et la force spirituelle de ce rav…

Cependant, le rav Tzvi Bronstein, cet homme d'action avec de nombreux exploits à son actif – qu'il soit mentionné pour le bien et qu'il ait une longue vie – est parvenu avec dévouement à faire sortir ce livre du creuset soviétique et même à le faire publier. Il a accompli un bienfait posthume à son auteur, pour qui la parution de son œuvre offrira une nouvelle vie et un nom à son héritage parmi les vivants, tout en augmentant le mérite de ceux qui étudieront cet ouvrage important.

Il me reste à le bénir : Que la paix du Créateur repose sur lui, que les œuvres de ses mains se renforcent, que nombreux soient ceux qui se versent dans l'étude de ce livre et que la connaissance de la Torah se développe. »

Yossef Chalom Eliachiv

Le professeur de médecine et le manuscrit

À Moscou habitait un professeur de médecine qui portait le nom de Solovey. Je ne me rappelle pas son prénom, hélas. Dans le passé, il avait étudié auprès du 'Hafets 'Haïm *zatsal*, et il avait même été un véritable érudit. Je l'avais rencontré un certain nombre de fois. Il possédait de nombreux cahiers de commentaires qu'il avait rédigés sur le Talmud. Il désirait les publier. Il me confia un jour qu'il avait même poursuivi leur rédaction alors qu'il se trouvait au front, et il m'en cita quelques-uns. Avant que je ne quitte moi-même l'Empire soviétique, il me remit ses cahiers et me pria de les publier, tout en laissant le nom de l'auteur anonyme. Je devais seulement préciser que ces lignes avaient été écrites par un professeur de médecine. Il tenait à ce que l'on sache que des scientifiques et des savants de grande renommée étudiaient également le Talmud, et que la *guemara* – pas moins que les autres sciences – gagnait à être approfondie.

J'emportai donc ses manuscrits chez moi et engageai les démarches nécessaires pour l'obtention du visa. Un beau jour, l'épouse du professeur se présenta à ma porte. Elle était dans tous ses états. « Mon mari est vieux et je ne veux pas qu'il finisse sa vie dans un cachot du KGB ! »

Elle me somma de lui rendre les cahiers sur-le-champ. J'obtempérai malgré moi. Le professeur avait baissé les bras lui aussi. Il s'en expliqua plus tard : « Je ne vais pas me disputer avec elle. » Je suis persuadé que ces manuscrits avaient une grande valeur et après son décès, j'appris que le rav Pin'has Teits était parvenu à faire sortir ses notes de Russie. J'ignore ce qu'elles sont devenues.

On a besoin de moi ici…

Vers la fin 1970 et au début 1971, 28 Juifs de Tachkent – qui année après année s'étaient vus refuser ces autorisations tant attendues – obtinrent soudain des visas de sortie du territoire. Peu de temps après, nous fûmes nous-mêmes convoqués par les services de l'immigration, et Guita s'en réjouit : « Cette fois, c'est la bonne ! » Hélas, pour la énième fois, on refusa de nous délivrer nos visas. La déception de Guita était infinie.

David et Yaakov – les enfants Krouglak – nous rendirent visite en son absence. Je leur servis du vin et leur dis : « Vous pouvez nous féliciter. Allez, levez votre verre et faites *le'haïm* ! »

Ils se souhaitèrent *le'haïm* à l'unisson et s'exclamèrent : « Vous avez reçu votre autorisation de sortie !

– Non, cette fois encore, nous avons été éconduits. »

Un silence pesant se fit.

« Dans ce cas, pourquoi vous dire *le'haïm* ? demandèrent les Krouglak.

– Parce qu'en fin de compte, c'est bien D-ieu qui décide, non ? Et si je dois encore rester ici, ce n'est pas pour rien. »

Je préférai taire cet incident à Guita, jusqu'à son dernier jour.

Le rav Ben-Tsion raconte :

Les autorisations de sortie accaparaient toutes les conversations des Juifs d'Union Soviétique. Untel a reçu son visa ! L'autre aussi ! Souvent les nouvelles n'avaient aucun fondement et les rumeurs allaient bon train. Parfois, ces commérages étaient même plutôt déplacés. Un jour, des bruits circulèrent à notre sujet. Nous aurions reçu nos visas, prétendait-on. Je répondais aux personnes qui m'interrogeaient à ce sujet : « Peut-être, je ne sais pas. En tout cas, moi je ne suis pas au courant...»

J'étais persuadé que si le Ciel nous retenait en terre soviétique, ce n'était pas pour rien. Nous avions encore des choses à accomplir à Tachkent. D'ailleurs, les événements me donnèrent raison.

Eliah Luxembourg, l'athlète dont je vous ai déjà parlé, écrivait aussi, à ses moments perdus. Il habitait Tachkent. Il n'espérait guère éditer le moindre de ses livres en URSS, tant et si bien qu'en 1970, il confia un de ses manuscrits à un journaliste étranger – ce qui était formellement interdit. L'affaire transpira et la presse offrit Eliah à la vindicte publique, comme l'usage le voulait alors en Union Soviétique. Généralement, après la parution de ce genre d'articles, c'était l'internement.

Des poursuites furent donc engagées contre Luxembourg, et on le mit notamment sur écoutes. Il finit par se cloîtrer chez lui, tant il redoutait de mettre ses proches en péril. Mais Guita lui dit un jour : « Notre maison vous sera toujours ouverte, nous n'avons rien à perdre. De toute façon, nous sommes constamment surveillés. »

Le père d'Eliah, un hassid du rabbi de Ribnitz, se précipita chez son rav. Le rabbi le tranquillisa avec ces mots : « Ne vous en faites pas, ils ne pourront guère nuire à votre fils. Je vous promets que nous danserons ensemble en Israël...»

Après la parution des articles, deux semaines passèrent. Un soir, Eliah accourut. Il était hystérique : « J'ai reçu un visa de sortie ! On me fait pression à cause de l'article, et si je ne quitte pas le pays dans les deux jours, je serai arrêté ! Mais je n'ai pas le moindre sou pour entreprendre le voyage ! »

Ce même soir, je suppliai les Krouglak et une autre famille de lui venir en aide – et deux jours plus tard, il quittait définitivement la Russie. Voilà pourquoi je devais encore rester à Tachkent...

Nous avions aussi des proches parents qui ne possédaient pas le moindre sou. Ils n'avaient même pas de quoi payer le "renoncement à la citoyenneté" – impôt qui représentait une somme rondelette et dont les candidats à l'immigration devaient s'acquitter en rendant leur carte d'identité soviétique... Quand le rav Teits – qui était apparenté à ces malheureux – fit un nouveau séjour à Moscou, je lui en touchai un mot. Il me remit aussitôt une somme d'argent qui permit à ces cousins de quitter le pays au plus tôt, et de gagner les rivages de la Terre Sainte.

D'ailleurs, nous profitâmes, nous aussi, des largesses du rav Teits à l'occasion de notre départ. Je tiens à le mentionner, et je lui garde, jusqu'à ce jour, une profonde reconnaissance. Il y a peu de temps, j'ai appris qu'il avait alors fait des démarches en notre faveur auprès du Congrès américain.

Le troisième incident concerne un Juif de Tachkent. Il avait commencé à étudier les lois du divorce juif, mais il n'avait pu achever son étude ni obtenu un quelconque certificat en la matière. Un jour, je découvris que cet homme s'était malgré tout mis à délivrer des attestations de divorces religieux. Après consultation avec des rabbins, j'arrivai à la conclusion qu'il n'était pas habilité à prononcer des divorces selon la *halakha*.

Je décidai donc de lui en parler. Je lui demandai, de but en blanc : « Si je vous présente à un vrai rav, accepteriez-vous d'étudier avec lui ?

– Oui » fut sa réponse.

Je fis donc appel à un rav de Sverdlovks, qui accepta d'enseigner ces lois, trois jours durant, à notre apprenti rabbin. Au bout de trois jours, le maître confirma par écrit que notre homme était habilité, d'après la *halakha*, à délivrer des *guittin*.

Vous comprenez à présent pourquoi je devais rester encore un certain temps en URSS.

LA DÉLIVRANCE

L'atmosphère à la maison était tendue. A l'époque, Sarah avait déjà vingt-quatre ans et Ben-Tsion vingt-deux. Il n'y avait rien d'étonnant à ce que Guita se fasse beaucoup de souci à leur sujet. Les enfants avaient grandi. Trouveraient-ils des conjoints ? Où donc ? Notre fille Malka, qui avait sept ans, devait rentrer à l'école. Nous fallait-il, encore une fois, reprendre ce parcours du combattant et nous mesurer à nouveau à tous ces problèmes ?

Guita ressentait une certaine amertume : elle me reprochait mon manque de volonté. Si je n'avais pas considéré ma présence à Tachkent comme indispensable, nous aurions quitté l'URSS depuis bien longtemps, prétendait-elle... Bien que je fasse toutes les démarches nécessaires et que je m'obstine à remplir les formulaires et les documents requis, je n'étais pas assez convaincu, selon ses dires, de la nécessité de quitter le territoire soviétique. Je n'avais jamais exprimé ouvertement ce manque de conviction, mais elle en avait eu l'intuition. Un beau jour, par désespoir peut-être, elle décida de passer à l'acte. Sans dire mot à personne, elle prit notre fille de sept ans et se rendit au KGB. Elle lança à l'adresse d'un des fonctionnaires : « Que nous voulez-vous ? Pourquoi nous retenez-vous ?

– Vous vous êtes trompé d'adresse, Madame, lui répondit-on. Vous cherchez certainement l'UBIR [le service de l'immigration du ministère des Affaires étrangères] ?

– Je sais exactement à qui je dois m'adresser, répondit fermement Guita. Je ne suis pas une petite fille et je ne suis pas en train de m'amuser. Les rejets que nous recevons année après année ne sont pas le fait de l'UBIR, monsieur, mais proviennent justement de vos services ! Je vous demande aujourd'hui, avec insistance, de nous laisser partir. Qu'avons-nous fait de mal ?

Si nous sommes coupables de quoi que ce soit, vous devriez nous emprisonner, mais si nous n'avons rien fait, alors laissez-nous partir ! La vie est devenue un enfer pour nous. Nous sommes seuls ici, tous nos amis et notre famille se trouvent déjà en Israël. »

Les hommes qui l'écoutaient ne furent guère émus par ses paroles... On s'en doute bien. Ils répétèrent avec courtoisie que cette affaire n'était pas de leur ressort.

A son retour, Guita me raconta ce qu'elle avait entrepris. J'étais épouvanté : a-t-on idée d'aller de son propre gré au KGB ? Les gens y sont généralement conduits sous la contrainte, et s'y dirigent à reculons...

Un mois plus tard, nous fûmes enfin autorisés à quitter l'Union Soviétique ! Nous l'apprîmes presque par accident. Une de nos connaissances avait aperçu notre dossier à l'UBIR. Nous nous précipitâmes à l'Office de l'Immigration et on nous confirma la nouvelle. Des trente jours qui nous avaient été accordés pour faire nos préparatifs, cinq jours étaient déjà passés. Nous n'en aurions rien su, si cet ami ne nous avait pas prévenus. Les employés de l'UBIR nous auraient peut-être informés la veille de notre départ…

Mais nous n'en avions pas fini avec les tracasseries du régime. Un autre "exercice" nous attendait. Guita redoutait jusqu'au dernier instant que les autorités ne se ravisent et ne nous permettent plus de partir. A tout moment, elle vérifiait fébrilement les documents qui devaient nous rendre la liberté. Un jour, elle constata qu'une erreur avait été commise : on avait interverti l'année de naissance de notre fils avec l'année de sortie du territoire, et indiqué 1949 à la place de 1972 ! Si cette méprise nous avait échappé, on ne nous aurait pas permis de partir !

Service privé des douanes

Que faire avec tous mes livres ? Cette question m'avait tracassé bien avant même de recevoir notre autorisation de sortie. Je possédais de très nombreux ouvrages, et un certain nombre avaient appartenu à mon père et à mon grand-père. Je devais obtenir un certificat de sortie pour ces livres et ce document était uniquement délivré à Moscou, auprès de la bibliothèque Lénine. Pour chaque ouvrage, je devais de surcroît payer cinq roubles, et vu la quantité de livres dont je disposais, j'en avais pour une petite fortune. La loi interdisait en outre d'emporter des livres anciens.

Que faire ? Pourquoi ne pas exiger l'ouverture d'un bureau des douanes à Tachkent ? A cet effet, je devais trouver un homme fiable et "neutre", capable d'engager les démarches nécessaires. Le grand-père d'un de mes élèves travaillait à la police. Son fils, le père de mon élève, ne connaissait rien du judaïsme, mais acceptait de bonne grâce que son fils étudie la

Torah (d'ailleurs, cet enfant est devenu pratiquant). Je décidai donc de m'adresser au grand-père : « Ces temps-ci, de très nombreux Juifs quittent le pays. A Moscou, l'administration des douanes est débordée. Pourquoi ne pas faire ouvrir également un tel bureau à Tachkent ? Qu'en pensez-vous ? »

Voilà comment Tachkent se vit doté d'un nouveau service des douanes. Les contrôleurs y étaient encore débutants et ne connaissaient pas bien les instructions et recommandations données par la capitale. Les généreux pourboires dont je gratifiai chacun d'eux eurent également leur effet salutaire…

Mais cette astuce ne résolut pas tous les problèmes. A l'annonce de notre départ, de nombreux Juifs nous firent parvenir des ouvrages provenant des différentes synagogues qui avaient été abandonnées, pour les sauver. Rien que de Kazan, je reçus une caisse de livres pesant à elle seule quarante kilos !

Outre les livres saints, nous emportâmes également quelques *Sifré Torah* en mauvais état. L'un d'eux venait de Kazan, où j'avais séjourné juste avant notre départ. Ce *Sefer Torah* avait été entreposé dans la cave d'un ami, sous des bûches de bois, et était entièrement recouvert de moisissures. Nous prîmes la peine de le nettoyer et en Israël, nous le fîmes restaurer.

Il fallait ruser pour emporter une telle quantité de livres ! Je sollicitai l'aide de dix jeunes juifs, grands et forts. Nous nous rendîmes ensemble, à la douane. Les jeunes se présentèrent aux agents : « Nous nous portons volontaires. Votre charge de travail est considérable et il vous est difficile de vérifier le contenu de tous les colis. Nous aimerions vous donner un coup de main. »

Les employés acceptèrent avec joie. Nous avions remis quelques cartons à des familles qui nous avaient précédés en Israël, mais je devais malgré tout faire valider près de vingt caisses bourrées de livres. Chacune d'elles pesait quinze à vingt kilos et le poids total de ma cargaison atteignait la demi-tonne ! Je les avais remplies de livres, et y avais même introduit quelques objets, si bien qu'en ouvrant le premier colis, les douaniers en retirèrent des livres et me demandèrent :

« Qu'est-ce que c'est ?

– Un livre de prières.

– Et ça ?

– Un livre de prières pour le Chabbat.

– Et celui-ci ?

– Pour Pessa'h.

– Pour Kippour. »

Et, ainsi de suite. Je pouvais difficilement prétendre que les autres livres étaient également des livres de prières... Les inspecteurs tranchèrent : « Vous ne pouvez pas emporter tous ces livres. C'est interdit ! »

Je les retirai de leur emballage et les posai à même le sol. Les douaniers passèrent à la malle suivante. Pendant ce temps, les jeunes que j'avais dépêchés sur les lieux se jetèrent sur les livres pour les remettre en place et refermer la caisse avec des clous. Les employés qui étaient affairés avec les autres colis ne remarquèrent pas ce qui se tramait derrière leur dos. C'est ainsi que tous mes livres arrivèrent à bon port, en Israël !

Deux mois après notre *Alya*, on ferma le service des douanes de Tachkent... Mes amis avaient l'habitude de dire que j'avais eu droit à un bureau des douanes privé, ouvert spécialement en mon honneur !

Je remercie D-ieu pour tous Ses bienfaits, tous les jours de ma vie !

"Des bienfaits salutaires"

Je dis toujours et je vous le dis à vous également, chers lecteurs : soyez circonspects avant de faire du bien à votre prochain ! Parce que souvent, vous risquez, sans en avoir l'intention bien sûr, de causer du tort.

Combien de Juifs souhaitaient nous venir en aide, avant notre départ ! Je compris alors qu'il ne suffit pas de faire du bien : il faut aussi savoir comment s'y prendre, pour que ces bienfaits le soient véritablement. Cela demande de la réflexion, de l'intelligence et beaucoup de finesse.

Voici un autre exemple qui illustre parfaitement ce point. Un jour, je pris le tramway avec un ami. J'étais en train de corriger des copies quand le contrôleur monta dans la rame. Je m'apprêtai à acheter mon billet auprès de l'agent – comme c'est l'usage en Russie – quand soudain mon ami me dit « Ce n'est pas la peine, je vais l'acheter pour toi. » Mais il descendit avant moi, avec, dans sa poche, le ticket de transport. Au contrôle suivant, je dus payer une amende... Ce n'était pas très malin.

Je compris alors le sens des mots de la prière : « Celui qui dispense des bienfaits salutaires – *gomel 'hassadim tovim.* » Pourquoi le texte précise-t-il *tovim* – salutaires, bons? Les bienfaits sont toujours bons, n'est-ce pas ?

D-ieu, à la différence de l'humain, n'octroie que des bienfaits véritablement bons et salutaires. Pour preuve, il y a un certain temps, je me suis cassé le bras. Il ne s'agissait pas d'une simple fracture et les médecins pensaient que je ne retrouverais jamais l'usage complet de mon bras. Or voilà que même avant qu'ils ne me retirent le plâtre, je pouvais déjà le bouger. Ce bienfait reçu de l'Eternel était parfait, véritable, comme seul D-ieu est capable d'en dispenser !

La veille de notre départ

En 1946, des Juifs avaient quitté la Russie pour Israël en passant par la Pologne. A l'époque, j'avais eu le sentiment que ma présence en URSS était encore indispensable et j'avais décidé de rester. En 1972, la situation de notre famille était bien différente. Une seule solution s'imposait à nous, de la manière la plus évidente et la plus claire : nous devions partir au plus tôt !

Pourtant, mes craintes étaient nombreuses. En quittant la Russie, nous abandonnerions des enfants juifs qui resteraient sans maître pour leur enseigner les bases de la Torah. Ces malheureux risquaient de perdre définitivement tout attachement à la religion de leurs pères. C'est la raison pour laquelle je décidai d'écrire, en russe, un livre sur le judaïsme : Et la flamme ne s'éteindra jamais en toi. Or on m'avait volé la première version de sorte que je dus la réécrire...

Une fois la seconde version accomplie, les manuscrits me furent subtilisés une nouvelle fois !

Je m'attelai donc à la réécriture de l'ouvrage – pour la troisième fois ! – et trouvai même une personne dévouée et consciencieuse pour taper le manuscrit à la machine. Je savais que je pouvais compter sur elle. Malgré les craintes de Guita – au sujet des visas – qui devenaient plus fortes à mesure que le temps passait, je décidai de faire imprimer dix exemplaires de mon livre, dans l'intention d'en déposer notamment quelques-uns à Moscou, chez Viktor Polsky, un Juif très actif dans la capitale.

La veille de notre départ, de nombreuses personnes vinrent nous dire au revoir. Nous devions décoller de Tachkent le lendemain matin.

Après le départ des visiteurs, très tard dans la nuit, j'entrepris de compter les exemplaires de mon livre. A ma grande surprise, il ne m'en restait plus que neuf ! Où était donc passé le dixième ? Je m'en étonnai, et m'en inquiétai même, parce que parmi tous ceux qui étaient venus nous faire leurs adieux, il pouvait se trouver un délateur. Les "erreurs" figurant dans les formulaires de Ben-Tsion n'avaient pas eu l'effet escompté et ils avaient peut-être imaginé un nouveau moyen pour nous empêcher de partir ? Je nous voyais déjà monter dans l'avion – moi, ma femme, mes enfants – quand soudain des agents entreraient dans l'appareil et ordonneraient : « Zilber ? Sortez immédiatement ! »...

Je passai toute la nuit à chercher le dixième exemplaire. Mais sans succès ! Ce qui m'obligea à détruire ceux qui étaient en ma possession et à ne garder que quelques notes manuscrites.

En Israël, je rencontrai un jeune juif qui me révéla en passant qu'il était venu nous voir à Tachkent, la veille de notre départ. Lorsqu'il avait vu ce livre, il en avait pris un volume, sans prévenir, inconscient de la gravité de son acte. Quelle énergie n'avais-je pas dépensée ce soir-là pour retrouver l'ouvrage, combien de souffrances avais-je endurées en détruisant les exemplaires restants...

Dans le Talmud, il est écrit : « Celui qui emprunte quelque chose à son prochain sans l'avertir est un voleur. » En d'autres termes, s'emparer du bien d'autrui sans lui demander la permission revient à commettre un vol dans l'esprit du judaïsme.

En Israël, je dus à nouveau tout réécrire, et près de dix années passèrent avant que je ne puisse trouver le temps pour corriger le manuscrit et le parachever. J'étais très occupé, du matin jusqu'au soir, donnant de nombreuses conférences dans différentes villes du pays et des cours, le soir. Mes différentes activités reportaient toujours à plus tard ce travail.

Je finis par m'y atteler après un séjour à l'hôpital. J'avais été victime d'une crise cardiaque et je ne pouvais retourner immédiatement chez moi. En effet, nous habitions au deuxième étage et il m'était impossible de monter les marches. Je séjournai donc dans une maison au rez-de-chaussée et là, j'eus largement le loisir de relire mon texte et d'organiser l'impression de mon livre.

Il y a peu de temps, j'ai envoyé un exemplaire au fils du professeur Tchebotarov, en Russie. En réponse, je reçus une lettre avec ces mots : « J'ai beaucoup apprécié votre livre. Je ne suis pas le seul à l'avoir lu d'ailleurs, je l'ai même fait lire à des amis et des proches – des Juifs comme des non-juifs... Ce que vous avez écrit si chaleureusement sur mon père m'a profondément ému. »

Le dernier Chabbat en Russie

Je n'oublierai jamais le dernier Chabbat passé en Russie. Nous le passâmes tout entier dans la synagogue de Malakhovka, où s'étaient réunis quelques Juifs. Pour une fois, je ne prononçai pas le discours sur la section hebdomadaire, mais 'Havaleh le fit à ma place ! Elle avait dix ans et demi. Elle fit une merveilleuse allocution, lisant les versets de la Torah, tout en les traduisant et en rapportant des commentaires. Je n'eus pas une seule fois besoin d'intervenir pour la corriger. Sept ou huit adultes se trouvaient avec nous autour de la table, et ils en furent tout aussi impressionnés. Pouvez-vous seulement imaginer l'impact que le discours de la petite 'Havaleh eut sur ces Juifs ?

Nous étions en hiver 1972. Le dimanche, nous quittâmes définitivement la terre soviétique.

Quatrième Partie

En Israël

1

Le monde libre

Choc des cultures

Le premier vendredi que nous passâmes en Israël, je me rendis avec mon fils au Mur des Lamentations (*Kottel Hamaaravi*). Nous savions que le *Kottel* se trouvait en vieille ville. Errant interminablement dans les rues de Jérusalem, nous finîmes par demander notre chemin à des passants, en yiddish. Ceux-ci nous conduisirent jusqu'au Mur, et nous indiquèrent même comment en revenir. C'est à cette occasion que nous eûmes le mérite de faire la connaissance de la *rabbanite* Esther Finkel, la nièce du 'Hazon Ich *zatsal* et épouse du Roch *Yechiva* de Mir, le rav Beinish Finkel *zatsal*.

Une fois encore, nous fûmes portés par la Providence. La *rabbanite* et sa famille eurent à cœur de nous guider et de nous soutenir dans ce parcours difficile que traverse tout nouvel immigrant à son arrivée en Israël. Nous fûmes régulièrement invités à sa table, et suite à cette rencontre "fortuite", Ben-Tsion fut accepté à la *yechiva* de Mir. La *rabbanite* Finkel nous présenta également à sa tante, la *rabbanite* Chochana Eidelman – nous couvrant de louanges et d'éloges. Ce fut la *rabbanite* Eidelman qui présenta notre fille Sarah à son futur mari et son intervention fut, pour nous, des plus précieuses.

Rav Na'hman Leibovitz, gendre du rav Beinish Finkel et Roch Yechiva à Mir raconte :

C'était un vendredi. Je me rendais avec les miens chez mon beau-père zatsal, qui habitait Mea Chearim. L'heure de l'allumage des bougies approchait.

Sur les marches de la rue 'Hayé Adam, nous aperçûmes deux personnes – un père et son fils. Du premier coup d'œil, nous pouvions deviner qu'ils n'étaient pas du quartier – ils ne portaient pas le vêtement traditionnel, et parlaient le yiddish avec un accent qui nous était étranger. L'homme examinait les nombreuses pancartes autour de lui – « Collel America », « Collel Rabbi Méïr Baal Haness » et ainsi de suite. Il se tourna vers nous avec une émotion non contenue et s'exclama : « Das is der heilige Mea Chearim ! » (C'est Mea Chearim, la sainte !)

« Pourriez-vous, s'il vous plaît, nous indiquer la direction du Kottel ? » ajouta-t-il tout en nous racontant qu'il était à peine arrivé d'Union Soviétique.

Dans les années soixante-dix, il était bien rare de rencontrer en Israël des Juifs ayant traversé le rideau de fer. Le régime soviétique était alors au faîte de sa puissance et les demandes d'émigration présentées par les Juifs étaient systématiquement rejetées. Seuls quelques-uns parvenaient à quitter le territoire soviétique pour se rendre en Israël. Or voilà qu'en plein Mea Chearim, nous nous trouvâmes nez à nez avec deux de ces Juifs-là – un père et son fils – nouveaux immigrants, fraîchement arrivés de Russie ! Et tout semblait indiquer de surcroît que ces deux-là étaient pratiquants. Or nous savions que des juifs tels que ceux-là étaient bien rares en Russie communiste, voire inexistants.

Nous étions là, émus et troublés par cette rencontre insolite, lorsque le père me dit : « Je porte une montre, qu'en est-il du erouv ? » Je lui répondis : « Jérusalem est entourée d'un erouv.

– Non, non. Ma question n'est pas de savoir s'il y a un erouv, mais plutôt de savoir si l'on peut porter malgré le erouv ! »

Nous étions stupéfaits. Un Juif qui venait à peine d'arriver de là-bas pouvait donc avoir un tel niveau spirituel ! Comme il n'avait pas la certitude de pouvoir porter le Chabbat, il nous remit sa montre avant de reprendre son chemin pour le Kottel.

J'avais pourtant quelques appréhensions. Je redoutais qu'en Israël justement, ces Juifs remarquables ne perdent ce niveau extraordinaire de spiritualité atteint dans le creuset soviétique, et c'est mû par cette appréhension que je décidai de m'intéresser à cette famille. Je me présentai donc comme étant un proche de la yechiva de Mir.

« Je vous invite à venir voir la yechiva, proposai-je au fils.

– De ma vie, je n'ai jamais vu une yechiva, me dit l'homme qui répondait au nom d'Its'hak Zilber. J'ai pourtant étudié avec mon père et auprès d'un autre rav, de même qu'avec mon fils, poursuivit-il en désignant le jeune homme d'une vingtaine d'années qui se trouvait à ses côtés. J'ai beaucoup étudié avec lui. Nou, Bentzik, te souviens-tu de ce que tu as appris ces derniers temps ? ajouta-t-il à l'adresse de son fils.

– Baba Batra » répondit le jeune homme qui se mit à réciter avec aisance le début de ce traité talmudique. Les mots coulaient avec la fluidité d'un filet d'eau pure. Notre conversation se tenait en yiddish. Mais comme l'heure de l'entrée du Chabbat avançait, nous nous quittâmes chaleureusement. Ils poursuivirent leur route vers le Mur des Lamentations, tandis que nous nous dirigeâmes vers le domicile de mon beau-père zatsal.

Une fois arrivés, nous lui fîmes part de cette singulière rencontre et de la "trouvaille" que nous avions faite en chemin. « Où sont-ils ? » s'enquit rav Beinish. Rencontrer des Juifs russes qui n'avaient pas abandonné les voies de leurs ancêtres était un véritable événement à l'époque. « Ils sont allés au Kottel » avons-

nous répondu tout en lui demandant s'il valait la peine de les retrouver afin de garder contact avec cette merveilleuse famille. « Allez-y, allez-y et si vous revenez tard, cela ne fait rien, nous vous attendrons pour réciter le kiddouch et entamer le repas » nous encouragea-t-il.

Nous voilà donc en route pour le Kottel. Ma belle-mère, la rabbanite E. Finkel que ces faits avaient particulièrement bouleversée, avait décidé de se joindre à nous. A notre arrivée au Mur, l'office du soir prenait fin. Nous distinguâmes facilement le rav Its'hak et son fils dans la foule et après la prière, nous les accompagnâmes jusqu'à leur domicile.

Ils habitaient le Merkaz Klita – un centre d'intégration pour nouveaux immigrants – dans le quartier de Katamon Teth. Nous fîmes donc la route ensemble par la porte de Jaffa – bien que pour gagner plus rapidement Mea Chearim, il aurait mieux valu passer par la porte de Chekhem.

En chemin, le rav Zilber et son fils nous racontèrent un peu comment ils avaient vécu en URSS et ce que le fils était parvenu à étudier dans l'exil soviétique. Nous les invitâmes à venir prendre le repas chez mon beau-père, mais ils déclinèrent poliment notre invitation. L'épouse du rav et ses filles les attendaient au Merkaz Klita. « Vous avez de quoi manger pour le Chabbat ? » leur demandai-je.

– Bien sûr ! J'ai même acheté une boîte de cornichons !

Quel luxe s'était-il accordé, songeai-je...

– Ne vous en faites pas, j'ai agrémenté les cornichons ! » poursuivit mon interlocuteur qui se mit à décrire le plat de gourmet qu'il avait préparé en l'honneur du Chabbat.

Nous étions fascinés par cette rencontre : un Juif rescapé du goulag, connaissant parfaitement le Talmud et se faisant passer pour un homme ordinaire !

En nous quittant, je citai les mots de Boaz à Ruth : « N'allez pas glaner dans un autre champ – je vous en prie, venez dès dimanche me voir à la yechiva de Mir. »

Le dimanche matin, le père et le fils se rendirent effectivement à Mir. On les présenta d'abord à rav 'Haïm Chmouelevitz zatsal. Celui-ci s'enquit de leurs origines et demanda au fils : « Qu'as-tu étudié là-bas, en cachette ? » La réponse du père fut : « Les guemarot qu'il a apprises en Russie, il les a étudiées d'un bout à l'autre (Foun tavel tzun tavel[1]*). » Le fils énuméra les traités qu'il avait approfondis : « Baba Kama, Baba Metsia, Baba Batra, un peu de 'Houlin et une partie du Choul'han Aroukh Ora'h 'Haïm. »*

A ces mots, le rav 'Haïm se mit à pleurer : « S'il est possible d'étudier autant en cachette – on ne peut que nous reprocher, à nous qui vivons en toute liberté, de n'en avoir jamais assez fait ! »

Plus tard, il s'avéra que le rav Its'hak et son fils s'étaient mépris sur la réponse de ce Géant en Torah, et avaient cru que rav 'Haïm Chmouelevitz déplorait le fait que Ben-Tsion avait si peu étudié…

Depuis cette rencontre, nos deux familles se lièrent d'amitié, nouant jusqu'à ce jour des liens étroits, de cœur et d'âme.

Avant mon arrivée en Terre Sainte, j'étais persuadé que tous les Juifs d'Israël respectaient les commandements en général et le Chabbat en particulier, en public tout au moins. Je savais que ce pays appartenait au monde libre, qu'il était imprégné des valeurs de la société occidentale, que chacun pouvait pratiquer librement sa religion, mais je n'avais pas envisagé combien – au nom de cette "liberté" – les Juifs s'étaient affranchis. Je fus choqué de découvrir que dans certaines écoles israéliennes, les matières juives n'étaient quasiment pas abordées ! Je fus bouleversé de rencontrer des personnes qui ne connaissaient même pas le *Chema Israël* ni les Dix Commandements ! Je ne m'étais absolument pas attendu à pareille assimilation, et je ne cessais de me demander en quoi ces personnes étaient restées juives. Elles l'étaient d'après la *halakha*,

1. NDT : Littéralement « d'une page de couverture à l'autre »

certes, mais au fond, que leur restait-il de juif ? Le judaïsme ne se définit-il pas par un mode de vie particulier, différent de celui des nations, par la pratique religieuse et le respect des commandements divins ? Sinon, par quoi d'autre ?

Nous posâmes les pieds en Terre Sainte un mardi. Quelques jours plus tard, notre premier Chabbat en Israël, je marchais dans la rue et je vis soudain un homme entrer dans sa voiture et la mettre en marche. Je m'approchai du conducteur et m'exclamai : « Pardon, mais c'est Chabbat aujourd'hui ! » Il me considéra avec étonnement et me répondit brièvement : « Et alors ? »

Il est difficile de décrire le choc, la stupeur qui me saisit à cet instant-là ! Je pensais que certains Juifs profanaient le Chabbat chez eux, en secret, dans l'intimité de leurs foyers. Mais comme cela, en pleine rue, devant tout le monde ! A ce moment, que vous le croyiez ou non, je n'avais qu'une envie : courir à l'ambassade et retourner en Russie. Mon cœur criait : « Pars ! » mais la raison l'emporta et me dicta : « Tu dois rester en Israël ! »

CHEZ LE RABBI DE GOUR

Deux semaines après notre arrivée, un Chabbat, je sortis me promener avec mon beau-frère, le rav Aharon Rabinovitch. Nous aperçûmes soudain un attroupement.

« Que se passe-t-il ? m'écriai-je avec effroi.

– Ne t'inquiète pas, me répondit mon beau-frère, ce sont des hassidim qui se rendent chez le rabbi de Gour. »

Le rav Israël Alter *zatsal*, le rabbi de Gour, était un très grand homme. Il est généralement désigné par le nom de son œuvre *Beth Israël*. Cet ouvrage posthume regroupe ses conférences sur la *paracha* et sur les fêtes juives.

Le père du rav Israël Alter – le précédent rabbi de Gour – le rav Avraham Mordekhaï Alter avait dirigé la *'hassidoute* de Gour pendant plus de quarante ans. Il avait été un ami proche du 'Hafets 'Haïm et ensemble, ils avaient fondé l'Agoudat Israël. Avant la Seconde Guerre mondiale, le rav A. Mordekhaï Alter avait près d'un million de hassidim en Pologne, et l'on raconte que les jours où le rabbi recevait, les chemins de fer du pays étaient remplis de hassidim. Voici une histoire que j'ai lue au sujet du rav Avraham Mordekhaï de Gour.

Les jours de fête, les hassidim se rendaient à la cour du rabbi. Il y avait parmi eux un délateur. Une année, cet homme ne put se rendre auprès de son rav et entreprit de lui écrire pour lui demander une bénédiction à l'occasion de la fête. Tout était pour le mieux... Mais l'ingrat rédigea aussi une autre lettre qu'il envoya aux autorités, dans laquelle il dénonçait le rabbi de Gour et son fils ! Je ne sais trop comment, mais le hassid méprisable intervertit les adresses de ces deux correspondances et, au lieu d'arriver à bon port, la lettre de diffamation parvint au rabbi lui-même, tandis que la police recevait la lettre en yiddish qu'il avait adressée au rabbi !

Or, jusqu'à son dernier jour, le délateur l'ignora. Il continua à fréquenter le rabbi et ce dernier se garda de lui faire la moindre remarque. Jamais l'auteur de ces lettres ne sut que le rabbi connaissait son véritable visage ! Personnellement, j'ai du mal à le comprendre, mais il est indiscutable que le rabbi savait pertinemment ce qu'il faisait. Un jour seulement, il confia à l'un de ses proches qu'on ne pouvait pas se fier à cet homme.

Je souhaitais ardemment rencontrer le « Beth Israël » et décidai de me rendre chez lui avec mon beau-frère. Au bout de vingt ou trente minutes, on nous fit entrer dans son bureau. Tout allait très vite – les hommes passaient rapidement les uns après les autres – et pour ma part, je me sentais un peu perdu.

Mon beau-frère me présenta au rabbi : « Il vient de Russie. Il y a toujours respecté les commandements, autant que possible et avec abnégation. Il n'a jamais profané le Chabbat. »

Le rav Israël Alter me tendit la main et me dit : « Ce que vous avez fait là-bas, vous devez le faire ici. Il ne faut rien changer ! M'entendez-vous ? »

J'étais interloqué : que voulait-il bien dire ? Je devais agir ici comme je l'avais fait en Russie ? Tout était si différent en Israël ! La vie y était si spirituelle, meilleure…

Avec le temps, les mots du rabbi prirent tout leur sens et je pus témoigner de la profondeur et de la justesse de sa réaction !

AU MERKAZ KLITA

L'Agence juive nous avait placés au *Merkaz Klita* de Katamon – un centre d'intégration pour nouveaux immigrants – à Jérusalem. Un des employés du centre se présenta à nous. C'était un Juif religieux qui s'appelait Moché. Il nous dit : « Les ustensiles de cuisine se trouvent dans cette armoire – mais pour vous, ils ne conviennent pas. » Comment ? Nous étions certains qu'ici, en Israël, tout était casher ! Guita voulait même laisser notre vaisselle en Russie pour racheter une batterie de cuisine en Terre Sainte, pensant qu'elle ne serait pas assez casher pour Israël… Moi qui avais une confiance aveugle dans sa *cacheroute*, j'avais insisté pour que nous emportions nos ustensiles.

'HAVA RACONTE :

Lorsque nous prenions le bus, les passagers nous toisaient parce que nos vêtements étaient différents. A l'époque, tout le monde s'habillait court et moi j'étais emmaillotée dans une jupe longue. Un jour, quelqu'un tenta même d'arracher le foulard que portait maman ! Un véritable fossé séparait jadis les laïcs des religieux. Aujourd'hui la situation est bien différente. Avec les années, une part importante de la population israélienne est revenue à ses racines.

Peu de temps après notre installation, ma tante, Keila Rabinovitch – la sœur de maman – nous rendit visite et nous mit en alerte : « Ne lisez pas les journaux, c'est interdit ici ! »

Nous étions déconcertés. J'avais dix ans à peine, et à Tachkent, j'avais déjà pris l'habitude de lire les journaux chaque jour. J'étais convaincue que seul un homme à l'intelligence limitée ne pouvait pas les lire, et voilà que ma tante nous expliquait qu'ici, la lecture des quotidiens était interdite ! Etions-nous venus vivre avec des êtres primitifs, des aliénés ? J'avais les plus grandes peines à comprendre cette nouvelle exigence. Mais où avions-nous donc atterri ?

A l'époque, en Russie, le contenu rédactionnel des journaux était correct et bien différent de ce que l'on pouvait trouver en Israël. Il n'y avait pas dans la grande presse soviétique de mots grossiers ni des photographies répugnantes, à la différence de la presse occidentale libre. Cette presse-là était nauséabonde et vulgaire et nous n'avions d'autre choix que de nous en écarter. Ce n'était pas l'unique exigence à laquelle nous dûmes nous habituer. Mais progressivement, nous nous fîmes à notre nouvelle existence…

Un autre élément intéressant attira mon attention : malgré le taux important de banditisme en Israël, le quartier de Mea Chearim à Jérusalem et la ville de Bné Brak, près de Tel-Aviv, ont un taux de criminalité quasiment nul. Pourtant, ces agglomérations sont parmi les plus pauvres de l'Etat hébreu, et nombreux sont ceux parmi les statisticiens qui prétendent que le crime est plus répandu dans les quartiers défavorisés.

Le spectacle de la fête de Pessa'h célébrée au *Merkaz Klita* pour les nouveaux immigrants (*Olim 'hadachim*) était déplorable. En plein jour de fête, on fit monter les Olim dans des cars pour les mener dans un kibboutz où l'on avait dressé une table sur laquelle on avait déposé de la *matsa* et du pain (le summum de la démocratie !). Je remuai ciel et terre afin d'empêcher une telle profanation de la fête, mais sans succès.

Les pauvres immigrants, ces agneaux doux et naïfs célébrèrent ainsi leur premier Pessa'h en terre d'Israël…

Nous n'avions pas encore reçu notre vaisselle de Pessa'h et n'avions pas les moyens d'en acheter une autre. La *rabbanite* Finkel fut à nouveau notre ange gardien : elle proposa à Guita de cuisiner pour les élèves restés à la *yechiva* pendant Pessa'h. En échange, nous logerions non loin de la *yechiva*. Guita était ravie. Elle prépara avec dévotion la nourriture pour les étudiants de la *yechiva*, de sorte que nous eûmes nous aussi nos repas de fête.

Il n'était pas facile de trouver un *minyan* au *Merkaz Klita*. Je dus, comme à Tachkent, me mettre en quête de bonnes âmes qui accepteraient de se joindre à notre office. Moché, qui travaillait depuis longtemps au centre, y mit également du sien. Il fit venir des jeunes non religieux de treize, quatorze ans qui habitaient les alentours afin de compléter le quorum. Chaque mot de Torah laisse son empreinte sur l'âme d'un Juif. Il fallait donc profiter de l'occasion et je dis à ces jeunes après l'office : « Je ne vous retarderai pas davantage, seulement une minute et demie. Et si cela prend deux minutes, je vous devrai une amende…»

Ils acceptèrent de rester. J'ouvris un *'Houmach* et commençai à lire la section de la semaine. Seulement deux ou trois versets. Avec le temps, les jeunes prirent l'habitude de cette lecture.

Quinze ans plus tard, je croisai un groupe de personnes dans la rue. Les jeunes hommes me saluèrent et je leur demandai : « D'où me connaissez-vous ?

– Avez-vous oublié ? Vous nous avez appris des versets de la Torah, firent-ils. »

Les regardant de plus près, je découvris que certains portaient la kippa et les autres me confièrent qu'ils étudiaient à la *yechiva*.

« C'est par le mérite des versets que vous nous avez lus, me dirent-ils. »

Par le mérite de cette minute et demie…

Où étudier ?

Hélas, je m'étais habitué à ce qu'en Israël, des Juifs prennent la voiture le Chabbat, mais j'ignorais encore que je devais également me faire du souci pour l'école. J'avais envisagé d'inscrire mes filles dans la première école dati – religieuse – dont on me parlerait. J'étais loin d'imaginer qu'une telle démarche pouvait poser problème. S'il leur manquait des connaissances, je pourrais toujours les compléter en étudiant avec elles, songeai-je, comme je l'avais fait en Russie...

Par miracle, il y avait au *Merkaz Klita* un autre Juif pratiquant du nom de reb Yomtov Strauss. Quand il découvrit la nature de mes projets, il me dit : « Je vous conseille d'abord d'aller voir l'établissement dans lequel vous entendez inscrire vos filles.

– Pourquoi ? fis-je avec candeur.

– Cela en vaut la peine. »

J'étais sceptique. Je décidai malgré tout de suivre son conseil et me rendis dans l'école la plus proche. Or les enseignantes y étaient vêtues de manière impudique... Y avait-il une autre école ? On m'envoya visiter un second établissement, mais là aussi, ce que je découvris était bien loin de me satisfaire. Après en avoir vu un certain nombre, les responsables du *Merkaz Klita* m'annoncèrent qu'il n'y en avait pas d'autres...

Finalement, reb Yomtov Strauss me recommanda une école sérieuse qui pouvait me convenir, et qui se trouvait dans le quartier de Baït Vegan, à l'autre bout de la ville. C'est là qu'il avait inscrit ses propres enfants. Après avoir visité l'école, je décidai d'y inscrire mes filles également. A partir de ce jour, nous accompagnâmes nos enfants chaque matin, à tour de rôle, jusqu'à Baït Vegan. Pour cela, nous devions prendre deux bus, mais cela en valait largement la peine !

'Hava raconte :

En revenant de l'école, je subissais les moqueries et les persiflages des enfants du quartier de Katamon. A Tachkent, jamais les enfants ne m'avaient insultée. En cas de besoin, je savais me défendre et les enfants ouzbeks semblaient l'avoir compris. Cette assurance acquise à la maison me servit également en Israël. Un jour, des voyous me barrèrent la route et m'encerclèrent. Je les examinai, l'un après l'autre, avec aplomb et, choisissant le plus petit d'entre eux, je le poussai de toutes mes forces contre son voisin. Depuis lors, ils n'osèrent plus m'approcher, bien qu'ils persistassent à me suivre en me lançant des injures que, de toute façon, je ne comprenais pas.

Ma jeune sœur eut une adaptation plus difficile à l'école. Les nouveaux immigrants russes étaient, pour les Israéliens, un phénomène. La population hiérosolymite était principalement composée d'immigrants américains et nous, les Russes, passions pour d'étranges créatures – en outre, nous étions russes et pratiquants, une véritable curiosité... De surcroît, communiquer avec nous était laborieux, mais avec le temps, ces difficultés se résorbèrent également.

Quant à Ben-Tsion, je lui suggérai d'essayer différentes *yechivot*, d'y étudier quelques jours pour choisir celle qui lui conviendrait le mieux, aussi bien sur le plan de l'étude que sur celui de l'acquisition de l'indispensable crainte divine.

Ben-Tsion suivit ce conseil et passa de *yechiva* en *yechiva*, pour finalement porter son choix sur celle de Mir.

Le Roch *Yechiva*, le rav 'Haïm Chmouelevitz *zatsal*, lui fit passer un examen de connaissances et en pleura d'émotion.

Des joies

Notre fille Sarah fut la première de nos enfants à se marier. Après de très nombreux efforts, je parvins à trouver une location peu onéreuse pour le jeune couple. Le propriétaire me posa deux conditions : le loyer devait être payé en début de mois et si le *Machia'h* arrivait, nous devions libérer l'appartement dans les deux semaines.

Nous rédigeâmes le contrat de location sur place. Je n'avais pas de feuille qui puisse faire l'affaire, et j'écrivis donc les clauses sur une carte de bus. Celle-ci n'avait pas encore été entièrement oblitérée et je dus la conserver pendant deux ans. A la résiliation du bail, il restait encore cinq ou six trajets sur le titre de transport, mais on me signala qu'il était périmé…

Mon gendre n'avait aucune raison de se plaindre de l'appartement, n'eussent été les termes de la location qui lui déplaisaient – qu'est-ce que cela voulait dire de devoir quitter la maison dans les deux semaines en cas de venue du Messie ? Qu'ils nous laissent au moins un mois pour partir !

Aujourd'hui, Sarah a neuf enfants, grâce à D-ieu.

Guita commença à travailler à la cuisine de la *yechiva* de Mir, puis elle fut vendeuse dans un magasin et travailla également à la poste. Plus tard, elle trouva un emploi au laboratoire du « Beth Yaacov » – école secondaire destinée aux jeunes filles.

Pour aider nos enfants à acquérir un appartement après leur mariage, nous devions souscrire à des emprunts et mon épouse, qui avait déjà trouvé un poste de laborantine, poursuivit également son activité à la *yechiva*. Elle préparait et servait les repas pendant les fêtes, le vendredi et le Chabbat – et restait même pour faire la vaisselle. Elle s'affairait à la cuisine et au réfectoire de la *yechiva* du vendredi matin au samedi soir, dix heures !

Pendant une longue période, nous n'étions pas ensemble pour le Chabbat ni les jours de fête – pour les repas, nous allions la rejoindre à la *yechiva*.

La *rabbanite* Finkel, qui était responsable de l'intendance de Mir, était très satisfaite de Guita. Pourtant, ce travail n'était pas des plus faciles : il fallait cuisiner et servir 300 élèves !

Elle travailla pendant cinq ans jusqu'à l'épuisement. Un soir, elle se plaignit de maux de tête puis, brusquement, perdit connaissance. C'était un 18 Tevet, le jour anniversaire du décès de son frère. La nuit, elle fut transportée à l'hôpital Hadassa et les médecins diagnostiquèrent une hémorragie cérébrale. Elle s'en remit malgré tout et retourna à ses activités, mais avec davantage de modération.

MON VOYAGE EN AMÉRIQUE

Nous arrivâmes le 23 Chevat 5732 (1972) en Israël. Peu de temps après, on me demanda de participer à une campagne de collecte de fonds aux Etats-Unis, en faveur des institutions éducatives religieuses d'Israël.

J'acceptai aussitôt. Nous devions atterrir en Amérique bien avant le Chabbat, mais des circonstances imprévues nous retardèrent. Nous redoutions de ne pas arriver à temps le vendredi. Nous nous préparions déjà à passer le Chabbat à l'aéroport Kennedy. J'avais emporté avec moi une miche de pain et une boîte de conserve...

L'avion se posa peu de temps avant le coucher du soleil. Une fois au sol, nous aperçûmes deux voitures de police qui attendaient sur la piste. Je vis un homme sauter de l'une d'elles : c'était mon beau-frère, le rav Chalom Rabinovitch, entouré de deux robustes agents !

Je me retrouvai, pour la première fois, à l'intérieur d'une voiture de police roulant à toute allure au milieu des rues encombrées, actionnant à grand bruit sa sirène. Arrivé à bon port, j'eus même le loisir de me plonger dans un *mikvé* avant l'allumage des bougies.

On avait averti la police de l'arrivée d'une délégation d'Israël qui devait absolument gagner New York avant le Chabbat. Elle avait alors envoyé deux voitures chez le rav Rabinovitch qui le conduisirent sous bonne escorte à l'aéroport…

J'ai gardé de très bons souvenirs de ces jours passés en Amérique. J'y fis de nombreuses rencontres et d'aussi nombreux discours. Je me rendis notamment chez le rav Moché Feinstein *zatsal*. Nous eûmes une longue conversation sur des points de Torah, ce qui me permit de découvrir l'immensité de son savoir, son érudition et combien ses mots étaient pesés. Avant de le quitter, il me tendit un billet de cinquante dollars que je refusai de prendre.

« Rabbi, je compte trouver du travail » fis-je.

Il me répondit avec cinq mots tirés du Talmud : « Qui prend un sou de Job est béni » (*Baba Batra* 15b).

Cet argent, je devais l'accepter. C'était un moyen de me bénir à l'instar de Job, qui était non seulement un homme béni, mais qui apportait la bénédiction à toute personne avec qui il faisait commerce. En effet, ces cinquante dollars reçus de la main du rav Moché Feinstein représentèrent le premier versement que nous fîmes pour l'appartement de notre fille Sarah !

Le troisième repas du Chabbat eut lieu à la synagogue. Le rav Moché Feinstein devait prendre la parole, mais il insista pour que je parle à sa place. J'eus le malheur de m'étendre de sorte que les hommes eurent à peine le temps de manger…

Je rendis également visite au rabbi de Satmar *zatsal*. Il ressemblait à un ange – de ma vie, je n'ai jamais vu pareil visage. Lui aussi s'apprêta à me donner cinquante dollars, mais je les refusai. Plus tard, ceux qui le connaissaient regrettèrent que je n'eusse pas entretenu le rav de paroles de Torah, mais en vérité, je m'en étais abstenu parce qu'il venait de

Rav Yoël Teitelbaum – le rabbi de Satmar zatsal

se remettre d'une maladie et que je ne voulais pas le fatiguer outre mesure. Au contraire, me dit-on, il en aurait retiré une grande joie – rencontrer un Juif de Russie et qui connaît le Talmud !

J'eus également un entretien d'une heure et quart avec le rabbi de Loubavitch *zatsal* : je rentrai dans son bureau à quatre heures du matin pour en ressortir à cinq heures et quart précisément. Je l'écoutai plus que je ne lui parlai. Mais j'en profitai pour l'interroger sur mon avenir en Israël : d'un côté, j'avais entrepris des recherches sérieuses en algèbre. Je pouvais trouver un poste dans une université et consacrer beaucoup de temps à l'étude de la Torah. De l'autre, je pouvais enseigner la Bible et le Talmud. Laquelle de ces deux activités présentait une plus grande utilité pour le public et pour moi-même ?

Le rabbi eut une réponse des plus claires. Nombreux étaient ceux, fit-il, qui, à l'époque, désiraient quitter l'URSS. Parmi eux, il y avait de très nombreux Juifs qui rêvaient de s'installer en Israël pour des motifs nationalistes-religieux. Mais une fois en Israël, les chances de voir leur niveau spirituel s'élever étaient minimes. Bien au contraire, ces Juifs fraîchement rendus au monde libre suivaient davantage les voies destructrices de la modernité et de l'hédonisme occidental. Nombre d'entre eux quittaient rapidement la Terre Sainte pour s'installer aux Etats-Unis ou ailleurs, et mettaient leurs motivations religieuses initiales aux oubliettes. Ajoutons à cela la profanation du nom divin qu'une telle démarche risquait de causer… « C'est pourquoi, me dit le rabbi, je ne vois pas de plus grande *mitsva* que de rapprocher les Juifs d'Union Soviétique de la Torah. »

Que reste-t-il des anges ?

Le gala pour lequel nous étions venus aux Etats-Unis se tint un dimanche. Le spectacle présenté était impressionnant : les grands de la Torah y participèrent en nombre, de même que les représentants du judaïsme américain ainsi que de célèbres mécènes.

Je fus le premier à prendre la parole. Je commençai par ces mots :

« Si l'on prenait des anges candides et purs, et qu'on les plaçait dans la Russie de 1917, qu'on leur fasse traverser les années noires du communisme, je suis certain qu'il n'en resterait plus rien. »

Je racontai en détail les misères et les tribulations des Juifs d'URSS ces soixante dernières années. « La révolution bolchevique, la terreur menée par les gangs de Petlioura, Denikine et Koltchak ; la guerre civile avec la perte de 300 000 Juifs, la collectivisation – qui exila des centaines de milliers de paysans vers le désert sibérien après la confiscation de tous leurs biens ; le combat mené par le nouveau régime contre la Torah, la fermeture des institutions scolaires juives, et l'arrestation des rabbins et des maîtres ; la répression de 1937 où des millions de Soviétiques furent fusillés sans raison, et de nombreux autres jetés dans des goulags d'où seuls quelques rares malheureux revinrent ; l'invasion nazie et l'assassinat de quatre-vingt-dix pour cent des Juifs d'Estonie, de Lettonie, de Lituanie, de Russie blanche et d'Ukraine ; la famine lors du siège de Leningrad ; puis, après la Seconde Guerre mondiale – les accusations contre les Juifs jugés “apatrides”, le procès des médecins juifs et le reste à l'avenant. »

J'élevai la voix et je m'écriai : « De ces anges, il ne serait rien resté !

Mais voilà, contre toute attente, il y a encore des Juifs en Russie qui respectent le Chabbat, la *cacheroute*, les règles de pureté familiale et qui, au péril de leur vie, encouragent leurs enfants dans l'étude de la Torah.

Le rav Its'hak Zilber donnant un cours de Torah

Chaque pas franchi dans ce sens les met en péril, et chaque instant de liberté équivaut à un instant de survie, comme le dit le prophète : « Comme un tison sauvé du *feu* » (Zacharie 3,2). Le fait que ces Juifs résistent est un authentique miracle. Parce que ce *feu* – ces agressions menées contre le judaïsme en Russie – est permanent, omniprésent. »

Je rapportai l'histoire de ce *rebbe* rencontré chez les *Grouzinim*, les Juifs géorgiens, sans le nommer ni révéler le nom de la ville où il vivait, par précaution. Il enseignait la Torah en cachette à plus de quatre-vingt-dix enfants et dispensait des cadeaux aux agents de police afin d'acheter leur silence…

Puis, je leur racontai mon histoire personnelle, sans préciser qu'il s'agissait de moi : ce professeur de mathématiques qui, vingt années durant, avait exercé dans une école sans profaner une seule fois le Chabbat, ce qui n'était pas du tout évident en Russie Soviétique, vous l'aurez compris. Ce savant qui avait abandonné une carrière dans la recherche afin de pouvoir vivre une vie juive et monter un jour en Israël, chose que le régime interdisait résolument à tout scientifique. Je parlai aussi de la famille de cet enseignant : son épouse, qui, elle aussi, avait toujours respecté le Chabbat quoiqu'il en coûte. Les soucis posés par les écoles, les directeurs ou les maîtres qui n'étaient pas prêts à fermer l'œil sur les absences le Chabbat et les jours de fête. Ou l'histoire de celui à qui on avait demandé lors d'une réunion-procès qui allait sceller son sort : « Croyez-vous en D-ieu ? » et qui répondit dignement : « Oui ! » Et ceci, en pleine dictature marxiste…

Il y eut comme un tremblement dans l'assistance.

Je décrivis ensuite les difficultés rencontrées par les Juifs d'URSS soucieux de donner à leurs enfants une éducation juive et qui, pour cette raison-là, cherchaient à quitter le territoire et à monter en Israël. « Nous pensions qu'en Israël nous n'aurions pas à nous battre pour le respect de nos lois et l'étude de notre Torah. Nous pensions que nous y trouverions une multitude de Juifs investis dans l'étude et la pratique des *mitsvot*. Mais voilà, à notre grande déception, la situation en Terre Sainte est loin d'être idéale et les dangers spirituels sont considérables. Les efforts investis, ce que nous avons péniblement acquis dans l'éducation de nos enfants en Russie, tout ceci risque de voler en éclat, d'un instant à l'autre. Nous ne pouvons pas le permettre ! Il est du devoir de tout un chacun de soutenir le *'hinoukh atsmaï*[1] en Israël afin que nous méritions d'élever une génération fidèle à D-ieu et à Ses lois ! »

Pendant que je parlai, je vis le public s'agiter quelque peu – on échangeait des regards. Soudain, les dons commencèrent à pleuvoir.

Après avoir remercié les organisateurs de ce gala, j'ajoutai encore : « Il est écrit dans la Torah : "*Chema Israël* – Ecoute Israël Hachem est notre D-ieu, Hachem est un. Tu aimeras ton D-ieu de tout ton cœur…" (Deutéronome 6,4-5). Comment savoir si l'on aime D-ieu de tout son cœur ? Il est écrit dans la suite des versets : "Et ces préceptes que Je t'ordonne aujourd'hui, qu'ils soient sur ton cœur et tu les enseigneras à

1. Ndt : Groupes scolaires religieux en Israël disposant d'une relative indépendance par rapport à l'Etat.

ton fils" (Deutéronome 6,6-7). Ceux qui aiment Hachem n'envoient pas leurs enfants dans des écoles laïques ! »

Ces derniers propos n'étaient pas fortuits. Je savais qu'en Amérique, il y avait des Juifs qui souhaitaient donner à leurs enfants la meilleure instruction possible et qui pour cette raison, les éloignaient des écoles religieuses…

Je conclus avec ces mots : « Mon père m'a enseigné l'alphabet hébraïque, la Bible, le Talmud et le *Choul'han Aroukh*. Il était mon unique maître. Puis, ce fut à mon tour de transmettre tout cela à mon fils Ben-Tsion. "Et vous les enseignerez à vos enfants" ! Ceux qui aiment D-ieu savent précisément ce qu'ils ont à faire ! »

2

Des années heureuses

Comment trouver du travail ?

Nombreuses furent les personnes qui nous rendirent visite au *Merkaz Klita* (centre d'intégration). L'une d'elles fut le rav David Feist, un Juif originaire d'Allemagne qui me fit la proposition suivante : « Cela fait sept ans que je travaille à Kyriat Hanoar, une école hiérosolymite religieuse pour garçons et je voudrais prendre une année sabbatique. Accepteriez-vous de me remplacer pour un an ? »

C'est ainsi que je commençai à enseigner les mathématiques à Kyriat Hanoar.

Au bout d'un an, le rav David devait reprendre du service. Je m'apprêtai à lui rendre sa place, mais il refusa et s'adressa au directeur de l'institution en ces termes : « Je suis un Israélien de longue date, et Zilber vient tout juste d'arriver. Si vous acceptez de lui donner quelques heures de cours, je resterai travailler chez vous, sinon, je vous quitte. » Il ajouta qu'en tant que nouvel immigrant, j'aurais des difficultés à trouver un emploi, ce qui ne serait pas son cas.

Le rav David n'était pas riche et ne pouvait pas si facilement renoncer à son poste. Grâce à son intervention, je fus officiellement engagé par Kyriat Hanoar. Cet homme avait fait quelque chose de grand et je fus très impressionné par son geste ! Plus tard, je trouvai un autre emploi, en parallèle.

Nous étions terriblement endettés et avions désespérément besoin d'argent. En Russie, je n'avais jamais accumulé autant de dettes, et je me demandais comment éponger tous ces arriérés.

Le jour de Roch Hachana, j'adressai cette prière à D-ieu : « Maître du monde ! Je te remets toutes mes dettes, parce que Tu sais bien mieux que moi ce qu'il faut en faire. Quant à moi, je ferai tout ce qui est en mon devoir, tel un automate, sans sourciller. » En prononçant ces mots, j'étais déjà apaisé.

Je trouvai du travail au rabbinat. Je venais en aide aux nouveaux immigrants et fis même quelques travaux de traduction. Un jour, en visite chez une de mes connaissances, je me mis à chanter allégrement : « En Toi Eternel je m'abrite, puissé-je ne jamais être déçu ! » (Psaumes 71,1).

A la Kyriat Hanoar

Et le prenant par le bras, je l'entraînai dans une danse et je tourbillonnai avec lui. Zilber avait-il perdu la raison ? Depuis lors, quand je rencontrais cet ami, il ne pouvait s'empêcher de rire...

Il y avait quelque 500 élèves à la Kyriat Hanoar. Outre mes heures régulières, je me rendais aussi le soir à l'internat pour donner des cours de soutien jusqu'à onze heures ou minuit. Après quoi, comme il n'y avait plus de bus dans la ville, je devais marcher une heure et demie, depuis Baït Vegan jusqu'à Sanhedria où nous habitions alors.

Peu de temps après, je fus engagé à Haïfa, par le Séminaire d'Etudes juives pour Nouveaux Immigrants. Le jour où j'allais à Haïfa, je rentrais vers deux heures du matin, et dès sept heures et demie j'étais en poste à Kyriat Hanoar, après un trajet de quarante-cinq minutes en bus. Malgré cet emploi du temps chargé, je trouvais également le temps de donner des cours de Torah pour les Russes à l'université de Tel-Aviv, à l'université hébraïque ainsi que dans le quartier de Neve Yaakov, à Jérusalem.

Comment ai-je pu tenir le coup ? D-ieu m'en a donné la force, tout simplement !

Brit milah en Israël

En 1972, année à laquelle nous fîmes notre Alya, de nombreux Juifs soviétiques arrivèrent en Israël et un bon nombre d'entre eux n'étaient pas circoncis. Ces Juifs souhaitaient à présent recevoir la *brit milah*, mais il s'avéra que les autorités israéliennes n'y étaient absolument pas préparées. Au ministère de l'Intégration de même qu'au rabbinat, personne ne savait trop comment aborder la question, de sorte que bien qu'il fut interdit, d'un point de vue *halakhique* de repousser ces circoncisions peu communes, il fallut aux responsables quelque un ou deux mois pour tout mettre en place. Je décidai d'agir en faveur de cette grande *mitsva*, et m'adressai à l'un de mes amis, un urologue du nom de Yaakov Tsatskis, qui avait circoncis un très grand nombre de personnes à Moscou et qui, lui aussi, s'était installé depuis peu en Israël. « Yaakov,

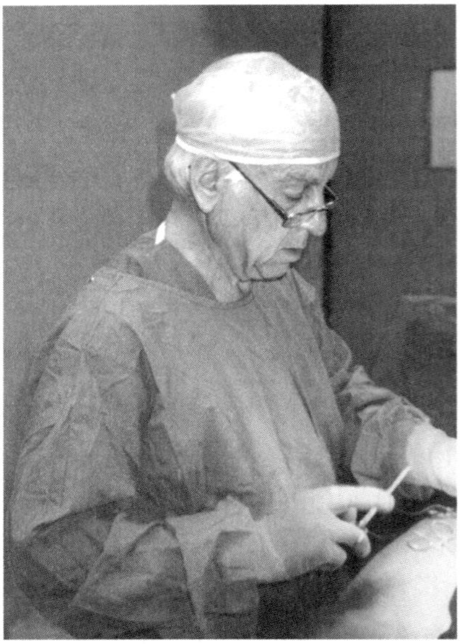
Le docteur Yaakov Tsatskis

tu dois t'investir à nouveau dans les circoncisions ! » lui avais-je suggéré.

Il acquiesça.

Il commença à circoncire pendant sa pause de midi, avant de retourner à son travail. Puis, avec le temps, il en fit son sacerdoce et finit par circoncire deux à cinq adultes par semaine, sans jamais empocher un seul centime. Je recevais les candidats à la circoncision pour la nuit, le matin je leur mettais les *tefillin* et leur parlais de judaïsme. Certains d'entre eux sont devenus pratiquants, et d'autres étudient même la Torah régulièrement.

Ces visiteurs appartenaient à l'ensemble de l'échiquier politique israélien – gauchistes ou hommes de droite – et souvent, nous devions veiller à ce que les débats animés ne dégénèrent. Un hiver, l'un d'eux se mit à écrire le slogan de Chalom Akhchav – parti auquel il adhérait – sur la buée qui s'était déposée sur les vitres de notre appartement. Nous nous empressâmes d'effacer ces graffitis avant l'arrivée des autres... Cet homme refusa d'ailleurs de passer la nuit du jeudi chez nous. Il préféra nous quitter tant qu'il était encore temps, parce qu'il n'était pas disposé à renoncer à sa cigarette le Chabbat. Grâce à D-ieu, ce Juif pratique aujourd'hui les *mitsvot* et étudie la Torah !

La nouvelle se répandit de bouche à oreille : toute personne qui le désirait pouvait se faire circoncire chez les Zilber. Généralement, la circoncision se faisait le jeudi et les Juifs fraîchement circoncis passaient la nuit chez moi. Certains restaient même le Chabbat, ce qui était assez commode pour le docteur Tsatskis qui habitait non loin de là, et pouvait donc facilement rendre visite à ses "patients" pour changer leurs pansements. Nous accueillîmes les candidats à la circoncision pendant un certain nombre d'années – et même lorsque Guita dut se faire hospitaliser.

Au bout de trois ans, d'autres *mohalim* se joignirent à cette entreprise, et des responsables furent désignés. Aujourd'hui, les *mohalim* parcourent le monde et se rendent notamment dans les pays de l'ex-URSS pour y procéder à des milliers de circoncisions.

Récemment, le rav Moché 'Haïm Rubin, un *mohel* de Jérusalem, s'est rendu à Moscou pour y circoncire un certain nombre d'élèves de la *yechiva*. Peu après qu'il eut achevé de circoncire les jeunes hommes, je me trouvais à la synagogue et y vis un homme, assis. Il avait la cinquantaine. C'était le père d'un des jeunes hommes nouvellement circoncis. Il habitait Saratov et était venu voir son fils. Je lui demandai avec une pointe d'humour : « Et vous, vous a-t-on circoncis ?

– Non, répondit-il.

– Pourquoi ?

– Parce que je ne suis pas en bonne santé. »

Je me précipitai chez le rav Rubin et lui demandai si cet homme pouvait lui aussi recevoir la *brit milah*. Le rav me répondit aussitôt : « Si vous êtes le Sandak, je ferai la circoncision. »

Ainsi fut fait. Nous procédâmes à la circoncision et l'homme se porte aujourd'hui comme un charme.

Dernièrement, je suis tombé sur un livre qui décrit combien de circoncisions ont été pratiquées dans les endroits les plus reculés du monde. Mais, à l'époque, nous ne pouvions même pas imaginer qu'un tel développement serait un jour possible.

Je me suis souvent rendu dans des camps militaires pour y faire des conférences devant des soldats d'origine soviétique. Je me rappelle comment un de ces soldats, qui venait de Kiev, m'avait confié qu'il n'était pas circoncis. Je lui proposai de venir chez moi un vendredi de permission. Le dit vendredi, le docteur Tsatskis quittant son travail, se précipita chez nous pour circoncire le jeune soldat. L'heure de l'allumage approchait, mais l'opération n'était toujours pas achevée. Guita nous demanda si nous pouvions libérer la table, mais elle comprit rapidement que c'était impossible. Faute de mieux, elle alluma les bougies du Chabbat sur une chaise.

Le jeune homme devait se marier. Nous nous chargeâmes également de l'organisation de la cérémonie religieuse, selon les règles de la tradition.

Un jour, le docteur Tsatskis fit cinq circoncisions successives. Les candidats étaient des enfants et cette nuit-là, ils dormirent tous chez moi avec leurs parents : soit en tout quinze personnes ! Hélas, en notre absence, ils firent cuire de la nourriture non casher dans nos marmites, ce qui les invalida définitivement. Guita en fut particulièrement désolée, mais je la tranquillisai, comme à mon habitude : « Grâce à D-ieu, les marmites sont fichues, mais eux, au moins, ils sont circoncis ! C'est le principal ! [En russe, je pouvais le dire en faisant des rimes…] »

Yaakov Tsatskis, qui était un *mohel* expérimenté, faisait les circoncisions avec une grande dextérité, de sorte que ses patients ne ressentaient presque aucune douleur et jamais ils n'eurent à souffrir de complications. Un jour, un des candidats qui était diabétique et qui, de surcroît, avait des caillots dans le sang, se garda de le dire au praticien. Cette fois, le docteur Tsatskis dut revoir ce patient après la circoncision pour le soigner. Je lui demandai : « Pourquoi ne nous avez-vous rien dit ?

– Tsatskis ne m'aurait pas circoncis…» fut sa réponse.

Je me souviens de cet homme, un professeur d'une soixantaine d'années, que je dus amadouer trois années durant pour qu'il accepte de se faire circoncire. Il s'appelait Willy – comme les initiales de Vladimir Ilitch Lenin…

Je n'ai pas compté le nombre de personnes qui se sont fait circoncire chez moi, mais elles étaient bien nombreuses. Et il en fut ainsi jusqu'au jour où le docteur Tsatskis reçut une autorisation pour pratiquer à l'hôpital.

Le docteur Tsatskis raconte

Je suis arrivé en Israël peu de temps avant le rav Zilber. Un jour, je rencontrai un Juif qui venait de Moscou et qui me dit : « Je vous ai cherché à Moscou, mais on m'a dit que vous étiez monté en Israël. Vous n'avez pas eu le temps de me circoncire en URSS, seriez-vous disposé à le faire ici ? » En Russie, j'avais circoncis les Juifs clandestinement.

« Bien sûr, répondis-je aussitôt. Mais pourquoi avez-vous besoin de moi particulièrement ? Ici, il y a des organismes officiels, comme le ministère des Cultes, des hôpitaux... quel est votre problème ?

– J'ai bien essayé de m'adresser à ces instances, mais l'on m'envoie d'un bureau à l'autre et je n'arrive à rien. Le temps passe et je ne suis toujours pas circoncis ! » répondit l'homme.

Je décidai d'en parler à la rabbanite Sarna. Celle-ci se dévouait corps et âme en faveur des nouveaux immigrants d'URSS. Elle me dit : « Où avez-vous pratiqué vos circoncisions à Moscou ?

– Chez les gens. Chez un frère, un ami...

– Alors pourquoi ne le feriez-vous pas chez nous, à la maison ? » répondit-elle.

Elle se munit de tout le nécessaire, et c'est ainsi que je procédai à ma première circoncision en Israël, chez les Sarna. J'en fis encore quelques autres et peu de temps après, le rav Zilber arriva en Terre Sainte. Il connaissait bien le rav Sarna, le Roch Yechiva de la yechivat 'Hevron. Le rav Sarna et la rabbanite lui décrivirent la situation, et lui racontèrent comment nous avions circoncis des adultes dans leur salon. Immédiatement, le rav Zilber décida de m'enrôler dans cette nouvelle campagne, comme en ces jours déjà si lointains...

La rabbanite Sarna réussit à se procurer du matériel médical auprès de l'hôpital Chaaré Tsedek, et c'est ainsi que débuta cette aventure. Les circoncisions se tenaient soit chez les Zilber, soit chez mon frère, et même ailleurs par la suite. Après la brit milah, il est d'usage de faire un repas et nous achetions du vin et des gâteaux pour l'occasion. Parfois, les candidats eux-mêmes apportaient de quoi faire un repas de fête.

Un jour, j'étais en train de circoncire un adulte à l'hôpital Bikour 'Holim de Jérusalem. Soudain, le rav Its'hak, qui avait l'habitude de m'accompagner, disparut. Dehors, il faisait très froid et une pluie battante s'était mise à tomber. Peu de temps après, le rav réapparut, haletant, avec en main une bouteille de vin et des gâteaux au miel. Je le regardai stupéfait. Sur son corps et son visage dégoulinaient des gouttes de pluie.

Je lui demandai : « Où est votre manteau ? »

Il me répondit d'un air vague tout en éludant la question.

Le lendemain, je le rencontrai à nouveau. Il n'avait toujours pas de manteau. « Rav Its'hak, il pleut. Pourquoi ne portez-vous pas votre manteau ?

– Je l'ai donné en gage, me répondit-il.

– Qu'est-ce que cela veut dire, en gage ?

– Nou, hier j'ai apporté des gâteaux et du vin, vous souvenez-vous ? Je les ai pris dans un magasin de la rue Strauss, non loin de l'hôpital. Or, comme je n'avais pas d'argent sur moi, je leur ai remis mon manteau en guise de gage. »

Plus tard, je me rendis chez cet épicier. « Comment avez-vous osé agir de la sorte ? Un homme respectable vous demande une bouteille de vin et des gâteaux au miel et vous, vous le dépouillez de son manteau par temps de pluie ?!

Les commerçants étaient interloqués. « Comment pouvions-nous le deviner ? Nous avons vu entrer un de ces Russes qui nous a demandés…

– Un de ces Russes ! Mais il s'agit du rav Zilber en personne ! Et le vin et les gâteaux, il en avait besoin pour une circoncision ! Honte à vous !

– Mais s'il nous l'avait dit, nous n'aurions jamais demandé un gage ! Qu'il vienne tout de suite reprendre son bien ! » firent-ils d'une voix tremblante.

Combien regrettaient-ils d'avoir ainsi bafoué l'honneur du rav ! Recevraient-ils son pardon ?

Le rav Zilber retourna chez cet épicier, remboursa sa dette et reprit son pardessus avec la plus grande simplicité…

Le rav Its'hak Tzvi Patlas, un enseignant de la yechiva moscovite Torat 'Haïm, raconte :

Le rav Its'hak demanda un jour à un mohel, qui était également le rav d'une grande agglomération, de circoncire un nourrisson d'une famille de nouveaux immigrants. Ce dernier venait de loin, et dut faire de l'auto-stop pour gagner l'endroit où auraient lieu plusieurs circoncisions. Hélas, aucune voiture ne s'arrêta. Après une longue attente, il finit par prendre la route, en moto... Les familles attendaient depuis longtemps et perdaient patience. Le mohel – enfin arrivé – n'eut guère le temps de circoncire l'enfant de la famille russe. Levant les yeux à sa montre, il déclara : « Voilà, c'est tout. Je ne peux plus circoncire. Il ne reste plus qu'une minute avant le coucher du soleil. »

Le rav Its'hak Zilber qui était présent tapa du poing sur la table et s'écria avec force : « Je possède une smikha du rav Moché

Feinstein, et je vous ordonne de procéder à la circoncision. Et si vous n'avez pas le temps de finir, alors que le soleil se fige ! »

Le rav obtempéra sans mot dire.

La loi traditionnelle exige en effet de réaliser l'excision de la peau du prépuce (la circoncision à proprement parler) avant le coucher du soleil, mais le reste de l'opération peut se faire même après. Lorsque le mohel eut fini son travail – les nuages se dissipèrent et le soleil dardait encore ses lumineux rayons ! Depuis lors, quand ce rav rencontrait le rav Zilber, il ne manquait jamais de le féliciter pour avoir interrompu la course de l'astre...

Le rav Its'hak avait obtenu sa smikha du rav Moché Feinstein lors de sa visite aux Etats-Unis. Ils avaient parlé pendant une heure, et lorsque le rav Zilber s'était levé pour partir, le rav Feinstein l'avait arrêté et lui avait dit : « Attendez ! » Le maître de la génération avait pris une feuille et y avait rédigé une smikha attestant que le rav Its'hak était expert en halakha et dans le reste. Jamais, tout au long de ces années, je ne l'ai vu user de son statut de rav, hormis en cette circonstance – pour procéder encore à une circoncision !

LE LIVRE D'ESTHER À TEKOA

Dans les années soixante-dix, des Juifs, parmi lesquels de très nombreux originaires des anciennes Républiques de Russie, s'installèrent à Tekoa, un petit village du Gouch Etsion. A Tekoa, il y avait également beaucoup de nouveaux immigrants américains. Je me rendais régulièrement dans ce village, et avec le temps je devins l'un des dirigeants spirituels de l'implantation. J'avais d'ailleurs l'habitude d'y lire, chaque fête de Pourim, la *Meguilat* Esther.

Un soir de Pourim, je me mis en route pour Tekoa, comme à mon habitude. La neige s'était mise à tomber. Vers six heures, je montai dans un taxi. En général, le trajet durait quarante ou cinquante minutes tout au plus, mais ce soir-là, cela prit plusieurs heures... En Israël, quand la neige tombe, le pays est complètement immobilisé. Le taxi eut les plus grandes peines à avancer et finit par s'embourber... Au bout d'un moment, le chauffeur perdit patience et prit le chemin du retour.

Quant à moi, je ne baissai pas les bras. Je descendis de la voiture et arrêtai un autre taxi. Mais, cette fois encore, nous ne pûmes arriver à destination. Le taxi avançait à l'aveuglette, et s'égara dans un dédale de carrefours et de cul-de-sac enneigés pour se retrouver presque en plein milieu d'un village arabe... De guerre lasse, le chauffeur finit par rebrousser chemin lui aussi. Il était déjà huit heures du soir...

Il en fut de même avec le troisième taxi. Ce ne fut qu'à la quatrième tentative que je parvins à gagner Tekoa, je ne sais trop comment d'ailleurs... A mon arrivée, il était déjà minuit passé. Après avoir réuni un quorum de dix hommes, j'entamai enfin la lecture de la *Meguila* !

Je restai à Tekoa pour passer la nuit et le lendemain matin, je lus à nouveau le Livre d'Esther à la synagogue, comme le veut la coutume. Mais pendant que je le lisais, je vis des personnes se lever pour sortir. Je ne pouvais pas arrêter la lecture ni les interpeller et, faute de mieux, je me lançai à leur poursuite pour les ramener par le collet à leurs sièges... Chers lecteurs, j'espère ne pas vous avoir heurté... Après la lecture, nous fîmes un joyeux repas de fête, dansant et chantant gaiement jusqu'à satiété. Ce ne fut que vers le soir que je m'en retournai chez moi, à Jérusalem.

Des années plus tard, je rencontrai "par hasard" le troisième chauffeur de taxi. Il s'appelait Cohen. Il me dit en riant : « Nou, vous prendrez une nouvelle fois la route par temps de neige ? »

Lorsque je lui racontai comment, malgré tout, j'avais réussi à gagner Tekoa la même nuit, il en fut particulièrement surpris. Cela n'avait rien d'étonnant d'ailleurs...

Un emploi du temps chargé

Dans le passé, j'ai toujours prié à l'aube. Mais aujourd'hui, ma santé ne me le permet plus. J'assiste donc à l'office de sept heures et retourne chez moi vers huit heures. Je réponds au téléphone jusqu'à neuf heures, puis je me rends au rabbinat. Je n'y suis d'ailleurs pas inscrit officiellement. J'aide les nouveaux immigrants dans leurs démarches, et plus particulièrement ceux qui ne parlent que le russe. Ensuite, je me précipite à la *yechiva* Dvar Yerouchalaïm, pour y donner un cours de midi et quart à une heure et quart, et vers deux heures, après la prière de *min'ha*, je rentre chez moi. Parfois, je reçois de la visite ou je m'occupe d'une chose ou d'une autre, mais je prends aussi le temps de me reposer. Ce repos m'est aujourd'hui absolument indispensable.

Yaakov Lerner raconte :

Dans ma jeunesse, j'aimais beaucoup le sport. Je connaissais les noms de tous les athlètes russes et souvent, je partageais ma passion avec le rav Zilber. En vérité, ces sportifs sont les contemporains de la révolution soviétique, et ont à peu près le même âge que le rav Its'hak. Lui courait – et eux aussi couraient… Mais que sont-ils devenus aujourd'hui ? Ils sont certainement tombés dans les oubliettes de l'histoire, tandis que le rav Zilber – dont la carrure ne ressemble guère à celle de ces gymnastes vénérés – voilà qu'il court jusqu'à ce jour ! Que D-ieu lui donne encore la santé !

Un soir, alors que nous étions déjà installés en Israël, le rav Its'hak vint me voir et me dit : « Nous devons voyager !

– Comment ? fis-je avec surprise.

– Un homme est sur le point de se suicider et nous devons absolument l'en dissuader.

– D'où le connaissez-vous ?

– Je suis allé chez lui et j'ai trouvé une lettre…»

Ma femme devait accoucher, et ses parents étaient absents. Je craignais qu'en mon absence, elle ne se rende seule à l'hôpital pour mettre au monde notre premier enfant. Mais, d'un autre côté, si un homme était sur le point de se donner la mort, il fallait se précipiter, sans hésiter. Nous montâmes donc tous deux dans mon véhicule.

« Rav Its'hak, fis-je, savez-vous où se trouve cet homme ?

– Je le devine, fit-il tout en m'indiquant l'endroit où nous devions nous rendre. »

Et c'est ainsi que nous roulâmes toute la nuit, d'un endroit à l'autre. Il était déjà deux heures du matin lorsque nous gagnâmes un certain lieu. Le rav Zilber me dit : « Arrête-toi là, j'y vais seul. Il y a là une grotte...»

Grâce à D-ieu, l'homme s'y trouvait effectivement, mais il n'était nullement en train de mettre fin à ses jours. Les craintes du rav Zilber, de même que cette course folle au milieu de la nuit, avaient été vaines... Ce Juif que nous avions secouru cette nuit-là est aujourd'hui un homme très respectable et vit une vie paisible...

Ah, si seulement cet incident n'avait été qu'un événement isolé dans la vie du rav Zilber ! On lui faisait régulièrement ce genre de frayeurs et il y prêtait toujours foi.

Un jour, je lui demandai : « Rav Its'hak, et alors, et si cet homme se suicide ? Il y aura un imbécile de moins dans le monde...

– Comment oses-tu parler de la sorte ? » Je l'avais choqué au plus haut point.

Il y a quinze ans, deux heures avant le début de la fête de Pessa'h, le rav Zilber me donna un coup de fil : « Peux-tu prendre un invité pour le soir du Seder ? me demanda-t-il.

– Bien sûr, fis-je. »

Peu de temps après, il arriva avec un gaillard qui avait tout l'air d'être un malfaiteur. Il venait de sortir de prison et avait atterri

Yaakov (à gauche) et Moché Lerner

A six heures du soir, je donnais un cours de *'Houmach* à la *yechiva* Chevout Ami. Puis, de huit heures du soir jusqu'à minuit, je m'attelais à différentes tâches : j'achevais l'écriture d'un livre de commentaires sur la Torah, je répondais aux questions qui m'étaient soumises par des visiteurs ou au téléphone, je m'occupais de l'organisation des circoncisions ou de l'examen des demandes de divorces, etc. Les visiteurs restaient parfois très tard. Le jeudi, je donnais des cours chez moi, de cinq à six et le mercredi, de huit à neuf, à Neve Yaakov.

Le cours de Neve Yaakov

Cela fait déjà près de vingt ans que le cours de Neve Yaakov existe. A notre arrivée en Israël, il n'y avait pas, dans tout Jérusalem, un cours de Torah en langue russe, ni même d'ailleurs des étudiants talmudiques d'origine russe. Avec amertume et regret, le professeur Imanuel Loubovitch déplorait non seulement l'absence de cours de Torah pour les Juifs russes de Neve Yaakov, un quartier de Jérusalem, mais aussi le fait qu'un Juif renégat avait entrepris depuis peu d'organiser des rencontres chez lui. Lors de ces réunions prétendues musicales, cet homme distillait insidieusement de la propagande missionnaire afin d'écarter ses pauvres victimes de leurs traditions juives.

Le rav Igal Polichouk raconte :

Il y a de cela près de dix-huit ans, un missionnaire chrétien d'origine russe s'installa à Jérusalem. Il était très actif et particulièrement dangereux. J'en touchai un mot au rav Zilber qui me demanda ce que nous pouvions faire afin de contrecarrer son influence. Je lui proposai de prendre conseil auprès des Grands de notre génération, parce que la situation était grave et les dommages causés par cet homme considérables.

A ma grande surprise, le rav Zilber rejeta mon idée en disant : « Les Sages de notre génération doivent investir tout leur temps à l'étude de la Torah, et il est interdit de les distraire avec nos questions. Voyez, alors que le Roch Yechiva de Mir, le rav 'Haïm Chmouelevitz zatsal, était encore vivant, j'étais très heureux d'avoir le mérite de lui souhaiter seulement "Chabbat chalom", et je l'étais encore davantage lorsque j'avais l'occasion de me tenir à quatre coudées de lui uniquement, pendant la prière ! »

Je réfléchis longuement à la question et arrivai à la conclusion que lorsque ces Juifs éloignés de leurs racines découvriraient le judaïsme, l'influence de ce missionnaire cesserait. J'en parlai à la famille Ginsburg, que je connaissais depuis Kazan, et je leur demandai d'organiser des cours de Torah chez eux, à Neve Yaakov. Je me rendis aussi chez le missionnaire pour l'y convier également, mais sa famille, tout en me remerciant courtoisement, déclina mon invitation – comme nous pouvions nous y attendre…

Or dès que les cours débutèrent, le missionnaire cessa ses activités et partit pour la France pour y devenir prêtre...

Ces cours existent jusqu'à ce jour. Quelque vingt personnes y assistent, venant même de Kyriat Arba. L'atmosphère y est très chaleureuse. Les élèves préparent des questions sur la *paracha* de la semaine, auxquelles je réponds. Avec le temps, un bon nombre d'entre eux ont fait *techouva*. Lors de mon hospitalisation, c'est Ben-Tsion qui me remplaça à Neve Yaakov, parce qu'il est interdit d'annuler un cours de Torah.

Je donne un autre cours le Chabbat, pendant la *seouda chelichit* – le troisième repas – sur le Midrach. Ce cours, je l'avais commencé en 1941, alors que j'étais encore en Russie et je le poursuis jusqu'à ce jour. J'enseigne le Midrach de Chabbat en Chabbat depuis plus de soixante ans – outre l'année où je tombai malade et dus être hospitalisé !

Mon emploi du temps est bien chargé et mes occupations m'accaparent jusqu'à l'épuisement. Il faut ajouter à cette liste les mariages, les *bar-mitsvot*, les circoncisions et autres cérémonies. Autant de célébrations qui, à la grâce de D-ieu, occupent également mon quotidien et qui sont, parfois, au rythme de deux par jour… J'aurais pu tout laisser tomber et, ayant déjà dépassé la cinquantaine, me permettre un peu de repos. J'étais quitte… Les médecins me le recommandent d'ailleurs. Mais comment abandonner le cours de Neve Yaakov qui a maintenant vingt ans d'âge et a transformé l'existence de nombreux participants ! Ce cours n'est pas l'unique activité à laquelle il m'est impossible de renoncer. Et plus que tout, je suis heureux d'être si occupé !

3

Divorces et conversions

Le divorce selon la loi juive

D'après la *halakha*, un couple est considéré comme étant séparé par le divorce si, et seulement si, l'épouse reçoit de son mari ce que l'on appelle le *guet* – un acte de rupture – en présence de deux témoins considérés valables par la Torah. Une femme qui est séparée de son mari même depuis plusieurs années, mais qui n'a pas reçu de *guet*, n'est pas reconnue par la loi juive comme étant divorcée et reste liée à son époux par les liens du mariage. Elle ne peut, de ce fait, en épouser un autre. En URSS, le divorce juif n'était pas reconnu officiellement et ne pouvait être délivré que clandestinement, de sorte qu'une fois en Israël, un certain nombre de nouveaux immigrants espéraient enfin régulariser leur situation. Hélas, de nombreux autres n'avaient guère conscience de l'urgence de ces impératifs.

Ces derniers avaient besoin de notre aide et c'est ainsi qu'une fois installé en Terre Sainte, je m'affairai de nouveau à résoudre de multiples cas de divorces. Souvent, les conjoints, qui étaient séparés de longue date, vivaient dans des pays différents et nous avions les plus grandes difficultés à retrouver le mari pour qu'il accorde le *guet* à son épouse. Je connais beaucoup d'anecdotes à ce sujet, et celles que je vais rapporter vous permettront de constater l'extraordinaire Providence dont les personnes impliquées ont bénéficié !

Divorce sous condition

Un jour, on me parla d'une femme qui n'avait pas reçu son *guet* d'un premier mari, mais qui avait convolé, une seconde fois, en justes noces. Je décidai de la rencontrer afin de l'aider à divorcer officiellement. Je rédigeai une demande de *guet*, que j'envoyai à Boukhara où habitait le mari, afin d'obtenir sa signature – mais ce dernier s'y refusa.

Après de multiples recherches, je parvins à localiser le frère de cet homme. Il résidait à Guilo, un quartier excentré de Jérusalem. Ni les distances, ni même les cinq étages que je dus gravir pour accéder à son appartement ne pouvaient arrêter ma détermination. Je me rendis près de trois ou quatre fois chez cet individu pour qu'il daigne enfin m'écouter. Il finit par envoyer une lettre à son frère, le priant de signer l'acte de divorce, mais en vain. Le mari s'obstinait.

Peu de temps après, les parents de ce Juif de Boukhara firent leur *Alya* et s'installèrent à Or Yehouda. J'y accourus aussitôt et leur exposai la gravité de la situation. Je les suppliai d'écrire ces mots à leur fils : « Notre cher fils, tu es en train commettre un immense péché envers ton épouse et envers tout le peuple. Signe le document ! » C'est ce qu'ils firent, mais cette fois encore, il persista dans son refus.

Je réussis à convaincre les parents de lui téléphoner. A l'époque, les communications téléphoniques vers l'étranger étaient onéreuses, et ils n'avaient pas les moyens de se le permettre. Je leur proposai donc de l'appeler de chez moi. « Parlez de tout et de rien, mais n'oubliez pas, en plus, de mentionner la question du *guet* ! » fis-je. La conversation tira en longueur, mais au bout d'une demi-heure, rien n'en sortit.

Les gens autour de moi commençaient à perdre espoir, mais moi, je refusais de baisser les bras.

Deux mois plus tard, je reçus un jeune juif, originaire de Moscou, qui devait se faire circoncire chez moi. J'ignore pourquoi, mais je me mis soudain à lui parler de l'histoire du *guet* qui me préoccupait. Il s'exclama aussitôt : « Mais je connais cet homme, il a épousé une proche parente. Bien qu'il ait assez mauvais caractère, je vais essayer de le convaincre d'envoyer le *guet.* »

Ainsi fut fait. Il écrivit au mari récalcitrant et, cette fois-ci, la réponse fut des plus surprenantes. Le courrier était accompagné d'une annexe en judéo-tadjik, dialecte parlé par les Juifs de Boukhara. Le mari exigeait que son épouse signe un engagement en échange du *guet*. Qui plus est, elle devait faire parapher ce document par dix rabbins hiérosolymites. Je conviai donc dix rabbins chez moi en présence de la jeune femme. Je demandai à cette dernière de nous lire les termes de l'engagement et de traduire ensuite. A la lecture du document, la femme fondit aussitôt en larmes. La condition posée par le mari était la suivante : en échange du *guet*, l'ex-épouse devait endosser la pleine responsabilité des fautes de son mari, depuis le jour où cet homme était venu au monde ! Si elle y consentait, il serait disposé à lui donner le divorce !

Je lui expliquai qu'elle n'avait rien à craindre et qu'il était impossible de duper ainsi le Créateur, mais elle n'était pas convaincue.

« Savez-vous seulement combien cet homme a péché ? » fit-elle, tout en nous racontant que quelques jours après avoir donné naissance à leur enfant, il l'avait jetée dehors et avait épousé une Tatare non-juive.

Je comprenais sa souffrance et son appréhension, mais j'insistai en lui expliquant qu'un homme ne pouvait tout simplement pas "vendre" ses péchés au premier venu. Et si la signature de cette promesse était indispensable pour l'obtention du *guet*, nous devions accepter les conditions fixées par le mari, aussi farfelues soient-elles. La transmission des péchés à un autre est une chose impossible, évidemment, mais pour ce qui est des mérites, comme dans l'histoire du *mikvé* de Margelan, on en saura davantage dans l'Au-delà...

La femme était très hésitante. Je tentai de la convaincre et lui proposai même 3000 shekels en échange de son accord. Mais elle ne voulut rien savoir. J'étais désemparé. J'avais tout essayé – ou peu s'en faut – sans succès. Les rabbins, qui étaient arrivés à huit heures du matin, attendaient en vain et souhaitaient retourner à leurs occupations. Il était déjà dix heures. Soudain, grâce au rav Isser Yehouda Malin, je suggérai à la femme : « Vous pouvez signer cet engagement et c'est moi qui supporterai toutes les fautes de votre mari. »

Elle accepta enfin, et je rédigeai un acte aux termes duquel je consentais à endosser la responsabilité des fautes de l'époux, exigence à laquelle elle avait elle-même renoncé.

Puis, nous rédigeâmes une lettre à l'adresse du mari, en y joignant la promesse de la femme qui "acceptait" de supporter ses crimes, en échange du *guet*. Les dix rabbins y apposèrent également leur signature tout en y appliquant un tampon officiel. Peu de temps après, nous reçûmes le *guet* signé par le mari en personne.

Cette histoire remonte aux années soixante-dix. Les enfants de cette femme étudient aujourd'hui dans une *yechiva*...

Avec l'aide de D-ieu

J'eus une autre fois l'occasion de voir combien nous étions soutenus par la Providence divine dans ces problèmes. Je reçus un jour la visite d'une femme qui souhaitait me consulter au sujet d'un *guet*. Elle venait, elle aussi, de Boukhara et était séparée de son mari depuis seize ans. Elle n'avait pas la moindre idée de l'endroit où il se trouvait, ni comment régulariser son divorce. Je lui demandai de revenir me voir trois mois plus tard et lui promis de m'occuper de son affaire, bien qu'au moment de sa visite, j'ignorais totalement comment m'y prendre.

Un jour, je me rendis à la synagogue de Zikhron Moché, non loin de la rue Malchei Israël, pour y faire l'office de *min'ha*. Soudain, j'entendis derrière moi quelqu'un qui m'appelait : « Its'hak, que fais-tu là ? » Je me retournai et découvris un ancien voisin de Tachkent, un Juif, qui avait sollicité mon aide pour la vente de sa maison. Après l'avoir salué, je lui racontai l'histoire du *guet*. Aujourd'hui encore j'ignore ce qui me prit de lui en parler. A ma grande surprise, cet ancien voisin s'écria : « Mais il s'agit de mon frère ! » Il s'empressa d'envoyer une lettre à son frère et un mois ou deux plus tard, la femme reçut son *guet* !

Une fois, j'eus affaire à un escroc. Il vint me voir avec son épouse. Ils voulaient divorcer. Je leur en demandai la raison, et la femme de répondre : « Il ne travaille pas.

– Et s'il avait un travail, envisageriez-vous toujours le divorce ? me hasardai-je.

– S'il travaille, alors tout ira bien ! répondit-elle avec franchise. »

Je décidai de me lancer à nouveau dans cette affaire et leur venir en aide. J'acceptai même de payer leur loyer pendant un certain temps et je dirigeai le mari vers la *yechiva*. Pendant les pauses, il faisait la vaisselle et le reste du temps, il étudiait. Tout semblait être pour le mieux dans le meilleur des mondes.

Or un jour, je reçus un coup de téléphone d'un restaurant de Tel-Aviv : « Votre fils a mangé dans notre restaurant. Il n'a pas payé sa note et nous a laissé votre numéro, en guise de payement...» Je compris d'après la description que l'on me fit de quel "fils" il était question, et m'acquittai aussitôt de sa dette. Peu après, je fus convié à la banque. On me tendit des chèques sans provision, sur lesquels on avait indiqué que je m'étais porté garant...

Plus tard, l'homme disparut de la circulation. Sa femme qui était encore jeune était restée sans *guet*. Il fallait retrouver le mauvais larron au plus vite, avant qu'il ne s'envole vers d'autres destinations. J'avais des chances de le trouver à Guilo, où habitaient de nombreux Russes. Je me mis donc en route, pendant la pause de midi.

Je me rendis à l'arrêt de bus. L'autobus qui arriva était bondé et je préférai attendre le prochain. Le bus suivant était tout aussi plein. Puis, une voiture s'arrêta près de l'arrêt. Le conducteur fit : « Qui veut se rendre à Guilo ? » Les gens se précipitèrent vers le véhicule, jouant des coudes.

Une heure passa. Je ne cessai de me répéter que tout ce que faisait D-ieu était pour le bien. L'attente fut assez longue. Un autre bus arriva enfin, et lorsque je gravis les marches du car, je tombai nez à nez avec l'homme que je recherchais. En plein trajet, nous résolûmes sur-le-champ la question du *guet*.

Qu'advint-il de cet homme par la suite ? Il fit un emprunt de 70 000 shekels à la banque, qu'il ne prit pas la peine de rembourser. Il fut appréhendé par la police et fit même quelques années de prison. A sa libération, il reprit sa vie délictueuse.

TROP TARD...

Il y a de cela une vingtaine d'années, peut-être même plus, je reçus la visite d'une jeune femme de Samarkand. Elle s'était mariée jeune, mais après la cérémonie religieuse, son mari avait été arrêté et emprisonné. Depuis lors, elle ignorait totalement où il se trouvait. La seule chose qu'elle savait de lui était le fait que la sœur de son mari habitait Samarkand, près de la gare ferroviaire.

Comment retrouver cet homme avec des données aussi peu précises ?

Après quelques recherches, je parvins à le localiser "par hasard" quelque part dans Samarkand, mais je découvris qu'il était encore en détention ! Un ou deux ans plus tard – je ne m'en souviens pas exactement – je décidai d'envoyer trois personnes à Samarkand, pour parler au mari emprisonné. Ils réussirent à le joindre et à obtenir sa signature pour le *guet*. Lorsque je reçus le document, je fus au comble de la joie et je m'apprêtai à annoncer la bonne nouvelle à la jeune femme.

Je me rendis donc à Beth Chemech, où elle habitait, mais l'on m'apprit qu'elle avait déménagé dans un autre village. Je mis un certain temps à identifier l'endroit, c'est pourquoi il était déjà neuf heures du soir lorsque j'arrivai à l'adresse que l'on m'avait indiquée. Je toquai à la porte. J'entendis une voix me demander : « Qui est-ce ? » Je répondis avec empressement : « Votre mari a accepté de vous donner le *guet*. Je voudrais vous soumettre les documents. » En effet, je devais recevoir la confirmation que la signature était bien authentique. Dans ces questions-là, nous n'étions jamais sûrs de rien. Des cas de faux s'étaient déjà produits… J'entendis la voix de la jeune femme derrière la porte : « Vous n'avez pas honte de venir à une heure si tardive ?! » Moi qui m'étais attendu à un accueil enthousiaste, je fus choqué au plus haut point par cette réaction inattendue et m'empressai de m'excuser : « Je vous ai cherché à Beth Chemech et là on m'a appris que vous avez déménagé. J'ai eu du mal à trouver votre nouvelle adresse. En outre, il n'est pas encore si tard – il n'est que neuf heures du soir ! » Je frappai de nouveau à sa porte et les voisins qui étaient sortis sur le palier l'entendirent me répondre : « Je ne vous laisserai pas entrer ! » Ils s'échinèrent à lui faire entendre raison, mais elle était terriblement opiniâtre. Je dus retourner le lendemain dans le village. Elle redoutait encore de me laisser entrer. J'eus les plus grandes peines à la convaincre de m'ouvrir pour lui remettre le *guet*…

Conversions

Aujourd'hui, la question des conversions est très actuelle en Israël.

Je dus m'impliquer dans de très nombreux cas de conversions et faire de multiples conférences à ce sujet.

Au terme de l'une d'elles, une femme vint me trouver. « Quel est le statut d'un individu qui a fait une conversion, mais qui n'avait nullement l'intention de respecter les lois de la Torah ? Il s'est contenté de dire les mots d'usage. Est-il Juif ?

– Non, répondis-je aussitôt.

– Et ses enfants ?

– Eux non plus. »

Bénédiction sous la 'houppa

Je reçus deux mois plus tard un coup de téléphone de cette femme :

« Bonjour, je suis la femme qui vous a interrogé au sujet des conversions. Quand je suis montée en Israël, j'ai été inscrite comme étant juive. Mais comme il y avait quelques zones d'ombre quant à ma judéité, au moment de faire ma *Alya*, on m'a demandé de faire un *guiour safek* – une conversion en cas de doute. Devant les rabbins, j'ai bien dit que je croyais en D-ieu et que je prenais sur moi le joug des *mitsvot*, mais je dois vous avouer que seule la première partie de ma déclaration était sincère et véritable. Je suis croyante, mais à l'époque, les commandements ne m'intéressaient guère. Au moment de me convertir, je n'avais nullement l'intention de les accomplir. Ma conversion est-elle valable ? »

Je lui répondis par la négative.

« Que faire alors afin de régulariser ma situation ? » me demanda-t-elle.

– Votre conversion n'est acceptée qu'à la condition que vous croyiez sincèrement en D-ieu et que vous êtes sérieusement disposée à respecter *toutes* les lois de la Torah…

– Oui, oui, aujourd'hui, j'y suis prête, m'interrompit-elle.

– Alors, vous devez procéder à une nouvelle conversion ! » tranchai-je.

J'en parlai à un rabbin et l'invitai à traiter cette affaire avec discrétion, sans publicité. La femme suivit donc à nouveau tout le processus et se trempa dans un *mikvé*, comme le veut la coutume, en récitant même la bénédiction de *chehe'hiyanou* de tout cœur et avec enthousiasme – bénédiction qui, d'ordinaire, n'est pas prononcée par les candidats à la conversion…

Je la rencontrai plus tard à l'occasion d'un séminaire sur le judaïsme, et elle me pria de parler à son mari qui était juif de naissance pour le convaincre de respecter le Chabbat. Finalement, les deux opérèrent un repentir authentique.

4

Rencontres

Les grands de ce monde

En Israël, j'ai eu l'occasion de rencontrer quelques-uns des grands Sages de notre génération – notamment le rav Yossef Chalom Eliachiv *zatsal*, le rav Yaakov Israël Kaniewski *zatsal* (le Steipeler), son fils, le rav 'Haïm *chlita*, et le rav Chlomo Zalman Auerbach *zatsal*.

Le rav Yossef Chalom Eliachiv zatsal

Le rav Chlomo Zalman Auerbach zatsal

Le "Steipeler", rav Yaakov Israël Kaniewski

Je les consultais principalement sur des points de *halakha*, et parfois même pour des sujets plus personnels. C'est au rav Eliachiv que je soumettais toutes les questions afférentes aux divorces, à la judéité et au statut familial. Le rav est d'ailleurs une autorité éminente en la matière et les Juifs des quatre coins du monde le consultent à ce sujet. Ce Géant en Torah se distingue par la clarté de sa pensée et l'étendue de sa vision ! Encore jeune, le rav Eliachiv était d'une assiduité exceptionnelle et ne faisait que de courtes apparitions aux événements importants célébrés par ses proches.

Je me rappelle encore combien le Steipeler rayonnait. Seul le rabbi de Satmar m'impressionna de la même façon par le rayonnement de sa présence. De nombreuses histoires circulent sur la force de la prière du rav Yaakov Israël Kaniewski, et le pouvoir de ses bénédictions. Nombreux étaient ceux qui attendaient à sa porte pour recevoir une bénédiction.

Sa perception de l'avenir était saisissante. Je me rappelle encore l'histoire de cet homme que nous avions dépêché en Russie pour retrouver un mari disparu. Nous devions, bien entendu, prévoir un budget pour couvrir ses frais de déplacement, mais le Steipeler qui ne le connaissait pas, nous dit : « Ce n'est pas la peine, il ne reviendra pas. » Il en fut ainsi, en effet. Nous attendîmes vainement son retour...

Le Steipeler était toujours très bref, et parlait très franchement sans détour ni fioritures : la plus stricte vérité.

Je vous ai déjà parlé du rav 'Haïm Chmouelevitz que j'ai souvent eu l'occasion d'entendre. J'assistai aux offices de Roch Hachana et Kippour qui se déroulaient dans sa maison d'étude. La vision de ce maître de la génération en prières, en ces jours redoutables, me permettait de recharger mes "batteries" spirituelles pour le restant de l'année.

MON PRÉCIEUX VOISIN

Le rav 'Haïm Zanvill Abramovitch, le rav de Ribnitz *zatsal*, avait quitté la Russie près d'un an après nous, en 1973, et s'était installé à Sanhedria, à Jérusalem. C'est ainsi que nous étions devenus voisins.

Si je ne l'avais pas vu de mes propres yeux, je n'aurais jamais cru ce que l'on raconte sur ce saint homme.

Le matin, il allait au *mikvé*, puis faisait sa prière qui était assez longue et il se rendait à nouveau au bain rituel. Il faisait ensuite l'office de *min'ha*, suivi de celui d'*arvit*. Il avait l'habitude de jeûner tous les jours et ne mangeait que vers une heure du matin, voire même plus tard. Vers deux heures, j'entendais régulièrement sa nièce (le rabbi était veuf et n'avait pas d'enfants) le supplier : « Nou, get essen. » (*Venez manger*, en yiddish).

Comme nous étions voisins, il me proposa d'étudier avec lui le Talmud – aujourd'hui, je peux le révéler. Son appartement était toujours empli de visiteurs. Il préférait s'éclipser pour se terrer chez moi et y étudier en paix. C'est avec bonheur que j'acceptai de devenir son partenaire d'étude et ces sessions nocturnes – de deux heures à trois heures du matin – nous permirent de conclure le traité de *Roch Hachana*. Si je ne le "renvoyai" pas avec ces mots : « Le rabbi doit quand même dormir un peu », il pouvait poursuivre cette étude jusqu'au matin.

Mais ne pensez pas qu'une fois rentré chez lui il dormait. Vous feriez erreur ! A cette heure matinale, qui n'était ni la nuit ni le jour, il entamait le *tikkoun 'hatsot* (lamentations récitées au cœur de la nuit) et pleurait l'exil de la *chekhina* – la Présence divine – versant, nuit après nuit, des torrents de larmes sur Jérusalem et le Temple détruit.

Il cassait le jeûne de Kippour bien après la fin réglementaire. Je m'en étais rendu compte en constatant l'heure à laquelle il allait demander du feu à ses voisins afin d'allumer sa bougie de *havdala*.

Le rabbi de Ribnitz était un homme d'une stature remarquable et avait atteint un niveau spirituel qu'il nous est difficile d'appréhender.

La bénédiction du rabbi de Ribnitz

Ma jeune fille Malka eut un jour les mains couvertes de callosités. Le docteur Tsatkis me dit : « Il faut l'opérer. Mais avant d'entreprendre l'opération, je te conseille de demander une bénédiction au rabbi de Ribnitz. » Il n'était pas facile de parler au rav. Je décidai donc de me rendre chez lui le Chabbat. Vous ne comprenez peut-être pas pourquoi je devais me donner cette peine d'aller le voir le Chabbat, alors que nous nous rencontrions toutes les nuits ! Eh bien tout simplement parce que pendant ce temps d'étude, nous ne nous permettions aucune autre conversation que celle de l'étude elle-même ! J'allai donc le voir le Chabbat, juste après l'office, au moment où il s'apprêtait à réciter le *kiddouch*. Le rabbi priait chez lui avec un *minyan*. J'avais moi aussi essayé de me joindre à cet office, mais sans vraiment m'y tenir. Y priait également le père d'Eliah Luxembourg, à qui le rabbi avait fait la promesse de danser ensemble en Israël. En vrai hassid fidèle à son Rebbe, monsieur Luxembourg était profondément attaché et dévoué à son maître.

Ce Chabbat-là, j'aperçus un de mes élèves chez le rabbi. Le jeune homme s'était fiancé et devait se marier peu de temps après. Je savais que sa foi était encore faible, et je décidai d'en toucher un mot au saint rav : « Rabbi, il y a chez vous un *'hatan*, je vous demande de le bénir.

– Je le bénis ! Qu'il mette les *tefillin* chaque jour ! répondit le rav.

– C'est tout ? m'étonnai-je.

– *Ich weiss wos ich sog*, fit le rabbi en yiddish (*Je sais ce que je dis.*) »

En effet, le rav savait exactement ce qu'il faisait… A l'époque, le jeune homme ne mettait les *tefillin* que par intermittence, et s'en abstenait le plus souvent. Mais avec le temps, il se renforça dans la pratique et devint même très religieux.

Puis, je confiai au rabbi : « Rabbi, ma Malka a les mains recouvertes de durillons.

– Ah oui, je la connais, fit le rabbi. *A laïticheh* ! (*Une bonne fille*, en yiddish)

Moi, pour qui Malka était encore une toute petite fille, pleine de vie, j'ajoutai : « Le rabbi pense certainement à sa sœur plus aînée, 'Hava ?

– *Nein, nein, ich weiss wos ich sog*, fit-il à nouveau. Si seulement je pouvais être comme elle ! »

J'étais époustouflé, mais je n'en dis mot. Le rabbi me tendit un bout de gâteau, je récitai la bénédiction et m'en retournai.

Rav 'Haïm Zanvill Abramovitch, le rabbi de Ribnitz zatsal

Le lendemain, les callosités de Malka avaient disparu. Bien que je n'eusse guère compris la remarque du rabbi, je découvris chez ma fille, avec le temps, des qualités insoupçonnées. Encore une fois, le rabbi ne s'était guère trompé à son sujet.

Encore en Russie, le rabbi fut un jour appelé par un des grands chefs du KGB. Ce dernier l'implora fébrilement : « Mon fils est malade. Pouvez-vous faire quelque chose ?

– Je vais essayer, avait répondu le vénéré rav. »

Peu de temps après, le fils se rétablit.

En Russie, le rabbi, qui allait au *mikvé* deux fois par jour, se trempait dans le fleuve. En hiver, les eaux étaient gelées, ce qui n'empêchait pas le rabbi de s'y plonger, se glissant pour ce faire dans une fissure qui s'était formée dans la glace. Un Chabbat, arrivé au fleuve, comme à son habitude, il découvrit qu'elle s'était refermée. En ce jour saint, il ne lui était pas permis de briser la glace – que faire ? Soudain, le directeur du KGB apparut. Apercevant le rav qui examinait le fleuve gelé, il s'empara d'une pioche et fendit lui-même la glace…

Accomplir les mitsvot en Russie

Je ne connais pas grand-chose de ce que fut la vie du rabbi de Ribnitz en Russie. Juste quelques histoires, et en particulier ce qui me fut rapporté par David Bash, un Juif des Carpates qui vit aujourd'hui à Jérusalem.

Pendant la Seconde Guerre mondiale, les nazis – que leur nom soit effacé – s'apprêtaient à massacrer massivement les Juifs de la ville où habitait le rabbi. Le saint maître accosta l'officier allemand qui avait à charge de mener cette sale besogne et le supplia d'accorder aux Juifs une dernière faveur : qu'ils puissent prier ensemble avant d'être conduits à la mort. Mais le nazi refusa prétextant le manque de temps. Le rabbi rétorqua qu'au nom du droit fondamental de tout condamné à mort, les Allemands devaient faire cas des dernières volontés de leurs victimes juives. Et, pendant que le rabbi s'obstinait à négocier avec le soldat, on vit arriver un officier plus haut gradé qui donna l'ordre de renoncer au massacre des Juifs !

Jamais je n'eus l'occasion de parler avec le rabbi de sa vie "là-bas" et je ne sais pas comment il réussit à survivre à tout cela. Un jour, il me dit seulement cette chose : « Les *mitsvot* que j'ai accomplies en Russie, je ne les ai plus ici. »

En Russie, il parcourait des kilomètres à pied afin de procéder à des circoncisions clandestines. Il organisait aussi l'abattage rituel clandestin. Evidemment, jamais il ne recevait de l'argent en échange.

Il y a quelques années, le rabbi rejoignit ses hassidim aux Etats-Unis, et c'est là-bas qu'il s'éteignit.

Deux élèves peu ordinaires

Près d'un an après mon installation en Terre Sainte, alors que je travaillais à la Kiryat Hanoar, je rencontrai dans la rue deux jeunes Juifs d'origine russe – Elkana Levin et Chimchon Wallach. Ces deux hommes étaient fort intéressants, et nous eûmes une longue conversation au cours de laquelle je découvris peu à peu qu'ils ne connaissaient pas grand-chose du judaïsme. Je leur fis donc cette proposition : « Si vous souhaitez en apprendre davantage, je vous invite à venir me voir. »

C'est ainsi que je commençais à étudier avec eux chaque jour, après mon travail. Ils arrivaient vers cinq heures et lorsque j'étais en retard, c'était ma fille 'Hava qui leur donnait cours. Ils étaient d'excellents élèves : ayant appris dans les versets qu'Avraham avait reçu l'ordre divin de se circoncire, ils s'absentèrent deux semaines durant pour revenir circoncis. Après avoir étudié les règles alimentaires juives, ils firent le nécessaire afin de mettre leur cuisine aux "normes". Les parents de l'un d'eux firent également un retour à la Torah, et le père qui naguère avait été un communiste invétéré, devint un de ces Juifs craignant véritablement D-ieu, tels qu'on n'en rencontre guère.

Au bout d'un certain temps, les deux jeunes gens entrèrent dans une *yechiva*. Après son mariage, Elkana Levin continua à étudier le soir, chez lui, pour ne pas laisser sa femme seule. Un soir, je lui rendis visite. Il était près de sept heures. Il souhaitait réciter les bénédictions devant moi, de même que certains passages du *Choul'han Aroukh* et des versets de la Torah. Prononçait-il ces textes correctement ? Sa lecture était très plaisante. Il chantait mélodieusement ce qu'il déchiffrait. Peu après ma visite, il eut un malaise. Il fut conduit rapidement à l'hôpital où son état s'aggrava, puis il perdit l'usage de la parole. Quelques semaines plus tard, il rendit son âme pure à son Créateur. Les derniers mots qu'il avait prononcés avant sa maladie avaient été des paroles de Torah...

Le rav Chimchon Wallach enseigne aujourd'hui à la *yechiva* Chouvou Banim de la *'hassidoute* de Breslav où étudient de nombreux *baalé techouva* d'origine russe. Il y a quelques années, il m'a convié au mariage de son fils.

La yechiva Dvar Yerouchalaïm

Des élèves de tous horizons étudiaient à la *yechiva* Dvar Yerouchalaïm. On y trouvait même des étudiants plutôt atypiques... Les gens se demandaient d'ailleurs comment je faisais pour les recevoir chez moi. Evidemment, je ne citerai aucun nom, car ils ont bien changé, et certains sont même devenus des rabbins respectables.

L'un d'eux portait les cheveux longs. Sa tignasse sauvage ne se laissait guère dompter par quelque pince ou élastique et volait librement au vent. Le rav Its'hak Wiener entra un jour à la *yechiva* et me dit avec irritation : « Que se passe-t-il chez vous ? Dvar Yerouchalaïm est devenu un hospice pour aliénés ? Vous ne pouvez pas dire à ce jeune homme de couper ses cheveux ? Comment met-il ses *tefillin* ? »

Mais moi qui le connaissais, je savais que ce n'était pas encore le moment de lui parler de sa coiffure. Il fréquentait l'université. Les sermons et les remontrances n'auraient eu pour seul effet que de le faire fuir. Je préférais me taire et ce silence dura une année, jusqu'au jour où il prit lui-même l'initiative de me demander : « Et qu'en est-il des *tefillin* ? » me dit-il. A ce moment seulement, je lui suggérai de couper ses cheveux.

Avec des élèves de la yechiva Dvar Yerouchalaïm

Le rav 'Haïm Cohen raconte :

Je rencontrai le rav Zilber pour la première fois après la fête de Pessa'h, en 1980. J'étais encore au tout début de mon retour aux sources. Mais j'avais fermement décidé de changer ma façon de vivre. J'étais convaincu qu'entrer dans une yechiva était la meilleure chose à faire pour avancer. Mon cabas sur le dos, je quittai Tel-Aviv pour Jérusalem et me dirigeai vers Or Samea'h, la célèbre yechiva pour baalé techouva. A l'époque, je ne connaissais que celle-là. Une fois arrivé, je fus délicatement éconduit. On m'orienta vers un autre établissement. Mais là encore, ma candidature fut rejetée.

Les directeurs de ces institutions avaient cependant l'habitude de rencontrer des jeunes Juifs à l'allure plutôt singulière. Il semble pourtant que mon apparence fût particulièrement inhabituelle. Je les avais effrayés et ils n'avaient que peu d'espoir en moi. La troisième yechiva que je visitai était exclusivement destinée aux étudiants américains. Les responsables me parlèrent alors de la yechiva Dvar Yerouchalaïm, où un Russe du nom de rav Zilber enseignait.

Dès notre première rencontre, je fus attiré par cet homme. Il me fit immédiatement accepter à la yechiva, et depuis ce jour, il est pour moi comme un père.

Un des élèves de la *yechiva* ne cessait de me répéter : « N'eut-ce été votre influence sur moi, cela fait bien longtemps que je serais devenu le roi des malfaiteurs, parce que je dois avouer que j'aime l'argent ! »

A la *yechiva*, mes fonctions se limitaient officiellement à la transmission d'un savoir. Mais souvent les élèves venaient aussi me confier ce qu'ils avaient sur le cœur : « Rav Its'hak, fit l'un d'eux, je suis orphelin. J'étudie à la *yechiva* parce que je souhaite devenir un bon Juif, mais je dois aussi apprendre un métier. »

Peu de temps après, il entreprit des études de comptabilité. Après avoir reçu son diplôme, il eut les plus grandes difficultés à trouver un emploi. Il finit par prendre des leçons de conduite pour devenir chauffeur, mais dans ce domaine également, le travail se faisait rare. Trois années durant, je dus veiller à ce que cet élève ne se décide pas brusquement à quitter la *yechiva*. Si j'avais insisté pour qu'il se consacre exclusivement à l'étude de la Torah et qu'il renonce à son instruction séculière, j'aurais commis une grave erreur parce qu'il aurait tout abandonné, tout simplement… Finalement, il opta pour une formation dans le bâtiment, et c'est dans ce domaine-là qu'il rencontra enfin un franc succès. Cet homme est aujourd'hui un entrepreneur craignant D-ieu, un Juif fidèle et généreux.

A l'armée, cet étudiant dit à ses supérieurs : « Donnez-moi toutes les tâches que vous désirez, je les accomplirai de la meilleure manière qui soit, mais le Chabbat laissez-moi rentrer chez moi. » Aujourd'hui, cet entrepreneur finit son travail à quatre heures de l'après-midi pour regagner au plus tôt la *yechiva*. Il y étudie sérieusement avec sur sa table, tous ses téléphones portables éteints.

Deux de mes anciens élèves, Mikhaël Hen et Yaakov Ostrowski, dirigent à présent la *yechiva* Chavei Gola à Jérusalem, qui accueille des étudiants russophones. Les deux eurent les plus grandes difficultés à fonder cet établissement et à le maintenir. La tâche qui incombe à un directeur de *yechiva* est des plus ardues, surtout quand il s'agit de trouver des fonds… Mikhaël et Yaakov ont supporté de nombreux sacrifices, des dettes colossales, travaillant même plusieurs mois sans recevoir de salaire… Je vois en eux des hommes saints !

LE RAV YAAKOV OSTROWSKI RACONTE :

Après mon arrivée en Israël, je me rendais fréquemment à la WISO. Cet organisme venait en aide aux nouveaux immigrants. Une des personnes qui y travaillait, Charona Kupperman, ne cessait de me répéter que je devais aller à la yechiva Dvar Yerouchalaïm, où enseignait un mathématicien du nom d'Its'hak Zilber. « Un homme très intéressant » insistait-elle. Mais jour après jour, je préférais me dérober.

Un jour d'été 1978, je me promenais avec mon chien et entrai dans les locaux de la WISO pour y rencontrer Charona. Dès qu'elle m'aperçut, elle s'empressa de faire appeler un jeune homme – Miché Bodilowski – qui étudiait alors à Dvar Yerouchalaïm. Elle le pria de me conduire à la yechiva.

J'avais honte de le lui refuser, mais je portais un short et j'avais à mes côtés un énorme chien… Miché me tendit un pantalon et m'invita à laisser l'animal dans les locaux de la WISO. J'acceptai un peu malgré moi. Le cœur n'y était pas…

Je n'avais jamais mis les pieds dans une yechiva auparavant. La première impression fut des plus singulières ! Je ne comprenais pas bien où nous avions atterri. Je découvris des personnes très différentes les unes des autres, et cette foule bigarrée me plongea dans une sorte de malaise : certains jeunes n'avaient pas fini l'école, d'autres avaient accumulé les diplômes, des écrivains, des physiciens, des mathématiciens, un homme d'âge mûr à la barbe hirsute qui parlait en remuant ostensiblement les mains, et j'en passe. Il y avait un Allemand, dompteur de tigres, et Baroukh Gross, un élève du célèbre violoncelliste russe Rostropovitch, qui s'exerçait à son instrument pendant les pauses – et qui joue aujourd'hui avec l'orchestre philharmonique de Tel-Aviv...

Devant ce curieux spectacle, je me dis que c'était bien la première fois, mais aussi la dernière que je fréquenterais un pareil endroit !

Il en fut tout autrement. Le rav Zilber possédait des qualités exceptionnelles : sa chaleur et son attitude avenante ne semblaient guère coïncider avec son impressionnant bagage intellectuel. De manière quasi incompréhensible, tout le monde était attiré par cet homme. Je me mis progressivement à lui poser des questions, et à lui demander ce que l'on étudiait à Dvar Yerouchalaïm. On me posa une kippa sur la tête, et je commençai à fréquenter la yechiva. En sortant, je ne manquai jamais de retirer mon couvre-chef...

Les cours y étaient particulièrement intéressants. Je pris l'habitude de prendre des notes, et jamais je ne ressentis de la part des enseignants une pression quelconque. C'était plutôt les élèves qui multipliaient les sollicitations impératives : « Tu dois étudier ! Tu dois faire ceci, et cela...» A l'époque, j'avais un travail et un appartement. La yechiva, je n'y allais que pour étudier.

Quelque temps plus tard, je découvris que d'après nos Sages, un Juif qui élève un porc ou un chien chez lui est maudit. J'étais choqué. Comment ? Je suis maudit parce que j'ai chez moi un chien ? (Bien que le chien soit un animal impur, son nom en hébreu – kélev, qui peut se traduire : « comme un cœur » – indique sa fidélité remarquable et sa "sympathie" à l'égard de son maître, ce que peuvent attester les personnes qui connaissent bien cet animal.)

Je me précipitai chez le rav Zilber et lui demandai : « Que dois-je faire, j'ai un chien chez moi ? Suis-je vraiment maudit ? »

Le rav me répondit : « Les Sages ne parlent pas de ton chien, parce qu'il descend de ceux qui n'ont pas aboyé le jour où les Juifs sont sortis d'Egypte. Non seulement la Torah permet de le nourrir et de le soigner, mais tu en as l'obligation ! »

En vérité, j'y gaspillais une part importante de mon salaire. Ce chien de race hollandais était aussi grand qu'un veau, et au tempérament capricieux – il appréciait les fromages de qualité, la charcuterie et autres délicatesses... Un autre que le rav Zilber m'aurait certainement encouragé à me séparer de mon molosse, parce que cet adage de nos Sages est toujours actuel. Celui qui élève un chien chez lui est bel et bien maudit. Mais le rav connaissait bien la nature humaine. En fin psychologue, il savait que certaines personnes s'attachent plus facilement que d'autres aux animaux. Il avait deviné que, plutôt que de l'abandonner, j'aurais quitté la yechiva s'il s'était montré plus prescriptif.

Peu de temps après, juste avant mon mariage, je cédai mon chien à un garde champêtre qui en possédait de nombreux autres.

Les conférences et les cours du rav Zilber manquaient, si je puis dire, d'esprit méthodique. Mais c'était justement là toute sa méthode, tant réfléchie qu'éprouvée : il n'exerçait aucune pression sur son auditoire. Il se contentait d'attirer ses élèves vers lui et de les rapprocher doucement de la Torah. C'était là tout son secret.

Il en possédait également un autre. Lorsque nous rencontrions des difficultés, il nous racontait des histoires, ce qui nous faisait oublier nos tourments ou peu s'en faut. Nous n'avions pas résolu nos problèmes, mais le rav parvenait à nous faire retrouver la sérénité, et les nuages noirs qui avaient couvert nos horizons ne semblaient déjà plus si menaçants...

LE RAV IGAL POLICHOUK RACONTE :

Quand que je rencontrais le rav Zilber pour lui parler d'une difficulté quelconque, je le quittais toujours avec cette impression que mes soucis n'étaient finalement pas si graves. Un jour, je me rendis auprès du rav avec un de mes fils, et je lui demandai de le bénir pour qu'il réussisse dans l'étude de la Torah. Le rav le bénit et ajouta : « Je fais une autre bénédiction à ton chérubin : qu'il aime le 'hessed ! »

DESTINS

Outre les leçons sur le Midrach, je donnais également un cours le Chabbat, de sorte que pendant près de onze ans – jusqu'à mon attaque cardiaque – je n'étais presque pas chez moi en ce jour saint. Mais cela en valait bien la peine...

LE RAV IGAL POLICHOUK RACONTE :

Le rav Zilber fut celui qui plaça en moi la volonté très forte de connaître le judaïsme. Jusque-là, je m'étais plus ou moins intéressé à la question, et j'étais convaincu, intellectuellement, que la Torah transmettait un message de vérité. Mais de là à respecter les commandements, il y avait encore un long chemin... Un jour, un ami me parla des cours du rav Zilber sur la paracha de la semaine qu'il donnait à Sanhedria. Je décidai d'y participer, et finalement ce furent ces leçons qui instillèrent en moi les germes d'une véritable révolution. Comment s'y prenait-il ?

Le rav Zilber ne cherchait ni à séduire ni à exhorter. Il ne faisait que lire la paracha en hébreu, pour la traduire ensuite en russe. C'était là tout son cours ! Il n'ajoutait pas un seul mot ! Mais cela suffisait à nous convaincre que le message de la Torah était un message de vérité. Cette lecture et la personnalité du rav ne faisaient que renforcer la pertinence de ces paroles. Et c'est ainsi que je commençai à progresser vers l'accomplissement des mitsvot.

Un des élèves qui participait à mes cours avait le sentiment que malgré les nombreux efforts qu'il investissait dans l'étude, il restait encore un parfait ignorant. Il décida un jour de quitter son travail et de se consacrer pleinement à l'étude de la Torah. Il dit à sa femme : « J'ai décidé de démissionner pour étudier à plein temps. Pour l'argent, ne t'en fais pas, j'ai quelques économies. Nous pouvons aussi revendre notre télévision couleur et la remplacer par un poste en noir et blanc. Je pense que cela devrait nous suffire pour quelques mois. »

A ces mots, la femme fondit en larmes. Ils avaient un petit bébé et elle se faisait du souci quant à leur subsistance... Mais l'homme ne se laissa guère démonter et partit à la *yechiva*.

Des années passèrent. Aujourd'hui, ce couple a neuf enfants. Cette femme est une véritable *tsaddeket*. Elle fait du bien autour d'elle et son mari est un éminent érudit...

J'avais, à mes débuts, un élève qui me fit très bonne impression. Les cours ne suffisaient pas à satisfaire sa soif d'apprendre...

Un jour, son père nous rendit visite. Il venait de Tel-Aviv et était accompagné d'une de ses connaissances, un Juif, qui devait se faire circoncire chez moi. Après la circoncision, les deux hommes s'apprêtèrent à passer la nuit sous mon toit. Nous engageâmes la conversation et le père de mon élève se mit à me raconter comment très jeunes, lui et sa femme, pour avoir été déclarés coupables du délit de sionisme, furent envoyés dans un camp de travaux forcés dans la région du fleuve Ienisseï en Sibérie. Malgré les conditions de vie extrêmement difficiles, le couple s'efforça d'y respecter les *mitsvot*, avec sacrifice et plus particulièrement, les lois de la pureté familiale ! En guise de *mikvé*, l'épouse se rendait au fleuve Ienisseï qui, dix mois par an, est recouvert de glace...

Un fils naquit dans le camp sibérien. Mais il n'y avait pas de *mohel* pour le circoncire. Après maintes recherches, le père opiniâtre finit par trouver un prisonnier qui, de nombreuses années auparavant, avait su circoncire. Hélas, après ces décennies passées en détention, les mains de l'ancien *mohel* avaient perdu de leur dextérité, et juste après la *brit milah*, le nourrisson eut une hémorragie. Il fallut trouver un médecin, discrètement, mais grâce à D-ieu, l'enfant eut la vie sauve.

Ce bébé n'était autre que mon élève et je comprenais à présent pourquoi ce jeune homme avait montré des qualités spirituelles si particulières.

Aujourd'hui, les parents habitent Bné Brak et leur fils, Jérusalem. Il étudie la Torah et subvient honorablement aux besoins de sa famille. Il a huit enfants et il y a peu, j'ai assisté à la cérémonie de *bar-mitsva* d'un de ses fils.

Avraham Cohen raconte :

Les temps étaient difficiles. Des centaines de personnes s'étaient réunies près du Kottel pour prier. Le rav Zilber était hospitalisé, en soins intensifs… Pourrions-nous vivre sans lui ?

C'était l'hiver et le temps était mauvais. Le vent soufflait en bourrasques, mais les Juifs rassemblés près du Mur récitaient des psaumes et ne faisaient guère cas des intempéries. L'état de santé du rav était critique et nombreux furent ceux qui s'étaient dirigés vers le Mur pour prier pour son entière guérison. Je méditais sur la mission du rav sur terre. L'avait-il achevée ? Etais-je l'un de ses derniers élèves ? Si telle était la volonté divine, comment faire pour conjurer ce mauvais décret ? Ce fut à cet instant qu'une idée germa dans mon esprit. En vérité, le rav n'avait pas fini d'accomplir son travail sur terre. Certes, il avait eu de très nombreux élèves, beaucoup de Juifs avaient fait techouva par son entremise, et étaient même devenus rabbin, directeur de yechiva ou enseignant en Torah. Mais une yechiva comme celle à laquelle je pensais en cet instant fatidique, un lieu de Torah tel que je l'imaginais, il n'y en avait pas encore dans tout Jérusalem. Et qui d'autres que le rav Zilber était capable d'entreprendre un projet aussi ambitieux ? Qui en avait le courage, les compétences et la force ?

Je me remémorai notre première rencontre à Moscou, à la yechiva Torat 'Haïm. J'étais un célibataire endurci. J'avais déjà plus de trente ans, et je n'avais nullement l'intention de quitter la Russie. Lorsque j'accompagnai le rav à l'aéroport, je lui demandai de me bénir afin de trouver très prochainement mon âme sœur. Il me dit : « Viens à Jérusalem. De nombreuses jeunes filles très bien y étudient. Je suis certain que tu te marieras dans l'année. »

A son retour en Russie, nous prîmes ensemble l'avion pour Tel-Aviv, et je me mariai dans l'année, comme il l'avait prévu…

Arrivé en Terre Sainte, je ne pus intégrer une quelconque yechiva russophone. Grâce au rav Zilber, je fus finalement accepté dans un certain établissement, mais je n'y trouvai pas de 'havrouta (compagnon d'études). Je suppliai les responsables de m'en donner un, mais sans succès. Ma souffrance était considérable. L'étude en binôme m'est indispensable. Je ne suis guère disposé à suivre des cours et à étudier seul. Mes difficultés étaient si grandes que j'en arrivais même à la conclusion que la chose la plus importante pour un adulte tel que moi, qui ne comprenait pas un traître mot d'hébreu, était de trouver une 'havrouta russophone…

C'est pourquoi, devant le Kottel, priant pour la guérison complète du rav Zilber, je décidai d'ouvrir une espèce de collel du soir, où des baalé techouva d'origine russe viendraient étudier après le travail ou après l'université avec une personne de leur choix, qui se mettrait à leur entière disposition. Après la prière, j'en touchai un mot au rav Ben-Tsion Zilber qui accepta de se tenir à la tête de ce singulier collel, d'y donner cours et d'organiser le programme d'études, etc. Puis, j'en parlai également au rav Yehouda Leib, un étudiant de collel qui voulut bien partager le poids des charges administratives et financières.

Quelques jours plus tard, le rav Zilber se rétablit quelque peu. Il était encore alité. Ne pouvant nous contenir, nous lui exposâmes notre nouveau projet. Comme à son habitude, il repoussa l'idée en bloc : « Pour quoi faire ? Et si vous ne réussissez pas ? D'où parviendrez-vous à ramasser l'argent ? Il y a déjà de nombreuses autres yechivot...» Mais, devant notre obstination, il conclut : « D'accord, allez-y ! J'ai toujours rêvé que ceux qui étudient sérieusement finissent également par enseigner aux autres ! Que D-ieu vous aide ! »

C'est ainsi que naquit Toldot Yechouroun...

Au début, cinq couples d'étude y étaient inscrits. Puis, au bout de quelques mois, ce nombre fut multiplié par dix. Un an après, d'autres collelim du même genre ouvrirent leurs portes sous l'égide de notre organisme. Chaque étudiant dispose d'un partenaire qui l'initie à l'étude. Cette organisation, dont le rav Its'hak était le véritable moteur, se développa de manière extraordinaire et fit même des émules.

Outre les sessions d'études destinées aux hommes, nous aménageâmes également des programmes d'étude pour les dames et ceci dans plusieurs villes du pays. C'est la fille du rav Zilber qui se tient à la tête de ce réseau de cours pour public féminin – la rabbanite 'Hava Kupperman.

Le rav ne cessait de me rappeler que lorsqu'il était arrivé en Terre Sainte, il y a de cela trente ans, il n'y avait pas un seul Juif russophone à Jérusalem qui étudiait la Torah. C'est pourquoi il avait entrepris de partir à la rencontre de ses frères égarés afin de les rapprocher de leurs traditions, bien que ceci ne lui laissât guère le temps de s'adonner lui-même à l'étude...

Aujourd'hui, Toldot Yechouroun regroupe plus de 250 enseignants et la plupart de nos antennes sont indépendantes aussi bien administrativement que financièrement. Nous n'aurions jamais pu l'accomplir sans le soutien actif du rav Its'hak Zilber – ni même la bénédiction particulière que porte, me semble-t-il, chacun de ses gestes...

Chaque fois qu'il était question d'ouvrir un nouveau lieu d'étude, le scénario se renouvelait : « Pour y faire quoi ? Où trouverez-vous l'argent ? Est-ce vraiment indispensable ? » – puis le rav finissait par trancher sans équivoque : « Hachem yaazor – D-ieu aidera ! »...

Conférence organisée à l'occasion de la fête de 'Hanoucca par Toldot Yechouroun. De droite à gauche : le rav Aharon Leib Steinman chlita (au micro), le rav 'Haïm Sarna chlita, le rav Chmouel Auerbach chlita et le rav Its'hak Zilber zatsal (assis)

5

Missions

J'eus régulièrement l'occasion de me rendre à l'étranger, en Autriche, en Allemagne, en Italie et même aux Etats-Unis – tous ces pays où des Juifs avaient fui l'URSS pour commencer une nouvelle vie. Une partie d'entre eux avaient d'abord émigré en Israël et avaient rapidement quitté la Terre Sainte pour gagner les rivages de l'Europe ou de l'Amérique.

Une année, je pus organiser un *Seder* de Pessa'h à Vienne. Quelque 120 Juifs de Boukhara y vivaient, attendant un visa pour une autre destination. Vienne n'était qu'un point de passage. La nourriture casher y était bien rare, ce qui rendit ma tâche encore plus difficile. Mais par-dessus tout, l'antisémitisme que je rencontrai dans la capitale autrichienne eut raison de ma bonne humeur... Le groupe resta à Vienne un certain nombre d'années. Les hommes y trouvèrent du travail, mais, en échange, ils devaient participer à des activités organisées par des chrétiens !

La peine que je ressentis devant le spectacle de ces Juifs que j'avais connus à Tachkent était immense. Jadis, en Russie, ils avaient respecté les commandements avec sacrifice et dévouement. En Israël, ils n'avaient pas non plus abandonné la pratique religieuse. Mais voilà qu'à Vienne, ils avaient retiré leur kippa ! Il était douloureux de voir ces Juifs de Boukhara se rendre à la synagogue en voiture le Chabbat. D'autres avaient même répudié leurs épouses juives, pour prendre des autochtones non-juives, et je fus donc contraint de régulariser des divorces en terre autrichienne...

Après le fameux gala auquel je participai à New York, j'eus l'occasion de retourner un certain nombre de fois en Amérique pour y faire des conférences. Lors de mon dernier passage, j'eus le plaisir de parler devant 500 personnes. Certains m'avaient déjà entendu, lors de mes séjours précédents, mais je ne pus les reconnaître tous…

En Italie, je fus accosté par les proches d'un jeune Russe qui avait subi des radiations assez fortes lors de son service. Son état était presque désespéré. Me conjurant de prier pour le malheureux soldat, on m'invita également à me rendre à son chevet, afin de réconforter tout au moins ses parents affligés.

Après ma visite, ceux-ci s'envolèrent pour les Etats-Unis avec leur fils, pour le soigner. Dix-sept ans plus tard, je me retrouvai moi-même en Amérique. Je n'avais plus entendu parler de cette famille et voilà qu'un beau jour, le jeune soldat se présenta au domicile des personnes qui m'hébergeaient. J'étais émerveillé. Les médecins américains avaient fait des prodiges. Il était en pleine santé et n'avait jamais oublié notre rencontre en Italie…

Le rav 'Haïm Cohen raconte :

Juste après notre arrivée à Rome, nous nous mîmes en route pour Ladispoli, à près de quarante kilomètres de la capitale, où de nombreux Juifs de l'ex-URSS s'étaient établis. Hélas, le rav de la ville, le rav Hirsch Bisk, qui des années durant avait réussi à maintenir l'union entre les nouveaux arrivants et les Juifs de sa communauté, était absent. Nous étions désemparés.

Peu importe, le rav Zilber avait à faire en Italie. En effet, le rabbinat de Jérusalem l'avait chargé de retrouver à Rome un Israélien pour une question de guet . Cet homme, qui avait fait du trafic d'armes et de drogue, était incarcéré et purgeait une peine de dix ans de détention ferme. Son épouse qui était restée en Israël, une femme non religieuse, avait averti le rabbinat qu'elle ne comptait pas attendre de recevoir le guet pour se remarier…

Nous ne disposions que d'une somme assez modeste, et nous dûmes prendre une chambre dans un hôtel appartenant à cet Israélien. En vérité, cet hôtel était dans un état plutôt déplorable. Mais nous avions un toit et dès le lendemain nous nous rendîmes au rabbinat local, où le rav Zilber exposa les raisons de notre venue. Il s'avéra que l'affaire n'était pas des plus simples. Un ressortissant étranger ne pouvait pas si facilement rendre visite à un prisonnier. Nous devions d'abord recevoir un mandat du rabbinat et une autorisation spéciale du ministère de la Justice. Or ces deux instances se trouvaient chacune sur les rives opposées du Tibre. Nous dûmes courir d'un établissement à l'autre et faire d'incessants allers et retours sur les deux kilomètres et demi qui séparaient les deux bâtiments. N'étant guère accoutumés aux transports romains, nous fîmes donc tous ces déplacements à pied ce qui, pour le rav Zilber, était la meilleure façon d'éviter une perte de temps malvenue. Lui-même courait telle une flèche. Nous avions du pain sur la planche. Il nous fallait régler cette affaire dans les deux jours qui nous restaient à Rome, et j'avais les plus grandes peines à le suivre…

Finalement, nous reçûmes les autorisations tant attendues. La visite fut fixée le jour de notre départ, à dix heures du matin, alors que notre avion décollait pour Berlin à une heure de l'après-midi. La prison se trouvait à 150 kilomètres de Rome et l'aéroport à cinquante kilomètres de la capitale, dans le sens opposé – le calcul était simple : à l'aller, nous devions couvrir 150 kilomètres et 200 au retour. Le rav Zilber avait demandé au rabbinat d'être accompagné de deux autres rabbins pour la rédaction du guet.

Nous avions prévu de nous rendre à l'office, tôt le matin, à la synagogue de Rome, puis de partir aussitôt pour la prison. Le rav me fit cet avertissement : « 'Haïm, nous allons prier rapidement et quitter immédiatement Rome. Si nous tardons, nous n'arriverons à rien. »

Une fois à la synagogue – dont la beauté m'époustoufla – je commençai à prier calmement et paisiblement, comme jamais.

Le rav avait déjà enlevé ses tefillin et son talit pendant que moi j'entamai le Chema et la prière du chmoné essré. Rav Its'hak se mit en colère : « 'Haïm, ce n'est pas le moment de prier lentement ! Si vous continuez ainsi, qui sait quel geste irréparable cette femme peut commettre ? Qui a donc besoin, maintenant, d'une prière telle que celle-là ?! Finissez vite et ne nous retardez pas davantage ! »

Pouvez-vous imaginer ce que je ressentis à cet instant-là ? L'idée même qu'à cause de moi, des enfants mamzerim (adultérins), qui n'auraient pas le droit d'épouser qui bon leur semblent, naîtraient, me terrifia... De cette prière je me rappelle seulement qu'au moment de faire mes trois pas en arrière, le rav Zilber me saisit par la manche et me conduisit avec force jusqu'à la voiture. J'étais encore revêtu de mes tefillin et de mon talit... Une fois dans le véhicule, je pus m'en défaire.

Ce fut pour moi une leçon mémorable – il y a un temps pour tout dans le monde, un temps pour la prière et un temps pour l'action.

La suite est encore plus saisissante : durant les trois jours que nous passâmes en Italie, nos conversations tournaient autour d'une seule et même question : comment obtenir la signature du prisonnier ? Non seulement l'Israélien croupissait dans une sinistre prison italienne – il devait passer dix ans derrière les barreaux –, mais nous devions en plus le convaincre de renoncer à son mariage... La situation n'était pas des plus simples.

Lorsque nous arrivâmes au village où se trouvait le pénitencier, je restai dans la voiture et le rav Zilber, escorté des deux autres rabbins, se dirigea vers l'entrée. Au bout d'un quart d'heure, je les vis ressortir, le visage marqué par l'inquiétude. Ayant appris que des rabbins souhaitaient lui parler à propos du guet, le prisonnier avait refusé de sortir de sa cellule pour les rencontrer. Les gardiens avaient scrupuleusement fouillé la petite délégation, et le rav Zilber m'avoua par la suite : « Si l'on m'avait fouillé de cette façon au camp de travail en URSS, je n'aurais jamais pu y introduire ma paire de tefillin. »

Le rav monta dans la voiture et nous donna l'ordre de filer vers l'aéroport. Il ne dit plus un mot de l'affaire. Pendant tout le trajet, nos conversations tournèrent autour du séminaire auquel nous devions participer à Berlin.

Plus tard, j'appris que le rav avait profité des quelques instants passés dans la prison italienne pour remettre 100 dollars au prisonnier israélien. Il aurait dit : « Je sais ce que cela veut dire pour un Juif de se retrouver en prison entouré de malfrats non-juifs. Il a certainement besoin d'argent. »

Cet événement fut à nouveau une grande leçon pour moi. En effet, le rav avait fait l'impossible pour obtenir ce guet, mais face à cet échec, il ne fit plus aucun commentaire. Il avait fait ce qu'il devait faire, mais finalement, il n'était pas responsable du résultat. D-ieu seul l'était.

Trois ans plus tard, le détenu accepta d'accorder le guet à sa femme.

Pnina Cohen, l'épouse du rav 'Haïm Cohen, raconte :

Nous étions en délégation rabbinique en Italie. Nous y avions été envoyés par le rav Moché Soloveitchik de Zürich, qui œuvrait activement à rapprocher de la Torah les Juifs de l'ex-URSS. Le rav Zilber se rendit en Italie en 1989. J'étais enchantée de le recevoir chez moi et de me mettre à son service. Mais il ne se laissait pas faire... Il avait même emporté ses biscottes !

Nous habitions une grande maison, avec étage, au bord de la mer. Un après-midi, le rav Zilber se reposait. Je l'entendis soudain parler à quelqu'un. Personne n'était entré dans la villa et je me demandai qui pouvait bien se trouver en sa compagnie. J'avais à l'esprit ces histoires de ces grands érudits qui avaient mérité la visite du prophète Elie et je fus particulièrement émue à l'idée qu'une telle apparition ait pu avoir lieu sous mon toit !

Vers quatre heures, le rav sortit de sa chambre, accompagné d'un jeune garçon de treize ans. Quand je lui demandai comment cet adolescent était entré, il me répondit tout simplement : « Par la fenêtre. Vous étiez en train de vous reposer, et je ne voulais pas vous déranger. J'avais un moment de libre et je l'ai invité à venir étudier avec moi. »

Les Russes qui habitaient en Italie – hommes, femmes et enfants – se sentaient très proches du rav Zilber. Il était pour eux comme l'eau abreuvant une terre asséchée.

Nous organisions régulièrement des Chabbatot pour les Juifs de la ville. Une veille de Chabbat, je demandai à mon mari 'Haïm, combien de personnes étaient attendues. Il me répondit : « Comme d'habitude. » J'escomptais donc cinquante personnes. Or voilà qu'à l'entrée du Chabbat, une des femmes qui m'assistaient dans les préparatifs s'écria : « Regarde par la fenêtre ! » Je jetai un coup d'œil au-dehors et vis le rav Zilber accompagné d'une foule nombreuse, comme entouré des Nuées de Gloire. Il y avait près de 120 personnes et je me demandai comment nous allions nourrir tout ce monde...

Le rav attirait les foules. Généralement, il arrivait le jeudi et dès le lendemain, les gens s'empressaient de le rejoindre et buvaient littéralement ses paroles.

SI JE N'ÉTAIS PAS LÀ POUR RACONTER...

Dès la fin des années quatre-vingt et au début des années quatre-vingt-dix, avec l'effondrement du rideau de fer, je me rendis régulièrement en Russie. Je passais les fêtes à la *yechiva* Torat 'Haïm de Moscou, mais je visitais également d'autres villes.

Sur le terrain de la yechiva Torat 'Haïm près de Moscou

Une année, à la veille de Pessa'h, je partis pour Moscou. Je pris avec moi ma vieille valise, celle du camp de travail. Une centaine de personnes s'étaient réunies autour de la table du *Seder* à la *yechiva*. Pendant que les convives prenaient leur repas, je commençai à raconter mon histoire. Je ne m'attendais pas à ce que ce récit suscite tant d'intérêt, et je dus, tout au long des sept jours de fête le répéter sans discontinuer. Outre les cours de Torah que je donnai du matin au soir, je rapportai des anecdotes sur les années passées au camp, sur les crimes de Staline, etc. J'étais épuisé, mais satisfait. Que reste-t-il de ma génération ? Si ce n'est moi, qui d'autre pourrait le raconter ?

J'aimais les étudiants de la *yechiva* Torat 'Haïm du plus profond de mon âme. Une nuit, je me dirigeai vers la synagogue et y découvris quelques hommes en train d'étudier ! Je m'approchai et me tins quelques instants à leurs côtés, mais ils ne s'en aperçurent pas. Lorsque je retournai à la synagogue le matin, vers six heures, il y avait un homme qui étudiait encore. Lui non plus ne remarqua ma présence. N'est-ce pas formidable ? Je pouvais distinguer chez ces Juifs la joie de pouvoir enfin étudier de manière dévoilée, de prier ouvertement, de lire dans les rouleaux de la Torah en toute liberté, sans craindre qui que ce soit – et s'adonner à toutes ces activités qui, jusque-là, leur avaient été défendues de la manière la plus stricte...

6

Pensées

L'ARGENT A SON PRIX

On me pose souvent des questions sur la charité ou l'octroi de prêts. Les nouveaux immigrants qui commencent une nouvelle existence en terre d'Israël doivent faire face à de nombreuses dépenses, et les *yechivot* qui les accueillent ont, elles aussi, désespérément besoin d'argent. Peut-on accepter l'argent de n'importe qui ? Cette question, en effet, obsède les esprits.

J'ai beaucoup appris par l'expérience de la vie. Une des leçons que j'ai ainsi reçue est qu'il ne faut pas emprunter de l'argent à une personne peu recommandable. Au camp de travail, il me manquait un jour cinquante roubles. Généralement, je ne m'adressais qu'à des personnes parfaitement intègres, mais cette fois-là, je n'avais d'autre possibilité que de quémander une avance auprès d'un individu des plus suspects. Je le payai bien cher, hélas. Je dus en effet lui rembourser trois fois la somme empruntée et endurer d'indescriptibles souffrances que je ne souhaite à personne ! Ce fut indéniablement une leçon pour la vie...

Au sujet de la *tsedaka*, les lois juives désignent clairement les personnes qu'il nous est interdit de solliciter.

Certaines personnes refusent même l'argent d'un Juif qui profane le Chabbat en public. Cet usage procède du principe qui gouverne les lois sur les sacrifices : bien qu'il soit permis d'accepter l'offrande d'un non-juif, il est toutefois interdit de recevoir celle d'un Juif qui profane le Chabbat en public.

Celui qui paye donne le ton

Je vous ai déjà parlé des *etroguim* que l'on m'envoyait en Russie. Généralement, l'expéditeur, qui habitait Israël, était un cousin. Il s'appelait Dov Yossef Teits, et était le frère aîné du rav Pin'has Teits. Ce parent avait fait sa Alya en 1925, bien avant la création de l'Etat. Il avait fait construire une maison et avait planté un cédratier dans son jardin.

Dov Yossef Teits était assez versé dans les questions financières. Il y était particulièrement sensible. Le ministère des Cultes était intéressé à ce que mon cousin intègre officiellement un poste gouvernemental et poursuive dans ce cadre ses activités en faveur des nouveaux immigrants. Mais Dov Yossef ne voulut rien entendre. « Si vous m'accordez un salaire, je vous serai assujetti. Si je refuse votre argent, je suis mon propre patron. » Il y consacra toute sa vie, surmontant courageusement des obstacles infranchissables et agissant dans la plus grande indépendance – il faisait tout ce qui lui semblait juste. Hélas, il décéda seulement quelques années avant ma propre Alya et je n'eus pas le plaisir de le rencontrer.

Cet homme était d'ailleurs très instruit. C'était un Juif éduqué, un véritable gentilhomme. Et pourtant, malgré son niveau d'instruction et son ouverture sur le monde, lorsque les premières voitures commencèrent à rouler le Chabbat en Terre Sainte (au faîte de la gloire du gouvernement Ben Gourion !) – il n'hésita pas un seul instant et se coucha sur la chaussée pour empêcher leur passage.

Certains directeurs de *yechiva* ne sont guère disposés à employer l'argent de l'Etat pour le fonctionnement de leur institution. Ils ne souhaitent pas donner aux hommes politiques, ou autres décideurs, le moindre droit de regard sur leurs activités en échange de quelques kopecks : quels drapeaux il convient de hisser, quelles cérémonies célébrer, quelles matières enseigner… Cette ingérence malvenue dans la façon de conduire leur *yechiva*, leur répugne.

Objet perdu

Un jour, un de mes élèves me tendit une liasse de billets qu'il avait trouvée près de la gare Centrale. Vous me demanderez pourquoi cet élève s'était donné la peine de m'apporter cet argent ? Il a fait cette trouvaille, elle est à lui, un point c'est tout ! Le Talmud dans le traité de *Baba Metsia* décrète que si l'argent a été trouvé dans un endroit public, et qu'il ne possède aucun signe caractéristique qui permette d'identifier son propriétaire, les billets perdus appartiennent de facto à l'auteur de l'heureuse découverte.

Le jeune homme connaissait bien cette règle – nous l'avions étudiée ensemble – pourtant il me dit : « Je ne veux pas prendre cet argent. Peut-être y trouverons-nous une marque distinctive ? »

Et, en effet, parmi les billets, il y avait un chèque dont je retrouvai le propriétaire après de laborieuses recherches. Cet homme avait fait des achats dans une boutique, et le commerçant qui avait accepté son chèque, l'avait perdu avec une liasse de billets. Je contactai le boutiquier et le priai de venir me voir.

« Avez-vous perdu de l'argent ? lui demandai-je alors.

– Oui, fit-il aussitôt.

– Combien ? » poursuivis-je.

Il précisa aussitôt la somme. Puis je lui demandai où il l'avait perdu – et lorsque je fus assuré que toutes les informations qu'il me donnait coïncidaient avec les données dont je disposais, je m'empressai de lui remettre les billets égarés. Il était euphorique et en guise de récompense, il m'invita dans sa boutique et me promit une généreuse remise. Je refusai évidemment. Un autre de mes élèves vécut une histoire similaire. Nous parvînmes à retrouver le propriétaire de l'argent perdu, qui était aussi un commerçant et cette fois encore, je déclinai son offre avantageuse...

Ne repousse pas à demain...

Yossef Lifchits, un de mes amis de Kazan, travaillait dans l'industrie du bois. Une veille de la fête de *Sim'hat Torah*, le froid se fit plus vif et le fleuve se mit à geler, de sorte que les troncs ne purent arriver à destination. Lifchits aurait dû en avertir les autorités et donner l'alerte. Mais il préféra l'ignorer et se rendit à la synagogue pour chanter et danser avec les rouleaux de la Torah, comme si de rien n'était...

Il avait un vrai cœur de Juif et je ne cessais de lui répéter : « Yossef, tu dois faire *techouva*, respecter le Chabbat et manger casher...» Mais, il avait toujours la même réponse : « Je n'ai pas le temps pour cela maintenant. J'ai à faire, le travail, etc. Quand je serai à la retraite – je m'y mettrai et je deviendrai un véritable Juif. »

Hélas, cet homme mourut trois jours avant de se retirer de la vie active...

Le rav Its'hak Zilber

Eviter la faute

Dans le Deutéronome, à la section de Ki Tavo, la Torah énumère les bénédictions et les malédictions que D-ieu enverra au peuple juif une fois installé en Terre Promise s'ils ne se conduisent pas selon les règles de la Torah. La dernière malédiction stipule : « Maudit soit celui qui ne respecterait pas les paroles de la présente doctrine et négligerait de les mettre en pratique ! » (Deutéronome 27,26). Le Ramban, Na'hmanide, explique que celui qui profane un commandement par paresse ou par convoitise n'entre pas dans cette catégorie, principe qu'il déduit de la terminologie même du verset. Le Talmud avance d'ailleurs que même le Juste parfait, qui accomplit tous les commandements et qui a les moyens d'empêcher un autre Juif de commettre un péché, mais n'en fait rien, est considéré comme n'ayant pas respecté *toute* la Torah. Et de lui, le verset dit : « Maudit soit celui...»

Je compris cela d'une manière personnelle juste après mon installation en Terre Sainte. Un soir, j'étais en compagnie d'un certain nombre de personnes. L'une d'elles, un Juif d'une cinquantaine d'années, me dit : « Dans le passé, j'étais une figure clef du Mapaï (le parti travailliste israélien). J'ai participé à tous les travaux, à toutes les batailles qui ont conduit à l'érection de l'Etat hébreu. Il fallait régler différents dossiers parmi lesquels, la question de la circulation des bus le Chabbat à Jérusalem. Mes collègues étaient bien décidés à faire passer une loi autorisant la circulation des bus. Or bien que je prenne ma voiture le Chabbat, je me levai et m'écriai soudain : « Cela, je ne le permettrai jamais ! » Tout le monde se mit à hurler et à m'injurier : « Quoi, tu es devenu religieux ? » Je fus même déclassé dans la hiérarchie du parti pour avoir tenu de pareils propos... Dans les faits, il se trouve que la décision m'appartenait et les autobus n'ont jamais circulé le Chabbat à Jérusalem ! »

De cet homme, on dit : « Béni soit celui qui respecte les paroles de cette doctrine ! » Et c'est là notre devoir aujourd'hui, ici, en Terre d'Israël. Nous devons combattre les atteintes portées au respect des *mitsvot*, empêcher que la brèche ne devienne béante !

Epilogue

En guise de conclusion...

Cette conclusion, je la dédie à mon oncle, le rav 'Haïm Podorovsky, qui était marié à la sœur de ma mère, et qui fut tué avec sa femme et ses quatre enfants par les nazis, *hy"d*.

Le rav 'Haïm était *Roch Yechiva* dans la ville de Kovrin en Pologne. Son fils aîné, Mordekhaï Pessa'h étudia avec le célèbre 'Hafets 'Haïm et fut très influencé par ses enseignements. Le fils du 'Hafets 'Haïm, qui fit éditer les textes de son père, écrit dans l'introduction de cet ouvrage : « Ces *si'hot* – ces discours – me furent transmises par un rav remarquable, le rav Mordekhaï Pessa'h Podorovsky de Kovrin, grand en Torah et en véritable crainte de D-ieu. Il vécut aux côtés de mon père pendant les dernières années de sa vie, et rapporta par écrit, dans un carnet, toutes ses paroles. Que D-ieu se le rappelle pour le bien, et que le souvenir de mon père lui soit également profitable, à jamais. »

Je souhaite faire paraître certaines de ces notes ici, à la fin de mon livre, en guise de conclusion et pour rappeler le souvenir de mon oncle. Mais aussi parce que les propos du grand 'Hafets 'Haïm, qui était un maître de notre génération (il décéda en 1933), illustrent bien les difficultés de notre époque[1].

---

1. Ces leçons du 'Hafets 'Haïm ont été traduites du russe et restituées telles que le rav Its'hak Zilber zatsal les a lui-même rapportées.

LES GÉNÉRATIONS DÉCLINENT

Le fils du 'Hafets 'Haïm raconte :

Un jour, le 'Hafets 'Haïm soupira et me dit : « Regarde mon fils, tu es plus *froid* que moi, tes enfants le seront plus que toi et leurs enfants le seront davantage. Où cela va-t-il nous mener ?

Le père, le maître de maison, ressemble à une locomotive, qui, lorsqu'elle gravit la montagne, tire derrière elle des wagons chargés. Lorsque la locomotive est puissante, et qu'elle dispose de suffisamment de charbon et dégage assez de vapeur, elle est capable de tirer sa charge. Mais si, à D-ieu ne plaise, la locomotive est faible, ce sont les wagons qui la tirent vers le bas et tout le monde est perdu. »

Un Juif demanda un jour au 'Hafets 'Haïm de bénir ses enfants pour qu'ils deviennent de bons Juifs. Le grand maître de répondre : « Tu voudrais recevoir cette bénédiction comme un cadeau gratuit ? Mais pour l'obtenir, il faut travailler dur et courir tous les dangers ! »

Au début du vingtième siècle, le monde occidental, hédoniste et matérialiste commença à ronger les rangs des communautés juives traditionnelles. Ce phénomène transparaissait jusque dans les habitudes vestimentaires. Une femme entra un jour chez le 'Hafets 'Haïm. Elle était vêtue de manière impudique. Le Sage fit alors cette remarque : « La mode est une sorte de démence. Une fois que l'on s'y habitue, on trouve cela joli. »

Il citait en exemple l'idolâtrie de *Baal Péor* dont les mœurs étaient abominables et qui pourtant, attirait les foules.

Rav Israël Méïr Hakohen,
le 'Hafets 'Haïm zatsal

Mitsvot et mérites

Un jour, le 'Hafets 'Haïm dit : « Les gens pensent qu'aujourd'hui, il est difficile de respecter les commandements de la Torah. Mais nous devons comprendre que, dans la vie, il n'y a pas de travail facile qui soit généreusement rémunéré.

L'homme doit s'efforcer de vivre une longue vie, parce que dans l'Au-Delà, il n'est plus possible de gagner des mérites. »

Il est dit dans les *Maximes des Pères* (4,22) : « Une heure de repentir et de bonnes actions dans ce monde vaut davantage qu'une vie entière dans l'Au-Delà. » Puis, les Sages déclarent le contraire : « Une heure de plénitude dans l'Au-delà vaut bien mieux que tous les plaisirs de ce monde-ci. » Le 'Hafets 'Haïm expliquait cette dichotomie en citant cette allégorie :

> « Il était une fois un roi qui avait décidé de rétribuer deux de ses connaissances. Le premier fut nommé ministre, et au second, il donna une importante somme d'argent. De fait, le premier devait travailler dur et se fatiguer, tandis que le second passait son temps à se prélasser. En vérité, à y regarder de plus près, on constate que le premier se rapprochait toujours plus de sa récompense ultime, tandis que le second ne faisait que dépenser l'argent qu'il avait reçu, sans prendre la peine de faire de nouvelles acquisitions.

Il en est ainsi pour la vie dans ce monde et dans l'Au-Delà. Le monde futur est un univers parfait et bon, et qui y arrive fin prêt y reçoit tous les délices possibles. Mais, une fois là-haut, on ne peut plus augmenter son salaire ni accomplir une quelconque *mitsva*. Ici-bas, en revanche, il est possible de prier, de pratiquer les commandements et d'accroître ses actifs. Conclusion ? Mieux vaut vivre longtemps…»

Vers les années 1913-1914, juste avant la Seconde Guerre mondiale, un Juif se rendit auprès du grand maître pour se plaindre de sa maigre et difficile subsistance.

Le 'Hafets 'Haïm de lui demander : « Quel est donc votre travail ?

– J'achète du blé chez les paysans et je le revends. Mais les acheteurs se font rares. Et ceux qui daignent acheter mon blé ne payent pas tout de suite. Ils me laissent un petit acompte et je dois attendre des semaines, voire même des mois pour qu'ils remboursent leur dette ! »

Quelques années plus tard, la révolution russe ébranla le pays tout entier. Sous l'ère communiste, les négociants étaient fusillés sans autre forme de procès, pour avoir revendu de la marchandise. Je me rappelle cet homme intègre qui fut condamné à mort parce qu'il avait ouvertement acheté un demi-kilo de sel à un revendeur, ou encore ce Juif dénommé Mottel Drui que l'on avait dénoncé pour avoir acquis un demi-kilo de sel en cachette, et qui mourut avant même d'avoir atteint le peloton d'exécution. C'était en 1920, à Kazan.

En ces jours difficiles, le marchand de blé vint à nouveau voir le 'Hafets 'Haïm et le rav de lui demander : « Que faites-vous aujourd'hui ?

– Grâce à D-ieu, je gagne bien ma vie.

– Comment est-ce possible ? s'étonna le 'Hafets 'Haïm. Avant, vous pouviez acheter autant de blé que vous le souhaitiez, vous n'étiez guère limité par les lois de prohibition du régime. Vous avez considérablement souffert. Et aujourd'hui, alors que vous risquez la mort – vous êtes entièrement satisfait de votre travail ?

– Je vais vous dire la vérité. Lorsque le blé était abondant, les acheteurs faisaient la fine bouche, examinant scrupuleusement la marchandise, faisant cas des moindres défauts du grain. Lorsqu'ils se décidaient enfin à acheter, ils tardaient à me payer. Aujourd'hui par contre, personne ne fait attention à la qualité du blé. Pour chaque sac que je parviens à dénicher, on me remet immédiatement l'argent, et même parfois on me paye à l'avance. C'est pourquoi je gagne bien mieux ma vie aujourd'hui que par le passé. »

Il en est ainsi pour les *mitsvot*, concluait le 'Hafets 'Haïm. Quand les Juifs pouvaient librement accomplir les commandements, lorsqu'ils pouvaient se rendre à la synagogue, assister ouvertement à l'office, nos moindres gestes étaient examinés dans le Ciel, à l'instar de ce blé abondant. Les Juifs priaient-ils de tout leur cœur, avec concentration et sérieux – ou leurs prières n'étaient-elles que des coquilles vides, sans conviction ni intention ? Et chacune de nos *mitsvot* était ainsi scrutée, avec minutie. Mais aujourd'hui, le régime soviétique a interdit la prière et la pratique religieuse. Le peu que l'on parvient à faire, le peu de *mitsvot* que l'on arrive à respecter a une valeur extraordinaire, quelle qu'en soit la qualité. Le Ciel nous considère avec indulgence et finalement, en ces temps difficiles, on peut "gagner" bien davantage qu'en période de faste...

Questions à D-ieu

Nombreux furent ceux qui consultèrent le 'Hafets 'Haïm pour les questions qu'ils avaient à poser à D-ieu : pourquoi les Juifs étaient-ils assassinés en si grand nombre ? Pourquoi le peuple juif devait-il souffrir autant ?

Le grand maître leur donnait une réponse simple, mais saisissante : « Prenez l'exemple de Yossef, leur disait-il.

En Egypte, les frères de Yossef se sont tournés eux aussi vers D-ieu avec des réclamations : "Hachem, en quoi avons-nous fauté ? Nous sommes descendus en Egypte afin de trouver de quoi nourrir nos familles, comme de nombreux autres l'ont fait avant nous. Or ceux qui nous ont précédés n'ont pas éveillé le moindre soupçon. Mais nous, à peine sommes-nous arrivés, que nous nous sommes empêtrés dans des difficultés insolubles !"

Quand elles descendent une seconde fois en terre d'Egypte, les tribus sont accompagnées de Binyamin. Mais un autre malheur vient s'abattre sur leur famille. On les accuse à présent d'avoir dérobé la coupe royale et la police de Pharaon est sur le point de jeter le jeune frère en prison pour en faire un esclave. La situation est grave, menaçante, illogique, incompréhensible, injuste...

Les interrogations, les doléances se bousculent dans leurs esprits. Comment D-ieu a-t-Il permis pareille injustice ? Pourtant, deux mots seulement dissipent comme par magie tous les doutes. "*Ani Yossef* – je suis Yossef." Il n'est pas nécessaire d'en ajouter : les frères comprennent que D-ieu les a punis pour avoir vendu Yossef en esclave ! Toutes les questions se sont aussitôt évanouies...

Nos maîtres ajoutent d'ailleurs : lorsque la guerre de Gog et Magog prendra fin, et que D-ieu se révélera au monde à la venue du *Machia'h*, Il proclamera : "Je suis Hachem." Alors, il n'y aura plus de questions. »

Pourquoi, dans cet exil, n'avons-nous pas de prophètes ?

Pourquoi dans ce long exil – l'exil d'Edom – n'y a-t-il pas eu de prophètes pour guider le peuple juif ? Cet exil dure depuis près de deux mille ans, et la présence de prophètes aurait pu nous éclairer...

Pour répondre, le 'Hafets 'Haïm citait l'exemple de Moché notre maître. Lorsque Moché grandit et découvrit les souffrances endurées par ses frères juifs, il ne put s'empêcher de pleurer et d'implorer le Créateur : « Sauve-les ! » Mais D-ieu, dans Sa grande sagesse, savait que les épreuves du peuple juif étaient salvatrices, qu'elles le rapprochaient de son salut. L'heure de la délivrance n'avait pas encore sonné et les Juifs n'étaient pas prêts. Moché ne pouvait plus rester en Egypte. Il fallait qu'il quitte le palais de Pharaon et s'exile à Madian, afin que les bourreaux égyptiens réduisent encore davantage les Hébreux en esclavage, parce que seule l'intensité de leurs souffrances pouvait accélérer leur libération.

Si nous avions aujourd'hui des prophètes, eux aussi imploreraient l'Eternel pour qu'Il nous sorte de l'exil. Mais D-ieu attend notre repentance, condition indispensable à la venue du Messie, ce qui explique leur absence.

Rabbi Moché Landinsky, le *Roch Yechiva* de la *yechiva* fondée par le 'Hafets 'Haïm, ajoutait qu'au moment de la destruction du Premier Temple, le prophète Jérémie avait dû quitter Jérusalem et avait été envoyé par D-ieu à Anatot. Pourquoi avait-Il orchestré cette absence ? Parce que les suppliques du prophète auraient peut-être sauvé le Temple !

Le Psaume 79, appelé *mizmor* – chant – d'Assaph, débute par les mots : « Ô D-ieu, des païens ont envahi Ton héritage, ils ont souillé Ton Temple saint et réduit Jérusalem en un monceau de décombres...» Pourquoi commencer ce chapitre avec le terme *mizmor* – chant ? Que célèbre-t-on ici ? Le Talmud répond que si le Temple n'avait pas été détruit, alors ce sont les Juifs qui auraient péri en bien plus grand nombre. D-ieu a déversé Sa colère sur des bouts de bois et des pierres. C'est pourquoi le roi David attribue à ce chapitre le titre de chant, bien qu'il traite de la destruction du sanctuaire. En d'autres termes, la destruction du Temple fut un « bien » pour le peuple. Et c'est la raison pour laquelle le Créateur fit en sorte que Jérémie quitte la capitale précisément à cet instant. C'est pour la même raison que nous n'avons pas de prophètes aujourd'hui. De même, lorsqu'un enfant subit une intervention chirurgicale, on ne fait pas entrer la mère dans la salle d'opération, bien que cela paraisse cruel et triste...

Quand viendra donc le temps ?

Quand la Torah raconte comment on a sorti Yossef de sa geôle pour le conduire au palais de Pharaon, elle n'emploie pas le terme « *vayotsiouhou* » [ils l'ont sorti], mais « *vayeritsouhou* » [ils l'ont fait courir]. Pourquoi ?

Lorsque l'heure de la libération sonne – chaque minute compte – il faut faire vite.

« C'est ce qui nous arrivera à nous également, dit le 'Hafets 'Haïm. Lorsque le moment de notre délivrance approchera, nous serons comme "ceux qui volent pareils à une nuée, telles des colombes vers leurs colombiers" et toutes les prophéties de la délivrance s'accompliront. »

Que ce soit la volonté de D-ieu, que nous méritions de vivre la Délivrance ultime, rapidement et de nos jours, Amen !

La force de l'individu

Par le Rav Bentsion Zilber,
au nom de la famille

Notre père, Rav Its'hak Yossef Zilber *zatsal*, quitta ce monde le 8 Av 5764/2004. Après son décès, on m'a souvent demandé s'il avait laissé quelque testament. A cette question, je répondais qu'à ma connaissance, il n'avait laissé aucun document de cet ordre, mais que ses actions, les enregistrements de ses cours, ses livres, tout ce qu'il écrivit et ce que l'on peut découvrir entre ces lignes – tout cela, il nous l'a légué…

Dans l'une de ses *si'hot*[1], mon maître, le Rav 'Haïm Chmoulevitz *zatsal* – ancien *Roch Yechiva* de Mir – insiste sur la *force de l'individu*. Il rapporte notamment le commentaire de Rachi sur le verset (*Nombres* 22,21) : « Bilam se leva le matin, il sangla son ânesse. » Selon le maître de Troyes « l'ayant sanglée lui-même, on apprend de là que la haine brouille le rang hiérarchique. Le Saint béni soit-Il dit : "Dépravé que tu es ! Avraham, leur Patriarche, t'a précédé, comme il est écrit : Avraham se leva de bon matin, il sangla son âne." »

1. *Discours, leçon.*

Rav 'Haïm d'expliquer : Bilam mena contre les enfants d'Avraham une lutte sans pareille. Cependant, notre Patriarche, ayant accepté – par amour pour D.ieu – d'obéir à l'ordre divin de sacrifier son fils, parvint à immuniser ses descendants contre la menace du célèbre mécréant.

Que veut donc dire « Avraham t'a précédé » ? Tout simplement, qu'Avraham a précédé Bilam de près de 400 ans et qu'il a donc, sur lui, l'avantage d'être le premier. Mais on peut l'expliquer autrement : pour Bilam, le verset dit « *vayakom* » – il se leva – tandis que pour Avraham, il est écrit « *vayachkem* » – il se leva de *bon matin*, c'est-à-dire, *avant* Bilam. En vérité, l'homme se lève de bonne heure lorsqu'il s'apprête à accomplir ce qui lui est cher, comme on le voit chez les enfants qui quittent facilement leur lit lorsqu'il s'agit d'aller en promenade, mais qui traînent lorsqu'ils doivent se rendre à l'école…

Avraham se leva donc avant Bilam – ce qui veut dire que son amour pour D.ieu était plus puissant que la haine antisémite qui animait son antagoniste ! Les deux se vouèrent à leur cause, tous deux sanglèrent leur monture sans requérir l'aide de quelque serviteur, mais Avraham devança Bilam en se levant plus tôt. C'est cela la *force de l'individu* ! Plus le sacrifice est important et le renoncement difficile, plus grande est la force d'un particulier qui peut, à lui seul, provoquer de véritables révolutions spirituelles. (Fin de l'explication du Rav 'Haïm Chmoulevitz)

Qu'un individu seul puisse être à l'origine de grands mouvements, de grands changements – bons ou mauvais – la Torah en témoigne amplement, tout comme l'histoire du peuple juif.

L'un des exemples les plus remarquables est celui de Sarah Schneirer qui, constatant la pauvreté de l'éducation religieuse des filles en Pologne, prit l'initiative – seule, sans structure ni soutien quelconque – d'enseigner le judaïsme à quelques-unes d'entre elles. Au départ, vingt-cinq filles seulement bénéficièrent de ses leçons, et c'est ainsi que naquit le célèbre mouvement du *Beit Yaakov* – ces milliers d'écoles qui, dans le monde entier, offrent une véritable éducation de Torah aux jeunes filles juives

Mon père *zatsal* incarnait, lui aussi, la *force de l'individu*. Grâce à lui, nombre de Juifs égarés surent retrouver leurs racines et la pratique religieuse. Chose invraisemblable sous le régime communiste, papa réussit à établir un foyer de Torah en Union Soviétique ! Nous, les enfants, reçûmes ainsi une authentique éducation juive, sans la moindre compromission, que ce soit dans l'accomplissement des commandements ou de l'étude.

A notre arrivée en Terre Sainte, mon père s'attela avec ténacité à sa nouvelle tâche : ramener au bercail des milliers d'âmes perdues, principalement des Juifs originaires de Russie. Il y consacra tout son temps, ses forces et son cœur – et, grâce à D.ieu, le Ciel se tint à ses côtés. Les Juifs russophones le considéraient comme une autorité spirituelle incontestée et ce, sans qu'il n'ait jamais fondé la moindre institution. Tout ceci, il le fit uniquement par ses propres forces !

Au fil de sa vie, papa resta fidèle à la devise de Novardok : « Jamais je ne me suis demandé si je *pouvais* le faire – je me suis plutôt demandé s'il *fallait* le faire ! » Durant ses longues années passées derrière le rideau de fer, jamais il ne consentit au moindre accommodement, endurant pour cela des épreuves indicibles (que ce soit au travail, durant ses études ou en prison…). Rien ne pouvait ébranler son attachement fidèle au respect du Chabbat, à la prière ou à l'étude de la Torah. Assurément, l'adage de nos Sages, selon lequel « Le chemin que l'homme souhaite emprunter – on l'y conduit », le concerne parfaitement.

Les Maîtres de la génération reconnurent la grandeur de mon père, la valeur de ses actions et de sa conduite – admiration qu'ils exprimèrent de son vivant et même après, lors des oraisons funèbres qu'ils prononcèrent à son décès.

Je me trouvais à ses côtés, lorsque nous nous rendîmes auprès du Rav Its'hak Hutner *zatsal*. Voici ce qu'il lui dit : « Parlez, instruisez, soyez vous-même le *'Hafets 'Haïm* des Juifs de Russie ! »

La force de l'individu

Le Rav Yossef Chalom Eliachiv *zatsal* déclara que papa était l'un des trente-six Justes de la génération.

Le Rav Aharon Leib Steinman *chlita* affirma, quant à lui, que la vie du Rav Its'hak Zilber, avait été une vie d'épreuves et qu'il est impossible de décrire son envergure spirituelle qui, à l'aune de notre génération, était incommensurable, puisqu'il se mesura à l'adversité toute sa vie durant. « Sa grandeur était *meverdik* ! » dit le Rav Steinman en yiddish, elle était immense !...

Le Rav Chmouel Auerbach *chlita*, décrivant les multiples épreuves que traversa le Rav Zilber en Union Soviétique, déclara qu'il les surmonta en y vouant tout son être. Il en sortit ceint de force, capable de former une armée de serviteurs de D.ieu, de mener le combat pour la Torah sur tous les fronts. Tout ce que l'on tenta de détruire, Rav Zilber sut le reconstruire et encourager les autres à en faire de même.

Le Rav Moché Chapira *zatsal* le qualifia ainsi : « Un serviteur fidèle à sa tâche. Personne n'est plus cher aux yeux de *Hachem* qu'un émissaire qui s'évertue à accomplir la mission pour laquelle il a été désigné, et qui y consacre tout son être afin de réussir (*Bamidbar Rabba* 16,1) ! »

Le Rav Aviezer Pilz, lors de l'oraison qu'il prononça en l'honneur de mon père *zatsal*, déclara qu'il avait tout autant envie de pleurer que de se réjouir – pleurer pour ce grand homme qui venait de nous quitter, mais se réjouir pour le monde de Torah qu'il sut créer pour les Juifs russophones et ce, de ses propres forces.

En effet, mon père *zatsal* eut le mérite d'être un véritable pionnier. Comme dit, il fit émerger un monde de Torah avec ceux dont la flamme s'était éteinte sous l'emprise communiste. Il sut renforcer, développer l'étude dans le peuple en général et parmi ses frères originaires de Russie, en particulier. Tel est l'héritage qu'il nous a laissé.